中国学术流派研究丛书

周群 主编

兵家学派研究

黄朴民 魏鸿 熊剑平 著

商务印书馆
The Commercial Press

总　序

《易·系辞》云:"天下同归而殊途,一致而百虑。"中国学术史的长河是由不同时期、不同地域、形态各异的万派支流汇注而成的。学术流派是以相似的学术宗旨或治学方法为特征的学术群体,是因应一定社会政治文化要求,体现某种学术趋向,主要以师承关系为纽带,与古代教育制度、学术传承方式密切相关的历史存在。

以学派宗师为代表的共同的学术宗旨或治学方法往往是学派的主要标识和学派传衍的精神动力。学派的开派宗师往往是首开风气的学术先进,他们最早触摸到了时代脉搏,洞察到学术发展新的进路。这必然会受到敏锐的学人们的应和,他们声应气求,激浊扬清,去短集长,共同为学派肇兴奠定了基础。师承是学术流派传衍的重要途径,盟主宗师,振铎筑坛,若椎轮伊始;弟子后劲,缵绪师说,如丸之走盘,衍成圭角各异的学派特色。学派后劲相互切劘、补益,使得该流派的学术廊庑更加开阔、意蕴更加丰厚,是学派形成理论张力的重要机制。高第巨子既有弘传师说的作用,同时,还需有不悖根本宗旨前提下学术开新的能力。没有学派后劲各具特色、各极其变的发展,以水济水,并不能形成真正的学派。家学因其特有的亲和力,是学派传衍的重要稳定因素,克绍箕裘以使家学不坠,这是学术之家的共同祈向。书院讲学便于学派盟主宣陈学术思想,强化了同道的联系,为形成稳定的学派阵营以及学术传衍提供了重要平台。民间讲会、书牍互通促进了学派成员之间的交流与学术的传播。中国古代学术大多以社会政治、道德文化为研究对象,往往随着时代的脉动而兴衰起落,观念史的逻辑演进过程之中必然带有时代的烙印。时代精神与社会政治是推进学术演进的重要动因。

中国古代学术传统的源流色彩极浓,学术源流,先河后海,自有端绪。学术的承祧与变异形成的内在张力是推进学术发展的重要动因,学派间的争鸣竞辩、激荡互动及不同学派的因革损益、意脉赓续,书写了中国古代色彩斑斓的学术发展史。尽管学术史上不乏无待而兴、意主单提之士,取法多元、博采汇通而自成其说的现象也在在可见，学者对学派的认识也每每歧于仁智。但中国学术史上林林总总的学术流派仍然是学者们展示各自学术风采的重要底色。因此，对各个学派进行分别研究，明乎学派源流统绪，梳理流变过程，呈现其戛戛独造的学术风采，分析其对于中国学术思想发展的价值，厘定其地位，对于揭示中国古代学术思想因革发展机制，推进中国学术史研究具有重要意义。这是我们组织编撰《中国学术流派研究丛书》的根本动因。

为了实现这一目标，我们将力求客观厘定学术流派在中国学术史上的地位，以共时比较与历时因革相结合。别同异，辨是非。不为光景所蔽，努力寻绎其真脉络、真精神。从历史情境与学理逻辑等不同的维度评骘分析其价值。同时，由于学术流派风格不同，内涵殊异，《丛书》在体例上不泥一格，以便于呈现学派各自的特色为是。

南京大学中国思想家研究中心是因已故南京大学校长匡亚明先生主编《中国思想家评传丛书》而成立，本人有幸躬逢这一盛举，跟随匡亚明先生参与了《评传丛书》的编撰出版工作。《评传》传主是中国学术思想史上二百多个闪光点，这些传主往往又是学术流派的盟主或巨子。从这个意义上说，《中国学术流派研究丛书》是在《评传丛书》基础上，对中国古代学术思想史上以杰出思想家为核心的不同学术集群的研究，是对色彩斑斓的中国古代学术思想历史画卷中最具特色的"面"的呈现与"线"的寻绎。《中国学术流派研究丛书》不啻是《中国思想家评传丛书》的学术延展。每每念此，备感责任重大。幸蒙一批学殖深厚、对诸学术流派素有研究的学者们共襄其事，他们以严谨的治学态度，做出或将要做出对学术、对历史负责的研究成果。对他们为了一个共同的学术宏愿而付出殚精竭虑的劳动表示由衷的敬意。南京大学社科处处长王月清教授欣然首肯《丛书》规划，使其得以付诸实施，对他的支持与付出表示衷心的感谢。

热诚欢迎学界同仁不吝指谬，以匡不逮。是为序。

周　群

2021年3月于远山近藤斋

目 录

序 ································· 吴如嵩 1
绪 论 ·· 4

上 编

第一章 "古司马兵法"与兵家的萌芽及其雏形 ················ 17
　　第一节 甲骨卜辞与《周易》等典籍中所见的兵家雏形 ········ 17
　　第二节 集早期兵家思想之大成的"古司马兵法" ············ 24
　　第三节 早期兵家的"以礼为固"现象 ···················· 47
第二章 "兵以诈立""逐于智谋"：先秦兵家的转型 ············ 58
　　第一节 春秋战国之际的军事变革与兵家思想的飞跃 ········ 58
　　第二节 古典兵家全面成熟的典范：孙子的思想体系 ········ 61
第三章 学术对峙与融合双重变奏下的兵家新气象 ············ 70
　　第一节 "争于气力"与战国中后期兵家理论主题的嬗变 ······ 70
　　第二节 战国后期的兵家综合融汇趋势——以《六韬》为例 ···· 75
第四章 秦汉时期的兵家及其成就 ························ 81
　　第一节 秦汉兵家群体有关兵书的系统整理 ················ 81
　　第二节 秦汉兵家有关兵书的分类与学术价值总结 ·········· 88
　　第三节 秦汉兵学的发展及兵学主题的转换 ················ 93
第五章 魏晋南北朝的兵家及其兵学文化特色 ················ 99
　　第一节 魏晋南北朝时期兵家的时代烙印 ·················· 99
　　第二节 战略作战轴线的转移与兵家思想的变迁 ············ 102
　　第三节 魏晋南北朝兵家与八阵战术 ······················ 108
第六章 隋唐五代的兵家与兵学 ·························· 111
　　第一节 隋唐五代兵家的理论建树与时代特色 ·············· 111

第二节 《唐太宗李卫公问对》所体现的兵家学说 ………………… 117

中　编

第七章　再铸辉煌：宋代的兵家与兵学（上） ………………… 125
第一节　右文政治下的宋代兵学 …………………………… 125
第二节　官方之学 …………………………………………… 134
第三节　蜀学与兵学 ………………………………………… 149

第八章　再铸辉煌：宋代的兵家与兵学（下） ………………… 157
第一节　浙东事功学派与兵学 ……………………………… 157
第二节　儒将群体的兵学研究 ……………………………… 169
第三节　传统兵家之学 ……………………………………… 181

第九章　明代兵家与兵学的演变 …………………………………… 192
第一节　明代兵家对海防战略战术的探讨和战法革新 …… 192
第二节　明代中后期兵家视野的拓展和关注点的增加 …… 208

第十章　传统兵家的衰落及迈向近代的转型 ……………………… 225
第一节　传统兵家的式微与西方近代军事学术的引进 …… 225
第二节　传统兵家迈向近代化的历程及成败 ……………… 244

下　编

第十一章　兵家治国与治军思想的内涵与价值 …………………… 261
第一节　兵家治国思想的理论基础 ………………………… 261
第二节　兵家治军思想的要义及其特色 …………………… 266

第十二章　《孙子兵法》中兵家战略思维的基本特征 …………… 276
第一节　兵家战略思维的两点论与重点论 ………………… 276
第二节　传承与创新并重的内在理路 ……………………… 278
第三节　力为本、智为末的逻辑关系认识 ………………… 281
第四节　"以患为利"、正合奇胜的超常思维 …………… 283

第十三章　"兵儒融汇"的内涵及其意义 ………………………… 286
第一节　"兵儒融汇"的文化渊源与逻辑起点 …………… 286
第二节　刘秀的战争实践与"兵儒融汇"的基本完成 …… 289

第三节　宋代"兵学儒学化"的进一步发展 …………………… 291
　　第四节　明清时期的"兵儒融汇" …………………………………… 295
　　第五节　"兵儒融汇"的历史意义再认识 …………………………… 298

第十四章　中国古代兵家的地域文化特征 ……………………………… 302
　　第一节　齐鲁兵家文化 ……………………………………………… 303
　　第二节　三晋兵家文化与南方兵家 ………………………………… 307
　　第三节　魏晋南北朝兵家有关南船北骑的作战理论 ……………… 314

第十五章　同与异：比较视野下的中西军事学术 ……………………… 318
　　第一节　中西军事思想比较视野下所呈示的差异性 ……………… 318
　　第二节　"殊途同归"：中西战略观念的同一性 …………………… 321
　　第三节　中西军事学在作战指导原则上的共性特征 ……………… 329

主要参考文献 ……………………………………………………………… 339
后　记 ……………………………………………………………………… 348

序

黄朴民、魏鸿、熊剑平三位同志所著《兵家学派研究》令人耳目一新。新就新在，这个题目是学术史上从来没有人做过的；新就新在，他们三位同志在对中国古典兵学长期研究的基础上，勇敢地创新，提出了许多重要的新的观点。这是值得赞许的，也是令人钦佩的。

所谓"兵学"，就是战争学、军事学；所谓"兵家"，就是从事兵学理论研究和指导战争实践的人物。研究兵学，首先要明确它的逻辑起点。恩格斯《家庭、私有制和国家的起源》是我们研究战争问题的理论基础和指导思想。根据恩格斯的观点，研究战争要从国家开始。与氏族组织相比，国家有两个特征，一是按地区而非血缘划分国民，二是设立公共权力，并为此向国民征税。[①] 毛主席也明确指出，战争是阶级社会的必然产物，是解决阶级、民族、国家、政治集团之间一定发展阶段上的矛盾的最高斗争方式。[②] 恩格斯和毛主席的观点是一致的，我们必须遵循马克思主义的观点来研究战争。在中国，夏朝的建立标志着国家的产生，这是我们研究战争的逻辑起点。

但是，兵学却并不因国家的建立而自然产生。在夏商西周长达两千多年的历史里，只是孕育了兵学的一些因素，并未形成作为观念形态的兵学，也不曾产生成熟意义上的兵家。直到春秋时代，才产生了中国史上也是世界史上的第一部兵学著作——《孙子兵法》，而《孙子兵法》的诞生，也标志着兵家作为一个实践型的思想学派登上历史舞台。这个时代是从奴隶制向封建制过渡的大变革、大动荡、大改组的时代，产生了新兴的地主阶级、新的生产关系，因此也就产生了新的作战方式，所谓"出奇设伏，变诈之兵并作"。据宋人胡安国《春秋传》"提要"，春秋时代发生的"侵"（潜师掠境）、"伐"（声罪致讨）、"战"

[①] 参见恩格斯：《家庭、私有制和国家的起源》，中共中央马克思恩格斯列宁斯大林著作编译局译，人民出版社1975年版，第168—169页。
[②] 参见毛泽东：《中国革命战争的战略问题》，《毛泽东选集》第1卷，人民出版社1991年版，第171页。

(两军相接)等各种类型的作战多达数百次。战争频发、百家争鸣，共同促进了兵学的发展，以致春秋战国时期兵家辈出，兵学出现了第一个高峰。《汉书·艺文志·兵书略》在西汉刘向、刘歆父子图书分类和学术梳理的基础上，将先秦至西汉中期的兵书划分为"兵权谋家""兵形势家""兵阴阳家""兵技巧家"四大类，这是中国历史上第一次对兵家学派做学术上的分类，也是对中国兵学第一次发展高峰的系统总结。

自《汉书·艺文志》之后，对兵学以及兵家学派的研究并没有大的发展，反而逐渐走向寂寥。个中原因，大体上说，一是由于中国两千多年封建社会的延续，没有产生新的生产方式、新的阶级，基本上处于以农耕文化为主体的大环境当中。反映在军事上，尽管在作战方式、战术战法、武器装备等方面有些发展变化，但是并没有达到战争形态变化的程度。二是从封建王朝本身来说，为了控制国家政权，使"民不知兵"，对军事严密控制，兵书往往成为统治阶级甚至皇帝本人的鸿宝秘书，其中的某些部类甚至长期被封禁。加上"重文轻武"等原因，"兵"虽然一直是历朝历代的"国之大事"，但兵学却并非显学，很少有人愿意去触碰它、研究它。这也导致我们今天的兵学研究基础薄弱、困难很多，而要对兵家学派做系统论述，就更非易事。

可喜的是，黄朴民、魏鸿、熊剑平三位同志勇敢地走出了这一步，充分评价了中国古典兵学的特征，提出了很多有益的看法和重要的观点。比如，书中对先秦兵家转型问题的论述提出，孙子代表的兵家在战争观念上的变革，实现了兵学思想本质性的飞跃。这是很正确的，抓住了问题的关键。书中对孙子思想体系的论述也很精当。比如将孙子的战争观念概括为"'慎战''重战''备战''善战'相并举"，既全面又深刻。孙子既重视战争，又主张慎战，把"伐谋""伐交"等政治、外交手段置于"伐兵""攻城"等战争手段之前；而且要求做两手准备，政治和军事要交相为用。战争之前，要"先为不可胜"，做好充分战备，所谓"胜兵先胜而后求战"(《孙子·形篇》)；如果不得不战，则要以强大的军威进攻速胜，"夫霸王之兵，伐大国，则其众不得聚；威加于敌，则其交不得合"(《孙子·九地篇》)。这些战争观念既符合孙子时代新兴势力的要求，也与中国儒家文化、农耕文化的思想一脉相承，具有非常重要的意义。

《兵家学派研究》这本书，还有一个很重要的可贵之处，就是从哲学的高度分析中国古典兵家和兵学，揭示了中国古典兵学朴素的唯物论和辩证法特征。

作者将中国古典兵学战略思维的基本特征概括和提炼为"辩证能动的思维方法",对其内容、表现、实质和特点进行了全面论述,在对中国兵家的杰出代表作《孙子兵法》战略思维的分析中,又总结为两点论与重点论,既有综合系统的全局意识,又有突出关键的重点意识,所有这一切,都深合辩证法的基本原理。

中国古代兵家与兵学的特点,在中西比较中才能愈见真切。本书专辟一章,在比较视野下探讨中西军事学术。以西方军事学为参照,中国古典兵学重宏观、重综合、重整体的特征被勾勒得尤为鲜明。对于东西方军事学术在战争观念、作战指导原则上的异同,作者也做了深入细致的分析,鞭辟入里,发人深思。这些研究不仅有益于学术,而且有益于现实;不仅有益于中国,而且有益于世界。

因此,我愿意向广大读者推荐《兵家学派研究》这本书。

是为序。

吴如嵩

2023 年 5 月

绪　论

所谓"兵家",指的是中国历史上探讨战争基本问题,阐述战争指导原则与一般方法,总结国防与军队建设普遍规律及相关手段的思想流派。它萌芽于夏商周时代,在春秋战国时期形成独立的学术理论体系,于秦汉魏晋南北朝时期延续并不断充实发展,于两宋迄明清时期进一步丰富,直至晚清才在中西文化的激烈碰撞之下让位于近代军事学。

据现存的有限史料,"兵家"的称谓,大致出现在春秋末期,《孙子·计篇》云:"攻其无备,出其不意,此兵家之胜,不可先传也。"[①]始见"兵家"一词。但此处的"兵家",其含义为军事家、军事统帅,而并非一般意义上的"军事理论家"。通观整个先秦历史,作为思想理论学派的"兵家"称谓,似尚未出现;不过,名实不必然相符,兵家在当时的实际存在,应该是没有任何问题的——司马穰苴、孙子、孙膑、吴起、尉缭等,既有军事指挥的实际经验,又有兵学理论方面的重大建树,称之为兵家,当然恰如其分、毫无疑问;而《孙子兵法》《孙膑兵法》《吴子》《尉缭子》《司马法》《六韬》《鹖冠子》等标准意义上的兵书,作为兵家学说的主要载体,也先后诞生,流布天下,脍炙人口。因此,同一时代的《吕氏春秋·不二篇》等典籍其实已注意到兵家的独立存在,并对其学术特征做出了扼要而准确的揭示。如其论说孙膑、王廖、兒良之学的基本特点是:"孙膑贵势,王廖贵先,兒良贵后。"由此可见,中国古代兵家全面兴盛于春秋战国时期,只是当时人们尚未形成一个统一的称谓作为其形式上的界定与命名。

众所周知,在中国学术文化的发展史上,真正将诸子百家当作学派来命名和研究,是在汉代。司马谈《论六家要旨》、班固《汉书·艺文志》等都致力于将先秦至两汉的诸子,整合并区分为"六家"或"九流十家"等,从而在此基础上建构起当时的学术思想体系,以呈示先秦至两汉的整体学术面貌及成就。尽管

[①] 《孙子·计篇》,杨丙安校理:《十一家注孙子校理·附录》,中华书局1999年版。以下只注篇名。

在这个学术体系中,兵家没有被正式纳入诸子序列,而只是以"兵书略"的名义成为一个相对独立的学术体系;但是就实质而言,到西汉中后期,兵家的学术定位已经可以说是基本明确了。[1] 与此相适应,在汉代,人们使用"兵家"的称谓也已较为普遍了。如《淮南子·兵略训》尝云:"兵家或言曰:少可以耦众。"[2]此处的"兵家",指的就是专门的兵学理论家,而非泛指军事统帅、军事家。《汉书·匈奴传下》记载扬雄之言曰:"六经之治,贵于未乱;兵家之胜,贵于未战。"此处的"兵家"与"六经"(儒家)相对,很显然是以学派而言的。

如同"军事艺术"的概念有"广义"和"狭义"之别[3],传统意义上的"兵家"也有狭义的"兵家"和广义的"兵家"的区分。狭义的"兵家"是指身为军事理论家且撰有兵学理论专著的特殊群体;而广义的"兵家",在身份上可以跨专业,且不一定撰有兵学理论著作。在跨专业的身份方面,如吴起、晁错等,既可以视其为法家,但显然也不可否定其兵家的鲜明属性;像李广、卫青、霍去病、拓跋焘等人,虽不见有撰著兵书的相关记载,更不见有任何兵书的存世与流传,但同样必须承认其为重要的兵家人物。我们认为,为了更全面地了解和认识历史上兵家学派与兵家文化的整体面貌与卓著成就,应该拓展研究范围,将广义的"兵家"包含在内。当然,在具体研究的过程中,则应该以对狭义"兵家"的考察为重点。

先秦时期是中国古代兵家及其思想发展的第一个高峰,其间又可分为四个阶段。第一阶段是萌芽、初步发展期,包括甲骨文、金文、《尚书》、《诗经》、《周易》中的兵学思想,具有代表性的是"古司马兵法"。它体现了"军礼"的基本精神,提倡"以礼为固,以仁为胜"[4];主张行"九伐之法""不鼓不成列"[5],"不杀黄口,不获二毛"(《淮南子·兵略训》),提倡"逐奔不过百步,纵绥不及三舍"(《司马法·仁本》),"战不逐奔,诛不填服"[6],强调"军旅以舒为主,舒则民

---

[1] 参见赵国华:《兵家元典关键词研究》,人民出版社2021年版,第3页。
[2] 《淮南子·兵略训》,何宁:《淮南子集释》,中华书局1998年版。以下只注篇名。
[3] 参见李零:《吴孙子发微》,中华书局1997年版,序言。
[4] 《司马法·天子之义》,张元济辑:《续古逸丛书》影宋本,广陵书社2013年版。以下只注篇名。
[5] 《左传·僖公二十二年》,杨伯峻编著:《春秋左传注》,中华书局1981年版。以下只注篇名。
[6] 《穀梁传·隐公五年》,徐正英、邹皓译注:《春秋穀梁传》,中华书局2016年版。以下只注篇名。

力足,虽交兵致刃,徒不趋,车不驰"(《司马法·天子之义》);贵"偏战"而贱"诈战","偏,一面也,结日定地,各居一面,鸣鼓而战,不相诈"①;出兵打仗有很多的限制,如"不加丧、不因凶"(《司马法·仁本》)等。凡此种种,不一而足。

第二阶段是春秋后期,以《孙子兵法》的出现为标志。这一时期,战争形态发生重大改变:首先,战争性质由争霸变为兼并,过程更加残酷,后来孟子所讲的"争地以战,杀人盈野;争城以战,杀人盈城"②,此时业已成为常态。其次,军队成分发生改变,原来的军人大都是受过良好礼乐教育的贵族,现在主要是普通的老百姓,他们对"军礼"旧传统并无强烈的认同感。再次,战争区域扩大,原来多爆发于黄河中下游的大平原,现在则扩大到南方的丘陵、沼泽、湖泊地区。最后,更为重要的是武器装备发生改变,例如除了原始社会就开始使用的弓箭外,新出现了弩机,其精准度和射程皆有大幅提高;而武器装备变化更进一步带来了作战样式、军队编制体制、军事理念和理论的整体性变革。作战条件的变化带来军事的革命性变化。西周至春秋前期,军队行进比较缓慢,如《尚书·牧誓》所言:"不愆于六步、七步,乃止,齐焉;不愆于四伐、五伐、六伐、七伐,乃止,齐焉。"③而春秋后期成书的《孙子兵法》则强调"兵之情主速,乘人之不及,由不虞之道,攻其所不戒也"(《孙子·九地篇》),即兵贵神速;原来讲礼貌和规则,"不以阻隘""不鼓不成列"(《左传·僖公二十二年》),现在则推崇"兵以诈立,以利动,以分合为变"(《孙子·军争篇》)的原则,军队打仗靠诡诈、欺骗而取胜,即"兵者,诡道也"(《孙子·计篇》)——毫无疑问,《孙子兵法》的诞生,是中国兵家发展史上的一次具有根本意义的变革与飞跃。后人评曰:"孙武之书十三篇,众家之说备矣。奇正、虚实、强弱、众寡、饥饱、劳逸、彼己、主客之情状,与夫山泽、水陆之阵,战守攻围之法,无不尽也。微妙深密,千变万化而不穷。用兵,从之者胜,违之者败,虽有智巧,必取则焉。可谓善之善者矣。"④此可谓恰如其分,洵非虚言!

---

① 《公羊传·桓公十年》解诂,何休解诂,徐彦疏,刁小龙整理:《公羊传注疏》,上海古籍出版社2014年版。以下只注篇名。
② 《孟子·离娄上》,杨伯峻译注:《孟子译注》,中华书局2010年版。以下只注篇名。
③ 《尚书·牧誓》,阮元校刻:《十三经注疏》,中华书局1980年版。以下只注篇名。
④ 戴溪:《将鉴论断·孙武》,《四库全书存目丛书·子部》第3册,齐鲁书社1995年版。以下只注篇名。

先秦兵家思想发展的第三阶段是《孙子兵法》的延续、演变阶段,具体从春秋后期到战国后期。当时出现了为数可观的兵书,其中具有代表性的包括《尉缭子》《吴子》《孙膑兵法》以及今本《司马法》。这些兵书立足于战国时期"争地以战,杀人盈野;争城以战,杀人盈城"的现实,沿着《孙子兵法》所开辟的道路前进,对自上古至战国的军事历史进行梳理与总结,对军事活动的一般规律加以揭示,大大深化了人们有关军队建设与治理要领的认识,从而使当时对战争指导原则与作战指挥艺术的理解与运用进入了崭新的阶段,提升到炉火纯青的境界。

先秦兵家嬗递的第四阶段是总结、综合阶段,其标志是《六韬》的出现。《六韬》托名姜太公,但实际上至少是战国后期成书,甚至有可能是秦汉时期成书的著作。它篇幅很大,有六十篇,内容庞杂,不光讲军事问题,还有先秦诸子各家的政治理念。《六韬》包括"兵权谋""兵形势""兵阴阳""兵技巧"等方面的内容,体现了综合性,这与当时整个社会的思想趋于整饬与综合的历史大趋势相一致。

从秦汉一直到隋唐是中国古代兵家及其思想发展的过渡期与延续期。应当指出,这个时期的兵书数量不多,但是大量的战争实践丰富了兵家理论。比如之前的战争基本上是东西线作战,尚没有南北问题,因而也不会出现"南船北马"的考虑。由于兵家思想也更多地体现在军事对策上,所以这一时期最精彩的兵家思想不在兵书中,如《便宜十六策》《将苑》,不能确定其作者究竟是否为诸葛亮,其思想也没有超过先秦兵书;而那些著名的战略对策,如韩信的《汉中对》、诸葛亮的《隆中对》、羊祜的《平吴疏》,以及杜预和王濬的平吴思想,西汉张良与东汉邓禹、来歙等人的献计献策,高颎与贺若弼为隋文帝提出的战略性建议,等等,才是真正的精华,可见这一时期兵学的实用性大大提高了。除兵家之外,政治家、思想家也普遍关注军事问题,如晁错的《言兵事疏》,王符《潜夫论》中的《边议》《选将》《救边》《实边》诸篇,都是论兵的名篇佳作。

这一时期兵家思想的发展有两个主要标志:一是兵学主题的转换,一是战略向战役、战斗层次的转换。兵学主题的转换在《黄石公三略》一书中有鲜明的体现。首先,《黄石公三略》是大一统兵学,这一主题与先秦兵学不一样。先秦兵学讲的是夺天下、取天下的问题,而《黄石公三略》讲的是安天下、治天下的问题。秦汉时期虽然也有战争,但总体上和平发展是主流,所以这一时期的兵家所关注的更多是为了维护朝廷统治的稳固与安全,而不是讲攻城略地的问题。其次,这一时期的兵学主题由作战变为治军,所以《黄石公三略》一书很少涉及作战指挥的具体内容,多是强调如何治理军队,尤其是如何处理好君主和将帅的关系问题,因而它既可以说是兵家之学,也可以说是政治理论。而战略向战役、战斗层面的转换则源于魏晋南北朝到隋唐时期丰富的战争实践,如《唐太宗李卫公问对》,就把原来《孙子兵法》中很抽象的东西,用真实而具体的战例加以印证,把孙子的原则具体化、细节化,即所谓"其书分别奇正,指画攻守,变易主客,于兵家微意,时有所得"[①]。可见,秦汉至隋唐的中国兵家及其思想虽然处于比较平稳的发展阶段,但还是有其鲜明的特色的。

宋元时期是中国兵家及其思想发展的又一个高潮期。元代的兵家思想主要体现在蒙古骑兵的军事实践中,具有鲜明的北方民族特色,但行诸文字的兵家论著很少。而宋代兵学则形成了中国传统兵学的第二个高峰。宋代比较优待知识分子,但是实际上又处于"积弱"的状态,没有强大的军事实力,在一定程度上只能靠军事谋略来加以必要的弥补。宋代兵家理论的繁荣集中体现在以下几个方面:首先,宋代武学兴起,系统并规范地培养专业的军事人才,并使这一制度成为定制。其次,宋代颁定"武经七书",成为武学的官方教科书。中国自古治国安邦文武并用,文是指儒家经典"十三经"或"四书五经",武就是"武经七书"。最后,更重要的是,宋代兵书分门别类,更加专业化。此前如《孙子兵法》包括治军、作战、战略、军事观念等,是综合的兵书。而宋代兵书有专门研究军事制度的,如《历代兵制》;有讨论攻守城问题的,如《守城录》;有大型的兵学类书,如曾公亮等人编撰的《武经总要》;有具体讨论各种战法战术的,如《百战奇法》;有对军事历史人物、事件进行评论的,如《何博士备论》;等等。不过,宋代虽然兵书著述繁富,但在"崇文抑武"治国方略以及文人论兵思潮之下,兵学儒学化倾向严重,创新性不足,在总结火器初兴条件下新的战术战法、指导战争实践方面未能发挥应有作用,兵学在文献繁荣的表象之下已经蕴含着衰落的危机。

明清时期,中国兵家及其思想发展进入守成期,这是中国古代兵学的终点,兵学也由此而迈向新生,因此亦有显著特色。就明代而言,当时的兵书数

---

① 永瑢等:《四库全书总目》卷99《子部·兵家类》,中华书局1965年版。

量众多,如《阵纪》《白毫子兵䨻》《投笔肤谈》等。有些兵书在兵学文化上也不乏建树,表现为重视具体的军队战术要领总结,具有代表性的有戚继光的《纪效新书》和《练兵实纪》。又如,明代倭寇肆虐,面对海防这一新问题,出现了专门讨论海防问题的兵书,例如郑若曾撰著的《筹海图编》。明代还引进了西洋火器,如佛郎机大炮等,而大炮的运输与使用问题催生了孙承宗《车营扣答合编》的面世;孙承宗关于新型战法的讨论,显然受到了传统兵学的深刻影响,即便是讨论车战的奇正,也未能在总体上跳出传统范式;但他也试图结合装备发展情况对车战的战法进行探讨,以求更好地发挥火器的威力,这一点显得难能可贵,传统兵家与兵学就此迎来转型良机。但令人遗憾的是,封建王朝的更替随即打断了这一转型历程。

清代兵书就数量而言也相当繁富,但是平心而论,当时对兵学贡献最大的并非兵书,而是没有兵书留存,但有军事实践的曾国藩、胡林翼、左宗棠等人。他们提出了相对完整的治军和练兵思想,如"训有二:训打仗之法,训作人之道"[①],"练有二端:一曰练技艺,二曰练阵法"[②];在作战方法上创造了水陆相依、围城打援等经过实战检验的有效战法。但从本质上讲,曾国藩等人对兵学的主要贡献仍在传统兵学框架之内,并未对兵学产生结构性的改变,仅做了传统兵家思维的实践性转化等工作,所以总体上看,兵家及其思想,在西方军事理论被引入中国之前并无体系上的重大突破,亦未扭转步步沦落的局面。总之,明清兵家及其思想有一定的创新内容,但从本质上讲,并没有重大的突破,乃是中国古代兵家及其理论的终点。

19世纪60年代以后,西方军事理论被介绍到中国,传统兵学中的原生缺陷逐步被补足,中国兵学发生重大变革,传统的兵家及其学术逐步让位于近代军事学,如以军事教育取代传统的选将,装备保障与建设也逐步形成理论,这些使兵学的内涵发生了较大变化。伴随西方军事理论一同被引入的科学主义精神推动了兵家思想逐步从以经验主义为基础向以科学主义为基础的转变,其中,跳出传统兵家以"范畴"为核心与载体的术语体系,借鉴和应用西方近代军事学,使军事术语得以规范使用,可谓是兵家思想趋向专业化和科学化的重

---

① 曾国藩:《批统领韩字营全军韩参将进春禀奉委招勇抵省立营管带由》,《曾国藩全集·批牍》,岳麓书社2011年版。
② 曾国藩:《劝诫潜语十六条》,《曾国藩全集·诗文》,岳麓书社2011年版。

要特征之一。这个进程使得传统兵家到近代逐渐开始转型，并最终以近代军事学派的面貌出现在历史舞台之上。但是，如果从深层次考察，这种转型仍保留有传统兵家的明显烙印，带有中国文化的鲜明特征。如被人们视为按近代军事学体系编撰而就的《训练操法详晰图说》一书，依然不乏"训必师古，练必因时""自古节制之师，存乎训练。训以固其心，练以精其技。权其轻重，训为最要"之类的言辞，这类说法与王阳明、戚继光、曾国藩、胡林翼等人的主张一脉相承，并无本质上的区别。

中国兵家思想主要包括历史上丰富的军事实践活动所反映的战争观念、治军原则、战略原理、作战指导等内容，其主要文字载体是以《孙子兵法》为代表的数量浩繁、内容丰富、种类众多、哲理深刻的兵书。其他文献典籍中的论兵之作也是重要的文字载体，这包括：《尚书》《周易》《诗经》《周礼》等中华元典的有关军事内容；《墨子》《孟子》《荀子》《老子》《管子》《商君书》《韩非子》《吕氏春秋》《淮南子》等所载先秦两汉诸子的论兵文辞；史书、类书、政书、丛书中的言兵之作；唐、宋、元、明、清诸多文集中的有关军事论述；《汉中对》《平吴疏》《隆中对》《取陈策》《平边策》《雪夜对》等史籍中所记载的历代政治家、军事家的军事言行。它们同专门的兵书著作一起，共同构筑起中国古代兵家思想的瑰丽宝库。[①]

中国古代兵家思想博大精深，大体而言，它的基本内容是：在战争观上主张文事武备并重，提倡慎战善战，强调义兵必胜、有备无患，坚持以战止战，即以正义战争制止和消灭非正义战争，追求和平，反对穷兵黩武。从这样的战争观念出发，反映在国防建设上，古代兵家普遍主张奖励耕战、富国强兵、居安思危、文武并用、居重驭轻、中外相维。在治军思想方面，兵家提倡"令文齐武"、礼法互补。为此，历代兵家多主张以治为胜、制必先定、兵权贵一、教戒素行、智勇双全、气艺并重、赏罚分明、恩威兼施、励士练锐、精兵良器、将帅贤明、上下同欲、三军齐心；在后勤保障上，提倡积财聚力、足食强兵、取用于国、因粮于敌；在兵役思想上，坚持寓兵于农、兵民结合、因势改制；等等。战略思想和作战指导理论是中国古代兵家思想的主体和精华，它的核心精神是先计后战、全胜为

---

① 参见李际均：《总序》，军事科学院主编：《中国军事通史》第1卷，军事科学出版社1998年版。

上、灵活用兵、因敌制胜。一些有关的命题或范畴,诸如知彼知己、因势定策、尽敌为上、伐谋伐交、兵不厌诈、出奇制胜、避实击虚、各个击破、造势任势、示形动敌、专我分敌、出其不意、攻其无备、善择战机、兵贵神速、先机制敌、后发制人、巧用地形、攻守皆宜、兵机贵密等,都是围绕着"致人而不致于人",即夺取战争主动权这一根本宗旨而提出和展开的。在哲学思想上,古代兵家思想具有丰富的朴素军事辩证法成分,这首先表现为注重以普遍联系、相互依存的观点、立场和方法,全面认识和宏观指导军事问题;其次表现为注重对事物转化中"节"与"度"的理解和把握;最后表现为注重以事物发展普遍属性的立场、观点对待军事斗争,并在此基础上对其加以能动的、正确的主观指导。

如前所述,兵家学派的学术载体主要是兵书。中国古代兵书的数量之大、内容之广,确实是令人惊讶和震撼的,形容为"汗牛充栋""数不胜数"毫不为过。据民国时期陆达节的《历代兵书考》一书统计,历代兵书的数量为1304部。许保林先生《中国兵书知见录》曾著录兵书3380部、2 323 503卷(959部不知卷数,未计在内),其中存世兵书2308部、18 567卷(731部不知卷数,未计在内);存目兵书1072部、4936卷(228部不知卷数,未计在内)。[①] 上述统计尚是初步的,刘申宁先生的《中国兵书总目》有更多的著录,达4000余部之多。[②] 但不管是1000余部、3000多部抑或4000余部,兵家扮演的角色之重,显而易见;而中国为世界上首屈一指的"兵法大国",也是实至名归、当之无愧的。

《汉书·艺文志·兵书略》曾对西汉以前的兵学流派做过系统的区分,将先秦至两汉的兵家划分为兵权谋家、兵形势家、兵阴阳家和兵技巧家四个大类。在四大类中,兵权谋家是最主要的一派,其基本特征是:"权谋者,以正守国,以奇用兵,先计而后战,兼形势,包阴阳,用技巧者也。"显而易见,这是一个兼容各派之长的综合性学派,其关注的重点是战略问题。中国古代最重要的兵书,如《孙子兵法》《吴子》《六韬》《孙膑兵法》大都归入这一派。兵形势家也是比较重要的兵学流派,其特点是:"雷动风举,后发而先至,离合背向,变化无常,以轻疾制敌者也。"主要探讨军事行动的运动性与战术运用的灵活性、变化性。兵阴阳家,其特征是"顺时而发,推刑德,随斗击,因五胜,假鬼神而为助

[①] 参见许保林:《中国兵书知见录》,解放军出版社1988年版。
[②] 参见刘申宁:《中国兵书总目》,国防大学出版社1990年版。

者",即注意天候、地理与战争胜负关系的研究。兵技巧家,其基本特点是"习手足,便器械,积机关,以立攻守之胜者也",这表明该派注重的是武器装备和作战技术、军事训练等等。汉代这种有关兵家流派的划分与总结,是中国兵家思想发展史上一个具有里程碑式意义的事件,也是中国古代严格意义上的兵家臻于完全成熟的一个根本性的标志。兵家四分法经《汉书·艺文志》记载而为后世兵家奉为圭臬[①],也即后世兵书撰著与兵学理论建树的规范程式与指导方针。秦汉以降,中国兵家思想生生不息,代有发展,但其基本内容与学术特色却基本没有逾越上述四大类的范围。

但是,在后来"崇文"的文化氛围越来越浓厚的历史背景下,兵家的地位日趋低落,兵书的总量相对萎缩。到了唐代编撰《隋书·经籍志》之时,"兵书略"作为独立的一大门类被取消,改归入"子部"之中,且日益边缘化,由"蔚为大国"退化为"蕞尔小国"了。这就是目录分类变化背后的学术文化变迁之显著事例,也是"尚武"精神日益萎缩的一个具体象征,更是中国古代兵家在社会政治生活中逐渐趋于相对边缘化的一个体现。我们看到,最终被收录于清代《四库全书·子部·兵家类》的古代兵书,仅寥寥二十部而已,列入《兵家类存目》的也仅有四十七部,像著名兵书《翠微先生北征录》《百战奇法》《武备志》《筹海图编》等,都被摈弃,不予收录。总之,在整个《四库全书》中,兵书的数量微不足道,所占全部图书的比重也几乎可以忽略不计。须知,汉代编撰《汉书·艺文志》时收录的兵书,就有"兵权谋"十三家、"兵形势"十一家、"兵阴阳"十六家、"兵技巧"十三家了,而一千多年下来,被朝廷认可并收入皇家图书编目体系的,数量不仅不曾增加,反而呈大大减少的趋势,这实在是非常不正常的文化现象。这种文化现象之所以会出现,归根结底,乃是受"尚武"转向"崇文"这种民族性格与文化精神之嬗变的左右,而在这种不正常的文化大氛围的制约下,中国古代兵家由盛而衰,淡出历史舞台的中心位置,也是势所必然了。

兵家思想的研究,是军事史研究的主干与重心,同时也是中国古代学术史研究的重要组成部分。就前者言,在中国源远流长的军事史中,兵家及其思想

[①] 班固《汉书·艺文志》源于刘歆《七略》,而刘歆则是承其父刘向之《叙录》业,"总括群篇,撮其指要,著为《七略》"。

无疑是其灵魂与核心之所在,它在很大程度上规范了军事斗争的面貌,是丰富多姿、异彩纷呈的军事文化现象的精神浓缩和哲学升华,是具体军事问题的高度抽象,也是军事发展规律的普遍揭示,所以理应成为军事史研究的重点。就后者言,兵家虽然没有被刘向、刘歆和班固等人列入"诸子略",但其丰厚的思想内涵、高明深刻的辩证思想方法论,丝毫不逊色于儒、墨、道、法的理论成就,其对中华民族文化精神的形成、中国古代思想理论体系的确立、古代人们思维模式的养成,同样具有重要的意义,发挥过重大的作用,产生过深远的影响,因此,也应该成为整个学术思想发展史认知中的重要一维。

需要指出的是,兵家思想的研究是多学科、综合性的研究,其中历史学与军事学是最核心的两大要素,这要求我们在研究过程中充分运用历史方法的同时,应该尽可能地借助军事学的范畴、概念与方法,注重从军事学的角度归纳问题、分析问题、考察问题、解决问题。应该说,这正是兵家思想的研究讲求科学性、学术性的必然要求和前提条件。

我们认为,今天的中国古代兵家研究,应该致力于就中国兵家思想发展的时代背景、基本内涵、演变轨迹、主要特征、表现形式、重要地位与文化影响等加以全景式的回顾与总结。在此基础上,重点考察与揭示中国历史上的代表性兵家人物及其著作、诸子论兵之作以及经书史传所蕴含的兵家思想要义及其对中国兵学文化发展的卓越贡献;对影响与制约中国历史上兵家思想发展的基本要素,如武器技术装备、军队体制编制、作战样式与战法、军种兵种构成与变化、军事训练与军事法规等等进行必要而细致的梳理与剖析。总之,要梳理中国兵家产生、发展及演变的历史轨迹,总结中国兵家的主要成就,揭示中国兵家文化的基本特征,阐释中国兵家及其思想的学术价值和对今天国防建设事业的启迪意义。

本书的撰写,就是基于上述的认识与宗旨而进行的,其基本框架如下。"上编"与"中编"以兵家发展的历史脉络与顺序进行叙事为经,以兵家主要代表人物、重要著作、学术思想体系的阐释为纬,展开论述。这么做的出发点是为了全景式呈现中国古代兵家的历史演进、整体面貌、基本成就和主要特点,是出于照应全局的考虑,兼顾了兵家学派研究上"线"与"面"观照和呼应的要求。"下编"则是对兵家学派几个重要学术问题的专题性讨论,也就是在兵家学派总体面貌得到系统勾画的基础上,就兵家思想的关键性问题进行深度考察与评析,这属于"点"的深化。我们认为,有"线"的梳理、"面"的呈现,再加上"点"的解读,这种"立体性"的研究方式,或许更有助于读者全面了解和评估中国古代兵家的风貌和价值,值得进行尝试。

在具体的撰写分工方面,黄朴民负责绪论、第一章至第六章、第十一章至第十五章的撰写,并负责全书的统稿。魏鸿负责第七章、第八章的撰写。熊剑平负责第九章、第十章的撰写。另外,在具体的技术性环节处理方面,魏鸿、熊剑平均做了大量的工作,为全书的完成做出了贡献。

上 编

第一章 "古司马兵法"与兵家的萌芽及其雏形

正如《吕氏春秋》中所说,"兵之所自来者上矣,与始有民俱"[1],人类为了争夺有限的生存资源,产生了暴力冲突和战争。由于史料阙如,对于早期的战争指导与战术运用等,今天已经很难有较为完整的了解。我们只能从有限的传世经典和出土文献中,考察兵家的萌芽和早期的雏形。

第一节 甲骨卜辞与《周易》等典籍中所见的兵家雏形

兵学思想与兵家学派根植于特定的社会土壤,它是时代政治、经济、文化大环境下的产物,更是丰富多彩的军事实践在人们观念上的反映。作为观念形态的兵学思想及其具体实践者的兵家,其起源与形成要略微滞后于战争的起源。一般而言,它的起源至少取决于三个前提:一是需要有文字的发明;二是需要有一定数量战争经验的沉淀与积累;三是人类思维能力已经达到一定的水平。从这个背景出发,考察先秦兵学思想发展历史的实际,我们可以这么说:中国兵学思想萌芽于夏商时期,初步成型于西周时期,渐趋成熟和繁荣于春秋战国时期。[2] 在这个过程的最初阶段,兵家也开始了它的蹒跚起步。

班固《汉书·艺文志·兵书略序》有言:"兵家者,盖出古司马之职,王官之武备也。"对上古原始兵家的起源问题,班固等人引儒释兵,曾做出自己的梳理与诠释。其要旨不外乎为两点。一是兵家源远流长,由来已久,有其内在的规

---

[1] 《吕氏春秋·荡兵》,许维遹撰,梁运华整理:《吕氏春秋集释》,中华书局2009年版。以下只注篇名。
[2] 于汝波、黄朴民主编:《中国历代军事思想教程》,军事科学出版社2000年版,第4页。

律:"《洪范》八政,八曰师。孔子曰为国者'足食足兵','以不教民战,是谓弃之',明兵之重也。《易》曰'古者弦木为弧,剡木为矢,弧矢之利,以威天下',其用上矣。后世爁金为刃,割革为甲,器械甚备。"①二是兵刑同源,兵刑合一,即通过战争来胜残去杀,乃是最高的"刑罚":"故圣人因天秩而制五礼,因天讨而作五刑。大刑用甲兵,其次用斧钺,中刑用刀锯,其次用钻凿,薄刑用鞭扑。大者陈诸原野,小者致之市朝。其所繇来者上矣。"②从这个意义上说,兵家与法家之间似乎有着千丝万缕的纠葛。

一、夏商时期原始兵家思想的萌芽

有关夏商时期兵学思想与原始兵家的萌芽情况,一部分见于《左传》《国语》《尚书》《诗经》《周易》等文献的追叙,其中主要的内容包括政治与军事、战争指导原则、军事法规与纪律等多个方面、多个层次,如"取乱侮亡""修德抚众""因垒而抚之""用命赏于祖,弗用命戮于社,予则孥戮汝"等等。虽然它们是追述性质的文字,掺杂了大量后世兵家思想的成分,但是多少包含了夏商时代原始兵家对军事的理性认识,依然是值得我们加以留意的。

夏商时期原始兵家的思想萌芽,更重要的载体乃是安阳小屯村等地殷墟遗址中出土的甲骨卜辞。甲骨卜辞是对战争等活动进行占卜预测的产物,虽然其表现形式带有浓厚的迷信色彩,然而却也比较客观地反映出当时人们的战争指导水平与战术运用特点,而提出并运用这些原则从事作战活动的军事统帅,在某种意义上,则可以视作中国历史上最早的实践型兵家。

我们认为,大致而言,殷商时期甲骨卜辞所体现的原始兵家的兵学思想有以下几个方面。

第一,重视掌握情报,立足于知彼知己的战前准备原则。例如,商王通过守卫四土的侯伯、田、牧、卫搜集各类军事情报,了解、掌握周围方国的动态,如"沚䣅告曰:土方征于我东鄙,戋二邑。舌方亦侵我西鄙田"③,"今载方其大出,五月"(6692版),"有来告,方征于寻福"(6672版),从而及早做好应战的部

---

① 班固:《汉书》卷30《艺文志·兵书略序》,中华书局1962年版。以下只注篇卷。
② 《汉书》卷23《刑法志》。
③ 郭沫若主编:《甲骨文合集》6057版,中华书局1978—1982年版。以下只注版号。

署,制定正确的军事对策,这应该是后世兵家"知彼知己""知天知地""遍知天下"基本原则的最早雏形。

第二,综合考察和分析形势,制定多种作战方案,以供实战中选择使用。如《甲骨文合集》27972版曾记录商王朝最高统帅部在部署对羌方的一次战役中的多项选择方案:在何种场合举行何种祭典,可以保佑商人在抵御羌方进犯时立于不败之地,既保全自己又能够重创敌人;让部队暂避敌锋芒却不必回师,仍然可以顺利破敌;如果将戍军调回,另换其他将领统兵出征,是否会造成不良的后果。[①] 这些材料,可以说是后世兵家"计必先定""先计而后战",打"算定战"思想的滥觞。

第三,在作战中,比较灵活地运用各种战法,实施积极的攻守方针,掌控战场主动权,夺取作战的胜利。这包括依据地形、地貌与军队本身条件,布列有利的阵位、阵势,"亚立(位),其于右,利?其于左,利?"(28008版)[②];预设阵地,用各种手段使得敌军进入受攻击位置,加以伏击和聚歼,"辛丑卜,争,贞妇好其比沚戛伐巴方,王自东骚伐,戎陷于妇好立"(6480版)[③];派遣先头部队及时打开通道,为主力随后大举进击创造条件,"沚戛启,王比,帝若受我又"(7440版)[④];进攻时,身披兽皮发动突袭,震慑敌人,一举打乱敌人的阵形[⑤];等等。其中特别值得注意的是,当时已出现了埋伏战术,这应该是从日常生活中的狩猎方式里获得的启示,也正如马克思所说的,"战争也是狩猎,不过是对人的狩猎,是更为发展的狩猎"[⑥]。

第四,申明军事纪律,确保旅进旅退、令行禁止,从而使参战将士能够步调一致地投入战斗,去夺取战争的胜利。如《屯南》119版曾有"师惠(惟)律用"

---

① 参见罗琨:《殷商时期的羌与羌方》,王宇信主编:《甲骨文与殷商史》第3辑,上海古籍出版社1991年版。
② 卜辞中"立"的一种用法当"位"讲,指军事行动中的"布阵列势"。
③ "陷"在此处指的是"打伏击战"。
④ "启"指开道和先行的军事行动。
⑤ 参见胡厚宣:《甲骨文麂字说》,胡厚宣等:《甲骨探史录》,生活·读书·新知三联书店1982年版。
⑥ 马克思:《1861—1863年经济学手稿》,《马克思恩格斯全集》第32卷,人民出版社1998年版,第290页。

的记载。其含义应该与《周易·师卦·初六》"师出以律,否臧凶"相接近。[①]这从一个侧面表明,至少在殷商晚期,原始兵家已经把申明与贯彻军事律令,强调令行禁止、旅进旅退,作为治军的一个重要内容,已将厉行军纪军法胪列为军队克敌制胜的关键之一。

甲骨卜辞所反映的原始兵家思想的萌芽,虽然因自身性质的限制而显得零碎不系统,然而它毕竟已开始触及兵学理论的一些核心问题,为后世兵家思想的发展开了先河。这些观念,吉光片羽,弥足珍贵,表明中国原始兵家,从其踏足历史舞台伊始,便处于一个相当高的起点。

另外,我们也可以看到,有关文献中同样有为数不少的有关当时人们兵学思想和军事实践的追叙。如"取乱侮亡""修德抚众""因垒而抚之""用命赏于祖,弗用命戮于社,予则孥戮汝"等。再如,《司马法》把治军看成一个历史的范畴,不同历史时期有各自不同的特色,应该以发展变化的眼光来看待其形式上的差异性和实质上的同一性:夏代在朝堂上施行奖赏,这是为了勉励好人;商代在集市上公开施行诛戮,这是为了警惧坏人;周代在朝堂上施行奖赏,在集市上执行诛戮,这是为了劝勉君子,惧骇坏人。然而,三代君王鼓励人们去恶从善的精神实质却是完全一致的:"夏赏于朝,贵善也;殷戮于市,威不善也;周赏于朝,戮于市,劝君子惧小人也。三王彰其德一也。"(《司马法·天子之义》)这就是后人追叙夏商周时期原始兵家治军思想的一个范例。

二、西周时期原始兵家思想体系的发展

到了西周,兵学思想有了长足的发展,原始兵家的思想体系也呈示出新的气象。

《唐太宗李卫公问对》卷上指出:"今世所传兵家者流,又分权谋、形势、阴阳、技巧四种,皆出《司马法》也。"[②]所以,我们要考察中国古代兵家及其思想的嬗变轨迹与一般规律,认识中国古代兵家的形成与发展之基本面貌,穷本溯

[①] 参见肖楠:《试论卜辞中的师和旅》,四川大学历史系古文字研究室编:《古文字研究》第6辑,中华书局1981年版。
[②] 《唐太宗李卫公问对》卷上,张元济辑:《续古逸丛书》影宋本,广陵书社2013年版。以下只注篇名。

源,不能不从研究上古兵学切入。

西周是中国古典礼乐文明的全盛时期,武王伐纣、周公东征、昭王南伐、穆王西巡、宣王中兴、幽王失国等一系列战争,给兵学思想的发展和兵家的成型注入了新的生机,而礼乐文明的繁荣,也为兵家的崛起和兵学的进步提供了合适的温床。在这种背景之下,兵家学派在当时进入了初步成型的阶段。这既表现为金文、《尚书》《周易》《诗经》《逸周书》《周礼》等文献典籍对军事问题均有不同程度的探讨和总结,也表现为当时已经出现了一些以专门记载和论述军事问题为宗旨和主体内容的书籍,如以"古司马兵法"为类名的《军志》《军政》《令典》《大度之书》等等。它们对兵学问题做出了自己的分析与判断,提出了一系列重要的兵学原则,与此相应,兵家也逐渐作为相对独立的主体而登上历史舞台。

这里比较值得注意的是《周易》一书所反映的兵家思想。《周易》之"易",本身就有变化诈谲的含义。《公羊传·哀公九年》言:"宋皇瑗帅师取郑师于雍上。其言取之何？易也。其易奈何？诈之也。"何休《解诂》言:"诈谓陷阱,奇伏之类。"即多少透露了这一信息。[1] 通观《周易》全书,兵学思想占据了相当大的篇幅,像《师卦》《同人卦》《离卦》《晋卦》等,被不少研究者列为"军事卦"。故《四库全书总目》指出:"《易》道广大,无所不包。旁及天文、地理、乐律、兵法、韵学、算术,以逮方外之炉火,皆可援《易》以为说。"[2]

例如,《周易》主张"师出以律,否臧凶",强调严肃军纪,令行禁止。重视地形地貌与征伐作战之间的关系,"迷复,凶,有灾眚。用行师,终大败,以其国君凶。至于十年不克征"[3]。重视民众在战争活动中的作用,"众允,悔亡"(《晋卦·六三》),"观我生,进,退"(《观卦·六三》)。强调考虑与较量双方力量,在此基础上做出攻守的抉择,"晋其角,维用伐邑"(《晋卦·上九》)。提倡战术上巧妙利用地形,引诱敌人并加以伏击,"需于泥,致寇至"(《需卦·九三》),"伏戎于莽,升其高陵,三岁不兴"(《同人卦·九三》)[4]。注重合理的部

---

[1] 参见李际均:《中国军事战略思维论》,北京人民出版社2017年版,第384页。
[2] 永瑢等:《四库全书总目》卷1《经部·易类一》,中华书局1965年版。
[3] 《周易·复卦·上六》,周振甫译注:《周易译注》,中华书局2013年版。以下只注篇名。
[4] 这是一条重要的山地伏击战作战原则,这个原则在古希腊军事学家色诺芬的《长征记》、恩格斯的《山地战的今昔》中也有类似的体现。

署,发挥军队的战斗力,"军,左次,无咎"(《师卦·六四》)。讲求师出有名,主张积极防御,"击蒙,不利为寇,利御寇"(《蒙卦·九三》)。

这些内容显示,《周易》的确是一部富有深刻兵学思想的古老著作,它为中国古代原始兵家的诞生、兵学思想的形成和发展,提供了非常丰富的思想素材,弥足珍贵。同时,通过《周易》也可以看到,在其成书的西周时代,中国早期兵家的雏形已基本确立。无怪乎宋代王应麟在其《通鉴答问》一书中言:"盖《易》之为书,兵法尽备,其理一矣。"

像《周礼》《尚书》,"古司马兵法"门类之下的《军政》《军志》等,同样对军事问题提出了理性的认识。如《周礼·夏官·大司马》关于战争目的的论述就非常深刻,它主张从事战争的出发点是征讨不义,所谓正邦国的"九伐之法"便是这一观念的具体注脚,即只有当对方犯有"凭弱犯寡""贼贤害民""放弑其君"等九种严重罪过时,才可以兴师征讨,"会之以发禁者九"。① 这样既肯定了征伐的必要性,又防止了汲汲好战、穷兵黩武的行径,实为"重战"与"慎战"并重的正确观念。

又如《军志》重视辩证看待和处理战争中先发制人与后发制人的关系,"先人有夺人之心,后人有待其衰"(《左传·昭公十一年》引);强调吊民伐罪,德主兵辅,"有德者不可敌"(《左传·僖公二十八年》引);主张在战争中知彼知己,适可而止,"允当则归""知难而退"(《左传·僖公二十八年》引)。这反映了当时的兵家群体在兵学问题上的独到而深刻之见解。

再如"古司马兵法"、《尚书》均提倡运用大方阵战法,"成列而鼓""不愆于六步、七步,乃止,齐焉;不愆于四伐、五伐、六伐、七伐,乃止,齐焉""逐奔不远,纵绥不及""徒不趋,车不驰,逐奔不逾列……迟速不过诫命"。② 主张在战争善后上,"服而舍人""又能舍服,是以明其勇也"(《司马法·仁本》)。这一系列军事原则在指导当时的军事实践时曾经发挥了重要作用,并对后世兵学思想的构筑、兵家观念的进步产生过极其深远的影响,像《孙子兵法·军争篇》中所说的"归师勿遏,围师必阙,穷寇勿迫"等用兵基本纲领,很有可能是从"古司马兵法"时期兵家所秉持的相关原则中脱胎的。

---

① "九伐之法"的内容,也见于今本《司马法·仁本》。
② 参见《司马法·仁本》《尚书·牧誓》《史记·周本纪》等。

从另一个角度讲,西周时期兵家所蕴含的思想,其载体形式主要表现为"军法",还不是纯粹意义上的"兵法"。所谓的"军法"与"兵法"的区分,也即"广义的军事艺术"和"狭义的军事艺术"之别。①"兵法"主要是指"用兵之法",重点是有关作战的指导原则和具体方法;而"军法"则多带有条例和操典的性质,即中国古代以征募兵员、装备军队和训练军队为主要内容的各种条例规定,包括军赋制度、军队编制、军事装备条规、指挥联络方式、阵法与垒法、军中礼仪与奖惩措施等等。它们一般属于官修文书的范畴。虽然这中间也包含有具体用兵之法的内容,但是与大量的典章法规成分相比,实属零散和稀少。由于它们是殷周礼乐文明在军事领域内的集中体现,所以又可以称为"军礼"。这种"兵法"包容于"军法"之内而未曾独立成为专门军事艺术的情况表明,在西周时期,兵家思想虽然已经有了长足的发展,但却远未臻于成熟,而这又是与当时整个兵家学术进步的基本状态相适应、相同步的。换言之,在"学在官府"的王官学术背景下,原始的兵家,也可以"王官兵家群体"命名,故班固《汉书·艺文志·兵书略序》有言:"兵家者,盖出古司马之职,王官之武备也。"

这里需要特别指出的是,兵家产生于战争,其相关理论也完全来源于战争实践,直接服务于实战需要。例如《师卦·六四》云:"师左次,无咎。"这其实毫无神秘色彩,而是合乎作战实践规律的单兵战术动作。其原始含义为:在战场上,位于左侧或驻扎在左方,则安全。道理很简单:一般人都是右手为主,左手为辅,左撇子毕竟是少数,所以初学者驾驶汽车或骑自行车时,一般都感觉右转弯易而左转弯稍难。同理,在冷兵器时代,士兵通常左手执盾用以防守,右手执刃用于攻击。因此,当与敌人生死相搏,尤其是狭路相逢时,很自然应该靠近左侧,迫敌位于自己的右侧,便于右手执刃加以击杀。很显然,"师左次,无咎"这一原则的提出,完全是古代士兵对具体作战经验自觉或不自觉运用的理论总结与升华。

这一点古今同理:"直至现代坑道内作战和巷战中,为便于右肩据枪射击和隐蔽身体,也是要求注意靠左侧和利用左拐弯。"②理论渊源于实践乃是毋庸置疑的。

---

① 参见李零:《吴孙子发微》,中华书局1995年版,前言。
② 李际均:《中国军事战略思维论》,北京人民出版社2017年版,第385页。

第二节　集早期兵家思想之大成的"古司马兵法"

西周时期，文献典籍"皆官府藏而世守之，民间无有"。在这样的历史条件下，兵学典籍系由官方统一编纂，专职传授，而非个人创作。这类文献泛称"司马兵法"，也即司马之官治军用兵法典法令的总称，作为类名，它不是对某部军事典籍的专指。先秦时期一切官方军事文书（类似于今天的法规、条令、条例等）都属于"古司马兵法"的逻辑组成部分。这些文献内容十分丰富，流传颇为广泛，至少在两汉时期，人们还能看到其中一部分零散材料，并对它所包含的军事理论原则、阵法战法要领、训练编制纲目之丰富和深刻赞叹不已。例如，司马迁就感慨道："余读司马法，闳廓深远，虽三代征伐，未能竟其义，如其文也，亦少褒矣。"[1]

这些文献经刘向、任宏、刘歆等人的辑汇整理，以"司马法"之名列入《七略》作为"兵权谋家"，班固作《汉书·艺文志》时，考虑到它的"军礼""军法"属性，改为列入"六艺略"之"礼"部，称"军礼司马法"，其著录的篇数是"百五十五篇"。应该说，这是"古司马兵法"在汉代存世状况的大体反映，尽管汉代所流传的"古司马兵法"已经渗入了春秋后期和战国年间的不少兵家言辞，不再是纯粹的上古原始军事法规、条令条例材料之汇集了。换言之，西周时的"古司马兵法"，实乃当时言兵之"成宪"或"典志"。从这个意义上讲，西周兵家思想可以理解为"古司马兵法"笼括下的兵学，而编撰和运用"古司马兵法"于国防建设与战争实践的专业军事人才群体，可以视作中国历史上最早成型的兵家，即"王官兵家群体"。[2]

至于"古司马兵法"阶段的兵家思想，其主要特点是在战争观、治军理论、作战指导思想原则上，充分反映和贯彻"军礼"的基本精神，提倡"以礼为固，以仁为胜"；主张行"九伐之法""不鼓不成列""不杀黄口，不获二毛"；贵"偏战"而贱"诈战""结日定地，各居一面，鸣鼓而战，不相诈"。这正是班固所指出的

---

[1] 司马迁：《史记》卷64《司马穰苴列传》，中华书局1959年版。以下只注篇卷。
[2] 参见黄朴民：《"古司马兵法"本事索隐》，《文史》2004年第2辑。

"下及汤武受命,以师克乱而济百姓,动之以仁义,行之以礼让,司马法是其遗事也"①。作为以《孙子兵法》为代表的成熟兵家与兵学之前的酝酿、过渡阶段,"古司马兵法"是不可被忽略的。

一、"古司马兵法"的官学档案性质

春秋之前,"学在官府",各类知识与学术,由王室设专门职官分别执掌和传授,兵学作为一门专业理论与实践知识并重的工具性学科,自然也不例外。清代学者汪中在其《述学·自序》中尝言:"观《周礼》太史云云,当时行一事则有书,其后执书以行事,又其后则事废而书存……有官府之典籍,有学士大夫之典籍,当时行一事则有一书,传之后世,奉以为成宪,此官府之典籍也。"②汪中的这一看法,已为学术界普遍认同,如吕思勉先生就指出:"古代史料传于后者,当分官私二种。官家之书,又可分为四:《礼记·玉藻》曰:'动则左史书之,言则右史书之。'郑注曰:'其书《春秋》《尚书》其存者。'《汉书·艺文志》亦云,其说当有所本。《周官》小史,奠系世,今《大戴记》之《帝系姓》盖其物。《吕览》云:'夏之亡也,大史终古抱其图法以奔商;商之亡也,大史向挚抱其图法以奔周。'荀子亦云:'三代虽亡,治法犹存,官人百吏之所以取禄秩。'此古之所谓礼,即后世之所谓典志也。"③罗根泽先生亦认为战国前无私家著作:"古者政教不分,书在官府,欲得诵习,颇非易易。故韩宣子,晋世卿也,必俟至鲁观书于太史氏,始得见《易象》与《鲁春秋》(《左传昭二年》)。季札,吴公子也,亦必俟至鲁,始得闻各国之诗与乐(《左传襄二十九年》)。一般平民,史尤论焉。大凡典册深藏官府,则有承传,无发展;谨世守,乏研究。"④

由此观之,在文献典籍"皆官府藏而世守之,民间无有"的上古时期,处于"古人不著书,古人未尝离事而言理,六经皆先王之政典"⑤的特定文化氛围之中,被泛称为"司马兵法"的兵学典籍亦不可能有个人的创作,而只能由官方统

---

① 《汉书》卷30《艺文志·兵书略序》。
② 赵尔巽等:《清史稿》卷481《儒林二》,中华书局1977年版。以下只注篇卷。
③ 吕思勉:《先秦史》,上海古籍出版社1982年版,第18页。
④ 罗根泽:《诸子考索》,人民出版社1958年版,第57页。
⑤ 章学诚:《文史通义》卷1《内篇一·易教上》,叶瑛校:《文史通义校注》,中华书局1985年版。

一编纂、专职传授。换言之,春秋之前的"古司马兵法",实乃上古三代言兵之"成宪""典志",也即军事领域"官府之典籍"。

那么,上古兵学典籍为何又通称"司马兵法"?这是与当时"司马"主掌军事一般事务的职能属性直接相关的。"司马"之职,相传远古时代就已产生,《淮南子·齐俗训》:"故尧之治天下也,舜为司徒,契为司马。"①当然,这只是汉代人物的蓄意虚构、穿凿比附而已。学术界一般的看法是,"司马"一职的设置乃在西周初年,《尚书·牧誓》载曰:"王曰:嗟!我友邦冢君、御事、司徒、司马、司空、亚旅、师氏、千夫长、百夫长。"②反映"司马"在殷周之际已为重要职官。相传西周开国元勋之一师尚父曾为西周的首任司马:"师尚父为周司马,将师伐纣。"(《论衡·是应篇》)这也许是《唐太宗李卫公问对》卷上认定"周司马法,本太公者也"的根据。而《汉书·刑法志》亦强调:"殷周以兵定天下,天下既定,戢藏干戈,教以文德,而犹立司马之官,设六军之众,因井田而制军赋。"

据《周礼·夏官司马》《左传》等文献记载,"司马"是军队武职主官的通称:就职责隶属关系而言,当有大司马、小司马、军司马、舆司马、行司马等;就邦国分封体制而言,则有直属天子王室的大、小司马,隶属诸侯邦国的"邦君司马""国司马",隶属卿大夫的"家司马""都司马"等;就配置关系而言,同级司马往往有"左""右"之分,既各有所司,又互为协调,并隐含使彼此互相掣肘的意图。

《尉缭子·原官篇》尝言:"官分文武,惟王之二术也。"《六韬·文韬·举贤》亦云:"将相分职,而各以官名举人,按名督实。"故学术界多以为将相分权、文武分职是战国职官制度建设上的新情况、新特点,"(战国)官僚机构,是以相和将为其首脑的。这个官僚组织的重要特点就是官分文武""战国各诸侯国文武分职,普遍实行相、将分权制度"。③ 这一看法就军令系统(军队统率指挥系

---

① 与王充《论衡》中《吉验》《初禀》诸篇记载略同。黄晖:《论衡校释》,中华书局2018年版。以下只注篇名。
② 王贵民在《就殷墟甲骨文所见试说"司马"职名的起源》一文中指出:"商代的'马亚''多马亚''马小臣'等,为周代'司马'的滥觞。"(见胡厚宣主编:《甲骨文与殷商史》第1辑,上海古籍出版社1983年,第187页。)此推测甚为合理,司马迁云:"司马法所从来尚矣,太公、孙、吴、王子能绍而明之。切近世,极人变。"(《史记》卷130《太史公自序》)既然吕尚在司马法制作和流传问题上的贡献,不是原创而系"绍而明之",则表明司马之职起源似乎应该早于周代(尽管名称可能有异)。
③ 杨宽:《战国史》,上海人民出版社1980年版,第203页;高锐主编:《中国军事史略》,军事科学出版社1992年版,第146页。

统)而言,自然正确;但就军政系统(军队日常管理体制)而言,则不免方枘圆凿了。事实上在军事行政系统方面,自商周以来,就设有专职官员,以具体处理日常性的军事行政事务,他们是事务官,而非决策者,职司上下有序,相对稳定,自成系统。这类专职武官,在先秦文献中,一般称为"司马"。① 据陈恩林先生考证,西周与春秋时期各级"司马"所执掌的军事行政事务包括:管理国家的军赋、组织适龄服役人员从事军事训练和军事演习、执行军事法律等等。②

从"司马"主持军队行政这一职官基本属性,可知这些人员实际上是军中"普通事务性职官"。他们的主要职责,是按照军队管理上的相关规则、条令条例,对所在部队实行程序化的管理,具有很突出的强制依从性和可操作性。于是便有了大量的军中条令条例、章程法规的制定和颁布,以供这类职官在处理军事行政事务时遵循和贯彻,使得"司马"们无论是在征发军赋、执行军法、进行操练,抑或行军布阵、战场交锋、战争善后之时都能有章可循、中规合矩。这类官方军事文献,就是三代兵学的主要载体。由于它们的接受对象和具体执行者是当时的各级"司马",且这些文献本身又具有法典、法规的性质,因此被通称为"司马兵法"。由此可见,"司马兵法"是军事行政官员所用的军事法规汇编,犹如现代军队的各种条令条例、"军人守则"文件。

既然是官方军事文献材料的汇编,那么"古司马兵法"自然就不是一时一地的军事法典。在时间上,它跨越自西周初年(亦可能包括部分殷商时期的军事条规)至春秋中期的数百年漫长历史;在空间上,它囊括中央王室至各地诸侯国的各类层次不一、内容各异之军事法典、条规的内容。所以司马迁才强调"世既多司马兵法",并表示面对这些浩如烟海的上古军事文献,自己无法一一加以甄别或讨论,只好"以故不论"。③ 从这个意义上我们可以推测:"古司马兵法"是西周至春秋这一历史时期上至中央王室、下至诸侯强宗陆续颁布、不时增易的军事法规、条令的总称,它既包括某些比较专门或成型的典籍文献,如现已失佚的《军志》《军政》《令典》《大度之书》等,同时也汇总了大量单篇、零星的

---

① 罗琨、张永山:《夏商西周军事史》,军事科学院主编:《中国军事通史》第 1 卷,军事科学出版社 1998 年版;黄朴民:《春秋军事史》,军事科学院主编:《中国军事通史》第 2 卷,军事科学出版社 1998 年版,第 59 页。
② 参见陈恩林:《先秦军事制度研究》,吉林文史出版社 1991 年版,第 76—85 页。
③ 《史记》卷 64《司马穰苴列传》。

档案材料,是上古军事文献的类名,而非某部特定军事典籍的专名。清人张澍的看法比较准确地揭示了"古司马兵法"的性质:"此'司马法',即周之政典也。"[1]

需要指出的是,也正因为"古司马兵法"是长时间里中央与地方各类军事文献层积累叠而形成的类别性总集,所以才会有大量说法自相矛盾、内容迥有差异的现象存在。这一点在前人业已辑汇的"司马法佚文"中有显著表现。如关于军赋及车乘编组制度,《周礼·地官司徒注》所引为一乘三十人制:"六尺为步,步百为亩,亩百为夫,夫三为屋,屋三为井,井十为通。通为匹马,三十家,十一人,徒二人。通十为成,成百井,三百家,革车一乘,士十人,徒二十人。"[2]而《左传正义·成公元年》等文献引录的则为一乘七十五人制:"六尺为步,步百为亩,亩百为夫,夫三为屋,屋三为井,四井为邑。四邑为丘。丘有戎马一匹,牛三头,是曰匹马丘牛。四丘为甸,甸六十四井,出长毂一乘,马四匹,牛十二头,甲士三人,步卒七十二人。戈楯具,谓之乘马。"这里,兵车"三十人"乘制与"七十五人"乘制均系"古司马兵法"所明确记载,它们之所以会出现如此不同,解释似乎只有一个,就是军事源文件的渊源各自有别。"三十人乘制"是西周及春秋前期有关军队编制条例的规定,而"七十五人乘制"则属于春秋中后期的军队编制条例的规定,这些不同时期和不同地区军事条令法规汇总编纂到"司马法"大类目之下,于是便有了人数不一的"车乘"编组之法与军赋征发之例。又如"两",原为战车的编制[3],后来逐渐演变为步兵的编制,而这种编组方式的变化,在"古司马兵法"中均有保留和反映[4]。由此可见,形成"古司马兵法"这一上古军事文献总集的素材之原始性与来源之多样性。

"司马"为西周、春秋时期负责军事行政事务的各级主官,诸凡军赋征调、军事训练、作战指挥、军法执行均为其职责范围内的工作。因此,"古司马法"的基本内容自然包罗万象,上起从事征伐行动的根本宗旨,行"九伐之法",中涉"蒐狩"训练方式、兴师程序、誓师仪式、战术运用、献捷凯旋、垒法阵法、金鼓

---

[1] 张澍:《养素堂文集》卷3《司马法》,清刻本。
[2] 《周礼·地官司徒注》,阮元校刻:《十三经注疏》,中华书局1980年版。以下只注篇名。
[3] 参见蓝永蔚:《春秋时期的步兵》,中华书局1979年版,第123—125页。
[4] 《左传·昭公元年》正文引服虔注引"司马法":"五十ractuers人为两。"是为"古司马法"以"两"为战车之一级编制。《左传·成公七年》,杜预注引"司马法":"百人为卒,二十五人为两。"是为"古司马法"以"两"为步卒之一级编制。前者"司马法"材料依据似乎较古,后者"司马法"所据之军事档案应属较晚出。

之制等等,下迄兵器的颁发、后勤的保障等等,均系"古司马兵法"所汇集的军事文献对象。如兵器的颁授,就是"司兵"依据"司马之法"从事的:"司兵,掌五兵五盾,各辨其物与其等,以待军事。及授兵,以司马之法颁之。"(《周礼·夏官司马》)而"军旅田役会同之",更是由"古司马兵法"提供具体的遵循和操作方法:"考《周官·县师》,将有军旅田役会同之戒,则受法于司马以作其众庶,小司马掌事如大司马之法。"①所以,《唐太宗李卫公问对》卷上指出,姜太公在西周初年"实缮其法(按:司马法)",其实包含了畿服制度、军事制度、战法等广泛内容,于军事诸问题面面俱到,一无遗漏:"周之始兴,则太公实缮其法,始于岐都,以建井亩,戎车三百辆,虎贲三千人,以立军制。六步七步,六伐七伐,以教战法。陈师牧野,太公以百夫致师,以成武功。"这样就从一个侧面说明了"古司马兵法"的基本性质,即其载体形式主要表现为"军法"(the rules of army),而不是像《孙子兵法》那样为纯粹意义上的"兵法"(the art of war)。由于它们是殷周礼乐文明在军事领域中的集中体现,所以又可以称为"军礼"。《司马法》一书在《汉书·艺文志》中之所以出"兵书略"而入"六艺略礼部",称曰"军礼司马法",篇数多达一百五十五篇,就是这个道理。

如果说"兵法"掌握的重点是理解和发挥,所谓"运用之妙,存乎一心",那么"军法"贯彻的关键乃在于遵循和效法。前者是需要匠心独运加以创造性运用之原理,后者则是需要中规中矩加以程序化落实的条文。前者主要适用于拥有决策和指挥全权的军队统帅,后者则适用于全军上下尤其是各级军官。也正因性质上的不同,一方面,《孙子兵法》在汉代时早已流行,所谓"世俗所称师旅,皆道孙子十三篇"②,即为其证,主帅大将多以学《孙子兵法》为提高自身军事指挥能力的主要途径③;另一方面,汉代官方在培训各级军官时,仍以"申军令、军法"为重点,用"司马兵法"作主要操典。如汉武帝时"置尚武之官,以《司马兵法》选,位秩比博士,讲司马之典,简蒐狩之事"④。汉朝廷之所以这样

---

① 张澍:《养素堂文集》卷3《司马法序》,清刻本。
② 《史记》卷65《孙子吴起列传》。
③ 《孙子兵法》等为将帅主要军事理论读物,多见史料记载。如《史记》卷111《卫将军骠骑列传》载,汉武帝曾鼓励霍去病学习《孙子兵法》《吴起兵法》:"天子尝欲教之孙、吴兵法。对曰:'顾方略何如耳,不至学古兵法。'"又如《后汉书》卷17《冯岑贾列传》有云:"(冯异)好读书,通《左氏春秋》《孙子兵法》。"
④ 荀悦:《申鉴·时事》,黄省曾注,孙启治校补:《申鉴注校补》,中华书局2012年版。

做,是因为对于绝大多数普通军官来说,在掌握一般军事技能、养成正常军事素质的过程中,既无可能也无必要掌握《孙子兵法》所蕴含的精深兵学哲理,而只需要"讲司马之典",也就是了解和执行具体的军事操典之要求便可以了。而那些熟悉并掌握"司马法"相关规则与要领的各级司马官员,在某种意义上,就是中国早期的兵家群体。

二、"古司马兵法"与今本《司马法》的关系

东汉以降,历魏晋南北朝社会动乱、兵连祸结,"古司马兵法"所包含的上古军事档案材料散佚殆尽,至唐初《隋书·经籍志》成书之时,仅存残本三卷五篇,计3419字。这就是我们所能见到的今本《司马法》,五篇的篇题分别为"仁本""天子之义""定爵""严位""用众"。其中,《仁本》《天子之义》两篇较多地反映了春秋中期以前的"军礼"原则,而《定爵》等后三篇则较多地掺杂了战国兵学思想的某些因素——这方面的痕迹是很明显的,如《司马法·天子之义》云:"军旅以舒为主,舒则民力足,虽交兵致刃,徒不趋,车不驰。"而同书《用众》篇则云,追击败逃的敌军,必须"从奔不息"。前者显然是西周、春秋前期的战法,而后者则是春秋后期,尤其是战国时期的新型战法了。故王鸣盛《蛾术编·说录》尝言:"内《仁本》《天子之义》二篇最纯。"很显然,一直到唐初人们重新著录佚散的"古司马兵法"并最终形成今本《司马法》之时,才不再视"古司马兵法"为原始军事法规条令档案文献的汇编,而开始以严格意义上的军事理论著作对待之。至宋代神宗元丰年间,为适应武学教育的需要,今本《司马法》更被列为"武经七书"之一,成为武官必读的经典兵书教材。[①]

当然,"古司马兵法"的篇幅和内容,要远远超越今本的范畴。因此,除今本《司马法》五篇之外,尚有一定数量的"古司马兵法"佚文流传下来,主要散见于《北堂书钞》《群书治要》《通典》《文选注》《左传注疏》《太平御览》等汉代以降的类书、政书、文集和经籍注疏引文中。对此,清代朴学家从事了大量专门

---

① 宋神宗于元丰三年(1080年)四月,诏令国子监司业朱服、武学博士何去非等人"校定《孙子》《吴子》《六韬》《司马法》《三略》《尉缭子》《李靖问对》等书,镂版行之"。参见李焘撰,上海师范大学古籍整理研究所、华东师范大学古籍研究所点校:《续资治通鉴长编》卷303,中华书局1979—1995年版。以下只注篇卷。

的辑佚搜集工作,张澍、钱熙祚、黄以周、王仁俊等人曾从古书的引文及其注疏中辑得"古司马兵法"佚文约60余条,约1700字,并分别以《司马法逸文》《军礼司马法考证》为题收入《二酉堂丛书》《指海》《玉函山房辑佚书续编》等。这些逸文从内容性质上看似乎更偏重于古代军礼或军法制度的各种细节,它们对于了解"古司马兵法"的原貌、从事上古军事制度和兵家观念的研究,具有不可或缺的价值。

与逸文多保留"畿服""出军""军制"等典章制度内容的情况有所不同,今本《司马法》在内容上似乎更偏重于对战争观念、用兵原则和某些作战方法的论述。由于存在着这种明显的差异,所以历史上有不少学者认为逸文才是"古司马兵法"的本来面貌,而今本乃是伪托。[①] 而《史记》中在《司马法》记载上的抵牾和语焉不详,更加深了学者对今本《司马法》真伪性质的疑虑和困惑。如颜师古在《汉书·主父偃传》中有关《司马法》的注释就明显反映出其持模棱两可的观点:"司马穰苴善用兵,著书言兵法,谓之《司马法》。一说司马,古主兵之官,有军陈用兵之法。"

《史记》中有关"司马兵法"的记载,主要是下列三条材料:

一、《司马穰苴列传》言:"齐威王用兵行威,大仿穰苴之法,而诸侯朝齐。"于是"使大夫追论古者司马兵法,而附穰苴于其中,因号曰《司马穰苴兵法》"。

二、《太史公自序》云:"自古王者而有司马法,穰苴能申明之。"

三、《太史公自序》又言:"非兵不强,非德不昌,黄帝、汤、武以兴,桀、纣、二世以崩,可不慎欤?司马法所从来尚矣。太公、孙、吴、王子(成甫)能绍而明之。"

这里,司马迁给后人留下了几处疑窦:

一是自古便有司马兵法,那么,司马穰苴和太公、孙子、吴起、王子等人"申明之""绍而明之"这类工作究竟在"古司马兵法"汇编成书过程中起到什么作用?今本《司马法》是"古司马兵法"的原文节选?还是经这些人"申明"后所形成新的兵书?

二是《司马穰苴兵法》与"古司马兵法"的关系究竟如何?"附穰苴于""古

---

① 参见田旭东:《司马法浅说》,解放军出版社1989年版,第22页。

者司马兵法"之后,《司马穰苴兵法》是否便成了"古司马法"的代称？是否意味着两者为同一部书？今本《司马法》是否直接承续《司马穰苴兵法》而来？《司马穰苴兵法》与《汉书·艺文志》所著录的"军礼司马法百五十五篇"之间又有什么关系？

正是因为《史记》所载"司马法"来历存在疑窦之处,加上逸文主体成分与今本《司马法》之间不无记载内容上的侧重不同、性质有别,所以南宋叶适对今本《司马法》是否即司马迁所推崇的"司马法"持保留意见,认为今本《司马法》多处"不成语""尤不成语",怀疑其"即此汰耶？抑别有所指也？"①到了清代,姚际恒、龚自珍、姚鼐、顾实、康有为等人更对今本《司马法》的真实可信程度予以全面质疑。比如龚自珍说：

> 当时百五十五篇,《隋志》三卷,不分篇,已亡矣。今此书仅五篇,为后人伪造无疑。凡古传记所引《司马法》之文,今本皆无之,其篇首但作仁义肤辞,亦无所谓揖让之文,间袭《戴记》数语而已。若然,史迁奚至震惊之,以为三代不能竟其义乎！是不惟史迁所谓"司马兵法"今不复见;即所谓附穰苴于其中,号曰《司马穰苴兵法》者,亦不复见矣。②

> 其言孙、吴之舆台,尚不如《尉缭子》,所谓宏廓深远者安在,疑者一;自马融以降,引之者数十家,悉不在五篇中,疑者二;佚书乃至百四十有五,疑者三;存者是"司马法",则佚者是《穰苴法》矣,齐威王合之以后,何人又从而分之,使之荡析也？疑者四;马融以下,群书所引,颇有三代兵法及井田出赋之法,是佚书贤于存书远矣,是《穰苴法》贤于"司马法"远矣,疑者五……③

姚鼐说：

---

① 叶适：《习学记言序目》卷46《司马法》,中华书局1977年版。
② 姚际恒：《古今伪书考》,顾颉刚主编：《古籍考辨丛刊》第1集,中华书局1955年版,第295—296页。
③ 龚自珍：《最录〈司马法〉》,《定庵文集》卷5,商务印书馆1935年版。

世所传者,泛论用兵之意,其辞庸甚,不足以言礼经,亦不足以言权谋也。①

然而这些观点,细加推敲是无法成立的。蓝永蔚先生早已指出,大量古书引文能够证明,今本文字和逸文内容都是出自《司马法》,引用者或题为《司马法》,或题为《穰苴兵法》,其实都是同一部书。②蓝先生的看法是有一定道理的,事实上今本《司马法》与"古司马法"之间的确存在着渊源关系,它的主体内容出于"古司马法"。然而蓝先生的论证还多少有不够周全之处,即今本《司马法》的祖本是战国时期齐威王大夫们所论定的"司马法"(号为《司马穰苴兵书》)读本,而不是西周至春秋各个时期各个地区所有军事文献档案的汇集总称"司马兵法",文献类名与兵书专名两者之间不能简单地画等号,《穰苴兵书》也不等同于《汉书·艺文志》著录的"军礼司马法"之全部。

其实,还是张澍、余嘉锡等人有关"古司马法"性质及其与今本《司马法》之关系的考证,比较值得信从。张澍明确认定"司马法"原"即周之政典",指出:"按《孙子注》云'司马法'者,周大司马法也。周武既平殷乱,封太公于齐,故其法传于齐。《周礼疏》云齐景公时大夫穰苴作《司马法》,至齐威王,大夫等追论古法,又作《司马法》,附于穰苴……是古者即有'司马法',非穰苴始作,亦威王时附《穰苴兵法》于'司马法'中,非附'司马法'于《穰苴兵法》中也。《周礼》疏误也。晋人张华以《司马法》为周公作,当得其实。"③当代著名学者余嘉锡先生赞同张澍的考证,并进而认为:"盖《司马法》为古者军礼之一,不始于齐威王之大夫,并不始于穰苴。穰苴之兵法,盖特就《司马法》而申明之,而非其所创作,其后因附之《司马法》之中。古书随时增多,不出于一人之手,类皆如此。至于齐威王使大夫追论,疑不过汇辑论次之,如任宏之校兵书而已。后人疑此书者甚多,说既无征,所宜不论。"④

这里,实际上透露出许多重要信息,我们并可以据此对"古司马兵法"与今

---

① 姚鼐:《读司马法六韬》,《惜抱轩文集》卷5,张元济主编:《四部丛刊初编·集部》第290册,上海书店出版社1989年版。
② 参见蓝永蔚:《〈司马法〉书考》,《春秋时期的步兵》,中华书局1979年版,第145页。
③ 张澍:《养素堂文集》卷3《司马法序》,清刻本。
④ 余嘉锡:《四库提要辨证》卷11《子部二》,中华书局1980年版,第597页。

本《司马法》的关系做出以下的判断：

第一，"古司马兵法"作为"周之政典"，囊括三代特别是西周时期一切与军事有关的法典法规，如今之所知《军志》《军政》《令典》《大度之书》之类；而今本《司马法》则是以"古司马兵法"部分内容为基础，经春秋时齐国司马穰苴"申明"，并由战国齐威王诸大夫"追论"而成的一部兵书之残篇遗存。

第二，今本《司马法》的取材，只是那些"传于齐"的"周大司马法"，并不包括分散在周王室和其他诸侯国辖区的"古司马兵法"，因此它虽然与"古司马兵法"有深厚的渊源关系，但是并不能完全代表"古司马兵法"的整体。这或许正可以用来解释今本《司马法》中为何不见《左传》《孙子兵法》以及注文所引《军志》《军政》逸文，诸如"允当则归"，"止则为营，行则为陈"，"见可而进，知难而退"，"言不相闻，故为金鼓；视不相见，故为旌旗"原因之所在。①

第三，"古司马兵法"从时间界限上主要指的是春秋中期以前的军事典章文献档案，而今本《司马法》基本内容所涉及的时间跨度则要长得多。它既包含流传于齐的"古司马兵法"的部分内容，也汇纳有春秋后期齐国兵家司马穰苴的兵学观点以及他对"古司马兵法"的诠释内容，还包容了战国中期齐威王统治时的稷下大夫们在"追论""古司马兵法"之时，根据战国时代新的战争特点而加入的一些兵家语言。例如，关于战场追击问题，今本《司马法》中前后提法就明显不同，在《仁本》《天子之义》中提倡"逐奔不远，纵绥不及"，这显然是"古司马兵法"有关战场追击的基本原则之反映；但在《用众》篇中，却主张跟踪追击要勇猛、迅速、不间断，不给敌人以喘息时间，使其无法组织有效的抵抗，"凡从奔勿息"，这无疑是春秋后期才流行的战场追击理论，与"古司马兵法"的战术原则是相对立的。"古司马兵法"与今本《司马法》的差异于此可见一斑。

第四，"古司马兵法"在后世的散佚自不待言，即使是今本《司马法》的直接祖本——战国中期定型的《司马法》一书，散佚情况也十分严重。之所以会出现这个现象，原因十分复杂，其中一条也许不可忽略，即人们喜欢较抽象的兵略内容，故有意将之较系统地集中在一起，于今本《司马法》之中加以保存和流

---

① 见《左传·僖公二十八年》《左传·昭公二十一年》引《军志》；《孙子·军争篇》杜牧注引《军志》；《孙子·军争篇》引《军政》，张预注引《军政》。

传,而对各种制度的具体细节兴趣不大,长此以往,这方面的大量内容就逐渐被汰除了,仅仅散见于某些古籍的引文或注疏之中。而这些佚文究竟属于今本《司马法》,还是属于广义"古司马兵法",由于史料阙如,在今天已经无法逐一分辨确定了。

第五,尽管今本《司马法》远非"古司马兵法"全璧,它所反映的三代"军礼"传统也不纯粹,掺杂了不少春秋后期至战国中期的兵家观念,但它并非什么"伪书"①,换言之,其主体结构毕竟是由"古司马兵法"构成的,保留有相当部分的"三代"精神特征,正如《四库全书总目》作者所言:"其言大抵据道依德,本仁祖义,三代军政之遗规,犹藉存什一于千百。盖其时去古未远,先王旧典,未尽无征,掇拾成编,亦汉文博士追述《王制》之类也。"②

三、从《司马法》看早期兵家的思想与实践

(一) 早期兵家的战争观念及其文化特征

先秦时期法家学说的集大成者韩非尝云:"上古竞于道德,中世逐于智谋,当今争于气力。"③西周时期所确立的古典礼乐文明,表现在早期兵家的身上,就是以一整套"军礼"来指导、制约具体的军事活动。到了春秋时期,这种"军礼"的外在形式和内在宗旨,尽管已受到了很大的冲击——这从子鱼、舅犯(狐偃)等人对"军礼"的批评言辞中可以窥见一斑,如舅犯就曾表示"繁礼之人,不厌忠信;战陈之间,不厌诈伪"(《韩非了·难　》引)——但是就整个社会思潮的大氛围而言,"军礼"的基本精神依旧受到人们的尊重和奉行。例如,在晋楚邲之战过程中:"晋人或以广队不能进,楚人惎之脱扃少进。马还,又惎之拔旆投衡,乃出。(晋人)顾曰:'吾不如大国之数奔也。'"(《左传·宣公十二年》)当两军战阵上致刃交锋厮杀之际,居然指教敌人如何摆脱困境,逃离危险(脱扃少进、拔旆投衡等等),结果还招致敌方的一番挖苦奚落(吾不如大国之数奔

---

① 顾实尝言:"至古传记所引《司马法》之文,今书皆无之,则佚文甚多,似未可遽据以为伪作之证也。"(参见《重考〈古今伪书考〉》卷3,山西人民出版社2014年版。)
② 永瑢等:《四库全书总目》卷99《子部·兵家类》,中华书局1965年版。
③ 《韩非子·五蠹》,王先慎撰,钟哲点校:《韩非子集解》,中华书局1998年版。以下只注篇名。

也),这在今天看来,未免是太不合乎情理了,然而在当时,这恰恰是早期兵家所倡导的在战场上贯彻执行"军礼"的应有之义。

又如在晋楚鄢陵之战中:"晋韩厥从(追击)郑伯,其御杜溷罗曰:'速从之,其御屡顾,不在马(不能集中精力御马驾车),可及(追上)也。'韩厥曰:'不可以再辱国君。'乃止。郤至从郑伯,其右茀翰胡曰:'谍辂之(另外再派遣一支轻兵从间道迎击),余从之乘,而俘以下。'郤至曰:'伤国君有刑。'亦止。"(《左传·成公十六年》)晋将韩厥、郤至等人在战场交锋时,都曾有机会擒获协同楚军作战的郑国君主,然而他们都断然拒绝了部下的建议,停止追击,而让郑伯等人逃跑。

不仅如此,郤至本人还曾"三遇楚子(楚共王)之卒(车),见楚子,必下,免胄(摘下头盔)而趋风",向敌国国君竭尽恭敬尊崇之礼。而楚共王也不含糊,"使工尹襄问之以弓",回报以礼物和慰问。这实在是让今人感到有些不可思议。其实并非郤至、韩厥等人道德境界高尚,而不过是他们能忠实地遵循"军礼"的要求行事而已。《国语·周语中》明白无误地道出了这一奥秘:"见其君必下而趋,礼也;能获郑伯而赦之,仁也。"①

春秋中期以前的兵家这种以"军礼"原则规范、指导战争的基本特征,究其原因,是和当时的大中型诸侯国政权都属于贵族阶层专政,且相互之间又有宗族、姻亲关系的背景分不开的。《左传·闵公元年》引管仲之语"诸夏亲暱,不可弃也",就是对这种情况的概括性揭示,而它反映在战争样式上,就不能不笼罩上一层"温情脉脉"的色彩。《公羊传》贵"偏战"而贱"诈战",就是明显的证据:"偏,一面也。结日定地,各居一面,鸣鼓而战,不相诈。"(《公羊传·桓公十年》解诂)由此可见,"兄弟之国""甥舅之国"名分的存在,决定着当时的战争方式讲求的是正而不诈,而任何不遵行这一原则的做法,均被视作是违背"军礼"的行为:"合诸侯而灭兄弟,非礼也。"(《左传·僖公二十二年》)

通过考察以"古司马兵法"为主体内涵的今本《司马法》,我们可以清楚地看到"王官之学"时代的兵家群体之兵学基本观念的大致情况,并对他们反映和弘扬三代"军礼"为宗旨的价值取向做出较为清楚的说明。这个价值取向,

---

① 《国语·周语中》,上海师范大学古籍整理组校点:《国语》,上海古籍出版社1978年版。以下只注篇名。

用最简洁的概念来表述,就是"竞于道德"。

所谓"竞于道德",反映在战争活动中,就是强调要具有规则意识、底线意识,"争义不争利"。至少在诸夏内部,如果彼此间矛盾到了激化的程度,非得动用战争这个最后手段来解决问题,也必须遵循一定的道德伦理原则,光明正大、公平合理地进行交锋。商代的情况,受史料所限,已很难具体追溯和复原;而西周以及春秋前期的状况,则可以通过传世的《尚书》《周礼》《司马法》《左传》《国语》《逸周书》等典籍的记载,有限度地加以考察和认识。这一时期总体的精神,就是战争中的双方要贯彻与落实有关"礼乐文明"所规范的基本要求,遵循和执行"军礼"的相应规则,所谓"以礼为固,以仁为胜",就是很形象的概括。

第一,战争宗旨具有明确性与崇高性,强调"吊民伐罪""师出有名"。这体现在《周礼·夏官·大司马》中,就是"九伐之法"的明确提出:

> 大司马之职,掌建邦国之九法,以佐王平邦国。制畿封国以正邦国,设仪辨位以等邦国,进贤兴功以作邦国,建牧立监以维邦国,制军诘禁以纠邦国,施贡分职以任邦国,简稽乡民以用邦国,均守平则以安邦国,比小事大以和邦国。以九伐之法正邦国,冯弱犯寡则眚之,贼贤害民则伐之,暴内陵外则坛之,野荒民散则削之,负固不服则侵之,贼杀其亲则正之,放弑其君则残之,犯令陵政则杜之,外内乱,鸟兽行,则灭之。
>
> 及师,大合军,以行禁令,以救无辜,伐有罪。

这"九伐之法",在"古代王者司马法"中同样得以提倡,并得以在今本《司马法·仁本篇》中保留了下来,其强调战争的宗旨为"讨不义":"贤王制礼乐法度,乃作五刑,兴甲兵以讨不义,巡狩者方,会诸侯,考不同。其有失命乱常、背德逆天之时,而危有功之君,遍告于诸侯,彰明有罪。乃告于皇天上帝日月星辰,祷于后土四海神祇山川冢社,乃造于先王。然后冢宰征师于诸侯曰:'某国为不道,征之,以某年月日师至于某国,会天子正刑。'"(《司马法·仁本》)并且将这原则提升到"仁义"的高度来予以最充分的肯定:"古者以仁为本、以义治之谓正。正不获意则权。权出于战,不出于中人。是故杀人安人,杀之可也;攻其国,爱其民,攻之可也;以战止战,虽战可也。"(《司马法·仁本》)

由此可见，关于从事战争的基本目的，秉持"军礼"原则的早期兵家所主张的是征讨不义。《左传·庄公二十三年》云："征伐以讨其不然。"《国语·周语上》言："伐不祀，征不享。"《左传·成公十五年》称："凡君不道于其民，诸侯执而讨之。"讲的都是这一层意思。

第二，既然"竞于道德"，那么在战争中，无疑会多了许多道德禁忌，包括不能够乘人之危；不允许违农时，让民众遭受苦难；不能在严冬或酷暑这样的季节兴师打仗；等等。这在《司马法·仁本》中同样有明确的要求："战道：不违时，不历民病，所以爱吾民也；不加丧，不因凶，所以爱夫其民也；冬夏不兴师，所以兼爱民也。故国虽大，好战必亡，天下虽安，忘战必危。"（《司马法·仁本》）另外，《太平御览》所载《司马法》佚文对此道德禁忌亦有述及，所谓"春不东征，秋不西伐，月食班师，所以省战"①。

可见，早期兵家认为，如果不得已而从事战争活动，在军事行动中必须坚决贯彻"礼""仁"一类的原则。《司马法》有"以礼为固，以仁为胜"的提法，而《左传·文公十三年》则言："不待期而薄人于险，无勇也。"这也是宗"礼"尚"义"的意思。郤至之所以在鄢陵之战后自我欣赏，称"吾有三伐（三件可以值得夸耀的美德善行）"，也在于他曾做到"勇而有礼，反之以仁"这一点。正因为征伐归宗于"礼""仁"，所以"不加丧，不因凶"便成为展开对敌军事斗争的先决条件之一。考察《左传》，可知早期兵家的这一主张并非无的放矢，而是于史可征的"军礼"原则。《左传·襄公四年》载："三月，陈成公卒，楚人将伐陈，闻丧乃止。"又《左传·襄公十九年》载："晋士匄侵齐，至穀，闻丧而还，礼也。"就是例证。

第三，既然"竞于道德"，在具体的战场交锋过程中，就必须尊重对手，奉行光明磊落、堂堂正正的原则，进退有节制，厮杀讲礼仪，杜绝诡诈狡谲的行为，摈弃唯利是图的做法。这就是《司马法·仁本》中所倡导的基本作战准则："古者，逐奔不过百步，纵绥不过三舍，是以明其礼也；不穷不能而哀怜伤病，是以明其仁也；成列而鼓，是以明其信也；争义不争利，是以明其义也；又能舍服，是以明其勇也；知终知始，是以明其智也。六德以时合教，以为民纪之道也，自古之政也。"同书《天子之义》篇也有相似的主张："古者，逐奔不远，纵绥不及。不

---

① 李昉等：《太平御览》卷20《时序部五·春下》，中华书局1960年版，第97页。

远则难诱,不及则难陷。以礼为固,以仁为胜。"而《穀梁传·隐公五年》则将此简洁概括为:"伐不逾时,战不逐奔,诛不填服。"同时,禁止在战场交锋时实施偷袭一类的阴损毒招,如《司马法》逸文就强调:"无干车,无自后射。"(《周礼·秋官司寇·士师》郑玄注引)即不准冒犯敌国国君所乘车驾,也不允许从背后攻击敌人。《左传·文公十二年》亦云:"死伤未收而弃之,不惠也。不待期而薄人于险,无勇也。"

如果说《司马法》《穀梁传》等的言辞还是属于战场"竞于道德"戒律在理论上的表述,那么,楚宋泓水之战后宋襄公的"高论",则是从具体史实的角度,说明了这种主张,还是为当时很多人所信奉、拥有非常大的受众市场的:"君子不重伤,不禽二毛,古之为军也,不以阻隘也。寡人虽亡国之余,不鼓不成列!"(《左传·僖公二十二年》)类似的情况还出现在此前七年的秦晋韩之战中,当时秦伯回复晋师的挑战说:"君之未入,寡人惧之。入而未定列,犹吾忧也。苟列定矣,敢不承命。"(《左传·僖公十五年》)很显然,宋襄公的做法不是孤立的个案。

可见,当进行正式的战场交锋之时,当时的兵家遵循"军礼",其中有不少具体的规范要求作战双方共同遵循。这不能简单地断定为是《司马法》或宋襄公"迂远而阔于事情",而恰恰应该看作是他们对古"军礼"的申明。对此,《淮南子·氾论训》的评论可谓精辟:"古之伐国,不杀黄口,不获二毛,于古为义,于今为笑。古之所以为荣者,今之所以为辱也。"

第四,也是由于讲求"竞于道德",在战争善后问题上,胜利一方对敌手也不是赶尽杀绝、除恶务尽,而是在能够确保胜利的前提下,保留对手的生存机会,让其维系自己的血胤。换言之,在"既诛有罪",完成了战争的基本使命之后,早期兵家与其思想载体《司马法》还提出了关于下一步行动的具体纲领与步骤,这就是所谓的"兴灭国,继绝世"[①],"既诛有罪,王及诸侯修正其国,举贤立明,正复厥职"(《司马法·仁本》)。武王伐纣成功后,乃册立纣王之子武庚,命其继续奉殷商之血祀,乃为典例。尽管周武王并不信任武庚,派遣管叔、蔡叔、霍叔在旁监视与控御,是为"三监",但是在形式上毕竟是做到了"正复厥职"。即使武王逝世后,"三监"与武庚勾结,发动叛乱,逼得周公率师东征平

---

① 《论语·尧曰第二十》,杨伯峻编著:《论语译注》,中华书局1958年版。以下只注篇名。

叛,但等到平息叛乱之后,还是要寻找到纣王庶兄微子,封建为诸侯,以宋为国号,继续保持殷商的血胤相传——在整个西周与春秋时期,宋国于周室为宾客,爵为上公,地位有其特殊性。这也是日后诱发宋襄公蠢蠢欲动,萌生充当春秋霸主之念的原因之一。宋国的情况不是个案,郑庄公复许,楚国恢复陈、蔡两国的独立,皆相类似。参之以《左传》,信而有征:鲁昭公十三年(前529),"(楚)平王即位,既封陈、蔡,而皆复之,礼也。隐大子之子庐归于蔡,礼也,悼大子吴归于陈,礼也"(《左传·昭公十三年》)。又如,鲁昭公十六年(前526)"楚子闻蛮氏之乱也与蛮子之无质也,使然丹诱戎蛮子嘉杀之,遂取蛮氏。既而复立其子焉,礼也"(《左传·昭公十六年》)。再如,鲁哀公二十四年(前471)"邾子又无道,越人执之以归,而立公子何"(《左传·哀公二十四年》)。

　　孟子有言:知人论世。只有从"竞于道德"的立场出发加以考察,我们才能对时人有关宋襄公战争礼仪的评价抱有"同情之理解",明白为什么宋襄公那种今人看来不食人间烟火的迂腐做法会被一些人推崇备至,甚至夸张到"文王之战"的地步:"君子大其不鼓不成列,临大事而不忘大礼。有君而无臣。以为虽文王之战,亦不过此也。"(《公羊传·僖公二十二年》)在《公羊传》看来,宋襄公成了"有王德而无王佐"的明君,甚至周文王所从事的征战也没有超过宋襄公这种举动。司马迁也在《史记·宋微子世家》中同出一辙地赞赏宋襄公:"襄公之时,修行仁义,欲为盟主……襄公既败于泓,而君子或以为多,伤中国阙礼义,褒之,宋襄之有礼让也。"[①]

　　究其原因,无论是《公羊传》的作者还是司马迁,他们都能回归历史的现场,了解和认识"竞于道德"乃是人类历史演进过程中一个不可逾越的阶段,这个时期的战争有它自己的特色,"凡是存在的,就是合理的",所以,不能以当下的逻辑去简单地否定历史上特定阶段的逻辑。更何况,这种"竞于道德"的历史事实,其内涵还具有抽象的价值意蕴,具有时空上的超越性。

　　总之,"服而舍人"是古典"军礼"中的又一项重要原则。春秋中期以前的兵家与受其影响的战争指导者,其从事战争所追求的是战而服诸侯的旨趣和境界。这就是说,战争的主要目的之一,是通过武力威慑或有限征伐的手段,树立自己的威信,迫使其他诸侯屈节归顺,臣服于自己。这个目标一旦达到,

---

[①] 《史记》卷38《宋微子世家第八》。

就偃兵息武,停止军事行动,而给予敌方以继续生存下去的机会。这在《左传》等先秦典籍中有充分的反映,如《左传·僖公十五年》言:"贰而执之,服而舍之。德莫厚焉,刑莫威焉。"《左传·文公七年》云:"叛而不讨,何以示威;服而不柔,何以示怀。"《左传·宣公十二年》称:"叛而伐之,服而舍之,德、刑成矣。伐叛,刑也;柔服,德也。二者立矣。"说的都是这个意思。

(二) 上古军制、战术的渊薮

早期兵家对春秋中期以前的军事训练、兴师程序、誓师仪式、献捷凯旋以及战术运用等各个方面的军事活动,也都有相当详尽而如实的反映。

在军事训练方面,早期兵家普遍强调"士不先教,不可用也"(《司马法·天子之义》)。考察其所说的军事训练的内容和方式,不外乎"春蒐秋狝""诸侯春振旅,秋治兵"诸项。《司马法》的这一主张,乃是与《左传》《国语》《周礼·夏官·大司马》等古籍的记载相一致的。如《左传·隐公五年》言:"春蒐,夏苗,秋狝,冬狩,皆于农隙以讲事也。三年而治兵,入而振旅,归而饮至,以数军实。"《国语·齐语》亦说:"春以蒐振旅,秋以狝治兵。"这种军事训练和演习,通常在农闲之时以田猎的方式进行。就如《诗经·豳风·七月》所反映的那样,是"二三日其同,载缵武功"[①]。

而到了战国时期,上述"田猎以习五戎"的军事训练方式渐渐被新型的以"一"教"十"、以"十"教"百"的训练方法所取代。《吴子·治兵》言:"用兵之法,教戒为先。一人学战,教成十人;十人学战,教成百人;百人学战,教成千人;千人学战,教成万人;万人学战,教成三军。"另外,《六韬·犬韬·教战》《尉缭子·勒卒令》等也有类似的记载。这种新的训练方式不再与"田猎"相结合,而成为一种经常性与正规化的制度。它恰好从反面证实了早期兵家及其《司马法》中所记述的某些军事训练制度具有早期原始性。

在兴师程序方面,早期兵家有关论述同样是对三代出军制度的真实写照。《司马法·仁本》中有一段关于兴师程序的很具体的描绘:"其有失命乱常、背天逆德之时,而危有功之君,遍告于诸侯,彰明有罪,乃告于皇天上帝日月星辰,祷于后土四海神祇山川冢社,乃造于先王。然后冢宰征师于诸侯

[①] 《诗经·豳风·七月》,阮元校刻:《十三经注疏》,中华书局1980年版。以下只注篇名。

曰:某国为不道,征之。以某年月日师至于某国,会天子正刑。"它的真实性也可以通过对照有关史籍而一一得到印证和落实。如《国语·晋语五》记载,"今宋人弑其君,罪莫大焉",于是"乃使旁告于诸侯,治兵振旅,鸣钟鼓,以至于宋"。由此可见,《司马法》所说的"冢宰征师于诸侯"云云,不是臆度杜撰之辞。而《周礼·太祝》郑玄注中有一段文字除个别之处外,与上述《司马法》之言基本一致。在可能是较晚出的《礼记·王制》中,也有"天子将出征……受命于祖,受成于学"的说法。这表明,三代的兴师征伐程序已为先秦典籍所普遍记载。

至于战前军中誓师仪式及战后献俘奏捷等情况,早期兵家也提出了他们的相关基本认识。如《司马法·天子之义》记述"凯旋"为"得意则恺歌,示喜也。偃伯灵台,答民之劳,示休也";如果将它同《周礼·大司马》中"王师大献则令奏凯乐"的记载对比甄核,就可以明显地发现两者所反映的早期战争活动形式与特点的一致性。

就战场纪律而言,早期兵家的有关论述也突出体现了军事活动的时代特色:"入罪人之地,无暴神祇,无行田猎,无毁土功,无燔墙屋,无伐林木,无取六畜禾黍器械。"(《司马法·仁本》)这与其他古文献的原始记载非常接近。如《尚书·费誓》即言:"无敢伤牿,牿之伤,汝则有常刑;马牛其风,臣妾逋逃,勿敢越逐,只复之,我商赉汝。乃越逐,不复,汝则有常刑!无敢寇攘,逾垣墙,窃牛马,诱臣妾,汝则有常刑!"而《墨子·非攻下》中所描述的战国期间那种"入其国家边境,芟刈其禾稼,斩其树木,堕其城郭,以湮其沟池,攘杀其牲牷,燔溃其祖庙,劲杀其万民,覆其老弱,迁其重器"[①]的残酷战争场景,与早期兵家的观念相比较,则实在迥异其趣,可谓有霄壤之别。

在作战方式方面,早期兵家的主张是"军旅以舒为主",讲求"徒不趋,车不驰,逐奔不逾列,是以不乱。军旅之固,不失行列之政,不绝人马之力,迟速不过诚命"(《司马法·天子之义》),一再强调,"逐奔不过百步,纵绥不过三舍"(《司马法·仁本》)。这些论述当视作对春秋以前作战中战术运用特点的保存与概括。《尚书·牧誓》对当时的作战战术也有过类似的阐述:"今日之事,不愆于六步、七步,乃止,齐焉;不愆于四伐、五伐、六伐、七伐,乃止,齐焉。"即规

---

① 《墨子·非攻下》,孙诒让撰,孙启治校:《墨子间诂》,中华书局2001年版。以下只注篇名。

定军队短促冲锋前进了一段距离之后,就要暂停进击以整顿作战队形,这正是早期笨拙的大方阵进攻作战的基本特点。这种进攻战术使得部队的推进相当迟缓,平常条件下行军,一日开进的标准距离为一舍(三十里),最高日行军速度以三舍(九十里)为限。而战场追击,也只能是"逐奔不远",至多不超过"百步"。早期兵家通过《司马法》,将这类上古战术原则较完整地记载下来,从而使得我们能够结合《左传》等相关史料,深入了解春秋中期以前战争的作战方式以及战术运用。

这里我们还可以顺便谈谈《司马法》与《孙子兵法》的差异问题。如果说"动之以仁义,行之以礼让"是以《司马法》为载体的早期兵家军事思想的基本特色,那么班固在《汉书·艺文志·兵书略序》中所说的"自春秋至于战国,出奇设伏,变诈之兵并作"的战争现实,反映到春秋晚期的军事理论建树上,便是后"王官之学"时期兵家及其代表作《孙子兵法》的成书及其长期对军事实践活动的指导。这种时代特征上的重大差异性,不少后人是心领神会、洞若观火的。如南宋时期郑友贤作《十家注孙子遗说并序》中,便曾就《司马法》与《孙子兵法》的各自特点作过扼要的比较:"《司马法》以仁为本,孙武以诈立;《司马法》以义治之,孙武以利动;《司马法》以正,不获意则权,孙武以分合为变。"[1]

其实,两者间的区别又何止于郑友贤所列举的简单几则。通过进一步的深入考察,我们可以发现,早期兵家代表《司马法》与成熟型兵家《孙子兵法》在许多问题上都存在着很大的差别,甚至可以说不无对立。如在论述的侧重点上,《司马法》注重于申明军礼、论列军制;而《孙子兵法》则注重于探讨作战指导原则。在战争目的方面,《司马法》基于"军礼"的"仁义"特色,将战争活动的宗旨归结为"诛伐不义""会天子正刑";而《孙子兵法》则明确提倡"伐大国",战胜而强立。在战争善后问题的处理上,便是《司马法》"又能舍服""正复厥职"的做法与《孙子兵法》拔"其城"、堕"其国"行为之间的截然对立。在作战方式和战术运用上,《司马法》主张"军旅以舒为主",要求做到"徒不趋,车不驰";而《孙子兵法》则是提倡"兵之情主速,乘人之不及,由不虞之道,攻其所不戒也"。在后勤保障及执行战场纪律方面,《司马法》主张"入罪人之国""无

---

[1] 郑友贤:《十家注孙子遗说并序》,杨丙安校理:《十一家注孙子校理》,中华书局1999年版。

取六畜禾黍器械";而《孙子兵法》则明确主张"因粮于敌",鼓吹"掠于饶野""掠乡分众"。凡此种种,不一而足。

四、"古司马兵法"对《孙子兵法》成书的影响

后人把"古司马兵法"视为中国古典兵学的总源头,而"王官之学"时代的早期兵家群体,也是中国古代经典型兵家的不祧之祖,即所谓后世兵家四大流派,"皆出司马法也",可谓对其推崇备至。清代汪绂据此否定宋代以来"武经七书"以《孙子兵法》为首的排列次序,改为首列司马、次吴子、次孙子,其主要理由是:"夫用兵之法,仁义为先,节制次之,机权为后。"[1]这种对今本《司马法》的褒扬与尊崇,实际上体现了人们对"古司马兵法"及作为其创作者与实践者的早期兵家之仰慕与称颂。

我们认为"古司马兵法"对中国兵家发展的最重要意义在于为中国古典兵家最杰出的代表孙子及其《孙子兵法》的诞生提供了最丰富的资源;换言之,《孙子兵法》之成书,在很大程度上是对"古司马兵法"的具体继承和扬弃,这不仅仅体现为兵学原则的全面归纳和总结,而且也反映为文字语言的广泛袭用转引。《孙子兵法》中所谓"用兵之法""法曰"等等内容,很有可能就是散佚严重的"古司马兵法"的基本条文,"古司马兵法"的不少内容已融汇入孙子的思想体系之中,早期原始兵家与后世经典兵家之间是渊源深厚、一脉相承的。

应当承认,"古司马兵法"与《孙子兵法》所反映的时代精神迥异,所体现的价值取向有别,这一点在《汉书·艺文志》中已有充分的揭示。然而思想旨趣的不同、价值观念的对立,并不能影响"传统"的承继。因为任何新思想之形成,除了社会背景、个人因素等一般条件外,一定包含了对前代思想文化资源的继承和容纳,一定会打上前代思想家思维模式、语言文字、行为方式的深刻烙印,这便是所谓的文化传统,而"传统"则是一种巨大的惯性力量,势必在新的思想形态中顽强地得到反映。《孙子兵法》作为一部兵书,它的思想资源主

---

[1] 汪绂:《戊笈谈兵》卷7《司马吴孙第十一笈·总论》,《中国兵书集成》第44—45册,解放军出版社、辽沈书社1990年版。

要源头之一，不能不是历经千百年积淀而成的"古司马兵法"，所谓"前孙子者，孙子不遗"①，孙子之"不遗"的正是篇帙浩繁、内容丰富、形式多样、随时增益的"古司马兵法"。

我们说《孙子兵法》在成书的过程中，曾大量引用了"古司马兵法"的内容，这不仅是合理的推测，而且可以得到大量文献数据的具体证实。这种引用，大致可以划分为四大类：

一是明注出处，如《孙子·军争篇》所云："《军政》曰：'言不相闻，故为金鼓；视不相见，故为旌旗。'"如前所述，《军志》《军政》《令典》《大度之书》等均系"古司马兵法"大类之下具体的军事典章文献典籍，《孙子兵法》对《军政》的引述，实际上就是对"古司马兵法"的引录。

二是以"法曰""兵法曰""用兵之法"的方式征引，如《形篇》云："兵法：一曰度，二曰量，三曰数，四曰称，五曰胜。"《军争篇》中的"用兵之法"："高陵勿向，背丘勿逆，佯北勿从，锐卒勿攻，饵兵勿食，归师勿遏，围师必阙，穷寇勿迫。"这些"用兵之法"，并非孙子本人的创造，而是他对"古司马兵法"的借鉴和引用。如"穷寇勿追，归众勿迫"，注《后汉书》的李贤并没有把它归入孙子的名下，而是在《皇甫嵩传》中径直注明该句出自"司马法"，②从而明晰了这两句话的真正出处。这类情况并不少见，如后人津津乐道的孙子"诡道十二法"，不少内容亦出自"古司马兵法"，对此，波兰汉学家高利科夫斯基曾作过考证，指出"孙武'诡道'的十二条原则中至少有三条实际上是从他之前的书中引录的"③。这里所说的"他之前的书"究竟指什么？按高氏的考证，认为这三条原则分别见于《军志》《军政》的佚文。而《军志》等又为"古司马兵法"类名之下的具体军事文献，这就表明所谓"他之前的书"实际上就是指"古司马兵法"。

三是不注明具体出处的原文照录。这些引用最具典型意义地证明了"古司马兵法"在《孙子兵法》成书过程中所发挥的作用，即点破了《孙子兵法》与"古司马兵法"之间存在着的因袭抄录关系之本相。这一点，在《文选》李善注

---

① 茅元仪辑：《武备志》卷1《兵诀评·序》，《中国兵书集成》第27—36册，解放军出版社、辽沈书社1989年版。以下只注篇卷。
② 范晔撰，李贤注：《后汉书》卷71《皇甫嵩朱儁列传》李贤注，中华书局1965年版。以下只注篇卷。
③ 高利科夫斯基：《孙武的思想和中国的军事传统》，黄朴民主编：《孙子探胜——第三届孙子兵法国际研讨会论文集》，军事科学出版社1993年版，第53页。

以及李筌的《阃外春秋》等文献中均有所体现。

考《文选》李善注,今本《孙子兵法》中的不少内容,其出处均被李善断定来自《司马法》。如《文选》卷二〇《关中诗》注引《司马法》:"兵者诡道,故能而示之不能。"卷五七《马汧督诔》注引《司马法》:"善守者,藏于九地之下;善攻者,动于九天之上。"又同篇注引《司马法》:"火攻有五。"卷九《射雉赋》注引《司马法》:"始如处女。"[1]这些引文,皆可见于今本《孙子兵法》,其中第一则见于《孙子·计篇》,第二则见于《孙子·形篇》,第三则见于《孙子·火攻篇》,第四则见于《孙子·九地篇》。

类似的现象也见于李筌的《阃外春秋》中。如"攻则不足,守则有余"一语见于《孙子·形篇》,《汉书·赵充国传》引用此语作:"兵法:攻不足者守有余。"然而李筌在《阃外春秋》卷四中,则径自将它记录为"《军志》曰:攻不足而守有余",明确无误地把赵充国所称引的"兵法"具体坐实为"《军志》",即"古司马兵法"大系之中的一部文献。[2]

这样就产生了一个问题:《孙子兵法》经西汉刘向、任宏校书后即已有了定本,汉末三国时期曹操作注后,删繁就简,恢复了《孙子》之原始面貌,"十三篇"更成为流行的兵学典籍,风靡于世,[3]《隋书·经籍志》曾著录"魏武帝注本""张子尚注本""王凌集解本"等[4]。作为唐朝同一时代的著名学者,李贤、李善、李筌等人所见到的《孙子兵法》无疑当为业已经曹操诸人整理后的定本;可是他们征引上述多则今本《孙子兵法》的文字,又为何不注明系出自《孙子兵法》,而偏偏要别出心裁,说成是引自"古司马兵法",使简单的问题复杂化呢?

其实要解开这个谜题也不是太困难。李贤、李善、李筌等人作为严谨的学者,在征引史料时,自然要考镜源流,采用最原始的版本,力求避免出现弃最原始的材料于不顾而引用较晚材料的现象。也许在他们看来,"火攻有五""始如处女""攻则不足,守则有余"等文字材料,虽然见于《孙子兵法》的记载,可是并不属于孙子本人的发明,而是直接引自"古司马兵法",故后者才是这些材料真

---

[1] 萧统编,李善注:《文选》卷9《射雉赋》、卷20《关中诗》、卷57《马汧督诔》,上海古籍出版社1986年版。
[2] 李筌:《阃外春秋》,王重民:《敦煌古籍叙录》卷2《史部》,中华书局1979年版。
[3] 曹操《孙子注·序》有言:"而但世人未之深亮训说,况文烦富,行于世者,失其旨要,故撰为《略解》焉。"
[4] 参见魏徵、令狐德棻:《隋书》卷29《经籍志三》,中华书局1973年版。以下只注篇卷。

正的原始出处。所以在征引的过程中,李善等人便径自注明其最原始的出典,以求恢复事物的本相,这正是他们从事学术研究时"淹贯该洽""以原用事所出"的基本宗旨在古籍注疏释读工作上的客观体现。而他们这么做的结果,恰好从文献源流学的角度起到了返璞归真、正本清源的作用,为我们提供了《孙子兵法》诸多内容(从思想到文字)来自"古司马兵法"的确凿证据,使《孙子兵法》继承和沿袭"古司马兵法"的历史本来面貌得以恢复。

四是大意概括式的征引。吕思勉先生云:"盖古人辑佚之法,与后世异。后人辑佚,必著出处,任其辞意不完,散无友纪,逐条排列。古人则必随义类聚,以意联缀,又不著其所自来。"[1]其实不仅"辑佚"时如此,古人在"著述"时也一样存在概括前人文献之大意,辗转沿袭,纳入己作之中的情况,《孙子兵法》对"古司马兵法"的汲取移用亦不例外。如《孙子·军争篇》曹操注引《司马法》:"围其三面,阙其一面,所以示生路也。"这在《孙子兵法》中遂被概括提炼为"围师必阙"四字。又如"古司马兵法"关于将帅机断指挥权的论述有"阃外之事,将军裁之""进退惟时,无曰寡人"[2]等等,在《孙子·九变篇》中被总结为"君命有所不受"这一重要原则,强调"战道必胜,主曰无战,必战可也;战道不胜,主曰必战,无战可也。故进不求名,退不避罪,唯民是保,而利合于主,国之宝也"(《孙子·地形篇》)。虽然彼此文字言辞有所出入,但意义相为一致,亦应视作是"古司马兵法"对《孙子兵法》成书影响的表现之一。

第三节　早期兵家的"以礼为固"现象

一、早期战争的普遍残酷性

战争的形式与手段由残酷暴虐逐渐向相对文明温和演变,是世界文明史递嬗过程中的共性现象。从这个规律来考察,西周礼乐文明规范下的"军礼"

---

[1] 吕思勉:《先秦史》,上海古籍出版社1982年版,第15页。
[2] 《公羊传·襄公十九年》疏引《孙子·谋攻篇》曹操注引。

传统,应该被视为战争史上的一个较为特殊阶段,早期兵家"以礼为固,以仁为胜"的温和与道德之兵学观念,也是一种独特而孤立的现象。其实,在先秦基本文献中,记载当时战争残酷惨烈状况的文字内容比比皆是,这才是合乎战争逻辑与历史实际的基本现实,是当时战争中的主流现象。它与温情脉脉、节制有度的早期兵家"军礼"文化精神形成了鲜明的对比。

战争作为政治的暴力继续,血雨腥风、酷烈残忍、你死我活,乃是非常正常的表现。这种残酷性,在中国的战争发展史上同样存在。

在中国,战争萌芽于史前时期。正如《吕氏春秋·荡兵》所说:"兵之所自来者上矣,与始有民俱。"原始人类为了争夺生存条件,就曾发生过无数次的暴力冲突。具体地说,原始社会各个氏族部落之间,为了保有或扩大各自的生存空间,便会不时发生激烈的武力冲突。在这类武力冲突之中,"血亲复仇"是一条重要的原则,按照这一古老的集体复仇法则,氏族内部的某一成员遭受侵害,即被看作是对氏族整体的侵害,个别冲突也就迅即演变为集体的武力冲突。

这种情况的产生是很自然的,因为在生产力极不发达的前提下,人们差不多完全受着陌生的、对立的、不可理解的外部大自然的支配,一个人无法独立生存,血缘的纽带把同一氏族人们的命运紧连在一起,所以为同一氏族的人进行血亲复仇是一项基本义务,也是神圣的权利,它的根子深深地扎在自卫的本能之中。[1]《左传·成公四年》援引"《史佚之志》有之曰:非我族类,其心必异",正是这种观念的孑遗。而在这种以部族生存与发展为基本宗旨的征战中,血腥残酷自是基调。

黄帝之后,中国历史进入了所谓的尧舜禹时代,也即原始社会向阶级社会过渡的最后一个阶段——军事民主制时代。这个时期的主要战争,就是旷日持久的尧、舜、禹攻伐三苗之战。这场战争的性质,可谓是与阶级分化相紧密联系的部落征服战争。

"三苗"即指南方的苗蛮集团。据《尚书·吕刑》记载,"三苗之君"的罪状是不敬神灵,残害百姓,道德沦丧,背信弃义,反复诅盟。说明这场战争是在氏族制度陷入深重危机的情况下爆发的,是原始战争向阶级社会战争转化

---

[1] 参见罗琨、张永山:《夏商西周军事史》,军事科学院主编:《中国军事通史》第1卷,军事科学出版社1998年版,第22页。

的一个标志。此战于尧时开始,"尧与有苗战于丹水之浦",战场主要在今河南南阳地区。① 舜时加强攻势,战场又逐次扩大到洞庭湖、鄱阳湖之间,而舜本人也于南征途中"道死苍梧"(《淮南子·修务训》)。禹继位后,利用南方地区不断发生地震、水灾而人心动荡的时机大破三苗,杀其首领,最终取得了胜利。②

据有限的史料记载,这场连绵多年的战争异常残酷血腥:战败者的宗庙被夷为平地,祭祀重器被彻底焚毁,战俘及其子孙世代沦为奴隶,所谓"人夷其宗庙,而火焚其彝器,子孙为隶,不夷于民"(《国语·周语下》)。胜利者不但掠夺财物,而且掠夺人口,还要"更易其俗",这完全不再是血亲复仇或生存空间的争夺,而是对敌对部族赤裸裸的征服。战争的目的转变为掠夺生产资料和进行阶级奴役,这意味着原始战争的终结,新的阶级社会战争已是呼之欲出了。③

进入所谓的阶级社会后的战争,真实的历史中战争的残酷性一如既往,大肆杀戮、灭族绝种始终是战争过程中的主旋律。这在甲骨文、金文中均有生动具体的反映。《禹鼎》有言"无遗寿幼",意即战争的目的,是杀尽剿灭对手的一切有生力量,无论是白发苍苍的老者,还是呀呀学语的幼童,均是屠戮残杀的对象。

战争决策者还制定了非常严峻的军纪军法,以最大限度地确保战争参与者在战争过程中绝对摈弃任何怜悯恻隐之心,把屠戮毫无保留地进行到底。如《尚书·甘誓》云:"王曰:嗟,六事之人,予誓告汝:有扈氏威侮五行,怠弃三正。天用剿绝其命。今予惟恭行天之罚。左不攻于左,汝不恭命;右不攻于右,汝不恭命;御非其马之正,汝不恭命。用命,赏于祖;弗用命,戮于社。予则孥戮汝。"商汤在鸣条之战临战前夕,颁布誓词,明确宣布严格的战场纪律和作战要领,"尔尚辅予一人,致天之罚,予其大赉汝。尔无不信,朕不食言。尔不从誓言,予则孥戮汝,罔有攸赦"(《尚书·汤誓》)。上述记载均体现了崇尚血腥征服的战争主旨。

---

① 参见罗琨、张永山:《夏商西周军事史》,军事科学院主编:《中国军事通史》第1卷,军事科学出版社1998年版,第49页。
② 对于此次征伐的情况,《墨子·非攻下》记曰:"昔者三苗大乱,天命殛之。日妖宵出,雨血三朝,龙生于庙,犬哭乎市,夏冰,地坼及泉,五谷变化,民乃大振。高阳乃命玄宫,禹亲把天之瑞令,以征有苗,四电诱祗,有神人面鸟身,若瑾以侍,搢矢有苗之祥。苗师大乱,后乃遂几。"
③ 参见黄朴民:《孙子兵法与古代战争》,《浙江学刊》1996年第5期。

儒家津津乐道"汤武革命,顺乎天而应乎人",认为这当属"吊民伐罪"的正义高尚之举。但是,即便是他们所推崇备至的象征正义之战的牧野之战,其表现的形式也同样血腥残酷,杀戮惨烈。所谓"血流漂杵",就是十分形象的描述。

"牧野洋洋,檀车煌煌,驷騵彭彭。维师尚父,时维鹰扬,凉彼武王,肆伐大商,会朝清明。"(《诗经·大雅·大明》)牧野之战中,双方的军队在商都朝歌的郊外牧野相遇。纣王的军队人数,据《史记·周本纪》记载,是"发兵七十万",显然失之于夸大,通常人们认为当是"十七万"之误。但可以看出殷军聚集了大量步兵。周军的战车部队为"戎车三百乘,虎贲三千人,甲士四万五千人",其基本编制与考古资料相符,而甲士的数目偏多;走在前阵的步兵,则是"歌舞以凌"的勇锐的巴师①。双方军队的部署,当是两线配置:第一线的步兵按左、中、右列成三个大排面的密集方阵,左、右阵为三列纵深,中阵为五列纵深。第二线的战车可能是以二十五辆为单位横向编组,排成左、中、右三个平列横队。②

会战以军前誓师发布作战命令开始,在最后决战中,面对"殷商之旅,其会如林"(《诗经·大雅·大明》)的占优之敌,武王先派遣姜太公率领少量精锐突击部队向商军挑战,以牵制、迷惑敌人,并打乱其阵脚。③然后第一线步兵(巴师等)以整齐的大方阵队形,唱着军歌缓慢地推进,"歌舞以凌","不愆于六步、七步,乃止,齐焉"。接敌后,仍以严整方阵队形进行刺杀格斗,"不愆于四伐、五伐、六伐、七伐,乃止,齐焉"(《尚书·牧誓》)。在如此沉重有力的攻击下,殷军第一线步兵终于被击败投降,"殷人前徒倒戈"④。于是武王乘势亲率周军第二线的战车队急驰攻击,以"大卒(主力部队)冲驰帝纣师",遂使殷军阵形被突破,导致全线崩溃,"纣师皆倒兵以战,以开武王,武王驰之,纣兵皆崩"⑤。周室联军大开杀戒,奋勇拼搏,杀得商军丢盔弃甲,"血流漂杵",十七万之众顷刻土崩瓦解,纣王见大势尽去,遂弃军逃窜回朝歌,于绝望中登上鹿台放火自焚。

---

① 常璩:《华阳国志》卷1《巴志》,齐鲁书社2010年版。
② 蓝永蔚、黄朴民等:《五千年的征战:中国军事史》,华东师范大学出版社2000年版,第34页。
③ 这种用小股精锐部队向对手进行挑战的军事行动,古代军事术语称之为"致师"。
④ 常璩:《华阳国志》卷1《巴志》,齐鲁书社2010年版。
⑤ 《史记》卷4《周本纪》。

纣王一死，商军残兵就停止了最后抵抗，周联军在武王统率下顺利攻占朝歌。牧野之战终止了殷商王朝六百余年的统治，确立了西周王朝对中原地区的统治秩序，为西周古典礼乐文明的全面兴盛开辟了道路。但是，不论怎样，这种古典礼乐文明是建立在"血流漂杵"的残酷屠戮基础之上的，这一点是不争的事实。

在接下来的"周公东征"中，暴戾杀戮依旧是战争的基调。基于对现存史料考察可知，周公东征前后历时三年，这中间大致经历了三个主要阶段。[1]

第一阶段，"救乱、克殷"，即平息武庚和"三监"发动的叛乱，消灭叛乱势力。第二阶段，讨平淮夷，扩大周王室的势力范围。"凡所征熊盈族十有七国，俘淮九邑。"[2]第三阶段，"践奄"，将周王室统治推进到东方地区。在征服了淮夷诸小国后，周公挥师北方"践奄"，讨平东方最后一个叛乱据点。而"践奄"，则明白无疑地揭示了"周公东征"的残酷惨烈特征，即周公是借助于残酷厮杀的手段才达成目标的："践之者，籍之也。籍之谓杀其身，执其家，潴其宫。"[3]奄国灭亡后，丰、薄姑等诸方国亦相继归附，周王朝的统治范围扩大到了渤海、黄海之滨。至此，历时三年的周公东征，通过血洗东方的方式，以胜利而宣告结束。

这种战争形式上的惨烈性、战争手段上的残酷性，在春秋时期仍在延续。作"京观"以炫耀赫赫战功，以"杀人者众"作为成就的象征，似乎是社会的一般共识，人们都习惯性予以接受并赞赏。

晋楚邲之战后，楚国大臣潘党曾建议楚庄王筑"京观"以纪念战胜晋国的功勋。"潘党曰：'君盍筑武军而收晋尸以为京观？臣闻克敌必示子孙，以无忘武功。'"楚庄王虽然以"夫武，禁暴、戢兵、保大、定功、安民、和众、丰财者也"为由，拒绝了潘党的这个建议，但是他还是很明确地肯定了作"京观"炫耀"杀敌者众"，扬威慑敌，乃是先王正当的做法，具有历史的合理性："古者明王伐不敬，取其鲸鲵而封之，以为大戮，于是乎有京观以惩淫慝。"(《左传·宣公十二年》)

---

[1] 参见罗琨、张永山，《夏商西周军事史》，军事科学院主编：《中国军事通史》第1卷，军事科学出版社1998年版，第236—245页。
[2] 《逸周书》卷5《作雒解》，黄怀信等：《逸周书汇校集注》，上海古籍出版社2007年版。
[3] 《尚书大传·成王政》，皮锡瑞撰，吴仰湘点校：《尚书大传疏证》，中华书局2022年版。

二、"以礼为固"观念的作用和影响

正是因为嗜血杀戮与上古战争之间存在着如影随形、共生相伴的密切联系,所以,即使是在"军礼"文化精神被热衷倡导、积极弘扬的西周、春秋期间,仍有不少人对拘守"军礼"的做法持保留甚至反对的立场,对战争中运用"诡道",以功利的大小或有无作为从事战争活动的出发点加以肯定与支持。可见,战争的铁血残酷性与当时"军礼"指导下的战争的相对温和性,是并存在的,两种表面上看似截然不同的早期兵家战争价值观与行为方式,并非绝对互斥、形同水火,恰恰相反,这两者之间乃是并行不悖,共生互补的。

就历史的真实性而言,中国春秋以前的战争中,崇尚"军礼"、战争手段相对温和与唯力是凭、战争手段极端残暴,都是客观的存在。为什么会出现这种矛盾对立的现象,早期兵家"军礼"精神究竟在当时战争中居于怎样的地位?发挥怎样的影响?这是值得作进一步考察与分析的。唯有如此,我们才能更全面地认识并把握西周至春秋时期战争的基本面貌及其主导趋势,既避免给春秋时期简单地贴上"礼崩乐坏"的标签,也不至于把西周、春秋时期的战争一厢情愿界定为所谓的"动之以仁义、行之以礼让"的理想化状态。

毫无疑问,早期兵家"军礼"在当时的战争活动中始终起着不可忽视的作用,发挥着不能低估的影响。但是,这种作用与影响又是有一定限度的,受到某种程度上的制约与规范。具体地说,这表现为以下三个方面:

第一,"军礼"在适用性问题上,有一定的针对性,有特定的"空间"范围。

从相关史料的记载来看,早期兵家所汲汲倡导的"军礼"的适用对象是相对特定,即主要适用于中原诸夏列国,而蛮夷一般并不在"军礼"的应用范围之内。中原各国多为兄弟、甥舅之国,姬姓的周天子是天下共主,故周初分封,姬姓封国占了分封诸侯中的主体,在此基础上形成了所谓的"兄弟之国"。"富辰言周公封建亲戚凡二十六国,成专言武王兄弟之国十有五人,姬姓之国四十人。荀子谓周公立七十一国,姬姓独居五十三人。汉表谓周封国八百,姬姓五十有余。后汉章和(章帝十二年改元章和)元年诏,谓周之爵封,千有八百,姬姓居半。"[①]除姬

[①] 王应麟撰,翁元圻等注,栾保群、田松青、吕宗力校点:《困学纪闻》,上海古籍出版社2008年版。

姓封国之外,就是先王之后或异姓功臣的封国,如姜齐、陈杞、子宋之属,它们与姬姓封国之间,往往通过互为婚姻的关系,建立起血缘与利益的共同体,是为"甥舅之国"。在"兄弟之国"与"甥舅之国"普遍存在的情况下,诸夏列国血缘相近,利益息息相关,战争的烈度自然会有所节制,"军礼"获得贯彻与落实也就有了基本的前提。换言之,中原诸侯既为兄弟、甥舅之国,相互屏蔽,相互依靠,有着共同的利益基础。彼此之间亲情、利益皆有,即使难免冲突,仍不能割断兄弟情谊,就算发生了战争,也很难发展到你死我亡的残酷阶段,"军礼"便有了存在的环境。"大上以德抚民,其次亲亲,以相及也。昔周公吊二叔之不咸,故封建亲戚以蕃屏周。……召穆公思周德之不类,故纠合宗族于成周而作诗,曰:'常棣之华……。凡今之人,莫如兄弟。'其四章曰:'兄弟阋于墙,外御其侮。'如是,则兄弟虽有小忿,不废懿亲。"(《左传·僖公二十四年》)这一基本原则,就是所谓的"德以柔中国"。

与之相反,不奉周天子为"天下共主"的异族,尤其是那些四夷少数部族则不是"军礼"的适用对象,他们不受"军礼"的保护,也没有恪守"军礼"的义务,不接受"军礼"的规范与约束。用《左传》所引苍葛的话来说,就是"刑以威四夷"(《左传·僖公二十五年》)。史载:"楚大饥,戎伐其西南,至于阜山,师于大林。又伐其东南,至于阳丘,以侵訾枝。庸人帅群蛮以叛楚。麇人率百濮聚于选,将伐楚。于是申、息之北门不启。"(《左传·文公十六年》)夷狄乘楚饥而伐之,若按照"军礼"之类军事禁忌来要求,这一做法显然不合时宜。由此可见,"军礼"作为中原文化,对夷狄并没有约束作用。

同样的道理,中原诸夏列国也不按"军礼"来用兵于四夷,如:"秋,周甘歜败戎于邧垂,乘其饮酒也。"(《左传·文公十七年》)

又如:"晋中行穆子败无终及群狄于大原,崇卒也。将战,魏舒曰:'彼徒我车,所遇又厄,以什共车,必克。困诸厄,又克。请皆卒,自我始。'乃毁车以为行,五乘为三伍。荀吴之嬖人不肯即卒,斩以徇。为五陈以相离,两于前,伍于后,专为右角,参为左角,偏为前拒,以诱之。翟人笑之。未陈而薄之,大败之。"(《左传·昭公元年》)此次战役,晋国在夷狄摆好阵势之前就攻打,大败夷狄。"未陈而薄之"显然有违"军礼"中"成列而鼓"的做法。

再如:"北戎侵郑。郑伯御之,患戎师,曰:'彼徒我军,惧其侵轶我也。'公子突曰:'使勇而无刚者,尝寇而速去之。君为三覆以待之。戎轻而不整,贪而无亲,胜不相让,败不相救。先者见获,必务进;进而遇覆,必速奔。后者不救,则无继矣。乃可以逞。'"(《左传·隐公九年》)郑庄公与北戎作战时,同样不按"军礼"所倡导的"不以阻隘"等原则出牌,预设埋伏攻击敌人。

总之,军礼只是中原各国间的军事礼仪,有适用对象上的具体限制。

第二,早期兵家"军礼"在延续性问题上,呈逐渐的衰减的态势,有明显的"时间"趋向。

早期兵家"军礼"的形成及其应用有一个时间上的演化。大致而言,在春秋之前的统治阶级中,礼既是治国、治军的根本,也是使用战争暴力的主要依据,并且是衡量战争的重要价值尺度。所谓"礼,经国家,定社稷,序民人,利后嗣者也"(《左传·隐公十一年》)。春秋时期虽有"礼崩乐坏"的趋势,但实际上周礼传统仍然在影响着社会各个阶层的人们,规范着他们的言行。春秋时期战争中"军礼"的存在,不仅关乎各邦国之间的邦交关系,也对春秋时期社会结构特点的形成产生了深远影响。故尊礼、重信、轻诈和"先礼后兵"等是春秋时期战争的重要特点。但无可否认的是,"军礼"和其他礼制一样,在春秋时期也有一个逐渐衰减的历史趋势,这是不以人们的意志为转移的。

春秋后期,随着社会变革的日趋剧烈,战争也进入了崭新的阶段。当时的战争指导者,已比较彻底地抛弃了旧"军礼"的束缚,使战争艺术呈现出夺目的光彩。这集中表现为战争指导观念的根本性进步。

新型战争指导观念的形成,当然主要取决于战争方式的演变。在春秋中叶以前,军事行动中投入的兵力一般不多[①],范围尚较为狭小,战争的胜利主要通过战车兵团的会战来取得,在很短的时间之内即可决定胜负。而进入春秋晚期之后,随着"作丘甲""作丘赋"等一系列改革措施的推出,"国人当兵、野人不当兵"的旧制逐渐被打破,军队人员成分发生巨大变化,实际上已开始推行普遍兵役制。与此同时,战争地域也明显扩大,战场中心渐渐由黄河流域南移至江淮汉水流域甚至更南。加上弓弩的改进、武器杀伤力的迅速提高,故作战方式也发生重大的演进,具体表现为:步战的地位日渐突出,车步协同作战增

---

① 如著名的城濮之战中,晋国方面所动用的兵车仅七百乘而已,楚国方面稍多一些,但亦不超过千辆,于此可见春秋前期战争规模之一斑。

多,激烈的野战盛行,战争带有较为持久的性质,进攻方式上也比较具有运动性。以吴军破楚入郢之战为例,其纵深突袭、迂回包抄等特点,体现了运动歼敌、连续作战的新战法,这是以往战争的规模和方式所无法比拟的。而与上述变化相适应,春秋晚期战争的残酷性也达到了新的程度。

但春秋后期战争最大的新特色,还在于当时战争指导观念的重大变化。这就是"诡诈"战法原则在战争领域内的普遍运用,过去那种"鸣鼓而战"、堂堂之阵的战法遭到全面否定。

当然,冰冻三尺,非一日之寒。以诡诈奇谲为特色的战争指导现象,在春秋前中期的一些战例中已露出端倪。例如郑卫制北之战中郑军正合奇胜打败燕师,就既是迂回作战,也是兵分奇正而用的先例。又如晋借道灭虢吞虞之战,晋以"借道"为名,行攻伐之实,一石二鸟,兼并对手。另外,像齐鲁长勺之战中的后发制人,晋楚鄢陵之战中楚军晦日用兵,出其不意,先敌列阵,无不充满了作战指导上的诡诈特色。

到了春秋后期,欺敌误敌、示形动敌、避突击虚的诡诈战法进入了全面成熟的阶段。诸如吴楚鸡父之战、吴楚柏举之战、吴越槜李之战、吴越笠泽之战等等,均运用设伏诱敌、突然袭击、避实击虚、奇正相生、攻其不备等诡诈奇谲的战争指导。在这里已很难看到过去中原争战中所经常遵循的"成列而鼓"的做法,也不曾见到像鄢陵之战中郤至遇敌君必下,"免胄而趋风"这类现象,更不曾听到宋襄公那样的"宏论"。

由此可见,早期兵家所奉行的"军礼"原则,在延续性问题上的确存在着一个时间上的衰减趋势。

这里需要附带指出的是,其实崇尚"军礼"并不能简单归之于战争指导者"道德"境界较高,其中也有受战争物质条件限制的因素。这个因素,就是"车战"的作战样式在相当程度上决定了人们奉行"军礼"成为不得已的选择。具体而言,军礼种种规则的产生,并非人们凭空臆想的,它的出现一定有其现实基础。

春秋时期,特别是春秋前期的战争以车战居多。车战对战争场地的要求比步兵高,一般只能在较宽敞的平地进行,战车的行动也没有步兵灵活,因此诡诈战术难以施行。当时的战争大多数在开始之前双方就已约定战争的具体时间、地点,偷袭的情况极少发生,"大多表现为堂堂之阵的正面会战。其作战特点最初为大正面的密集方阵进攻,继之以车兵为主、步兵为辅的疏散方阵进攻,进而演变为纵队进攻"①。而战争所用的兵器由于受当时生产力水平的影响,杀伤力、射程等方面均受限制,进一步导致诡诈战术缺乏运用的基本条件。可见,车战这一作战样式制约了战争方式的多样化,为当时"军礼"的继续存在并发挥作用提供了客观的保障。

第三,早期兵家的"军礼"原则,在奉行过程问题上,有复杂的个体性和突出的"环境"差异。

即使在中原诸夏列国普遍遵循"军礼"的大氛围之下,践行"军礼"精神方面也存在着明显的个体差异,具有相当的复杂性,不能一概而论。例如,在战场上"伤国君有刑"是"军礼"的教条之一,但是有人奉行,有人却并不遵循。鄢陵之战中,郤至认为自己勇而有礼,并为自己在战场上三次对楚君行礼,且放弃活捉郑伯的机会的做法而感到自豪。但是,同为晋军将领的吕锜却汲汲于杀伤敌国国君:"吕锜梦射月,中之,退入于泥。占之,曰:'姬姓,日也;异姓,月也,必楚王也。射而中之,退入于泥,亦必死矣。'及战,射共王中目。"(《左传·成公十六年》)可见,在是否遵循"军礼"问题上,带有强烈的个人色彩。个人对"军礼"的理解认识多有不同,个体价值观念多有差异。换言之,面对同一件事情,遵循"军礼"与否,以及在多大程度上遵循它,不同的人会有不同的抉择。

不仅如此,同一个人,处于不同的环境中,他对"军礼"的遵循也往往带有选择性,表现经常前后不一,判若两人。仍如郤至其人,他在鄢陵之战的战场交锋时固然对郑伯、楚子等敌国国君竭尽恭敬尊重之能事,文质彬彬、温文尔雅,体现了对"军礼"的高度重视与恪守遵循。可是,在鄢陵之战开战前夕的战略建言里,他却是主张乘楚国还没有完全摆好阵势就攻打:"楚师将退,我击之,必以胜归。夫陈不讳忌,一间也;夫南夷与楚来而不与陈,二间也;夫楚与郑陈而不与整,三间也;且其士卒在陈而哗,四间也;夫众闻哗必惧,五间也。郑将顾楚,楚将顾夷,莫有斗心,不可失也。"(《国语·晋语六》)这又违背了"无薄人于险"的"军礼"基本要求,显然反映了郤至本人在遵循"军礼"原则问题上的自相矛盾、首鼠两端。

---

① 黄朴民:《刀剑书写的永恒:中国传统军事文化散论》,国防大学出版社2002年版,第142页。

这充分表明,在当时,个人对"军礼"的认识也往往有所侧重,对待"军礼"的态度也比较灵活,绝不是全盘遵守或全盘否定这么简单。总之,对于当时那些贵族将领而言,"军礼"并不是金科玉律,它更多的是一种道德上的要求,没有特别的强制性,绝非严格的法律,人们似乎没有必须遵守的义务。从这个意义上说,早期兵家的不少兵学观念,只具有特殊性,而并不体现为普遍性。

第二章 "兵以诈立""逐于智谋"：先秦兵家的转型

春秋时期，由于"礼崩乐坏"和周天子地位日渐衰微，诸侯之中恃强凌弱、以众暴寡的现象时有发生，争霸战争愈演愈烈，政治、经济和文化等领域都在发生深刻变化。战争频仍的现状，逼迫人们深入思考战争现象，努力探研战争谋略。古"军礼"渐显落伍并渐遭摒弃，军事谋略渐受重视并快速发展，因此而推动兵家思想的加速前行，集中探讨军事谋略的著名兵典《孙子兵法》遂于此时诞生。

第一节 春秋战国之际的军事变革与兵家思想的飞跃

众所周知，春秋后期，随着社会变革的日趋剧烈，战争也进入了崭新的阶段。当时的兵家，也即战争指导者，已比较彻底地抛弃了旧"军礼"的束缚，不再汲汲于"道德"，从而使战争艺术呈现出夺目的光彩。这集中表现为战争指导观念的根本性进步。

一、古典兵家产生的时代土壤

古典成熟型兵家的出现，首先与春秋后期的学术文化生态变化息息相关。众所周知，春秋之前，"学在官府"，各类知识与学术，由王室设专门职官分别执掌和传授，兵学作为一门专业理论与实践知识并重的工具性学科，自然也不例外。春秋之前的"古司马兵法"，实乃上古三代言兵之"成宪""典志"，也即军事领域"官府之典籍"，属于集体创作。但是，自春秋后期起，随着整个社会政治生态的彻底改变,学术文化的传承与发扬也出现了全新的局面。概括而言,就是"天子失官"导致"学术下移""私学勃兴""诸子蜂起",个人著书立说遂成为学术文化建树、思想观念发展中的新生事物。道家《老子》的面世、孔门《论语》的形成,就是这方面的代表。在兵学领域,独立成熟型的兵家替代"王官之学"时代的早期兵家群体而走上了历史舞台,成为传承与光大中国兵学文化的主角,孙子是他们中间最杰出的代表,他际会风云,顺势而发,撰就《孙子兵法》,在两千余年间叱咤风云,引领中国兵学的风骚。

兵家新型战争指导观念的形成,当然主要还是取决于战争方式的演变。如前所述,在春秋中叶以前,军事行动中投入的兵力一般不多,范围尚较为狭小,战争的胜利主要通过战车兵团的会战来取得,在很短的时间之内(一般就一天时间,像城濮之战、鞌之战、邲之战、鄢陵之战皆如此)即可决定战争的胜负。而进入春秋晚期之后,在兵种建设上,由于"国""野"的畛域渐渐泯灭,军队数额的剧增、武器装备的改进以及与戎狄族步兵作战的需要,步兵得以重新崛起,步战再次占据主导地位。同时,从春秋开始,水军初步得到发展,水战在南方地区逐渐流行。而商代萌芽的单骑,到春秋晚期也有了一定的进步。这些就更加推动了战争方式的日趋复杂。

概言之,自春秋后期起作战方式发生的重大演进,具体表现为:步战的地位日渐突出,车步协同作战增多,激烈的野战盛行,战争带有较为持久的性质,进攻方式上也比较具有运动性。

二、从"竞于道德"到"逐于智谋":古典兵家及其思想的飞跃

春秋后期战争的最大特色,在于当时战争指导观念的重大变化。这就是在"尚智重谋"历史大趋势引领之下,"道德至上""宗仁本义"的君子之战渐渐淡出历史舞台,代之而起的是"诡诈"战法原则在战争领域内的普遍运用。除了堂堂之阵的正面会战外,城邑攻守、要塞争夺、伏击包围、迂回奇袭等战法也开始在战争中扮演重要的角色。过去那种"鸣鼓而战"、堂堂之阵的战法遭到全面否定。用班固的话说,便是"自春秋至于战国,出奇设伏,变诈之

兵并作"①。

声东击西、示形动敌、兵贵神速、出奇制胜、后发先至、兵不厌诈、设伏诱敌、突然袭击、避实击虚、奇正相生、攻其无备等诡诈奇谲的战争指导,风靡一时,独领风骚。此时我们已经很难看到过去中原争战中所经常遵循的"成列而鼓"的做法,而所谓"出奇设伏,变诈之兵并作"亦由此而得到历史的验证。

这种战争指导观念的变革,其最深厚的文化土壤,就是时代的主题,业已由"竞于道德"转变为"逐于智谋"了。所谓的"兵者诡道""兵不厌诈""兵以诈立"等等,本质上都是"崇智尚谋"在战争这一特殊领域的集中体现而已!这不仅仅反映在当时的战争实践上,而且也体现在这一时期的军事理念建树方面。

孙子、伍子胥、范蠡等人是古典兵家的代表,他们有关战争指导的论述,实现了兵学思想的本质性飞跃。孙子战争观的诡道原则,应该说是对战争本质属性的深刻反映。战争的艺术魅力在于,敌对双方斗智斗勇,隐形藏真,欺敌误敌,变化莫测,先立于不败之地,而不放过任何可以击败对手的机会。所有这些,都表明了战争是一种多变、灵活,无固定模式,不讲究繁文缛节的特殊社会活动,诡诈奇谲是战争的本质特征。而孙子"兵以诈立"的思想,其核心乃是强调以灵活的战术、快速的机动、巧妙的伪装来造就优势主动的地位,在复杂、激烈的军事斗争中成为胜利的主宰,"故其疾如风,其徐如林,侵掠如火,不动如山,难知如阴,动如雷震"。显而易见,《孙子兵法》注重探讨作战指导,并指出,"兵者,诡道也"(《孙子·军争篇》),这是对以往战争注重讲求"道德"、申明"军礼"做法的革命性变革。它无疑是对业已过时的"军礼"传统的彻底否定,是战争观念上的一个重大突破,本身就是一次创新、一次革命。换句话说,孙子的诡道论,深刻揭示了战争活动的本质属性,是中国古典兵学思想发展上的一次质的飞跃,也是《孙子兵法》区别于"宗仁本礼"的"古司马兵法",而成为划时代兵学经典的重要标志。

以孙子为代表的春秋后期兵家战争指导思想,较之"竞于道德"的西周与春秋前期,也已经有了许多显著的变革、发展和差异。前引南宋兵学理论家郑

---

① 《汉书》卷30《艺文志·兵书略序》。又,刘向《战国策书录》亦云:"潜然道德绝矣……贪饕无耻,竞进无厌,国异政教,各自制断;上无天子,下无方伯;力功争强,胜者为右;兵革不休,诈伪并起。"见刘向集录,范祥雍笺证,范邦瑾协校:《战国策笺证》,上海古籍出版社2006年版,第2页。

友贤"《司马法》以仁为本,孙武以诈立;《司马法》以义治之,孙武以利动;《司马法》以正,不获意则权,孙武以分合为变"①之论,显然就是对"竞于道德"与"逐于智谋"所导致的兵家之间时代差异性的高度概括。

其他像伍子胥、范蠡等兵家的战争指导观念也和孙子基本一致,不再局囿于"竞于道德",而完全立足于"逐于智谋"了。例如,伍子胥提出高明卓越的"疲楚误楚"策略方针,主张"亟肆以罢之,多方以误之"(《左传·昭公三十年》),这显然就是"变诈之兵"勃兴条件下的必然产物,是"逐于智谋"的一个形象诠释。又如范蠡的兵学思想,同样充满了"逐于智谋"的时代精神,他一再主张"随时而行,是谓守时",强调要通过各种积极的手段,转化双方的优劣态势,剥夺敌人有利的条件,暗中增强己方的实力,从而摆脱被动,立于主动的地位,即所谓"尽其阳节,盈吾阴节而夺之";提倡"时不至,不可强生;事不究,不可强成""得时无怠,时不再来"(《国语·越语下》),其后发制人,把握战机,及时出击的思想,同样属于符合历史潮流的进步战争指导观念,是"逐于智谋"的生动写照。它们来源于春秋战国之际变化了的战争实践活动,进而更好地指导着新形势条件下的战争,从而使春秋战国之际的军事活动呈现出充满生机的新面貌,在这场兵学思想领域的革命性飞跃过程中,兵家居功厥伟,贡献巨大。

第二节 古典兵家全面成熟的典范: 孙子的思想体系

宋代郑友贤在《十家注孙子遗说并序》中指出:"武之为法,包四种,笼百家,以奇正相生为变。是以谋者见之谓之谋,巧者见之谓之巧,三军由之而莫能知之。"②参以孙子及其著作,可知郑氏之论洵非虚言。孙子的思想博大精深、辩证深刻,其所著《孙子兵法》一书内涵丰富、震烁古今、异彩纷呈、美不胜收,至今仍能感受其永恒的魅力。

---

① 郑友贤:《十家注孙子遗说并序》,杨丙安校理:《十一家注孙子校理》,中华书局1999年版。
② 郑友贤:《十家注孙子遗说并序》,杨丙安校理:《十一家注孙子校理》,中华书局1999年版。

一、"慎战""重战""备战""善战"相并举的战争观念

春秋时代战争频繁,诸侯列国争霸与兼并一日无已。《孙子兵法》当然要反映这一时代特色,这就决定了孙子在战争问题上鲜明地提出慎战与备战并重的主张,换言之,"安国全军"是孙武战争观的基本主线。

孙子对战争采取十分慎重的态度,《孙子兵法》就开宗明义地提出:"兵者,国之大事,死生之地,存亡之道,不可不察也。"(《孙子·计篇》)由于战争是关系到国家存亡的头等大事,所以孙子多次告诫并提醒统治者,必须慎重对待战争,指出:"亡国不可以复存,死者不可以复生。故明君慎之,良将警之,此安国全军之道也。"(《孙子·火攻篇》)对于那种缺乏政治目标和战略价值而轻启战端的愚蠢做法,孙子持坚决反对的态度:"主不可以怒而兴师,将不可以愠而致战。"(《孙子·火攻篇》)并要求战场指挥员做到"战道不胜,主曰必战,无战可也"(《孙子·地形篇》)。

然而主张慎战并不意味着反对战争。《孙子兵法》提倡慎战的主旨,在于强调进行战争的政治目的应当遵循新兴阶级的功利主义原则,即做到"非利不动,非得不用,非危不战""合于利而动,不合于利而止"(《孙子·火攻篇》);不战则已,战则必胜。这种既重战又慎战的观点,使孙子的战争观念既不同于儒、墨、道的非战主张,也与稍后法家的嗜战立场有所区别。由此可见,孙子的慎战出发点是"安国全军",以最终赢得战争的胜利为目标。

孙子是清醒的现实主义者。他鉴于战争不可避免,以及战争对社会经济、国家前途的巨大影响,把准备战争和指导战争的问题提到了极其重要的位置,强调要做到有备无患:"用兵之法,无恃其不来,恃吾有以待也;无恃其不攻,恃吾有所不可攻也。"(《孙子·九变篇》)这就是说,要把立足点放在做好充分准备,不打无准备之仗,以强大的军事实力迫使敌人不敢轻易发动战争的基点上。

基于慎战和备战并重的战争观念,孙子逻辑性地推导出用兵的理想境界,这就是一个"全"字。所谓"全"就是全胜,《孙子兵法》中提到"全"的地方有十余处,最主要的篇章是《谋攻篇》。孙子认为"百战百胜"非"善之善者",高明

的战争指导者应该做到"屈人之兵而非战也""拔人之城而非攻也""毁人之国而非久也",从而实现战略、战役、战斗的全胜,即"必以全争于天下,故兵不顿而利可全",用全胜的计谋争胜于天下,"不战而屈人之兵"。为了达到这一境界,孙子提出了"上兵伐谋,其次伐交"的主张,认为指导战争的上策是挫败敌人的谋略,其次是展示强大的兵威慑服敌人。至于"伐兵""攻城",那就等而下之了。由此可见,孙子的"全胜"思想,实际上仍然是其慎战和备战思想在作战指导上的反映。慎战与备战、重战思想犹如一条红线,贯穿于《孙子兵法》十三篇中。

如果不得已进行战争,孙子主张实行进攻速胜战略。他明确提出,从事战争的目的是为了"掠乡分众,廓地分利"(《孙子·军争篇》),即掠取他国的人力物力资源,扩张版图,在争霸兼并战争中立于不败之地。在《九地篇》中,孙子更以明确的语言表明了自己的进攻战略:"夫霸王之兵,伐大国,则其众不得聚;威加于敌,则其交不得合。"从历史发展的角度看,孙子这一战争观,是符合新兴势力的要求的,是与社会大变革的潮流相一致的,具有突出的进步意义。

二、"令文齐武"的治军思想

为了适应新兴势力建设军队、从事战争的需要,孙子曾提出过不少的治军原则,形成了比较系统的治军思想。归纳起来,其治军思想主要包括严明赏罚、重视选将、将权贵一、严格训练、统一号令、爱卒善俘诸方面。

严明赏罚是调动将士积极性,提高部队战斗力的重要途径之一。孙子对此予以高度重视。在《计篇》中他将"法"列为"五事"的一项,把"赏罚孰明"作为判断战争胜负的重要标准之一。他说:"令之以文,齐之以武,是谓必取。"(《孙子·行军篇》)所谓"文",就是精神教育、物质奖励;所谓"武",就是军纪军法,强调重刑严罚。他认为治军必须拥有文武两手,做到恩威并施:"卒未亲附而罚之,则不服,不服则难用也;卒已亲附而罚不行,则不可用也。"(《孙子·行军篇》)否则就不能造就一支具有战斗力的部队:"厚而不能使,爱而不能令,乱而不能治,譬如骄子,不可用也。"(《孙子·地形篇》)

要严明赏罚,关键在于做到有法可依、有律可循。所以孙子非常重视军队的法制建设，把"法令孰行"也列为判断战争胜负的标准之一。他认为部队必须有一定的组织编制，明确各级人员的职守："法者，曲制、官道、主用也。"（《孙子·计篇》）他指出，"治乱，数也""凡治众如治寡，分数是也"。至于法制建设的重点，孙子认为是统一号令，加强纪律。他说："斗众如斗寡，形名是也。"主张用金鼓旌旗来统一将士的耳目，约束部队的行动，从而达到"勇者不得独进，怯者不得独退"的目的。当然，孙子主张在执法问题上也应该做到随时变宜，以更好地发挥法纪的作用。所谓"施无法之赏，悬无政之令"就是这层意思。这体现了《孙子兵法》既讲求执法严肃性又注重执法灵活性的实事求是态度。

军事指挥员的素质优劣，在很大程度上影响到军队建设和战争胜负。孙子对这层道理有较深刻的认识，因此强调将帅在战争中的地位和作用，对将领的选拔提出了具体而严格的要求。他指出，将帅是国君的助手，辅佐周密，国家就一定强盛；辅佐有缺陷，国家就一定衰弱。显然，他是把优秀将帅的作用提到"生民之司命，国家安危之主"的高度来认识的。为此，他重视将帅队伍的建设，认为一名贤将必须具备"智、信、仁、勇、严"等条件。在处事上，要"进不求名，退不避罪，唯人是保"；在才能上，要"知彼知己""知天知地""通于九变"；在管理上，要"令素行以教其民""与众相得"，使士卒"亲附"；在修养上要"静以幽，正以治"，提醒将帅要避免犯骄横自大、轻举妄动、勇而无谋、贪生怕死等毛病。

为了确保将帅在战争中进行有效、灵活地指挥，孙子主张将权适当地集中和专一，反对国君脱离实际情况干涉、遥控部队的指挥事宜。《谋攻篇》指出，国君危害军事行动的情况有三种：不了解军队不能前进而硬让军队前进，不了解军队不能后退而硬令军队后退，这叫作束缚军队；不了解军队的内部事务，而去干预军队的行政，就会使得将士困惑；不懂得作战上的权宜机变，而去干涉军队的指挥，就会使得将士产生疑虑。他进而认为，出现这类情况，就会导致"乱军引胜"、自取败亡的结果。可见，军事上的成败，其前提之一是"将能而君不御"。正是在这个意义上，《孙子兵法》提倡"君命有所不受"，并将它确定为一条重要的治军原则。

《孙子兵法》也比较注重部队的训练问题，主张严格练兵，提高战斗力，把"士卒孰练"作为重要的制胜判断标准。孙子指出，"教道不明""兵无选锋"是造成作战失败的重要原因,切不可等闲视之,"将之至任,不可不察"(《孙子·地形篇》)。为了训练出一支英勇善战的劲旅,孙子提倡爱护士卒,认为将领做到"视卒如婴儿""视卒如爱子"乃是训练好部队的先决条件。孙子这一爱兵主张的动机是明确的,即由此而造成"上下同欲"的良好官兵关系,保证部队达到"投之无所往,死且不北""犯三军之众,若使一人"(《孙子·九地篇》)这样的最佳临战状态。同时《孙子兵法》还提出对敌军战俘要混合编组,加以利用,"卒善(共)而养之"(《孙子·作战篇》),从而在削弱敌人的同时,使自己变得更加强大,即所谓"胜敌而益强"。

三、主动灵活、因敌变化的制胜之道

善战思想在整部《孙子兵法》中占有主导地位,"兵以诈立,以利动,以分合为变"是孙子兵学实用理性的集中体现;一部《孙子兵法》,归根结底是教人如何用兵打仗、夺取战争胜利的。这正是我们今天正确把握《孙子兵法》的重心所在。

《孙子兵法》中制胜之道的内容非常丰富,简要归纳,大致有以下几个方面:

第一,"知彼知己""知天知地",全面了解和掌握各种情况,在此基础上筹划战略全局,实施战役指导,赢得战争胜利。孙子认为,从事战争的先决条件是要做到"知彼知己",因为只有正确估量敌我情况才能做出正确的判断,定下正确的决心,制定正确的方针。为此,他主张在开战之前就要对敌我双方的主客观条件——"五事七计"进行仔细周密地考察,有全面的了解,以对战争胜负趋势做出正确的预测,并据此制定己方的战略战术。在实施作战指导过程中,也要随时将"知彼知己""知天知地"作为行动的纲领:"不知诸侯之谋者,不能豫交;不知山林、险阻、沮泽之形者,不能行军;不用乡导者,不能得地利。"(《孙子·军争篇》)为了了解和掌握敌情,《孙子兵法》提倡用间,把这看成是"知彼"亦即"知敌之情实"的主要手段。《用间篇》集中论述了用间的原则和方法,主张"五间并起"而以"反间"为主。在战场交锋中,孙子也强调最大限度地查明敌情,《行军篇》中著名的三十余种"相敌"方法就是在这样的背景下提出的。由此可见,"知彼知己"乃是《孙子兵法》制胜之道的出发点和基础。

第二,"致人而不致于人",牢牢掌握战争主动权。孙子认为要确保自己在战争中永远立于不败之地,就必须创造条件,始终把握战争的主动权;而掌握主动权,关键在于做到"致人而不致于人",调动敌人而不为敌人所调动。关于如何争取主动权,《孙子兵法》中有精辟的论述,其主要内容不外乎三点:(1)加强军队实力,形成对敌力量对比上的绝对优势:"胜兵若以镒称铢""胜者之战民也,若决积水于千仞之溪者,形也"(《孙子·形篇》)。(2)造势任势,发挥主观能动性,主动灵活地打击敌人。孙子认为:"善战者,求之于势,不责于人,故能择人而任势。"(《孙子·势篇》)所以他重视战场的造势和任势,指出"善战者,其势险,其节短,势如彍弩,节如发机"(《孙子·势篇》)。这表明孙子是把"造势"和"任势"作为争取主动权的重要环节之一来对待的,其含义就是要在强大的军事实力基础上,发挥将帅的杰出指挥才能,创造和利用有利的作战态势,主动有效地克敌制胜。(3)奇正并用,避实击虚。孙子认为要造成有利的态势,掌握战场主动权,在作战指挥上:一是要解决战术的"奇正"变化运用问题,指出"战势不过奇正",用兵打仗要做到"以正合,以奇胜",同时,高明的将帅还应根据战场情势的变化而灵活变换奇正战法:"奇正之变,不可胜穷也"(《孙子·势篇》);二是要正确贯彻"避实而击虚"的原则,避开敌人的强点,攻击敌人虚弱但关键的部位,从根本上战胜敌人,达到"善攻者,敌不知其所守;善守者,敌不知其所攻"(《孙子·虚实篇》)的目的。可见,"致人而不致于人",掌握战争主动权,实为《孙子兵法》制胜之道的精髓和灵魂。

第三,"示形动敌","兵者诡道",不拘一格,因敌制胜。这是《孙子兵法》制胜之道的主要手段和方式。孙子认为要掌握战场主动权,就必须在作战指挥上坚决贯彻"兵者诡道"的原则。他指出,兵家指挥艺术的奥妙,就在于"能而示之不能,用而示之不用,近而示之远,远而示之近。利而诱之,乱而取之,实而备之,强而避之,怒而挠之,卑而骄之,佚而劳之,亲而离之"(《孙子·计篇》)。唯有如此,方可"攻其无备,出其不意"。这种诡诈战法的核心,则是"示形动敌":"善动敌者,形之,敌必从之;予之,敌必取之;以利动之,以卒待之。"(《孙子·势篇》)战场上克敌制胜的最上乘境界乃是"形人而我无形""形兵之极,至于无形"(《孙子·虚实篇》),一旦做到这一点,那么进行防御,即可"藏于九地之下";实施进攻,即可"动于九天之上",制敌于死地,"自保而全胜"。与此同时,孙子也充分认识到用兵打仗贵在灵活机动,随机应变,所以他特别强调"因敌制胜"的重要性,指出"兵无常势,水无常形,能因敌变化而取胜者,谓之神"(《孙子·虚实篇》);"践墨随敌,以决战事"(《孙子·九地篇》)。它们的主旨,均立足于"战胜不复,而应形于无穷"这一点上。可见,不拘一格,"因敌制胜",既是实践"诡道"战法的前提,也是《孙子兵法》制胜之道之高明的体现。

第四,"兵贵胜,不贵久",强调速战速决,推崇作战行动的突然性、进攻性、运动性。这是《孙子兵法》制胜之道的显著特点。孙子对战争给国家、民众所带来的严重后果有着清醒的认识,所以他坚决主张速战速决,在最短的时间里以最小的代价取得最大的战果;反对旷日持久的战争。为此他反复阐述"兵贵胜,不贵久"的道理,指出"善用兵者,役不再籍,粮不三载,取用于国,因粮于敌"(《孙子·作战篇》)。为了达到速战速决的战略目的,《孙子兵法》主张在采取军事行动时,一是要做到突然性,使敌人处于猝不及防的被动状态:"兵之情主速,乘人之不及,由不虞之道,攻其所不戒也"(《孙子·九地篇》),努力达到"动如脱兔,敌不及拒"的最佳效果。二是要做到运动性,即提倡野外机动作战,调动敌人,在野战中予以歼灭性打击:"顺详敌之意,并敌一向,千里杀将"(《孙子·九地篇》),"以迂为直,以患为利,故迂其途而诱之以利,后人发,先人至"(《孙子·军争篇》),总之是要"悬权而动",使部队始终保持主动地位,行动自如:"其疾如风,其徐如林,侵掠如火,不动如山;难知如阴,动如雷震。"(《孙子·军争篇》)三是要做到隐蔽性,使对手无从窥知我方的作战意图,如同聋子、瞎子一样,从而确保我方军事行动的突然性能够达到,运动性能够实现:"易其事,革其谋,使人无识;易其居,迂其途,使人不得虑"(《孙子·九地篇》),"因形而错胜于众,众不能知;人皆知我所以胜之形,而莫知吾所以制胜之形"(《孙子·虚实篇》)。孙子认为,只要在军事行动中真正做到隐蔽、突然、机动,那么就能够速战速决,出奇制胜。

第五,正确选择主攻方向,集中优势兵力,各个歼灭敌人。这是《孙子兵法》制胜之道的突出环节。作战双方,谁具有优势的战场地位,谁就拥有军队行动的主动权,这是战争运动的通则。《孙子兵法》对此作了充分的揭示,强调"识众寡之用者胜"(《孙子·谋攻篇》)。所谓"众寡",就是指兵力的对比,而"用"则是指兵力的使用。孙子认为,要取得战争的胜利,就必须在战场交锋时以优势兵力去对付劣势之敌,集中兵力,以镒称铢。所以他反复阐述集中兵力的重要性,并一再提出具体的集中优势兵力的主张:"并力""并敌一向""并气积力",从而达到"以众击寡"的目的。当然,战场的态势是千变万化的,集中兵力的方法也应该因敌制宜,所谓"十则围之,五则攻之,倍则分之,敌则能战之"即为此意。孙子进而指出,通过众寡分合以求集中兵力、掌握主动,关键在于发挥主观能动作用,善于创造条件。从战术上说,即要做到"形人而我无形,则我专而敌分;我专为一,敌分为十,是以十攻其一也,则我众而敌寡;能以众击寡者,则吾之所与战者,约矣"(《孙子·虚实篇》)。他认为,在兵力部署上,不分主次方向,单纯企求"无所不备",则势必"无所不寡",也就失去了争取主动地位的物质基础。据此,《孙子兵法》一再提醒战争指导者要避免犯"以一击十""以少合众"这一类分散兵力的错误,因为那样做即是"败之道也",到头来一定会覆军杀将,自取其辱。

第六,察知天候地理,巧妙利用地利,根据地形条件制定切合实际的战略战术,确保作战胜利。这是《孙子兵法》制胜之道的重要内容。众所周知,在冷兵器时代,掌握和利用地形,对于战争的胜负关系甚大。孙子是中国古代第一位系统探讨地形条件与军事斗争相互关系的军事大师。在《九地篇》中,孙子着重阐述战略地理问题,提出了军队在九种不同战略地理条件下作战的基本指导原则;在《行军篇》《地形篇》诸篇中又着重论述了战术地理问题。他指出,在行军作战中,要善于"处军",利用有利的地形,避开不利的地形。为此他列举了在山地、江河、沼泽、平原四种地形环境中的处军原则,并进而将利用地形的基本特点归纳为"凡军好高而恶下,贵阳而贱阴,养生而处实"(《孙子·行军篇》)。从当时的实战要求出发,孙子还具体分析了军队在作战中可能遇到的"通""挂""支""隘""险""远"六种地形,并就这六种不同的地形条件,提出了具体而又适宜的用兵方法。总之,《孙子兵法》主张将帅要熟悉和巧妙利用地形条件:"夫地形者,兵之助也。料敌制胜,计险厄、远近,上将之道也。"(《孙子·地形篇》)这显示出,孙子是中国古代军事地理学的奠基者,《孙子兵法》有关巧妙利用地形地理问题的论述,不仅是其制胜之道的重要组成部分,而且极大地丰富了古典军事理论,在军事学术发展史上占有重要的地位。

综上所述,《孙子兵法》中的制胜论思想既具有完整系统性,又不乏深刻精辟性,是孙子军事思想的主体内容,《孙子兵法》一书精华之所在。它以无可怀疑的事实向人们昭示:孙子无愧于"一代兵圣"的光荣称号!《孙子兵法》无愧于"百世谈兵之祖"的不朽殊遇!

明代茅元仪在《武备志·兵诀评序》中指出:"前孙子者,孙子不遗;后孙子者,不能遗孙子。"这段话很好地概括了作为兵家核心与灵魂人物的孙子在历史上的地位和意义,而作为中国古代兵学宝库的一笔珍贵遗产,《孙子兵法》也必将超越时空,永垂不朽。

第三章　学术对峙与融合
双重变奏下的兵家新气象

战国时期，各国皆致力于富国强兵，在兵学研究上亦持续发力，为兵家提供了施展抱负的机会，也推动了兵学思想的强劲发展。战国兵学固然朝着多个路向迅速发展，在基本内核上却也保持一致，并在基本理念上趋于同一。其中最重要特征就是，在注重研究和运用军事谋略之外，更加注意发展军事实力，并力争实现"以力胜人"。

第一节　"争于气力"与战国中后期
兵家理论主题的嬗变

一、战国中后期的兼并统一战争

刘向称战国时期的形势特点是："上无天子，下无方伯；力功争强，胜者为右。"①经过从吴越战争到晋阳之战的发展后，这种局面在战国中后期尤其明朗化。其最大特色就是春秋时期以争霸为主流的战争的终结，以及战国时代以兼并为本质的战争的到来。

进入战国之后，随着旧的生产关系大厦的倾覆，土地占有权也相对分散。有土地就有人口，有人口就有赋税，就能组建军队，也就意味着拥有了财富和权力。因此，对土地和人口资源的争夺和控制，也就合乎逻辑地成为当时战争活动的根本宗旨。换言之，对土地的争夺如同一条红线，贯穿于战国战争的始终。这一兼并战争的属性，是与以往争夺霸主名分和地位的春秋争霸战争迥

---

① 刘向集录，范祥雍笺证，范邦瑾协校：《战国策笺证》，上海古籍出版社2006年版，第2页。

异的。战争的手段是由战争的目的所决定的,兼并战争的激烈和残酷程度要远远超过以往的争霸战争,这一点早在晋阳之战中就表现得十分明显:智伯决晋水灌淹城池,长围晋阳两年,必欲置赵氏于死地而后快;同样,赵、韩、魏击败智伯以后,也是擒杀智伯、尽诛其族、瓜分其地。这里已丝毫见不到邲之战、鄢陵之战中那种彬彬有礼的旧"军礼"遗风,而只有无所不用其极的酷烈,这正是兼并战争条件下的必然结果。对此,前文多次提及的《孟子·离娄上》中"争地以战,杀人盈野;争城以战,杀人盈城"之概括可谓准确而扼要。至于战国中后期,战争更是已从兼并的角逐进一步发展为统一的追求了。"天下恶乎定?定于一"(《孟子·梁惠王上》),而"定于一",其根本途径唯有通过残酷的杀戮与殊死的较量。

二、"争于气力"的兵家理论主题

在这样的历史大背景下,对于兵家理论而言,不仅是"竞于道德"早已成为明日黄花,甚至连"逐于智谋"也已时过境迁了。究其原因,"上兵伐谋"固然美妙,但现实的状况中实力才是确保战争胜利的根本条件,没有强大的实力,那谋略就无所施展其能,所谓"巧妇难为无米之炊"!孙子所说的"先为不可胜,以待敌之可胜!不可胜在己,可胜在敌"(《孙子·形篇》)说到底,就是实力优先原则。这一点,在兼并与统一战争中表现得尤为明显。于是乎,战国中后期各诸侯国尽管还注重于"伐谋""伐交",但其战略运用的重心,已毫无疑义地转移到了"伐兵"与"攻城"上来了,"争于气力"遂成了当时兵学文化的最大主题,先秦兵学的发展至此进入了第三个阶段。

在"争于气力"的特殊时代,兵学家的主流观点就是要顺应这个历史潮流,充分肯定从事战争的合理性与必要性,即所谓"大明发而万物皆照,大义发而万物皆利,大兵发而万物皆服"[①]。

"争于气力",要求人们对兵学的功能与作用有清醒的认识与准确的定位,对于这方面,当时的兵家曾作过深刻的阐述。如《商君书》认为,当时的社会正

---

① 《六韬·武韬·发启》,《中国兵书集成》第1册,解放军出版社、辽沈书社1987年版。以下只注篇名。

处于武力征伐的时代,天下大乱,群雄兼并,一日无已,"今世强国事兼并,弱国务力守……万乘莫不战,千乘莫不守"①。在这样的特殊历史条件下,战争乃是社会生活中最重要的事务,直接关系到一个国家的安危存亡:"名尊地广以至王者,何故?[战胜者也]。名卑地削以至于亡者,何故?战罢者也"(《商君书·画策》);要立足天下,称王称霸,就必须从事战争,"国之所以兴者,农战也"(《商君书·农战》),这才是"适于时"的做法。为此,其积极主张战争,反对所谓"非兵""羞战"之类的论调,强调"以战去战,虽战可也;以杀去杀,虽杀可也"(《商君书·画策》)。

又如,韩非也认为在当时的形势下,绝不能指望别国不来侵犯,而要加强自己的实力,使自己强大到足以令敌国不敢轻启战端,"不恃外之不乱也,恃其不可乱也"(《韩非子·心度》),并指出这乃是"王术",即"争于气力"、统一天下的策略和战略。

再如,成书于战国至秦汉时期的《管子》同样强调战争的重要作用,肯定战争在社会生活中的意义,认为战争直接决定着君主地位的尊卑、国家处境的安危,战争胜利是实现君主尊贵、国家安定的重要途径:"君之所以卑尊,国之所以安危者,莫要于兵。故诛暴国必以兵,禁辟民必以刑。然则兵者外以诛暴,内以禁邪。故兵者尊主安国之经也,不可废也。"②《管子》指出,战争虽然谈不上高尚和道德,但在当时天下由分裂走向统一的重要关头,却是"辅王成霸"的基本手段,不可或缺:"夫兵,虽非备道至德也,然而所以辅王成霸。"(《管子·兵法》)所以,《管子》要求明智的君主务必"积务于兵",即注重和开展军事活动,并指出假如"主不积务于兵",等于是将自己的国家拱手交给敌人,危险之至。基于这一认识,《管子》反对无条件的偃兵息武,认为兵不可废置。它说,即便是在黄帝、尧、舜那样的盛世,都不曾废弃兵事,那么"今德不及三帝,天下不顺,而求废兵,不亦难乎?"(《管子·法法》)所以宋钘、尹文提倡的"寝兵之说"和墨家鼓吹的"兼爱之说",在《管子》作者的眼中,纯属于亡国覆军之道,必须痛加驳斥:"寝兵之说胜,则险阻不守。兼爱之说胜,则士卒不战。"(《管子·立政》)

---

① 《商君书·开塞》,蒋礼鸿:《商君书锥指》,中华书局2014年版。以下只注篇名。
② 《管子·参患》,黎翔凤撰,梁运华整理:《管子校注》,中华书局2004年版。以下只注篇名。

不仅三晋法家与齐地法家清醒地认识到其所处的"争于气力"之环境,因而高度"主战"与"重战"。其他学派在这方面也不乏类似的识见,像黄老学派也主张"争于气力""以战止战",《经法》就明确肯定战争的意义与价值:"所谓为义者,伐乱禁暴,起贤废不肖,所谓义也。[义]者,众之所死也。"[1]其必定得到民众的拥护和支持,造就"地广而民众兵强,天下无敌"[2]的局面。

三、法兵家的"农战""政胜"思想

当然,"争于气力",并不是一句空泛的口号,而必须有切实可行的措施与手段,通过相应的途径,达到自己预定的战略目标。在当时的兵家看来,只有进行农战,致力于富国强兵,才能够真正拥有从事战争的物质基础与制胜条件。《商君书》《韩非子》《管子》对此均有充分的阐述:明确表示"凡战法必本于政胜"(《商君书·战法》)"内政不修,外举事不济"(《管子·大匡》),认为要确保国家在战争中取胜,就必须注重加强国家的实力,只有具备强大的实力,方能统一天下,这叫作"多力者王";明确指出,国家的强盛与否由国家的实力决定,并认为恩德也产生于实力,"力生强,强生威,威生德"(《商君书·说民》),这就是"政胜":"政久持胜术者,必强至王。"(《商君书·战法》)

所谓"政胜"的具体表现,乃是实行"农战"。为此,当时的兵家一再强调从事农战的重要性:"土广而任则国富,民众而制则国治",从而造成"不暴甲而胜"[3]的优势地位。"圣人之为国也,入令民以属农,出令民以计战……富强之功可坐而致也"(《商君书·算地》),"国之所以兴者,农战也……国待农战而安,主待农战而尊"(《商君书·农战》)。兵家甚至认为,农战是富国强兵,实现霸王之业的关键:"能行二者于境内,则霸王之道毕矣。"(《商君书·慎法》)相反,如不进行农战,则必危及国家,丧失兼并事业的主动权:"彼民不归其力于耕,即食屈于内;不归其节于战,则兵弱于外。入而食屈于内,出而兵弱于外,虽有地万里、带甲百万,与独立平原一贯也。"(《商君书·慎法》)在他们看来,农耕为攻战之本,两者不可分割,重战和重农必须结合。因为农业生产不仅为战

---

[1] 马王堆汉墓帛书整理小组编:《马王堆汉墓帛书〈经法〉》,文物出版社1976年版,第78页。
[2] 马王堆汉墓帛书整理小组编:《马王堆汉墓帛书〈经法〉》,文物出版社1976年版,第18页。
[3] 《尉缭子·兵谈第二》,张元济辑:《续古逸丛书》影宋本,广陵书社2013年版。以下只注篇名。

争提供雄厚的物质基础，而且人民致力于农耕，才会安土重居，既有利于社会秩序的稳定，也可以驱使民众为保卫国土殊力死战。"圣人知治国之要，故令民归心于农。归心于农，则民朴而可正也，纷纷则易使也，信可以守战也。"（《商君书·农战》）

在他们看来，"争于气力"、实行"农战"的直接效果，就是富国强兵："能越力于地者富，能起力于敌者强，强不塞者王"（《韩非子·心度》）。"国富"是"强兵"的基础，而"强兵"则是保证国家安全的根本条件。一旦做到了富国强兵，那么克敌制胜便就有了基本保障："国富者兵强，兵强者战胜，战胜者地广。"（《管子·治国》）反之，如果经济落后、军力不强，就会直接导致国家的危亡，不可不加以警惕："战士怠于行阵者，则兵弱也；农夫惰于田者，则国贫也。兵弱于敌，国贫于内，而不亡者，未之有也。"（《韩非子·外储说左上》）

既然要"争于气力"，那么思想的统一、政令的贯彻就至为关键了，所谓"兵战其心者胜"，即必须让民众树立起战争的观念，"服战于民心"，重视和积极参与战争活动。《韩非子·心度》中所说的"先战者胜"指的就是这个含义。这里的"先战"，就是"战其心"，使民众的思想专一于战争。所以必须"一赏""一刑"和"一教"。所谓"一赏"，就是"利禄官爵，专出于兵，无有异施也"；所谓"一刑"，即统一刑罚，"刑无等级"；所谓"一教"，就是"当壮者务于战，老弱者务于守，死者不悔，生者务劝"（《商君书·赏刑》），即把教育统一到"乐战"上来，使得"民闻战而相贺也，起居饮食所歌谣者，战也"（《商君书·赏刑》），造成"怯于邑斗，而勇于寇战"（《商君书·战法》）的社会风气。他们指出，一旦做到这三点，便可令行禁止，上下一致，无敌于天下了："一赏则兵无敌，一刑则令必行，一教则下听上。"（《商君书·赏刑》）是谓"兵战其心者，胜"（《韩非子·心度》）。换言之，要在物质上奖励耕战，"富国以农，距敌恃卒"，明确主张"功大者有尊爵，受重赏""显耕战之士"，以此调动民众的积极性；同时修明政治，信其赏罚，发展经济，鼓舞士气，"严其境内之治，明其法禁，必其赏罚，尽其地力，以多其积，致其民死，以坚其城守"。（《韩非子·五蠹》）一旦真正做到了这一点，那就能够"无事则国富，有事则兵强"，拥有了统一天下的"王资"（《韩非子·五蠹》）。

总之，到了战国后期，随着兼并战争的日益激化，先秦兵家所关注的主题悄然有了新的转移，"竞于道德"基本失语，"逐于智谋"也逐渐弱化，代之而起的是"争于气力",传统型的正宗兵家实际影响力有所削弱,而法家人物的兵学观点则把持了话语权。这既是历史的必然,但同时也是历史的无奈。

第二节　战国后期的兵家综合融汇趋势
　　　　　——以《六韬》为例

一、兵家与诸子的对峙与兼容

考察历史我们可以发现,在先秦诸子之间,学术思想存在着一种在对峙冲突中逐渐走向兼容互补的倾向。这一则表现为诸子各家对不同学派的抨击和攻讦;二则表现为诸子在自己的学说中,或多或少、或明或暗地汲取其他学派的某些思想,以丰富和完善自己的体系。前者体现了诸子间的对立和冲突,反映出其"异质"的一面。正是由于这种"异"的存在,诸子各家间就有了"交流"的必要性。而后者则体现了诸子间的内在联系与贯通,反映出其"同质"的一面。恰恰是这种"同"的现实基础,又给学术思想的"交流"提供了可能性。前者是占据主导的,后者则处于从属地位。因此,这种学术思想的兼容,乃是对峙基本前提下的融汇。由于对峙,各学派之间特有的基本面貌被基本确定;又由于兼容,各学派才能不断地丰富和发展自己。这一学术思潮嬗变的大趋势,决定了包括兵家在内的诸子学说同样有一个由"异"趋"同"的历史过程。

一般地说,在战国中期之前,诸子学术思想的对峙性尤其突出。当时的诸子对于吸收自己对立面的有用要素来丰富充实自身的认识还是相当模糊的,往往以决绝的态度来对待其他学派,将排斥他说、攻击异端引为己任。孔子曾明确主张:"攻乎异端,斯害也已。"(《论语·为政》)这个"异端",按杨伯峻先生理解,当为"不正确的议论"[①],也可引申为不同的学说。孔子所谓的"攻"者,实际上便是要排斥、反对不同观点的存在。孔子之后的孟子之排斥异端,更为众所周知:"杨墨之言不息,孔子之道不著,是邪说诬民,充塞仁义也……

---

① 杨伯峻编著:《论语译注》,中华书局 1958 年版,第 18 页。

我亦欲正人心,息邪说,距诐行,放淫辞。"(《孟子·滕文公下》)墨家、法家、道家等学派同样也致力于"攻乎异端",如墨家曾假借晏婴之口极力贬斥儒家:"博学不可使议世,劳思不可以补民,累寿不能尽其学,当年不能行其礼,积财不能赡其业……其道不可以期世,其学不可以导众。"(《墨子·非儒》)在这种社会思潮大氛围下,当时兵家对于吸收其他诸子思想内涵的认识,同样不能不受到严重的局限。这一点可以从春秋末年的《孙子兵法》中看得很清楚:它虽然也提出了"道者,令民与上同意""上下同欲者胜"等观点,但更多地却是从军事学本身的角度立论,并没有兵学政治伦理化现象的存在。

然而,随着时代的发展,各学派之间交流的增强,先秦某些思想家开始考虑如何在保持自己思想主体性、肯定自己思想正确性这一前提下,借鉴和汲取其他学派的某些思想内容,以丰富和发展自己的学说。《荀子》《庄子》以及《吕氏春秋》等对此均有比较集中的反映。它们一方面继续尖锐抨击除自己学说之外的诸子百家:"天下之人,各为其所欲焉以自为方。悲夫!百家往而不反,必不合矣。"[1]另一方面也或多或少地承认和肯定不同学派具有某些合理内涵,如《荀子·解蔽》在批评诸家弊端的同时,也指出"此数具者,皆道之一隅也"[2];又如《庄子·天下》也认为"百家皆有所可,时有所用"。

与这种认识相适应,自战国中晚期起,学术思想也出现了重新整合与融汇的崭新气象。在儒家,出现了汲取法家之说而集儒学之大成的荀子;在法家,出现了引入君主南面之术等道家要义,并充分汲取儒家"纲常名理"原则、墨家"尚同"思想,综合前期法家"法、术、势"三派之长的韩非;在道家,出现了立足于老子思想的主体性同时兼容并取诸子百家之长的黄老学派;在兵家,则出现了体系完备、兵学政治伦理化倾向突出,以综合贯通为显著特色的《六韬》。至于以《吕氏春秋》为代表的杂家学派的形成,更标志着诸子学说兼容合流历史趋势的强化。

以《六韬》《管子》成书为显著标志,兵家在战国后期进入了综合融汇、全面总结的新阶段。概括地说,在战国中晚期,中国古典兵学的发展又出现了一次新的飞跃,呈现出崭新的特点,即当时的兵书战策充分汲取诸子百家的政治伦

---

[1] 《庄子·天下》,郭庆藩辑,王孝鱼整理:《庄子集释》,中华书局1961年版。以下只注篇名。
[2] 《荀子·解蔽》,王先谦撰,沈啸寰、王星贤点校:《荀子集解》,中华书局1988年版。以下只注篇名。

理学说,并开始进入兼融综合的阶段。考察《六韬》《管子》等典籍后可以获得这样的认识,即学术综合倾向在其中表现得十分显著,兵学本身不再局限于单纯的"军法"或"兵法",当时的兵家也不再局囿于狭义的"兵家",而是大量汲取了儒、墨、道、法的政治伦理观念,呈现出政治主导军事的时代特色。换言之,兵学理论体系构筑上的完备性、系统性和综合性,当时社会政治思潮对兵书的广泛渗透和高度规范,乃是这一阶段的基本特征。

二、兵家兼容并包的代表作:《六韬》

《六韬》大约成书于战国晚期,是该时期兵家及其思想的最重要载体。其思想内容十分丰富,可谓熔儒、道、法、兵等各家思想于一炉,表现出春秋战国"百家争鸣"的时代特色,也反映出作者兼收并蓄、海纳百川的学术胸怀和眼界。

(一)战争观念。关于战争胜负的决定因素,《六韬》中提出:"利天下者,天下启之;害天下者,天下闭之。天下者,非一人之天下,乃天下人之天下也。取天下者,若逐野兽,而天下皆有分肉之心。若同舟济,济则皆同其利,败则皆同其害,然则皆有以启之,无有闭之也。……大明发而万物皆照,大义发而万物皆利,大兵发而万物皆服。"(《六韬·武韬·发启》)这就是说,能否在战争中克敌制胜,进而取得天下,其决定因素绝不在于个人的意志和愿望,而在于是否顺应天下的民心民意,是否合乎天地间的道义公理。若战争的动机与目的能够顺应民心、合乎道义,就能得到天下万民的支持,也就能无往而不胜;反之,则天下之人便会成为其对抗者和劲敌,也就必然导致失败。

关于战争与国家政治的关系,《六韬》提出了"爱民"的思想,具体内容是:"利而勿害,成而勿败,生而勿杀,与而勿夺,乐而勿苦,喜而勿怒。……故善为国者,驭民如父母之爱子,如兄之爱弟。见其饥寒则为之忧,见其劳苦则为之悲。赏罚如加于身,赋敛如取己物。"(《六韬·文韬·国务》)也就是说,实施统治、制定和采取各项治国措施,都要考虑人民的利益,要保障人民的生产和生活的基本条件,使他们安居乐业、心情舒畅。统治者要将人民当作自己的亲人一样去悉心爱护,与其同忧同乐。"与人同病相救,同情相成,同恶相助,同好相趋,故无甲兵而胜,无冲机而攻,无沟堑而守。"(《六韬·武韬·发启》)只有在政治上取得人民的支持，才能政通人和，上下一心，这才是取得战争胜利最根本的保证。

（二）战略指导理论。《六韬》在战略指导方面继承了《孙子兵法》"不战而屈人之兵""上兵伐谋"的"大战略"思想，并在具体措施和手段上有所发展。作者提出"全胜不斗，大兵无创"（《六韬·武韬·发启》），"上战无与战"（《六韬·龙韬·军势》），把"不斗""无与战"的方式和"全胜""无创"的结果作为战争的最高层次和境界，即尽量将战场的暴力、残酷的厮杀降到最低程度，而最大限度地发挥非暴力手段的制胜作用。《六韬》对非暴力手段的作用及其运用方法的论述主要集中在《武韬》中的《文伐》《三疑》两篇中。所谓"文伐"，就是"以文事伐人，不用交兵接刃而伐之也"[①]，即以政治、外交等多种方式削弱敌国的实力，迫使敌国屈服，或为最后的武力取胜创造有利条件。在《文伐》篇中，作者提出了"文伐十二节"，即十二条削弱敌国的方法，目的就是要腐蚀、麻痹、分化、瓦解敌国的君臣，造成其在政治、经济、军事等多方面的严重损失，以消耗其实力，便于在时机、条件成熟之际，对其发动战略进攻。正如作者最后指出的："十二节备，乃成武事。所谓上察天，下察地，征已见，乃伐之。"

在《三疑》篇中，作者又进一步提出了"攻强""离亲""散众"的伐谋之道及实施策略，即"因之""慎谋""用财"。概括起来就是：要想战胜强大的敌人，就要因势利导，助长其强大的势头和扩张的野心，使其盛极而衰；要想离间其君臣间亲近的关系，使用的计谋和手段一定要慎重、周密、隐蔽，使其无法察觉；要想离散其民众，就要设法给其民众施以恩惠，而不能吝惜钱财。这些都是对"文伐十二节"的补充。

此外，《六韬》的战略指导思想还体现在对战略形势的判断和战略决策的制定方面。作者认为，战略形势的判断和战略决策的制定应建立在对情况的全面了解和深入分析基础之上，指出："天道无殃，不可先倡。人道无灾，不可先谋。必见天殃，又见人灾，乃可先谋。必见其阳，又见其阴，乃知其心。必见其外，又见其内，乃知其意。必见其疏，又见其亲，乃知其情。"（《六韬·武韬·发启》）只有天、人、阴、阳、内、外、亲、疏等方方面面情况都已掌握，才能做出正

[①] 刘寅：《武经七书直解》卷2《六韬》，《中国兵书集成》第10—11册，解放军出版社、辽沈书社1990年版。

确的判断和决策。同时,一旦得出对战略形势的判断,就应果断决策,不可贻误战机,所以作者说:"用兵之害,犹豫最大;三军之灾,莫过狐疑。"(《六韬·龙韬·军势》)

(三)作战指挥思想。《六韬》中的作战指挥思想首先表现在其对战国时期活跃于战场之上的步兵、战车、骑兵诸兵种协同作战战法,以及各兵种的作用、特点、优劣的论述。如《虎韬·必出》说:"勇力飞足冒将之士(步兵)居前,平垒为军开道,材士强弩(步兵)为伏兵居后,弱卒车骑居中。……以武冲扶胥(战车)前后拒守,武翼大橹(战车)以备左右。"提出突围战中各兵种的使用和协同。又如《豹韬·林战》说:"林战之法,率吾矛戟(步兵),相与为伍。林间木疏,以骑为辅,战车居前,见便则战,不见便则止。"指出在林地作战中诸兵种的使用和协同。在《豹韬·敌武》中说:"伏我材士强弩,武车骁骑为之左右,常去前后三里。敌人逐我,发我车骑,冲其左右。……选我材士强弩,伏于左右,车骑坚陈(阵)而处。敌人过我伏兵,积弩射其左右,车骑锐兵疾击其军,或击其前,或击其后。"这里提出了在遭遇战中诸兵种的使用和协同。在《豹韬·鸟云泽兵》中说:"须其毕出,发我伏兵,疾击其后。强弩两旁,射其左右,车骑分为鸟云之阵,备其前后,三军疾战。敌人见我战合,其大军必济水而来,发我伏兵,疾击其后,车骑冲其左右。"这里指出在江河防御战中诸兵种的使用和协同。关于各兵种的运用特点,作者在《犬韬·战车》中指出:"步贵知变动,车贵知地形,骑贵知别径奇道,三军同名而异用也。"也就是说,使用步兵重在随时掌握战场形势的变化,这样才能随机应变;使用战车重在熟悉地形情况,这样才能充分发挥其作用;使用骑兵重在了解和掌握小路、隶径,这样才能有效地对敌实施迂回、穿插和奇袭。这些论述,很多是具有开创性的,对于丰富和发展我国古代的作战指挥理论做出了很大的贡献。

《六韬》的作者还特别强调要赋予将领独立的指挥权,指出:"凡兵之道,莫过于一。一者,能独往独来。"(《六韬·文韬·兵道》)即认为将领在作战指挥中必须具有能临机决断的大权,这样才能不受外界因素的干扰和限制,充分发挥其指挥才能,无往而不胜。因而,作者在《龙韬·立将》篇中十分详细地叙述了国君对军队主将的任命和授权的隆重仪式,并着重指出:"军中之事,不闻君命,皆由将出。临敌决战,无有二心。若此,则无天于上,无地于下,无敌于前,无君于后。是故智者为之谋,勇者为之斗,气厉青云,疾若驰骛,兵不接刃,而敌降服。"

此外,作者根据战国时期战场范围广大、作战地形复杂的新情况,论述了山地作战、林地作战、沼泽地作战、渡水作战、险隘地形作战、深草灌木地带防敌火攻作战等特种作战的战法;根据战国时期军队规模扩大、作战样式日趋多样化的新特点及其对作战指挥提出的新要求,论述了金鼓旗号等指挥工具以及阴符、阴书等通信联络手段的用途和使用方法。

《汉书·艺文志·兵书略》曾经对"兵权谋家"的内涵与特征做过系统的归纳、总结与揭示:"权谋者,以正治国,以奇用兵。先计而后战。兼形势,包阴阳,用技巧者也。"应该说,在现存的兵家著作之中,《六韬》一书是最能够体现"兵权谋"这个基本特点的。其中《国务》《大礼》《上贤》诸篇,体现了"以正治国"的人文基本精神;而大量有关军事指挥艺术的论述,如《疾战》《突战》《必出》等篇章,反映了兵家"以奇用兵"的本质特征;它讲庙算,讲战略运筹,讲战略评估、战略预测,可谓充分做到了所谓的"先计";它对诸多战略原则的深刻阐释,又是"后战"的具体写照;《奇兵》《军势》诸篇的高超用兵之法,乃是对"兼形势"的生动诠释,《五音》《兵征》诸篇的内容,又相当程度上显示了"包阴阳"的重要特色;而《农器》《军用》诸篇则毫无疑义是"用技巧"的形象说明。可以说,当时兵家综合兼容的时代精神,通过《六韬》而得到了全面准确的反映!

第四章　秦汉时期的兵家及其成就

秦汉兵家前承先秦兵家的成就，下启魏晋南北朝乃至隋唐五代兵家群体理论建构的方向，从而成为中国古代兵家嬗变演进中一个不可忽略的阶段，给中国兵家文化打上"大一统"、君主专制"帝国时代"的深刻烙印。

第一节　秦汉兵家群体有关兵书的系统整理

一、"尚武"精神笼罩下的秦汉兵家

众所周知，《汉书·艺文志》在中国古代学术发展史上具有提纲挈领、举足轻重的地位。它承载了先秦至秦汉学术形态演变的基本脉络，是后世梳理、认知、评判先秦及两汉学术的最重要凭借。因此，还原《汉书·艺文志》形成的历史场景，再现《汉书·艺文志》编排的内在逻辑，梳理《汉书·艺文志》论列学术的基本考量，对把握先秦秦汉的学术文化整体面貌与基本特征具有关键意义，而后世对于先秦秦汉学术文化上若干重大问题的争论，也往往是以《汉书·艺文志》为探讨的逻辑起点与根本核心。套用明代兵学家茅元仪评论《孙子兵法》的话来说，就是"前《汉志》者，《汉志》不遗；后《汉志》者，不能遗《汉志》"。

《汉书·艺文志》是《汉书》"十志"之一。它首先是记载"六艺"百家文献的图书总目录，其内容分为《六艺》《诸子》《诗赋》《兵书》《数术》《方技》六略，共收书三十八种、五百九十六家、一万三千二百六十九卷；但同时，它又是体现先秦至两汉的学术文化发展总成就、总趋势与总特征的理论总结，因为在叙录书目的同时，《艺文志》在每种图书之后均有"小序"，在每一"略"之后均撰有"总序"，对先秦至两汉的学术文化的源流、嬗变、特色、价值、影响，都有系统的梳理与全面的总结。

图书的目录分类，不能单纯地视为目录学问题，它同时也是学术思想文化发展状态与特征的综合性、集中性体现，即准确折射了其所处时代的"学科建设"面貌与特色。《汉书·艺文志》即是这一观点的典例：所谓的"经、史、子、集"图书四部分类法，是历经荀勖《中经新簿》、阮孝绪《七录》，至《隋书·经籍志》最终确立的。[①] 虽说它在目录学史上有重要的地位与价值，但是明显偏重于纯学理的图书分类，与《汉书·艺文志》的目录体系与学术旨趣有显著的差异。稍加分析，我们能发现，在《汉书·艺文志》中，实用之学与理论之学是结合在一起的，"七略"实际上是"六略"。它传承西汉刘向《别录》及其子刘歆《七略》而来，在刘氏父子的学术总结基础上集萃撮要，遂成文献总目和学术渊薮，而在这个文化系统工程的建设中，当时的兵家做出了卓越的努力，取得了突出的成就，可谓呕心沥血，居功厥伟。

第一略"辑略"，即导言、通论；紧接而来的六艺略，就是理论指导——《诗》《书》《礼》《乐》《春秋》《易》，即国家的统治思想与文化；诸子略，就是中国的学术思想流派；诗赋略，就是文学艺术作品；兵书略，就是用于指导战争实践的理论及其相应的操作方法；数术略，近似于现代的"理科"；方技略，颇类似于今天学科体系中的"工科"，上述二者都是属于自然科学范畴的东西。但经史子集的分类法则淡化了这些操作性、实践性的东西。故前一种图书目录分类，从学科体系构筑上考察，显然更全面、更系统。所以，我们今天认知国学的眼光，不应该仅仅局囿于"经、史、子、集"，而理当超越它，回归到《汉书·艺文志》的学科传统中。西周时期的"六艺"，是培养"全人"人格的，德、智、体、美全方位发展，有精神思想的指导："礼""乐"；有自然科学知识、文化技能的掌握："书""数"；也有军事技能、操作实践能力的培养："射""御"。但孔子之后的"六艺"却变成了纯粹的经典文献学知识。换言之，我们今天弘扬国学，要真正超越经史子集的传统，回归理论与实践相结合的中国传统学术的原生态。实际上，经史子集就是次生态，原生形态应该是六艺之学，就是从西周的六艺之学，一直

---

① 晋代荀勖撰《中经新簿》，将文献分为四部：甲部含六艺、字书；乙部含诸子、兵书、术数；丙部含史记、皇览簿、杂事；丁部含诗赋、图赞、汲冢书。这似乎是《隋志》"四部分类法"的雏形。南朝梁代阮孝绪撰《七录》，其中包括了《经典录》（六艺）、《记传录》（史传）、《子兵录》（诸子、兵书）、《文集录》（诗赋）、《技术录》（术数）、《佛录》、《道录》。这是兵书独立分类被取消，合并入诸子类的发轫。

延续到班固《汉书·艺文志》的六略之学。

在《汉书·艺文志》中,兵家并没有被列入"诸子"的范围,兵学著作没有被当作理论意识形态的著述来看待。[①]"诸子略"的"九流十家"中,兵家未能占据一席之地,完全被排斥在外。当然,兵书也有它自己的学科归属,即"兵书略",但是它的性质实际上与"数术""方技"相近。清代章学诚认为这就是古书性质上"体"与"用"不同在图书分类上的反映:"夫《兵书略》中孙、吴诸书,与《方技略》中内外诸经,即《诸子略》中一家之言,所谓形而上之道也。《兵书略》中形势、阴阳、技巧三条,与《方技略》中经方、房中、神仙三条,皆著法术名数,所谓形而下之器也。任、李二家部次先后,体用分明,能使不知其学者,观其部录,亦可了然而窥其统要。此专官守书之明效也。"[②]近人杜定友亦认为:"古之学术有道器之分,形而上者谓之道,形而下者谓之器。诸子之学,所谓道者也,为无形之学。术数、方技,所谓器者也。虚理实事,义不同科。"[③]显而易见,从某种程度上讲,《汉志》"六略",前三"略"——"六艺""诸子""诗赋"属于同一性质,可归入"道"的层面;而后三"略"——"兵书""数术""方技"又是一个性质近似的大类,属于"术"的层面。"道"的层面,为"形而上";"术"的层面,为"形而下"。"形而下"者,用今天的话来说,是讲求功能性的,是工具型的理性,它不尚抽象,不为玄虚,讲求实用,讲求效益。由此可见,在时人看来,兵书切于人事,其性质属实用之学,与数术、方技相类,这一点,在汉代学术区划与图书分类中,自然要有鲜明的体现:"《七略》以兵书、方技、数术为二部,列于诸子之外者,诸子立言以明道,兵书、方技、数术皆守法而传艺,虚理实事,义不同科故也。"[④]"《七略》以兵书、方技、术数为三部,列于诸子之外,至后世而皆列入子类,较为简括。然《七略》所以分者,重颛门之学也。《艺文志》云:'步兵校尉任宏校兵书,太史令尹咸校术数,侍医李柱国校方技。'盖兵书、方技、术数非

[①] 按:清代章学诚曾有这样的推测,当时的兵学文献,如同方技文献、数术文献一样,有可能是由有司单独收藏,由职能部门委派专人负责管理的:"刘向校书之时,自领《六艺》《诸子》《诗赋》三略,盖出中秘之所藏也。至于兵法、数术、方技,皆分领于专官,则兵、术、技之三略不尽出于中秘之藏,其书各存专官典守,是以刘氏无从而部录之也。"参见章学诚著,王重民通解:《校雠通义通解》卷2《补校汉艺文志》,上海古籍出版社2009年版。以下只注篇卷。
[②] 《校雠通义通解》卷2《补校汉艺文志》。
[③] 杜定友:《校雠新义》,上海书店出版社1991版,第44页。
[④] 《校雠通义通解》卷1《校雠条理》。

颛门名家不能通其法,故校书之人可与诸子同列,此部次所以独精。"①

至于"六略"之学之所以向"四部"之学嬗递,其原因何在?我们不妨做一个大胆的猜测,除了在魏晋门阀制度背景下,史部著述数量由于谱牒学、方志学等发达而剧增等原因外,也与中国文化性格特征、价值取向的转型有内在的关系。这种转型,从本质上来概括,就是由"尚武"转向"崇文",由阳刚转向阴柔,由进取转为守成。在先秦乃至两汉社会中,人们普遍推崇"尚武"精神,"执干戈以卫社稷"被视为正业,只有孔武有力的武士才是人群中的精英、社稷的靠山、国家的栋梁,所谓"赳赳武夫,公侯干城"(《诗经·周南·兔罝》),讲的就是这种时代风尚。正如顾颉刚先生所说,"吾国古代之士,皆武士也"②。顾先生所言,是可以信从的,齐景公年间"二桃杀三士"故事中的"士",显然是武士而非文士。而《孙子·谋攻篇》云:"杀士三分之一而城不拔者,此攻之灾也。"这里说"杀士"而非"杀卒",表明即使是在春秋后期,"士"亦专指"武士"。他们是"国士",地位崇高,万人钦仰:"国士在,且厚,不可当也。"(《左传·成公十六年》)因此,《左传·昭公元年》载郑国贵族徐吾犯为妹择婿时,弃衣冠楚楚"盛饰"、扭昵作态的公子黑(子皙)而取"戎服入,左右射,超乘而出"的公孙楚(子南),其理由就是公孙楚粗犷强悍,有一身的蛮劲。

这种魂魄,至两汉而未改,故张骞敢于横绝大漠,致力"凿空";班超勇于进取开拓,"投笔从戎";陈汤能斩钉截铁地发出铿锵有力的时代强音:"犯我强汉者,虽远必诛!"这种"尚武"的文化精神,折射到当时的图书目录分类,就是"兵书略"独立成为一"略",与"诸子略"并列,其地位高于儒、道、法、墨等其他诸子。姚名达有谓:"(《七略》)其稍可称者,惟视实用之'方技''术数''兵书'与空论之'六艺''诸子''诗赋'并重,略具公平之态度。"③可谓谠论。但是,在后来"崇文"的文化氛围越来越浓厚的历史背景下,兵家的地位日趋低落,兵书的总量相对萎缩,"兵书略"作为独立的大门类被取消而归入"子部"之中,且被日益边缘化,由"蔚为大国"退化为"蕞尔小国"了:在图书数量尚不多的汉代,《汉书·艺文志·兵书略》著录的"兵权谋""兵形势""兵阴阳""兵技巧"四类

---

① 金锡龄:《七略与四部分合论》,张舜徽选编:《文献学论著辑要》,陕西人民出版社1985年版,第81页。
② 顾颉刚:《武士与文士之蜕化》,《浪口村随笔》,辽宁教育出版社1998年版,第52页。
③ 姚名达撰,严佐之导读:《中国目录学史》,上海古籍出版社2002年版,第57页。

兵书相加,尚且有53种;而到了清代编纂《四库全书》之时,图书数量与品类较之于汉代,其增长不啻有千倍、万倍之多,谓之汗牛充栋、浩如烟海也不为过,可收入《四库全书》的兵书,则少到只有可怜的20种①。这就是目录分类变化背后所体现出的学术文化变迁之显著事例。

说回到兵家在秦汉时期的发展。秦代推行法家政治,法家学说的基本特色是"不别亲疏,不殊贵贱,一断于法"②,"信赏必罚,以辅礼制"③,主张强化君主专制,以严刑峻法治民,厉行赏罚,奖励耕战,巩固土地私有制,建立统一的专制集权国家,以农致富,以战求强,以法为教,以吏为师,等等;轻视和否定教化,独任刑法,刻薄寡恩。"及刻者为之,则无教化,去仁爱,专任刑法而欲以致治,至于残害至亲,伤恩薄厚。"④可见法家的核心宗旨是崇尚暴力,仇视文化,与民为敌。因此,秦朝统治之下,"燔《诗》《书》,坑术士"已成为最大的"政治正确"。在这样的时代主题下,兵家群体的理论建树当然乏善可陈,只有一鳞半爪、吉光片羽残存于秦朝建立前夕成书的《吕氏春秋》一书之中。

进入汉代之后,情况发生了重大的变化。与秦王朝仇视和灭绝文化的立场与态度不同,西汉王朝的统治者相对重视文化的积累与发展,尤其是注重对实用性较强的学术文化的提倡。兵学是实用之学,其发展程度直接关系到政权的稳定与否,因此为当时的统治者所关注,搜访和校理兵书就是这方面的重要举措之一。

二、兵家典籍的搜集与整理

据史籍记载,汉代对兵书的搜集整理工作主要有三次。第一次是汉高祖在位时的"韩信申兵法":"张良、韩信序次兵法,凡百八十二家,删取要用,定著三十五家。"⑤对于整理兵书一事,韩信与张良确为当时最为合适的人选,他们

---

① 《四库全书》中所收录的兵书类典籍分别为:《握奇经》《六韬》《孙子》《吴子》《司马法》《尉缭子》《黄石公三略》《三略直解》《黄石公素书》《李卫公问对》《太白阴经》《武经总要》《虎钤经》《何博士备论》《守城录》《武编》《阵纪》《江南经略》《纪效新书》《练兵实纪》等20种。
② 《史记》卷130《太史公自序》。
③ 《汉书》卷30《艺文志》。
④ 《汉书》卷30《艺文志》。
⑤ 《汉书》卷30《艺文志》。

是兵家的标志性人物,兵学造诣为时人公认,也为汉高祖刘邦所充分肯定:"夫运筹策帷帐之中,决胜于千里之外,吾不如子房。镇国家,抚百姓,给馈饷,不绝粮道,吾不如萧何。连百万之军,战必胜,攻必取,吾不如韩信。此三者,皆人杰也,吾能用之,此吾所以取天下也。项羽有一范增而不能用,此其所以为我擒也。"①韩信和张良这两位兵家人物,一个长于实战,另一个擅长谋略,于不同的兵学文献各有所长,"张良所学,《太公六韬》《三略》是也;韩信所学,穰苴、孙武是也"(《唐太宗李卫公问对》卷上)。两人合作起来,自然是优势互补,相辅相成,能够做到珠联璧合,别开生面。

其实,在此之前的汉初制度建设过程中,所谓"申军法"也是其中相当重要的一项内容,与兵书的搜集与整理亦有密切的关系:"于是汉兴,萧何次律令,韩信申军法,张苍为章程,叔孙通定礼仪,则文学彬彬稍进,《诗》《书》往往间出矣。自曹参荐盖公言黄老,而贾生、晁错明申、商,公孙弘以儒显,百年之间,天下遗文古事靡不毕集太史公。"②有关这次整理兵书的具体情况,史无明载,在今天已无法了解其详。但是大致可以推测的是,限于汉初干戈未息、经济凋敝,"自天子不能具醇驷,而将相或乘牛车"③的客观政治经济条件,以及"挟书律"未除的肃杀文化氛围,这次整理大约重在搜集和遴选。④

汉代第二次的兵书整理,是在汉武帝统治时期,当时反击匈奴的战争正在如火如荼地进行,为了夺取战争的胜利,统治者对兵学的关注自然又提上了议事日程,兵家的施展空间也得到了很大拓展。这一时期,汉武帝除了在中央设立太学,置五经博士,积极提倡儒学之外,还诏令全国,广泛征集包括兵书在内的各类图书典籍:"改秦之败,大收篇籍,广开献书之路。迄孝武世,书缺简脱,礼坏乐崩,圣上喟然而称曰:'朕甚闵焉!'于是建藏书之策,置写书之官,下及诸子传说,皆充秘府。"⑤"先上太史,副上丞相,开献书之路,置写书之官,外有

---

① 《史记》卷8《高祖本纪》。
② 《史记》卷130《太史公自序》。
③ 《史记》卷30《平准书》。
④ "申军法"属于制度规章的建设,主持者为韩信,"序次兵法"为兵书整理,主持者为张良、韩信。我们认为两者的主持者其实皆为韩信一人。可能是由于韩信身为军人,学术文化方面的造诣或许未尽如人意,故由张良予以配合,厘定和润饰兵书的文字。但由于韩信后来身背"谋逆"之罪名,于是,"序次兵法"的第一主持人也就成了张良,而韩信只能屈就降格,成为第二主持人了。
⑤ 《汉书》卷30《艺文志》。

太常、太史、博士之藏,内有延阁、广内、秘室之府。"①故当代学者张舜徽尝言:"汉求遗书,自武帝始。搜访既周,网罗自易。自六艺经传外,诸子百家,故书雅记,悉凑于京师。盖其初尚未专尊儒术,表章六经,故兼收并蓄,于斯为盛也。"②在这样的历史背景之下,为数众多的古代兵书从各地源源不断地被送入皇家的藏书场所,于是就有了军政杨仆整理兵书之举:"军政杨仆捃摭遗逸,纪奏《兵录》,犹未能备。"颜师古注曰:"捃摭,谓拾取之。"③可见杨仆的工作主要也是搜集兵书,性质上与韩信、张良等人的工作相类似,这也让西汉中期兵家的活动与贡献,在历史上留下了烙印。但遗憾的是,由于种种原因,这次整理同样存在着较大的缺陷,"犹未能备"。不过,杨仆的兵家文献整理,还是应该加以肯定的,因为他毕竟编纂出一部《兵录》,有学者将该书看作是中国第一部兵学文献目录,这当然是有一定的文化价值的,西汉后期步兵校尉任宏整理兵书时,很有可能就曾参考过这部《兵录》。④

汉代第三次大规模的兵书整理是在汉成帝时,当时朝廷命谒者陈农"求遗书于天下"——"成帝时,以书颇散亡,使谒者陈农求遗书于天下",并在河平三年(前26)由"任宏论次兵书","诏光禄大夫刘向校经传诸子诗赋,步兵校尉任宏校兵书,太史令尹咸校数术,侍医李柱国校方技。每一书已,向辄条其篇目,撮其指意,录而奏之"⑤。可见本次兵书整理是由步兵校尉任宏担任具体的整理兵书任务,并由刘向总其成,为整理校订后的兵书增作叙录,就每部兵书的作者、篇幅、内容、理论特色、学术价值及校雠情况做出全面、系统的介绍,附于书中上奏皇帝,尔后汇总成为一部《别录》。但是,刘向尚未完成这项工作便去世,稍后的汉哀帝又命令刘向之子刘歆接替其父的事业。刘歆乃"徙温室中书于天禄阁上",埋头进行了多年的整理,"遂总括群书,撮其指要",将《别录》所叙录的内容加以梳理与简化,把所著录的图书区分为六个大类,再加上提要性质的《辑略》,是为《七略》。⑥ 如前所述,东汉史学家班固的《汉书·艺文志》,

---

① 《隋书》卷32《经籍志》。
② 张舜徽:《汉书艺文志通释》,湖北教育出版社1990年版,第6页。
③ 《汉书》卷30《艺文志》。
④ 参见赵国华:《中国兵学史》,福建人民出版社2004年版,第247页。
⑤ 《汉书》卷30《艺文志》。
⑥ 《隋书》卷32《经籍志》。

便是直接渊源于刘向的《别录》、刘歆的《七略》。

这次兵家任宏对先秦两汉兵家著述的系统整理,其学术价值与文化贡献要远远大于前两次,因为它不仅划分了兵家的各类流派,而且还认真厘定了文字、规范了版本、裁夺了歧义,并深刻揭示了各部兵书的学术价值——刘向、任宏将搜集到的各部兵书,校勘其文字,确定其书名,统一其篇名,排定其篇章次序,撰就其提要,缮写而后成为定本,然后统一交由国家集中收藏。通过这次全面系统的整理,使得先秦至西汉中期的兵书基本上能以较完善的面貌存于世间,为两汉王朝的军事斗争提供了切实有效的服务。在这之后,又有《三略》《黄石公素书》《握奇经》等兵书诞生面世,进一步充实了秦汉时期的兵学文献宝库。与此同时,当时兵家群体的较小规模的具体兵学典籍整理与应用,亦始终没有就此中断,且长期保持了较为活跃的状态,例如到新莽统治时期,王莽依然"征诸明兵法六十三家术者,各持图书,受器械,备军吏"[①]。

第二节 秦汉兵家有关兵书的分类与学术价值总结

一、兵家典籍的分类与统计

秦汉兵学得以继续发展的又一个显著的标志,乃是秦汉兵家殚精竭虑、锲而不舍地对兵书进行认真的分类,以及在此基础上对各类型兵书学术特色加以准确而概括地揭示与总结。

在第三次兵书整理过程中,步兵校尉任宏对搜集到的兵书进行了系统的分类工作,"论次兵书为四种",即根据西汉中叶以前兵书的基本内容和主要特征,把兵家划分为兵权谋家、兵形势家、兵阴阳家、兵技巧家四大类。

其中,兵权谋家共13家,著作259篇,现存《吴孙子》[②]、《齐孙子》[③]和《吴

---

① 《汉书》卷99下《王莽传》。
② 即《孙子兵法》。
③ 即《孙膑兵法》。

子》《公孙鞅》《范蠡》《大夫种》《李子》《娷》《兵春秋》《庞煖》《兒良》《广武君》《韩信》等多部典籍,这是兵学流派中最主要的一支,在秦汉整个兵学文化体系中,"兵权谋"属于最重要的内容。

兵形势家共11家,著作92篇,图18卷,主要有《楚兵法》《蚩尤》《孙轸》《王孙》《尉缭》《魏公子》《景子》《李良》《丁子》《项王》等,现仅存《尉缭子》[①]。

兵阴阳家共16家,著作249篇,图10卷,主要有《太一兵法》《天一兵法》《神农兵法》《黄帝》《封胡》《风后》《力牧》《鬼容区》《地典》《师旷》《东父》《苌弘》《别成子望军气》《辟兵威胜方》等。其中有许多是托名黄帝君臣的作品[②],现大都已散失,只有后世诸如《太平御览》《册府元龟》等类书、政书保留有零星内容。1983年湖北江陵张家山24号汉墓中出土的《盖庐》一书,乃是现存最早的"兵阴阳家"著作,但其书不见于《汉书·艺文志·兵书略》的著录。考虑到《兵书略》载诸吕作乱之前,曾经盗取国库大量兵书,则或可推断此书就在其内,并由于诸吕事败伏诛而失传。

兵技巧家共13家,著作199篇,主要有《鲍子兵法》《五(伍)子胥》《公胜子》《苗子》《逢门射法》《阴通成射法》《李将军射法》《魏氏射法》《强弩将军王围射法》《望远连弩射法具》《剑道》《护军射师王贺射书》《手搏》《杂家兵法》《蹴鞠》等,亦已基本散失。比较能反映"兵技巧家"的基本情况的,只有后人辑佚的《伍子胥水战法》以及《墨子·城守十二篇》。

二、关于"兵家四种"的性质界定

在划分兵书种类的基础上,刘向、任宏还就每类兵书的军事学术特点加以分析和总结。他们指出,"兵权谋家"的基本特点是"权谋者,以正守国,以奇用

[①] 关于《尉缭子》的图书分类性质,古今学术界聚讼纷纭,莫衷一是。有认为它为《汉志》所著录的"兵形势家"之《尉缭》,有认为它为《汉志》所著录《诸子略》中的"杂家"《尉缭》,也有学者认为现存《尉缭子》为"兵形势家"与"杂家"两部《尉缭》的杂糅与混合。我们倾向于认为:现存《尉缭子》的主体内容为"兵形势家"之《尉缭》,但不排斥或有少部分"杂家"《尉缭》的内容掺杂其中。
[②] 如《汉书·艺文志·兵书略》班固自注:"《封胡》五篇。黄帝臣,依托也。《风后》十三篇。图二卷。黄帝臣,依托也。《力牧》十五篇。黄帝臣,依托也。"

兵,先计而后战,兼形势,包阴阳,用技巧者也"①。宋代学者郑友贤在《十家注孙子遗说并序》中对《孙子兵法》的特征曾有过精当的总结与揭示,指出:"武之为法,包四种,笼百家,以奇正相生为变。是以谋者见之谓之谋,巧者见之谓之巧,三军由之而莫能知之。"我们认为,这不仅是对《孙子兵法》的阐释,也可以视为是对于整个"兵权谋家"特色的概括与写照②。由此可见,这一流派主要是讲求战略的,是一个兼容各派之长的综合性学派。而且,相较于兵家其他三大流派,"兵权谋家"无疑处于总辖与统领的中心地位,对此,清代著名学者章学诚的分析与总结乃是十分到位的:"郑樵言任宏部次有法,今可考而知也;权谋,人也;形势,地也;阴阳,天也。孟子曰:'天时不如地利,地利不如人和。'此三书之次第也。权谋,道也;技巧,艺也。以道为本,以艺为末,此始末之部秩也。"③

"兵形势家"的基本特点为"雷动风举,后发而先至,离合背乡,变化无常,以轻疾制敌者也"④。这里,"雷动风举"乃是言兵锋之威,"后发先至"言军行之快,"离合背向"言其机动能力强,"变化无常"指其战术变化巧妙无穷,而所谓"以轻疾制敌",乃类似于相当今天所谓的速战速决之意。这充分反映了战国中期至秦汉时期军队运动性提高、战场机动能力增强的时代特征。《荀子·议兵》即曾指出,当时战争中"后之发,先之至"已成为"用兵之要术"。由此可见,"兵形势家"主要探讨军事行动的运动性和战术运用的灵活性与变化性。从这个定义出发,再结合实战历史,我们认为,假西楚霸王项羽之名的《项王》一书,可能最合乎"兵形势家"的特征了。此外,也有不少学者认为这一学派主要讲求战术、注重作战指挥艺术。

而"兵阴阳家"的主要特点则是"顺时而发,推刑德,随斗击,因五胜,假鬼神而为助者也"⑤,这表明它是以当时诸子学派中风靡一时的"阴阳家"之思想

---

① 《汉书》卷30《艺文志》。
② 清人孙星衍校《孙子兵法序》云:"兵家言惟孙子十三篇最古。古人学有所受,孙子之学或即出于黄帝,故其书通三才、五行,本之仁义,佐以权谋,其说甚正。古之名将用之则胜,违之则败,称为兵经,比于六艺,良不愧也。"孙氏之论,亦足资参考。参见孙星衍:《孙子兵法序》,杨丙安校理:《十一家注孙子校理·附录》,中华书局1999年版。
③ 《校雠通义通解》卷3《汉志兵书》。
④ 《汉书》卷30《艺文志》。
⑤ 《汉书》卷30《艺文志》。

学术为自己的理论基础①,有学者指出:"兵阴阳类和阴阳家既有密切的关系,也有一定的区别。阴阳家以思想阐发为主,兵阴阳类则以实际应用为先。"②这个分析,是不无道理的。很显然,这一学派十分注重所谓的"时",即注意对天时、地理条件与战争关系的研究,可能与范蠡、伍子胥以及黄老学派有浓厚的渊源关系。近年新出土的张家山汉简《盖庐》一书,《六韬》中的《五音》《兵征》诸篇,《孙子兵法》中"画地而守之""此黄帝之所以胜四帝也"等文字,以及山东临沂银雀山汉墓出土的竹简本《孙子·计篇》中的"顺逆、兵胜"之类的提法③,都可以说是"兵阴阳家"特色之具体写照。

至于"兵技巧家"的主要特点乃为"技巧者,习手足,便器械,积机关,以立攻守之胜者也"④。这就是说,这一派注重的是军事训练、军械装备和作战技术,它包括设计、制造攻守器械和学习使用器械的技术方法、要领、军事训练等等,即《孙子·计篇》中说的"士卒孰练""兵众孰强"。训练有素和装备精良,是战争中克敌制胜的基础与重要保证,所谓"用兵之法,教戒为先"⑤,"凡兵有大论,必先论其器"(《管子·参患》),"凡马车坚、甲兵利,轻乃重"(《司马法·定爵》),"兵技巧家"从此入手,应该说是从基础抓起了,属于以一驭万、纲举目张。从现存的文献看,墨家是最典型的"兵技巧家",这表现为《墨子》一书对守城防御作战的器械装备和具体战术做了充分的论述。它根据"今之世常所以攻者,临、钩、冲、梯、堙、水、穴、突、空洞、蚁傅、轩车"等当时通行的十二种攻城战法,提出了诸如"备高临""备梯""备水""备突""备蚁傅"等一系列有效的守城战术。墨家学派的城守思想,对我国古代防御理论具有奠基意义,影响非常深远。后世对有关防御原则和战术的论述,多借鉴和祖述《墨子》,以至于把一切牢固的防御笼统地称之为"墨守";近人尹桐阳称赞它是"实古兵家之巨擘";著名学者岑仲勉则将它与《孙子兵法》相提并论,说:"《墨子》这几篇书,我以为

---

① 《汉书·艺文志·诸子略》论"阴阳家":"阴阳家者流,盖出于羲和之官。敬顺昊天,历象日月星辰,敬授民时,此其所长也。及拘者为之,则牵于禁忌,泥于小数,舍人事而任鬼神。"
② 赵国华:《中国兵学史》,福建人民出版社2004年版,第252页。
③ 所谓"顺逆"乃是以阴阳向背为禁忌,所谓"兵胜"则是以五行相胜为禁忌。参见李零:《兵以诈立——我读〈孙子〉》,中华书局2006年版,第62页。
④ 《汉书》卷30《艺文志》。
⑤ 《吴子·治兵》,张元济辑:《续古逸丛书》影宋本,广陵书社2013年版。以下只注篇名。

在军事学中,应该与《孙子兵法》同当作重要资料,两者不可偏废的。"①这些评价是有一定道理的。

显而易见,兵家四大流派构成了中国古代兵学的完整学术体系。这里的"兵权谋家",其重心是战略指导;"兵形势家",侧重于阐明战术运用;"兵阴阳家",可视为军事活动的重要辅助,而"兵技巧家"则可看作军事训练的基本保证。

需要加以说明的是,刘歆《七略》中著录的兵书,较之于班固《汉书·艺文志》所著录的兵书,数量上要多许多。刘歆《七略》的"兵书略"中,"兵权谋"一目下还著录有《伊尹》《太公》《管子》《孙卿子》《鹖冠子》《苏子》《蒯通》《陆贾》《淮南王》等著作。班固考虑到这些书目已在其他类目中做了著录,为避免重复计,《艺文志·兵书略》"兵权谋"一目中便省略未录。《七略》的"权谋"一目还著录一种《军礼司马法》,《艺文志》则将它移入《六艺略》的"礼"目之中;《七略》的"技巧"一目还著录有《墨子》一家,《艺文志》因其已录入"诸子略"的"墨家"之目,亦省略不录,并另外又增录《蹴鞠》一家。

刘向、任宏对兵家流派的划分与总结,是中国兵学发展史上一个具有里程碑式意义的事件,从此兵家四分法经《汉书·艺文志》记载而为后世奉为圭臬,成为后世兵书撰著与兵学理论建树的规范程序与指导方针。

当然,任何一种图书著录与分类方法,都不可能做到尽善尽美、无懈可击,难免存在可待商榷之处。刘向、任宏对于兵书的校读与整理,刘歆《七略》中兵书的归类与编纂,班固《汉书·艺文志·兵书略》的统括,都有可斟酌讨论的空间。例如,南宋郑樵尽管对任宏、班固的兵书整理与分类总结工作多予以充分的肯定,认为"《七略》,惟兵家一略,任宏所校,分权谋、形势、阴阴、技巧为四种书,又有图四十三卷,与书参焉。观其类例,亦可知兵,况见其书乎!"②但是对班固的局部调整则颇不以为然,予以严厉地指斥:"《汉志》以《司马法》为礼经,以《太公兵法》为道家,此何义也?"③应该说,郑樵的质疑是不无道理的。

---

① 岑仲勉:《墨子城守各篇简注》,中华书局1958年版,第2页。
② 郑樵:《通志》卷71《校雠略·编书不明分类论三篇》,中华书局1987年版。以下只注篇卷。
③ 《通志》卷71《校雠略·编次不明论七篇》。

第三节　秦汉兵学的发展及兵学主题的转换

一、兵学表现形态的多样化

秦汉时期兵学的表现形态是各式各样、绚丽多姿的,既有以专门著作形式面世并产生巨大影响,为后人收入"武经七书"的兵书《三略》等[1];又有以归纳、总结先秦兵学的基本成就为主旨并加以必要发挥的兵学专著《淮南子·兵略训》《吕氏春秋·荡兵》;还有零散见于君臣诏书、奏议以及众多文人学士著作中的有关论兵言论;更有通过具体的战争实践活动和军队建设举措所反映的军事理性认识。它们组合在一起,共同勾画了秦汉兵学的总体面貌。

值得注意的是,秦汉兵家身上的实践功能特质非常突出,他们紧贴当时的社会现实,而较少作抽象的兵学原理演绎,因而具有很强的时代感与针对性,实用性和操作性比较强。如晁错的《言兵事疏》是针对汉匈战争而作,它总结了长期以来中原王朝抗击匈奴袭扰的经验教训,分析了当时汉匈双方军力的对比,探索了对匈奴作战的基本规律,提出了"以蛮夷攻蛮夷"[2]的思想,即争取并联合边疆地区其他少数民族共同抵御匈奴,确保边境上的安定和平,为汉朝对匈奴战略思想的转变奠定了基础。

又如赵充国《屯田制羌疏》,针对汉宣帝时西羌诸部北徙,遮断西域商路,骚扰西汉边境城邑的具体形势,主张"贵谋而贱战",提出"罢骑兵屯田,以待其敝"[3]的主张,为西汉王朝从事军事屯田、巩固国防提供了高明的策略方针。

再如王符的《潜夫论》,乃是基于东汉时期西羌之乱此起彼伏、接连未断的边防态势,针对东汉王朝在羌乱问题上的应对失误,专列《劝将》《救边》《边议》《实边》诸篇,有针对性地深刻阐发了有关边疆防御和建设的独到见解。所

---

[1] 有人认为《握机经》也是东汉时期成书的兵书,此观点可备一说。参见高锐主编:《中国军事史略》上册,军事科学出版社1992年版,第304页。
[2] 《汉书》卷49《袁盎晁错传》。
[3] 《汉书》卷69《赵充国辛庆忌传》。

有这一切都充分表明，秦汉兵家能"与时迁移，应物变化"，在边防等专题问题上有了新的深化和突破，现实感与时代感明显加强，这正是秦汉兵家在先秦兵家已有的辉煌成就基础上的新发展。

二、兵学学习的普遍化

当时朝廷对兵学理论的学习和普及是予以充分重视的。汉武帝鼓励名将霍去病学习《孙》《吴》兵法，是大家都已了解的史实。据《后汉书·礼仪志》记载，当时统治者将学习经典兵法著作、演习战阵作为培养军事人才、提高部队战斗力的重要途径："立秋之日……兵官皆肄《孙》《吴》兵法，习六十四阵，名曰乘之。"①另外，像汉武帝时"置尚武之官，以《司马兵法》选，位秩比博士，讲司马之典，简蒐狝之事"②等等，也皆表明了朝廷对学习与推广兵学文化的高度重视。

当时的大多数名将都热衷于学习《孙子兵法》等重要兵书，如东汉初年大将冯异"好读书，通《左氏春秋》《孙子兵法》"③。他们对《孙子兵法》等著名兵书中的重要军事原则十分熟悉，背诵如流，经常用来指导自己的军事实践活动。如韩信解释其背水阵破赵之所以大获成功，乃在于正确地运用了《孙子·九地篇》的"陷之死地而后生，置之亡地而后存"④这一激励士气原则。又如赵充国强调掌握战略上的主动权，根据实际情况灵活应变，达到攻守相宜，收放自如，显然是对孙子基本原则的遵循与贯彻："臣闻《兵法》：'攻不足者守有余'。又曰：'善战者，致人而不致于人。'"而其主张军屯、加强守备，反对轻易出击西羌，依据的也是孙子的"全胜"战略思想："善战者，致人而不致于人""臣闻帝王之兵，以全取胜，是以贵谋而贱战，战而百胜，非善之善者也。故先为不可胜，以待敌之可胜""臣闻兵以计为本，故多算胜少算"⑤。

再如，《后汉书·冯异传》云："异曰：……夫攻者不足，守者有余。今先据

---

① 《后汉书》卷95《礼仪志中》。
② 荀悦：《申鉴·时事》，黄省曾注，孙启治校补：《申鉴校注补》，中华书局2012年版。
③ 《后汉书》卷17《冯岑贾列传》。
④ 《孙子·九地篇》原文应为："投之亡地而后存，陷之死地而后生。"
⑤ 《汉书》卷69《赵充国辛庆忌传》。

城,以逸待劳,非所以争也。"①引用的同样是《孙子兵法》的作战指导思想,而《后汉书·皇甫嵩传》载:"嵩曰:不然。百战百胜,不如不战而屈人之兵。是以先为不可胜,以待敌之可胜。不可胜在我,可胜在彼。"则显然是皇甫嵩在大段背诵《孙子兵法》中"谋攻""形篇"诸篇的相关内容,为自己实施作战指挥寻找充分的理论依据。甚至连那位声名狼藉的残暴军阀董卓,对《孙子兵法》的相关内容也是背诵得滚瓜烂熟、稔熟于心,这同样见于《后汉书·皇甫嵩传》的记载:"(董)卓曰:'不可。《兵法》:穷寇勿迫,归众勿追。'"②由此可见以《孙子兵法》为代表的古典兵学在秦汉时期的普及程度。

不但武将注重学习和掌握兵法理论,不少文人同样对兵学怀有兴趣,致力于兵书学习。汉武帝时人东方朔就是一个例子。他在给汉武帝的上书中曾叙述自己的学术经历:"年十三学书,三冬文史足用。十五学击剑,十六学诗书,诵二十二万言,十九学孙吴兵法,战阵之具,钲鼓之教,亦诵二十二万言。凡臣朔固已诵四十四万言。"③学兵书与读诗书比重相等(均为"二十二万言"),可见两汉文人对兵学的重视,而当时兵学的普及与发达于此亦可见一斑。

至于两汉时期的大学者司马迁、刘向、刘歆、班固等人对兵学基本原理的重视与阐述、对兵家代表人物的关注与评议,也同样反映了这种文化生态的普遍性。如《史记·律书》云:"晋用咎犯,而齐用王子,吴用孙武,申明军约,赏罚必信,卒伯诸侯,兼列邦土。虽不及三代之诰誓,然身宠君尊,当世显扬,可不谓荣焉?岂与世儒暗于大较,不权轻重,猥云德化,不当用兵,大至君辱失守,小乃侵犯削弱,遂执不移等哉!"④《史记·太史公自序》亦云:"非兵不强,非德不昌,黄帝、汤、武以兴,桀、纣、二世以崩,可不慎欤?《司马法》所从来尚矣,太公、孙、吴、王子能绍而明之,切近世,极人变。……非信廉仁勇不能传兵论剑,与道同符,内可以治身,外可以应变,君子比德焉。"⑤又如《汉书·刑法志》云:"当此之时,合纵连横,转相攻伐,代为雌雄。齐愍以技击强,魏惠以武卒奋,秦昭以锐士胜。世方争于功利,而驰说者以孙吴为宗。……孙、吴、商、白之徒,皆

---

① 《后汉书》卷17《冯岑贾列传》。
② 《后汉书》卷71《皇甫嵩朱儁列传》。
③ 《汉书》卷65《东方朔传》。
④ 《史记》卷25《律书》。
⑤ 《史记》卷130《太史公自序》。

身诛戮于前,而国灭亡于后,报应之势,各以类至,其道然也。"①还有东汉王充《论衡·量知篇》云:"孙武、阖庐,世之善用兵者也,知或学其法者,战必胜。不晓什伯之阵,不知击刺之术者,强使之军,军覆师败,无其法也。"皆为其证,实不胜枚举。

三、兵学主题的转换

随着君主专制集权大一统帝国的建立,秦汉时期兵学的发展也趋向于理论的整合,并且高度重视军队建设和国防建设的政策性研究。

各个时期的学术文化,都反映出一定的时代精神,兵学也不例外。秦汉兵学所体现的,就是典型的封建大一统时代特征,表现之一是学术兼容趋势的进一步增强;表现之二是兵学旨趣从"取天下"向"安天下""治天下"的转变。

兵学理论的整合缘起于战国时期兵书综合化趋势。其实从思想渊源上说,兵家学派本来就受到儒、法、道、墨诸家的影响。随着秦汉大一统政治的确立,学术上百家"皆有所长,时有所用"的观念遂成为人们的共识。战国至两汉学术兼容趋势,给秦汉兵家的发展打上了深刻的烙印,以儒、墨、道、法为代表的自然观念与政治伦理哲学对兵学理论构建与价值取向的渗透和规范,使当时的兵家不再单纯就军事而言军事,而是更普遍地将军事、政治、经济、文化融会在一起进行讨论,沿着战国末年《六韬》等兵书所开辟的轨迹,日益趋于综合化和泛政治伦理化。②这一点在《吕氏春秋》《淮南子·兵略训》《黄石公三略》《言兵事疏》《屯田制羌疏》《备塞论》以及《盐铁论》《潜夫论》等有关论兵篇章中的均有显著体现。

例如,作为秦汉时期唯一一部流传至今的完整兵学著作,《三略》属于典型的黄老兵学体系,其作者的思想特征就是兼容并取、博采众长。除了对前代兵学的继承发展外,《三略》还以黄老之学作为构筑自己整个兵学体系的灵魂和思想纽带,即把《老子》的理论基础——"道""德"置于最高层次,统辖一切;同时又阐说道家"柔弱胜刚强"的基本原则,使之成为治国安邦、统军作战诸多要

---

① 《汉书》卷23《刑法志》。
② 黄朴民:《两汉兵学的发展及其特色》,《光明日报》2002年11月19日。

务的出发点。对于儒家,《三略》一方面在思想上崇尚"仁义"和"礼乐",提倡施"仁义"之泽于万民:"泽及于民,则贤人归之;泽及昆虫,则圣人归之。贤人所归,则其国强;圣人所归,则六合同。"①另一方面在政治上主张"德治"和"仁政","有德之君,以乐乐人;无德之君,以乐乐身。乐人者,久而长;乐身者,不久而亡"(《三略·下略》)。《三略》对法家学说的汲取则表现为一方面贯彻法家以"一断于法"进行治国、治军的原则,"一令逆则百令失;一恶施则百恶结。故善施于顺民,恶加于凶民,则令行而无怨"(《三略·下略》);另一方面是坚定申明法家"信赏必罚"的思想,"军以赏为表,以罚为里。赏罚明,则将威行;官人得,则士卒服;所任贤,则敌国震"(《三略·上略》)。由此可见,《三略》是博采兼容各家之长的产物,其作者在继承前代兵学的基础上,以道家谋略取天下,以儒家思想安天下,以法家原则勒将卒,以阴阳家观点识形势。② 而它所反映出来的这一特点正是秦汉兵学兼容博采的鲜明特色。

兵学主题的转换,乃是秦汉时期值得重视的兵学文化现象。这一特征同样在《三略》中有集中的反映。《三略》作者所关注的问题,既包括"争天下""取天下"的经验,更以极大的关注,致力于探讨"安天下""治天下"的基本原则。换言之,它既是一部兵书,更是一部政论书。书中关于国家大战略的阐述,远远多于对军事战略的阐述,这同《孙子兵法》等先秦兵书偏重于阐说兵略存在着较大的差异,而这恰恰是大一统时代精神规范兵学建设的客观反映。③ 正因为如此,以《三略》作者为代表的秦汉兵家贯穿着维护大一统、巩固大一统的红线。例如,在战争目的论方面,《三略》所强调的是维护统一的"诛暴讨不义";在价值取向上,它所强调的是巩固统一的"释远谋近";在处理君主与将帅关系上,它所强调的是"夺其威,废其权"和"明贼贤之咎";在对待"战胜"与"国安"关系上,它既重视如何争取"胜可全",更重视如何实现"天下宁","明盛衰之源,审治国之纪"。(《三略·中略》)

这些现象的存在,是秦汉时代精神的客观体现,正所谓"天下安,注意相;天下危,注意将"④。大一统封建帝国建立后,天下基本趋于太平。在一般情况

---

① 《三略·下略》,《中国兵书集成》第 2 册,解放军出版社、辽沈书社 1988 年版。以下只注篇名。
② 参见宫玉振:《白话三略》,时事出版社 1997 年版,第 11 页。
③ 参见黄朴民:《黄石公三略导读》,军事科学出版社 2001 年版,第 39—41 页。
④ 《汉书》卷 43《郦陆朱刘叔孙传》。

下,战争不再成为社会生活的主旋律。当整个社会由崇尚武功转向追求文治,由迷信暴力改为粉饰礼乐的时候,人们自然要高度重视政略,而相对地忽略兵略了。这种社会价值取向也同样会反映到当时兵家的理论建构之中。换句话讲,从逐鹿中原到统御天下,是国家政治生活中一个根本性的转折,论政略重于论兵略,谈治军优于谈作战,乃是理有固宜,势所必然。这就是所谓的"逆取顺守""文武并用",也可以说是秦汉时期兵家身上的又一个显著特色。

第五章　魏晋南北朝的兵家及其兵学文化特色

魏晋南北朝时期,大量的战争实践极大地丰富了军事理论。兵家立足于现实,积极地投入军事谋略研究。虽说其时留下的兵书不多,但是从大量的论兵对策中,也可以看出当时兵学主题的转换及兵家思想的平稳发展。

第一节　魏晋南北朝时期兵家的时代烙印

一、魏晋南北朝兵家的兵学成就

魏晋南北朝时期的时代特征是社会矛盾激化,战争频繁剧烈,与之相应,在这一时期的历史舞台上,兵家也十分活跃,他们大显身手,建树良多,其所代表的古代兵学文化,在前代取得的成就之基础上"与时迁移,应物变化",又有了新的丰富和发展。其主要内容可以概括为:当时的兵家群体普遍形成了"天下一家"、融众取长的战争观念;传承和发展了以治为胜、制必先定的建军治军思想;进一步完善了"弘思远益"、统揽全局的战略决策思想;全面建构了多极角逐、避害趋利的联盟策略方针;系统整合了"南水北骑"、因敌制胜的作战指导理论;等等。魏晋南北朝时兵家的理论建树,极大地丰富了中国古代兵学理论的宝库,是中国历史上冷兵器作战时代兵家军事思想的重要总结,对后世兵家战争实践的升华与兵学思想的递嬗演变,都产生了相当深远的影响。[①]

---

① 参见蓝永蔚、黄朴民等:《五千年的征战:中国军事史》,华东师范大学出版社2000年版,第113页。

在这一时期，严格传统意义上的兵学理论家似乎为数不多，相关的兵书撰著从数量上说也并不怎么突出，《隋书·经籍志》所著录的三国两晋南北朝时期兵书仅仅有七十四部。导致这一局面的原因，应该是这个时代天下喋血，各王朝图书屡遭兵燹劫难的自然结果。然而就是这样数量极其有限的兵书战策，在流传过程之中也不断散佚，成为兵学文化史上的"失踪者"。具体地说，这七十四部劫后余生的兵书，仅有曹操的《孙子略解》一书以附于《孙子兵法》之中的注文形式而得以流传至今，至于诸葛亮名下的《将苑》《便宜十六策》等兵书，对于其是否完全形成于魏晋南北朝时期，学术界一直存在着大量意见分歧，聚讼不已，莫衷一是，故不能遽下定论。

尽管如此，这一时期的兵家及其兵学思想成就仍然绚丽多彩，十分可观。这具体表现为：第一，流传至今的曹操《孙子略解》内容翔实、颇有创新，堪称大浪淘沙之后的兵学精品，"文字简练而切要，对于后人理解《孙子兵法》本义具有开创性意义"；"阐发《孙子兵法》义旨，有的有新的发挥"[1]这样的评价，可谓言简意赅，切中肯綮。第二，这一时期出现了许多精彩纷呈的非兵书论兵之作，大量散见于奏议、政论、类书、诗歌、散文、史书等文献之中，而《北堂书钞》《通典》《文献通考》《群书治要》《太平御览》等唐、宋时代的政书、类书也保留了这一时期众多散佚兵书的部分内容。第三，这一时期涌现了众多杰出的实践型兵家人物，如曹操、吕布、诸葛亮、周瑜、吕蒙、陆逊、司马懿、羊祜、杜预、王濬、王猛、崔浩、谢玄、桓温、刘裕、檀道济、拓跋焘、宇文泰等。他们卓越的军事实践活动以及建立在此基础之上的军事理性认识，更从另一个层面扩大了古代兵家队伍的规模，极大地丰富和充实了中国兵学思想的宝库，使得该时期的兵家壮大与兵学建树呈现出崭新的面貌，而像诸葛亮《隆中对》、羊祜《平吴疏》等战略对策，更是异彩纷呈，脍炙人口。

二、魏晋南北朝兵家思想的时代特色

从总体考察，这一时期的兵家人物及其军事思想建树，具有几个鲜明的时代特色，体现了独到的成就。

---

[1] 参见于汝波主编：《孙子兵法研究史》，军事科学出版社2001年版，第78页。

一是注重实用。这表现为当时的兵家群体普遍偏重于军事对策性研究，着眼于兵法基本原则的实际应用。这一时代兵家群体的理论造诣和兵学思想的发展水平，往往不在于原理的发现与建构，而主要表现为注重于对兵法原理与军事实践的有机结合。这乃是对经典兵法的二度创造，它常常离不开具体的时间、地点和条件，是一定历史背景下的产物。著名的军事对策，如诸葛亮的《隆中对》《前出师表》、羊祜的《平吴疏》、杜预的《平吴表》、王濬的《伐吴疏》、王猛的《临终谏伐晋言》等等，都不是抽象的兵学原则阐发，而是针对现实所面临的重大问题，包含兵法一般原理而做出的具体战略对策方案——对象明确，手段具体，具有很强的实用性和可操作性，是兵学理论与战争实践两者之间圆满结合的典范。

二是注重综合。学术兼容、博采众长的文化趋势在这一时期兵家的兵学理论建树中依然表现得非常明显，即兵家群体的兵学著述在秦汉时期多元综合的基础上进一步由创造学派、标新立异，普遍转向为融会贯通诸家之长，体现出巨大的包容性。例如曹操、诸葛亮、司马懿等人的兵学思想，都是在一般的兵学原则申论上，充分吸收申、韩学说的精髓，并杂取儒、道、墨、阴阳、纵横诸家之长。其他像王猛、崔浩等人的兵学观念则兼容儒、法、兵家的思想，拓跋焘、拓跋珪、宇文泰等人的军事思想更体现了中原农业军事文明与北方草原游牧军事文化的兼容并取色彩，也同样鲜明地反映了当时的兵家及其兵学理论建设注重综合、强调兼容的一般特点。

三是注重发展。这一时期的兵家纷纷致力于对前代兵家所提出的重要兵学范畴加以丰富、充实和发展。如曹操之《孙子略解》，又名《魏武帝注孙子》，系现存世的《孙子兵法》最早注释本。曹氏受汉儒治经之影响，重名物训诂；他本人又是杰出军事家，有"御军三十年"之治军经验与指挥实践，注重兵法的实际应用。因此，其注简明切要，理论性、实践性浑然一体，形神兼备，具有很高的军事学术价值，问世后即备受人们的称誉推崇。

稍加考察，我们可以发现，曹操的《孙子略解》乃是针对《孙子兵法》的有关范畴发表自己独到的见解，对奇正、主客、形势、虚实、攻守、久速等范畴的内涵加以丰富，对"十则围之"的阐发、补充便是典型一例："以十敌一则围之，是将智等而利钝均也。若主弱客强，不用十也，操所以倍兵围下邳生擒吕布也。"（《孙子·谋攻篇》曹操注）这类精辟的见解，在一定程度上充实了中国历代兵学思想,并多少透露出中国古代兵家对古典兵学关注的重点,正开始由战略层次向战役、战斗层次转移的信息。有论者认为,曹操《孙子略解》"对孙子思想从战略上注解不足,而只从战法、战术上着眼"[①],这种观察是细致而准确的,恰好反映了兵学重心开始更多地向战役、战斗、战法、战术的层次倾斜之历史文化趋势。

另外,在战略决策思想、作战指导思想、建军治军思想等方面,这一时期的兵家也有深入的思考与独特的建树。如西晋统一全国战略决策的制定和实施;诸葛亮有关将帅修养问题的理性认识,有关制度建设重要性的阐释[②];邓艾等人正兵相持、奇兵"冲其腹心"的作战指导;宇文泰府兵制的实行所体现的寓兵于农、组织严密的建军思想;安内服外的富国强兵的思想;"伐谋伐交",借力打人,善结同盟的军事外交艺术;利用江河天险,进行军事对峙的斗争策略;等等,都是这一时期兵家在兵学理论建树方面所做出的积极贡献,在中国古代兵学思想发展史上闪耀着特有的光芒。它们既是对先秦两汉时期兵家及其兵学理论成就的继承与发展,也为隋唐两宋时期兵家队伍的发展壮大,兵学思想的再次繁荣兴盛提供了可贵的契机、准备了必要的条件。

第二节 战略作战轴线的转移与兵家思想的变迁

一、统一战争战略作战轴线的转移

综观历史,我们能够清楚地看到,魏晋南北朝时期的统一战争,其战场一般在淮河、汉水和长江一带,那里江河湖泊、丘陵盆地的特殊地形条件,决定了战事不适宜动用擅长野外驰骋的骑兵,而必须主要依赖水师突破江河天险。因此,统一战争的指导者普遍把建造战船、建设水师,提高江河作战能力作为

[①] 参见于汝波主编:《孙子兵法研究史》,军事科学出版社2001年版,第78页。
[②] 《便宜十六策》有云:"有能之将,无制之兵,不可以胜;无能之将,有制之兵,不可以败。"

军事准备的重点来抓。如西晋王朝为统一全国,针对吴军水师实力较强,且恃长江天险负隅顽抗的实情,致力于发展水军;晋武帝采纳羊祜的建议,委任王濬在蜀地修造各类战舰、训练士卒,终于组建起一支强大的水师,在灭吴战争中发挥了关键的作用。

显而易见,该时期统一战争战略作战轴线发生了重大的转移——此前的中国统一战争,其战略作战的轴线一般均为东西方向,其具体战役行动均环绕这一主轴线进行展开。比如公元前230年开始的秦统一六国的战争,就是从西部发动,首先灭韩、灭魏,完成了东渡黄河的战略展开;然后左翼朝东北方向灭赵、灭燕,右翼则指向东南方的楚国;而最后的进攻方向则是一直向东,指向位于胶东半岛的齐国,从而达成了统一全国的目的。类似的,在公元前206年开始的楚汉战争中,刘邦首先以巴蜀、汉中为根据地,进入关中地区,得形胜之利,然后出函谷关,兵锋东指,直逼江淮地区的彭城(今江苏徐州),沿荥阳一线与楚军进行东西方向的对峙;同时左翼东渡黄河,攻魏、破赵、下燕、灭齐,沿东北方向实行战略出击;右翼则以秦岭山脉为依托,沿东南方向出武关,直拊楚军的左侧背;而最后与楚军的决战则仍然是在河南、山东之间的东西轴线上发生的。[①]

但是,进入魏晋时期以后,这种情况发生了重大变化。统一战争战略作战的轴线不再是东西方向,而变为了南北方向,并且大多为自北向南的进攻;作战地区也不再集中于黄河流域,而是转移至淮河和长江中下游地带了。这一变化最初开始于三国时期,当曹操完成了对北方地区的统一后,便开始了横渡长江对南方的征服与统一,于是孙权与刘备联合,在长江中下游地区和来自北方的敌军进行了对峙,著名的赤壁之战就是这样发生的。西晋灭吴,苻坚南下攻晋,南方政权桓温、刘裕等人所发起的多次北伐行动,其战略作战方向,也都是横渡长江,自北向南或自南向北进行攻击。从这个角度考察,统一战争战略作战的轴线的转移,的确在中国军事发展史上具有里程碑式的意义。

[①] 参见蓝永蔚、黄朴民等:《五千年的征战:中国军事史》,华东师范大学出版社2000年版,第91页。

二、兵家战争实践与观念的变化

战略作战轴线由东西方向逐渐转变为南北方向，这一历史大趋势使该时期兵家群体兵学思想的关注重心，也合乎逻辑地发生改变，并对其有关军队兵种的建设、阵法进一步的完善等多个方面的再认知上产生明显的影响。其荦荦大端，就是大力发展水军，继续强化骑兵，有效地改进与完善阵法，将正确的兵学理念贯彻落实到具体的战争实践之中。在这种背景下，当时的兵家，首先是将水军的建设置列为军队兵种调整与发展上的重中之重，全力以赴，克期达到预期的目标。于是，水军在战争中的地位得到了迅速地提高，成为魏晋南北朝时期军事学术发展的一个重要动态与特点。

具体地说，在作战轴线转移的背景下，主战场大多是在江淮、江汉之间的广大地域。这一带多江河湖泊、丘陵盆地的地形条件不适合擅长野外驰骋的骑兵作战，而必须依靠水军突破江河天险来实施战略进攻。因此，南北统一战争的发动者与一般兵家都普遍把建造战船、建设水军、提高江河作战能力作为军事准备的首要任务。如曹魏的北方军队就是因为不习水战，舍长用短，"舍鞍马而就舟楫"才大败于赤壁，使统一战争半途而废；西晋王朝为了进行渡江作战，经过多年努力，组建了强大的水师，最终一举灭亡东吴，实现了南北统一，即所谓"王濬楼船下益州，金陵王气黯然收"。这一作战样式的变化，无疑大大提高了水军在整个军队中的地位，在实施横渡江河的战略作战时，水军的强弱已经成为战争胜败的关键之一。魏晋南北朝时期水军得到迅速发展，在江汉、江淮流域地区的作战中扮演主要角色，是与当时战船种类齐全、功能多样、实战能力提高的情况相一致的。

用于水战的船舰，既需要载重量大，可装载兵士多；又需要船身高，能控制高点，以防范敌方水军缘舷登舰；还要求机动性强，操作灵便，便于向敌人发起冲锋。这样的不同战术需求，决定了这一时期的战舰，既有载重量大和船身高的楼船，以及载重量较大和冲击力强的艨冲大舰，也有灵活轻便的各类快船小舰，它们在水战中相互配合，形成了水战船舰结构的完整体系。

除了重视水军建设，当时的兵家亦继续积极推进骑兵这一战略兵种的发展。魏晋南北朝时期是我国古代骑兵发展史上继两汉骑兵兴盛之后的又一个大繁荣阶段。这主要表现为虽然在江汉、江淮区域作战中受地形条件影响而有所限制,但骑兵始终是中原地区军队中的第一主力,骑战成为当时这一区域战争中的主要作战样式,重甲骑兵的建设与运用进入全面发展时期,特别是马镫的发展与使用使骑兵的战术动作更为娴熟多样,战斗力得以更好地发挥。

自三国时期起,与秦汉时期主要用于漠北漠南等边地作战不同的是,骑兵的作战地域主要转移到内地北方。彼时骑兵最为强盛的当数曹魏,其骑兵在军队中占有绝对主力的地位,曾在统一北方的战争中发挥过决定性的作用,所拥有的乌桓三郡"天下名骑"及曹纯虎豹骑那样的"天下骁锐"之强大实力,是蜀汉、东吴少得可怜的骑兵无法比拟的。不过,当时的骑兵尚未配备马镫,这当然多少限制了骑兵战斗力的进一步发挥。

西晋的兵种建设承袭曹魏而来,骑兵也为军队中的绝对主力。当时行军、作战,经常以骑、步相结合,协同出征交锋,步、骑两者配置的比例大约在十比二三之间,骑兵的数量虽较步兵为少,但是却在步、骑的协同作战之中处于完全主导的地位。

骑兵的进一步发展是在十六国北朝时期。这些地方政权大多是由北方游牧民族入主中原所建立的,骑射本就是其所长,从而使得骑兵理所当然地成为军队的主力。例如刘渊前赵政权中央兵力和石勒后赵政权中央兵力,据记载都数以十万计,均主要由骑兵组成;前秦苻坚南伐东晋,统率"戎卒六十余万,骑二十七万"[①],骑兵也占有其总兵力的三分之一。在具体战争过程中,动辄投入骑兵数万或十几万人,最多时竟高达数十万之众。如北魏拓跋焘平定北方中原地区时,经常动用骑兵十余万[②],即可见骑兵数量之多、作用之大。在一般的战斗中,骑兵作战也往往起着决定性作用,如南北朝刘宋元嘉二十七年(450),宋军攻入关中与北魏军激战,宋方勇将薛安都"瞋目横矛,单骑突阵,四向奋击,左右皆辟易不能当,杀伤不可胜数。于是众军并鼓噪俱前,士皆殊死战"[③],取得了战斗的胜利。

与之相应,当时的马政建设也十分发达,如北魏先后设有规模宏大的四个官办畜牧场,经常储备战马数十万匹,以备军用。

---

① 房玄龄等:《晋书》卷114《苻坚载记》,中华书局1974年版。以下只注篇卷。
② 参见魏收:《魏书》卷4《太武帝纪》,中华书局2018年版。以下只注篇卷。
③ 沈约:《宋书》卷77《柳元景传》,中华书局2016年版。以下只注篇卷。

当时骑兵大发展的另一个重要标志,乃是重装甲骑兵的出现。所谓重装甲骑兵,就是人和马都披戴铁甲的骑兵,在当时称作为"铁骑"或"甲骑"。这种骑兵的最大特点是具有较强的防护力和集团冲击力,在对没有厚重装甲的轻骑或步兵作正面猛烈突击之时,往往具有很强大的杀伤力。

重甲骑兵据现有的史料分析最早出现于三国时期,当时开始初步使用马铠,如官渡之战中,袁绍已拥有马铠三百具,数量是曹操军马铠数的十倍左右[1];但后来,曹操的重装骑兵得到了迅速发展,当其与马超、韩遂诸部于公元211年大战于潼关之时,已拥有铁骑五千,"精光曜日"[2],颇为壮观。

十六国北朝时期,则是重装骑兵全面发展的关键阶段。当时马铠大幅度增加,成批次装备于骑兵部队,称为"具装铠",使得重甲骑兵在整个骑兵部队中占有了相当大的比例。据记载,在当时的战争中,铁骑经常成千上万,甚至数万用于战场交锋。如后赵石勒在襄国保卫战中,大败西晋大将王浚部下的鲜卑段疾陆眷,击溃其骑兵五万之众,"枕尸三十余里,获铠马五千匹",可知此战的晋方铁骑数为其骑兵总数的十分之一。又,石勒击破刘琨部将姬澹十万余众,获其铠马万匹,可见铠马数也占总兵力的十分之一。[3] 南燕国有步卒三十七万人,而拥"铁骑五万三千"[4],铁骑数的比例似乎更高一些,占总兵力的八分之一。这些例子均表明铁骑的确已成为骑兵中的重要组成部分,并且被大量应用于作战行动。

重甲骑兵虽然具有独特的优越性,但是也存在着一定的弱点,即人与马匹的负担过重,降低了骑兵特有的快速突击能力与机动作战能力。所以,这一时期各政权在高度重视发展重甲骑兵的同时,也充分注重利用轻骑兵机动灵活的优势,常用它实施长途奔袭。这些轻骑兵常备有"兼马","马皆有副",即每个兵士拥有战马两匹,在长途奔袭时可以做到两马互乘,从而保持行军的高速度,以使迅速及时地赶赴到预定的战场,"先趋战地而待敌",给予敌人以歼灭性的打击[5]。轻骑

---

[1] 参见曹操:《军策令》,《曹操集》,中华书局1974年版。
[2] 陈寿:《三国志》卷1《魏书·魏武帝纪》裴松之注引《魏书》,中华书局1959年版。以下只注篇卷。
[3] 《晋书》卷104《石勒载记》。
[4] 《晋书》卷127《慕容德载记》。
[5] 如《北史·尔朱荣传》载:"荣率精骑七千,马皆有副",又《资治通鉴》卷121载:"魏主至漠南,舍辎重,帅轻骑兼马袭击柔然。"胡三省注云:"兼马者,每一骑兼有副马也。"

兵的存在以及与重装骑兵的配合使用,对于战法的变化也产生了较大的影响,即迂回、奔袭颇为普遍,战争的运动性得到了进一步加强。

这一时期骑兵大发展的一个重要关节,是马镫的发明与使用。已知最早的马镫见于湖南长沙西晋墓出土的陶俑,但为起上下踏脚作用的短镫,用于实战的长镫始见于东晋时期制作的陶俑,而最早的长马镫实物则发现于辽宁一座北燕墓葬之中。马镫虽小,但对于骑兵的发展、骑战水平的提高却具有十分重要的意义:因为有了马镫,骑手双脚便有了支撑点,可以用腿力完全控驭战马,这便使得骑兵双手均可用于战斗,同时骑手也可以用全身的力量进行格架、击刺,便于使用长短兵器(如矛、刀等)进行马上交锋;此外,双脚踩镫,使人马完全合为一体,骑手便可完成马上站立、俯身、马侧藏身躲闪等以前不可能做到的战术动作,从而大大增强骑兵的作战能力。从这个意义上讲,马镫是中国古代兵学文化发展史上一个意义不可低估的环节。

这一时期的矛,一般称作枪,或称槊与矟。其形制与传统的矛也有了一定的差别,即矛头较短,更适合实战的需要,因此,它也可以看成是改进型的刺兵。枪成为当时战争中最重要、最常用的长兵器,这应当是大规模骑兵作战所带来的必然结果。因为作为刺兵,枪直而锐的矛头最适合骑兵冲锋,它的刃形和杀伤方式均与战马的前进方向完全一致;同时,它的形制比较简单,打造较为容易,也适合于装备大规模的骑兵部队。

根据骑兵与步兵的不同作战要求,当时的枪又分为步矟和马矟两种。《武备志》言:"阵所实用者,莫枪若也。"[1]作战中,枪的作用与威力是既实用又巨大的。骑兵作战,一般都采取挺枪策马突驰敌阵的方式。这里挺枪,是将枪水平端起,伸出于马前,以这种姿态突入敌阵,靠的完全是马的奔驰速度和冲刺力——静止状态的敌方骑兵或步兵面对马的速度加上数十斤乃至上百斤枪的重量所产生的冲刺力,无论从正面还是从侧面都很难阻挡得住,可谓"所向无前"。这便显示出枪在骑兵冲锋中锐不可当的优势了。可以看出,枪十分符合骑兵作战的特点,如果使用重甲骑马的横队大排面挺枪冲锋,呐喊前进,那么它对敌军阵列的突破力是十分巨大的。这也是这一时期北方骑兵作战优势之所在。

---

[1] 《武备志》卷103《军资乘·器械》。

第三节　魏晋南北朝的兵家与八阵战术

值得注意的是，魏晋南北朝时期的兵家十分重视集群战斗力的综合发挥，具体地说，在当时兵家群体孜孜不倦的努力之下，该时期八阵——集团方阵战术有了显著的发展，即随着实战经验的积累、作战指挥艺术水平的提高，尤其是步、骑、车兵协同作战能力的不断强化，当时的阵法也日趋多样，呈现出更为成熟的形态。

一、八阵战术成为冷兵器时代作战方式主流

据文献记载，这一时期比较著名的阵法有公孙瓒方阵、曹操十重阵、诸葛亮八阵、田豫圜阵、任峻复阵等等。名目虽然繁多，但是若从队形排列上考察，实际上仍可归为两种基本形态：一种是进攻型的阵式——方阵，另一种为防御型的阵式——圆阵，即所谓："方阵者，所以剸（截断，引申为冲击）也；圆阵者，所以槫（结聚，引申为防守）也。"[①]公孙瓒方阵、袁绍之阵、曹操十重阵、诸葛亮八阵均属前者，而田豫圜阵、任峻复阵等当归入后者。《后汉书·袁绍传》记载，当时盘踞冀州的公孙瓒"兵三万，列为方阵，分突骑万匹，翼军左右，其锋甚锐"。《晋书·马隆传》记载马隆在平定拓拔树机能之役中，"依八阵图作偏箱车，地广则鹿角车营，路狭则为木屋施于车上，且战且前，弓矢所及，应弦而倒"。凡此种种，是使用方阵的史例。北魏时左将军杨播在一次南征时，被敌军围困于淮河南岸，形势比较危急，杨播处变不惊，"乃为圆阵以御之"[②]。又如北魏末年，高欢起兵攻伐尔朱兆，双方在邺城（今河北临漳）相遭遇，高欢"时马不满二千，步兵不至三万，众寡不敌，乃于韩陵为圆阵，连牛驴以塞归道"[③]。这些便是布设圆阵进行防御的史例。从上述情况看，当时作战中以方阵实施进攻，以圆阵进行防御乃是十分普遍的现象，是阵法运用上的显著特点之一。

---

① 《孙膑兵法·十阵》，张震泽：《孙膑兵法校理》，中华书局1984年版。以下只注篇名。
② 《魏书》卷58《杨播传》。
③ 李百药：《北齐书》卷1上《神武帝纪上》，中华书局1972年版。

这一时期阵法的兵学文化特征,一是阵内诸兵种——步、骑、车兵的配置更趋合理,更能发挥整体攻防、协同作战、有机策应的巨大威力。二是军阵的基本形式普遍采用八阵。关于八阵,古代记载很多,先秦时《孙膑兵法》就已有《八阵篇》。汉代班固《封燕然山铭》中亦有"勒以八阵,莅以威神"①之说。但《孙膑兵法》中的"八阵"指的是八种阵法,而汉以后的"八阵"则是指一阵八体,即阵形的若干变化②。魏晋南北朝时期所谓"八阵"同样是五军阵的变体,即四正四奇八阵合成的集团大方阵,具有"以前为后,以后为前,四头八尾,触处为首,敌冲其中,两头皆救"(《唐太宗李卫公问对》卷上)的快速反应和灵活应变的机动攻击能力。

二、日臻成熟的八阵战术

八阵作为集团方阵,从阵式编成上看,是将部队分别置于八个方向,八个方向的兵力合拢在一起,组成一个大阵,即所谓"八阵本一也,分为八焉""散而成八,复而为一"。在八阵的中央,是大将及直属的机动兵力,即"握奇"(掌握余奇兵力),"中心零者,大将握之,四面八向,皆取准焉"(《唐太宗李卫公问对》卷上)。根据"阵数有九"的说法,八阵中央之"余奇"也可视为一个中阵,故"八阵"也可被称为"九军阵","大抵八阵即九军,九军者,方阵也"。③

"八阵"在编成上一般遵循三个基本原则。一是包容与对称。所谓"包容",即"阵间容阵,队间容队";所谓"对称",即保持平衡与呼应,"隅落钩连,曲折相对"。二是中外与离合。八阵在兵力的配置上,区分为中央与外围,主要兵力部署于外围,少而精的兵力置于中央,形成厚外薄中、外实内虚的兵力部署;在阵地配置上,讲究离合,既依据地形而分散配置,又能够按照统一指挥的要求迅速地合成作战。三是奇正,即阵地划分为四"实地",四"隙地",把部队区分为正兵与奇兵,部署于"实地"者为"正",部署于"隙地"者为"奇","四为正,四为奇",外为正,中央大将直接控制的"余奇之兵"为奇,于是"四正四奇而八阵生焉",这就是所谓的"数起于五,而终于八"。

---

① 《封燕然山铭》,严可均辑:《全上古三代秦汉三国六朝文》卷24,中华书局1999年版。
② 参见袁庭栋等:《中国古代战争》,四川省社会科学院出版社1988年版,第480页。
③ 脱脱等:《宋史》卷195《兵志九》,中华书局2004年版。以下只注篇卷。

"八阵"作为中国古代兵家所发明的成熟集团方阵,其列阵、队列、机动、阵战实施、兵种配属、兵种运用、阵形变化等等,都有相应的法则可供遵循与操作。如列阵之时在前、后、左、右等四块实地上部署正兵,在东南、西南、东北、西北等四块闲地上部署奇兵,"四面八向,皆取准焉",并在中央部署精锐的机动兵力。在四军转阵实施机动时,"以前为后,以后为前"。在实施阵战时,进行全方位的协同作战,即所谓"四头八尾,触者为首,敌冲其中,两头皆救"。八阵的全面确立与普遍运用,标志着这一时期的兵家战术、战斗素养已是非常优秀,其野战战法业已进入到一个新的水平。迄至明清,"八阵"作为最基本的作战阵法,仍然被广泛沿用。

当然,"八阵"在后来历史发展过程中也不断得到改进与调整,出现了许多的"变体"。如唐代李靖所创"六花阵",即根据魏晋南北朝时期的八阵法推演而来。它的基本特点是外方而内圆,即外侧六阵为方阵,部署正兵;居中的军阵为圆阵,部署奇兵。

当时一般军阵中都配置有步、骑、车诸兵种,互相配合协同,以更好地提高军阵整体攻防能力。如三国时曹操部将田豫即动用步兵千人、骑兵数百,同时用兵车构成阵外环形障碍,防御敌方骑兵的冲击:"军次易北(易水之北),虏伏骑击之,军人扰乱,莫知所为。豫因地形,回车结圜阵,弓弩持满于内,疑兵塞其隙。胡不能进,散去。"①该阵法取得了很好的效果。阵中混成后的兵力又往往区分为"先登""中坚""殿后"与"侧翼"诸部,分别执行不同的战斗任务。各兵种内部也有具体不同的分工,如步兵分为主射箭的弩兵与主近体格斗的徒卒。又如,曹操将战阵中的骑兵按照进攻、掩护、守御等不同的任务及其要求,专项区分为"陷骑""游骑"与"阵骑"等三部分。所有这一切,都表明这一时期的兵家群体,业已摆脱纸上谈兵、隔靴搔痒的纯理论的局囿,而真正进入了知行合一、学以致用的境界。

---

① 《三国志》卷26《魏书·田豫传》。

第六章　隋唐五代的兵家与兵学

隋唐王朝的建立,使得天下重归统一。这一时期的兵家上承先秦汉的兵学传统,下启宋明兵学的重新繁荣,在注重实用的同时,也充分展示了锐意进取的时代特征,从而在中国兵学发展史上展示了独特的面貌。

第一节　隋唐五代兵家的理论建树与时代特色

一、隋唐五代兵家群体的理论成就

在军事上,隋唐五代时期是一个战争频繁、变革深刻,兵家大显身手、兵学理论多有创新的历史阶段。当时涌现了一批颇有价值的兵书典籍。据许保林《中国兵书知见录》的统计,这一时期的兵书计有二百一十六部,九百六十八卷;刘申宁的《中国兵书总目》则著录这一时期的兵书战策为一百六十四部,八百二十九卷。著名的兵书包括了无名氏的《唐太宗李卫公问对》、李靖的《卫公兵法》、李筌的《太白阴经》、李光弼的《统军灵辖秘策》、王真的《道德经论兵要义述》、杜牧的《孙子注》等等。

这一时期也是注释《孙子兵法》的高峰时期,显著的标志是《孙子兵法》为当时的各种典籍文献所征引和整理,如虞世南在出任隋朝秘书郎时辑就类书《北堂书钞》的《武功部》中,曾多处摘抄引录《孙子兵法》的文字;唐代欧阳询领衔修纂的《艺文类聚》中,卷五十九《武部·将帅·战伐》、卷六十三《居处部·橹》、卷八十《火部·火》等类中,都分别摘录有《孙子兵法》之文。又如,由唐谏议大夫魏徵主纂的《群书治要》卷三十三之中,摘录有《孙子兵法》之文近千字,主要内容是"不战而屈人之兵""慎战""唯民是保""爱卒""知彼知己"等,而对《孙子兵法》一书中大量的"兵者诡道""兵以诈立"等内容则摒弃不录，反映了儒学占据思想界统治地位后，人们对兵家价值观念的取舍。杜佑撰有《通典》，其中《兵典》共有十五卷、一百三十六个子目，各目基本上以《孙子兵法》所阐述的兵学原则为题，像"出其不意""以逸待劳""先夺其心"等等，并保存了《吴王问》等部分孙子佚文，具有一定意义上的史料参考价值。再如，在当时一些经典注疏、文集、奏议、诗歌中，也多有言及孙子其人其书的情况，像《毛诗》孔颖达疏、《周礼》贾公彦疏、《后汉书》李贤注、《文选》李善注、《管子》尹知章注中，都有征引《孙子兵法》的文字。

宋代人编辑的《十一家注孙子》，唐人就占了五家，即李筌、贾林、杜佑、杜牧、陈皞，他们在注释中所阐释的兵学观点与注释方法，对后世的《孙子兵法》注释家们产生了深远的影响。

除此之外，隋唐五代时期还有许多非兵书的论兵之作，散见于奏议、政论、类书、诗歌、史书、散文等文献典籍之中，如陆贽的《陆宣公奏议》中的《论两河及淮西利害状》《论沿边守备事宜状》《收河中后请罢兵状》诸篇，就是这方面的一个代表。这一时期还扩大了对外的军事学术交流，有的兵书如《孙子兵法》等，就是在唐代传到日本的。隋唐五代时期也涌现出众多杰出的将帅、兵学家，如杨坚、高颎、杨素、贺若弼、韩擒虎、李密、李渊、李世民、李靖、李勣、郭子仪、李光弼、李泌、李愬、杜牧、黄巢、柴荣等，这些人的显著特点是，他们既为理论家，又为军事统帅或身处第一线的谋臣策士，善于将兵学基本原理与战争实践有机地结合起来，避免了"能言之不必能行之，能行之不必能言之"的局限性，为兵家群体的进一步壮大创造了条件，给中国古代兵学的发展注入了新的勃勃生机。

当然，需要指出的是，开展对该时期的兵家与兵学研究，存在着一定的困难，这主要是因为当时的兵家学说主要载体"兵书"，由于种种原因散佚甚多。隋与五代时期完整的兵书已不复存在①，唐代的兵书亦基本上失佚殆尽。例

---

① 宋代施子美《武经七书讲义》曾提到五代后周时有《张昭兵法》，《宋史·艺文志》著录有《张昭制旨兵法》，两者当为同一部书。张昭在周世宗时为兵部尚书，《旧五代史·周世宗本纪》载：显德三年(956年)二月，兵部尚书张昭奏，准诏撰集兵法，分为十卷，四十二门，名之为《制旨兵法》，上文。优诏褒美，仍以器币赐之。遗憾的是，其书已佚。不过片言只语借《武经七书讲义》而得以保存，如言《孙子兵法》的主旨是"以权谋辅仁义，先智诈而后和平"(施子美：《施氏七书讲义》卷1《孙子·始计》引，《中国兵书集成》第8册，解放军出版社、辽沈书社1990年版)，就是很有识见的看法。

如,见于史籍著录的题为李靖撰著的《六军镜》等十六部兵书,原书已不可得见,尽管后人汪宗沂历经周折,钩沉辑佚,成《卫公兵法辑要》,但终究已非完璧,留下遗憾。同样,题为李光弼撰著的《统军灵辖秘策》等三部兵书,亦均已亡佚[①]。这对我们今天全面而科学地了解与认识隋唐五代的兵家及其兵学理论建树,无疑是一个不小的障碍。

二、隋唐五代兵家思想的时代特征

综观隋唐五代时期的兵学,其主要特征大致有以下几个方面:

首先,隋唐五代处于我国冷兵器时代的末期,这一时期的兵学思想上承先秦、秦汉、魏晋南北朝冷兵器时代的兵学传统,下开宋、辽、金、元、明、清冷热兵器并用时代的先河,是我国兵学发展链条上的一个重要环节。这一时期的军事将帅和兵家理论研究者集冷兵器时代兵学研究之大成,在全面继承前人兵学理论研究成果的基础上,又有开拓创新与丰富发展,特别是对某些重要兵学范畴的认识和阐释上,多具新意,超越前人如对主客、奇正、攻守、迂直、虚实、久速、诚诈、形神、形势等的论述,都有新的突破与发展。在战略决策思想、作战指导理论、建军治军观念等方面,当时的兵学家们也做出了独特的建树。例如,隋唐统一全国战略决策的制定与实施,隋文帝对突厥的战略用间思想,李世民正兵相持、奇兵袭后的战术原则在轻骑兵条件下的熟练应用,以虎牢之战为典范的围城打援、一举两克的作战指导,隋唐两代对渡江攻城协同作战指导思想的发展,兵贵神速、乘胜追击的歼灭战思想,避攻坚城、野战歼敌的反客为主方针,因常而昇、虚实相生的避实击虚原则,分别轻重、以长制短的灵活应变方略,府兵制的实行所体现的寓兵于农、组织严密的建军思想,居重驭轻、实内虚外的国防布局理念,夷夏一体、安内服外的富国强兵理论,等等,都在这一时期得到深化与发展。隋唐五代兵家群体的贡献,于此可见一斑。他们所取得的卓越成就,在中国古代兵学思想发展史上闪耀着特有的光彩。

[①] 《郡斋读书志》卷3下《兵家类》云:李光弼此书结尾处有曰:"吕望智廓而远,孙武思幽而秘,黄石宽而重断,吴起严而师勇,墨翟守而无攻,老聃胜而不美。今择其精要,杂以愚识,为一家之书。"可知此书辑有孙子、吴起等兵家之言,并有作者自己的融汇与阐释。参见晁公武:《郡斋读书志》,张元济辑:《续古逸丛书》影宋本,广陵书社2013年版。以下只注篇卷。

其次,隋唐五代的兵家有关兵学理论中主要命题的研究也有新的深化,形成了自己显著的特点。中国古代的思想文化整合与融汇,至隋唐时期进入了第三个高潮。① 隋代思想家王通著《文中子》,汲汲于倡导"三教可一",唐代更是主张儒、释、道三教的并存包容,而孔颖达《五经正义》的编纂与推出,则是当时思想文化重新整合,以迎合隋唐"大一统"帝国统一思想之需要的标志性象征。

这一思想文化大整合的时代特征,在当时兵家的兵学研究领域同样也得到了明显的体现。我们可以清晰地看到,这一时期的兵学思想也与其他思想进一步走向融会贯通。如李筌的《太白阴经》及其为《阴符经》所作的注疏等,就很明显地带有道兵家的浓厚色彩,李筌既强调"主有道德",又主张"善用兵者,非仁义不立,非阴阳不胜,非奇正不列,非诡谲不战"。因此,王重民曾指出:《太白阴经》是一部"以道家言言兵事"的兵学专著。② 清代《四库全书总目》作者在评论《太白阴经》一书的特色时也指出:"兵家者流,大抵以权谋相尚;儒家者流,又往往持论迂阔,讳言军旅,盖两失之。筌此书先言主有道德,后言国有富强,内外兼修,可谓持平之论。"③显而易见,李筌无疑是一位博取众家之长,融道、儒、兵诸家思想为一体的兵学家。

同样,王真的《道德经论兵要义述》一书,也是一部儒、道、兵相融汇互补的兵学典籍。在王真看来,"《老子》五千之言……未尝有一章不属意于兵也"④。指出战争起源于"有为",热衷于"争":"争者,兵战之源,祸乱之本。"⑤主张戢兵去战,清静"无为":"无为者,戢兵之源;不争者,息战之本。"(《道德经论兵要义述·上善若水章》)强调统治者要谦柔用晦,慈爱包容,"以道化天下",反对麻痹轻敌,认为:"好战于外,犹有胜负;无备于内,必至灭亡。"(《道德经论兵要义述·用兵有言章》)对战争要有预见性,防患于未然,化解于无形:"戢兵于

---

① 第一个高潮是西周初期周公"制礼作乐",统一思想、规范礼乐;第二个高潮是起源于战国中后期、完成于董仲舒的思想学术的兼容并融,以所谓的"罢黜百家,独尊儒术"为标志。
② 参见《阃外春秋》,王重民:《敦煌古籍叙录》卷2《史部》,中华书局1979年版。
③ 永瑢等:《四库全书总目》卷99《子部·兵家类》,中华书局1965年版。
④ 视《道德经》一书为"兵书",也不是王真等个别人的观点,在古代学界存在着相当程度的共识。如宋代苏辙评论《老子》时也指出:"……此几于用智也,与管仲、孙武何异。"(《老子解》卷2)而《隋书·经籍志》子部兵家类则著录有《老子兵书》一卷。
⑤ 《道德经论兵要义述·叙表》,《中国兵书集成》第2册,解放军出版社、辽沈书社1988年版。以下只注篇名。

未动之际,息战于不争之前。"(《道德经论兵要义述·善行无辙迹章》)在战略上以不欲求欲,以不为求为,以迂求直;以柔克刚,以无事取天下。

我们知道,《孙子兵法》体现的是强者的用兵原则,即其后孙膑所提倡的"战胜而强立"之道。在孙子看来,战略上最好的手段,就是进攻、再进攻,直至胜利——进攻是最好的防御!其主张在最短的时间里以最强大的力量发起攻势,迅雷不及掩耳、摧枯拉朽地给敌人以毁灭性的打击,"堕其城,隳其国""伐大国,则其众不得聚;威加于敌,则其交不得合"(《孙子·九地篇》)。所以,毫无疑义,孙子的战争哲学,是进攻至上,特色是刚强进取,基本手段是先发制人,这是中国兵家文化的一条明线、一个主流。但与此同时,中国文化中"一阴一阳之谓道"的本质决定了中国兵家文化中必然同时存在着一条暗线、一支潜流。这股潜流就是由《老子》的哲学所推导出来的以防御为本质特征的战略指导原则。它强调防御的特殊地位,主张知雄守雌、知荣守辱,提倡"柔武","胜兵若化,不动金鼓;善战不斗,故曰柔武"[1]。柔弱胜刚强,基本的表现形式与手段为以柔克刚、后发制人。这两条线索互为关系,共存互补,从而使得中国历代战略文化生生不息,日臻成熟!王真的《道德经论兵要义述》,正是后者兵家理论得以集中体现的一个具体范例。唐代不少兵书之所以具有较为浓重的道家色彩,这当与李唐皇帝自己攀附为老子李耳之后有一定的关系。

又如,杜牧学贯古今,慨然论兵,甚博而详,多有卓识。他认为"文武"二道,不可倚轻倚重,以致偏废,若轻视军事,必将"亡失根本",并主张战争指导"计画"缜密稳妥:"考古校今,奇秘长远,策先定于内,功后成于外。"值得注意的是,杜牧特别强调《孙子兵法》在兵家理论宝库中具有镇馆之宝的崇高地位,不可替代:"孙武所著十三篇,自武死后凡千岁,将兵者,有败者,勘其事迹,皆与武所著书,一一相抵当,犹印圈模刻,无差趺。"[2]他并且指出《孙子兵法》的根本特点,是"用仁义,使机权"[3]。杜牧注意从当时实际情况出发,总结和揭示新的经验,对《孙子兵法》所代表的传统兵学原理进行注解:"某所注孙武十三篇……上至周秦,下至长庆、宝历之兵,形势虚实,随句解析。"因而多有发明。宋人欧阳修对作为兵家的杜牧不胜敬慕、推崇备至,曾称道杜牧"慨然最喜论

---

[1] 《逸周书》卷3《柔武解》,黄怀信等:《逸周书汇校集注》,上海古籍出版社2007年版。
[2] 杜牧:《孙子注序》,陈允吉校点:《樊川文集》,上海古籍出版社2009年版。
[3] 杜牧:《孙子注序》,陈允吉校点:《樊川文集》,上海古籍出版社2009年版。

兵,欲试而不得者,其学能道春秋战国时事,甚博而详"[1]。而清代李慈铭也推许说,《孙子十一家注》,"曹公、李筌以外,杜牧最优证引古事,亦多切要,知樊川真用世之才!"[2] "博"和"详",的确是杜牧注《孙子兵法》的两个主要特点,也是兵家杜牧的显著优势所在。

再如陆贽则将儒、兵思想融为一体,浑然天成,谈兵之内容切实而旨远,常常令人耳目一新,例如,他亟亟提倡"文武并兴,农战兼务",认为只有贯彻这一方针,才能使唐王朝从安史之乱造成的颓势中脱身,转危为安,做到"居则足食,动则足兵。兵足则威,食足则固。威则暴乱息,固则教化成。"[3]又如,他把加强边防作为国防建设的重点之一,积极主边"备边御戎",以历史经验为借鉴,深刻地阐明了边防建设的重要性和具体措施,强调指出:"备边御戎,国家之重事;理兵足食,备御之大经。"提倡强化军队的训练,严肃军纪军法,打造起一支强大的军队:"武欲胜其致,必先练其兵。"[4]众所周知,不同思想之间的碰撞与交融,常常能活跃人们的思维,从而迸发出新的兵学思想的火花,缘是之故,这一时期的兵家有关兵学命题的论述多有创见,新义迭呈,独领风骚。

此外,还值得引起我们注意的是:这一时期的兵家及其兵学理论相较以往更加具有了总结性和实用性的特征。如《长短经》《太白阴经》《通典》中的兵典内容等,都采取了对前人兵学理论进行分门别类之总结、归纳、注释、阐发的体例。同时,当时不少兵家著述的内容常常着眼于实际的运用,大至国家战略的制定,小至基本队形的训练、兵器的配备与使用、战马喂养、医药救护等等,都有具体而翔实的论述,其兵学理论更加面向战争的实践,具有很强的可操作性。四库馆臣曾对赵蕤的《长短经》做过这样的评价:"此书辨析事势,其源盖出于纵横家。故以长短为名。虽因事制变,不免为事功之学,而大旨主于实用,非策士诡谲之谋。"[5]我们认为,四库馆臣这段评价文字,不仅仅是针对《长短经》所说的,其实也可以视为是对隋唐五代兵家及其理论"实用理性"这一特征的整体揭示。

---

[1] 欧阳修:《孙子后序》,李逸安点校:《欧阳修全集》卷42,中华书局2001年版。以下只注篇卷。
[2] 李慈铭:《越缦堂日记》同治壬申年五月十一日,广陵书社2004年版。
[3] 《策问识洞韬略堪任将帅制》,陆贽撰,郎晔注:《陆宣公奏议注》,中华书局1991年版。
[4] 刘昫等:《旧唐书》卷139《陆贽传》,中华书局1975年版。
[5] 永瑢等:《四库全书总目》卷117《子部·杂家类一》,中华书局1965年版。

另外，细加考察，我们能发现，隋唐五代时期的兵家及其思想，可以唐代天宝年间安史之乱为界，分为前后两个阶段：前期的兵家普遍具有积极进取与开拓创新两大特点，其思想的显著特征是积极向上，勇于进取，锐意创新；后期的兵家及其思想，本质上是内向性多于外向，守成多于进取，保守多于开拓，理论体系的打造相对较弱化，兵学的内容多着眼于对策性研究，局囿于应对特定的事件与变乱，这多少限制了兵学理论研究的高度与境界。[1]

最后，隋唐五代时期的兵家及其思想，对后世兵家与兵学思想发展的影响，是较为深远的。这一时期兵家基于战争实践所总结出的一些重要兵学指导原则，如关于持久战的基本认识，关于战略用间、边疆军事羁縻、防止割据分裂的思想以及异彩纷呈的作战指挥艺术等等，都为后人所高度重视并灵活运用。这一时期的一些重要兵书，如《卫公兵法》《太白阴经》《统军灵辖秘策》《唐太宗李卫公问对》等，也成为后来军事统帅与兵学家的必读之书，尤其是《唐太宗李卫公问对》，在宋神宗时期更被列为"武经七书"之一，成为当时和此后武学的兵学教科书之一。在兵书的编纂体例上，隋唐五代时期的兵学，也同样对后世产生了较为广泛的影响。像《长短经》《通典》等分类辑录兵学论述的编纂方法，就为后人所仿效，宋代的《武经总要》、明代的《武备志》等大型军事类书的编纂体例，应该是受到了唐代人的启发并有所发展的。此外，隋唐五代时期的兵学地理图书也有了一定的发展。唐代《括地志》《元和郡县图志》等著述的出现，对后世兵家的军事地理学研究和中国古代地缘战略思想的形成及成熟亦不无积极的意义，这一点在清代顾祖禹所撰著的《读史方舆纪要》一书中有相当突出的体现。

第二节 《唐太宗李卫公问对》
所体现的兵家学说

《唐太宗李卫公问对》（以下简称《问对》）是一部以问答体形式写成的兵书。其论题广泛，内容富赡，见解深刻，在中国古代兵家思想宝库中占有重要

---

[1] 参见于汝波、黄朴民主编：《中国历代军事思想教程》，军事科学出版社2000年版，第94、95页。

的地位。清代永瑢等人编纂的《四库全书总目》曾对其主要内容及特色做过较精辟的概括,称"其书分别奇正,指画攻守,变易主客,于兵家微意时有所得"[1]。这一概括提纲挈领,要言不烦,基本上符合该书的思想要旨。从全书情况来看,它的确立足于"奇正""虚实""攻守""主客"等重要兵学范畴,旁征博引,生发议论,着重探讨争取作战主动权问题,认为古代兵法"千章万句,不出乎'致人而不致于人'而已"。同时,对阵法的起源和内容、古代军制的演变、兵学源流及其嬗变、教阅与实战的关系诸问题,都提出了自己的独到的见解,丰富和发展了古代兵学理论。其中特别值得引起重视的,大致有下列几个方面。

一、由"舍事言理"向"事理并重"转变

收入"武经七书"的各部兵书,均系内容丰富、价值显著、地位重要之作,并各有其鲜明的特色。《孙子兵法》毫无疑问是经典中的经典、核心中的核心,是名副其实的"带头大哥"。明代兵书《投笔肤谈》作者"引言"认为:"《七书》之中,惟《孙子》纯粹,书仅十三篇,而用兵之法悉备。"[2]《孙子兵法》堪称古代军事理论的集大成者,构筑了古典军事理论的框架,使后世许多兵学家难以逾越。后世的军事理论建树,多是在《孙子兵法》基本精神与原则的指导下进行的,它代表了中国古典兵学的最高水平,无愧于"兵经""百世谈兵之祖"的称号。

至于《司马法》《吴子》《尉缭子》《六韬》《三略》五部兵书,亦各有其论述的侧重和不可替代的价值,它们能入选"武经七书"之列,绝非偶然。不过以上这六部兵书都有一个共同的特点,即侧重于哲学说理,形成了"舍事而言理"、词约而义丰的文化传统。

《唐太宗李卫公问对》一书的情况却稍稍有所不同:它虽然没有从总体上背离以哲理谈兵的历史文化传统,但是却在结合战例阐述兵学哲理,使之深化方面,较前人取得了更大的成绩,并构成其不同于《孙子兵法》等书的自有特色。具体地说,就是《问对》继承和发展了《左传》用具体战例来阐述和探讨战

---

[1] 永瑢等:《四库全书总目》卷99《子部·兵家类》,中华书局1965年版。
[2] 军事科学院《投笔肤谈》译注组:《投笔肤谈译注》,军事科学出版社1984年版。以下只注篇卷。

略战术原则的方法,把军事学术的研究方法从单纯的哲学推理发展到理论与实际密切结合新的境界,在认真总结战争经验的基础上丰富和深化战略战术原则,使其日益科学化。这对于古典兵学理论研究来说,乃是一个显著的贡献。同时,《问对》的研究视角以及由此而形成的特色,也显示出古典兵学的重点进一步由战略的层次向战役战术的层次转移,这说明,随着战争实践的日益丰富,人们的军事理性认识也趋于多元、复杂、缜密和深化了。

二、深入探讨"奇正"问题

奇正,既是中国古代的一个军事命题,又是一个哲学问题。它作为范畴,最早出自《老子》,即所谓"以正治国,以奇用兵"[①]。但真正把奇正用于军事领域并作系统阐发的,却是《孙子兵法》,即"凡战者,以正合,以奇胜""战势不过奇正,奇正之变,不可胜穷也"(《孙子·势篇》)。奇正的含义,显然是指兵力的使用(用正兵当敌,用奇兵取胜)和战术的交换(奇正相生、奇正相变)。自孙子确立"奇正"这一范畴后,后世兵家无不奉为圭臬,广为沿用和阐述。如《孙膑兵法》"下编"说:"形以应形,正也;无形而制形,奇也。"(《孙膑兵法·奇正》)《尉缭子》有"正兵贵先,奇兵贵后"(《尉缭子·勒卒令》)。曹操《孙子注》有"正兵当敌,奇兵从傍击不备也"。其中第一例是孙子"奇正"第二层意思的表述;后两例则是孙子"奇正"第一层意思的阐说。

然而到了《问对》的那里,"奇正"范畴则有了新的发展。他用了大量的篇幅对这一问题进行了系统、全面、透彻的分析和阐述。其认为奇正起源于方阵本身的队形变换,是在五军阵向八阵演变过程中产生的。同时,他又从政治战略、军事战略、战役战斗和战术等各个不同的层次、不同的方面,探讨了奇正的范围和特点。《问对》对奇正探讨的重点是奇正的变化和运用,认为奇正可以互变,并以霍邑之战等著名战例为例证,对奇正的变化作了具体而辩证的说明,提出了"吾之正,使敌视以为奇;吾之奇,使敌视以为正""以奇为正,以正为奇,变化莫测""善用兵者,无不正,无不奇,使敌莫测。故正亦胜,奇亦胜"(《唐

[①] 《老子·第五十七章》,王弼注,楼宇烈校释:《老子道德经注校解》,中华书局2016年版。以下只注篇名。

太宗李卫公问对》卷上)等一系列重要论断,极大地丰富和发展了《孙子兵法》的"奇正"理论。在此基础上,《问对》的作者强调把奇正与虚实、示形、分合等结合起来加以阐述,指出奇正相变的核心是"示形","故形之者,以奇示敌,非吾正也;胜之者,以正击敌,非吾奇也。此谓奇正相变"(《唐太宗李卫公问对》卷中);奇正相变的目的是致敌虚实,"奇正者,所以致敌之虚实也。敌实,则我必以正;敌虚,则我必以奇",从而"使敌势常虚,我势常实",牢牢地掌握作战主动权(《唐太宗李卫公问对》卷中);奇正相变的运用在于分合适宜,"有分有聚,各贵适宜"(《唐太宗李卫公问对》卷下),"兵散,则以合为奇;合,则以散为奇"(《唐太宗李卫公问对》卷中)。

三、精辟阐述"主客""攻守"关系

主客、攻守是中国古代兵学中的两个重要范畴。其中主客主要是指军队所处的地位问题,一般地说,进攻一方为客,防御一方为主;处于主动有利地位的一方为主,处于被动不利地位的一方为客。攻守则是指作战的基本形式。由于部队所处的地位往往是由所采取的攻守形式来决定的,所以主客与攻守二者之间既有区别又有内在的联系。

《问对》在这一问题上也提出了自己精辟的见解,即所谓"指画攻守,变易主客"。他的有关论述没有简单地停留在"贵主不贵客"的一般阐说上,而是透彻地分析了攻与守、主与客之间的相互依存、相互转化关系,提出了"攻是守之机,守是攻之策,同归乎胜而已矣"的重要论断,认为:"攻守一法,敌与我分为二事。若我事得,则敌事败;敌事得,则我事败。得失成败,彼我之事分焉。攻守者一而已矣,得一者百战百胜。"(《唐太宗李卫公问对》卷下)作者指出,进攻和防御既对立统一又相互转化,强调攻守成败的关键是掌握主动权,倘若"攻不知守,守不知攻",那么即使能够把孙、吴兵法背诵得滚瓜烂熟,也是无法在战争中赢得主动、夺取胜利的。在此基础上,他进而分析和阐说"主客"问题,认为主客关系及其优劣也不能僵化看待:"故兵不拘主客迟速,惟发必中节,所以为宜。"明确提出"较量主客之势,则有变客为主,变主为客之术"(《唐太宗李卫公问对》卷中)认为高明的战争指导者应该积极致力于使敌人"变主为客",而使自己"变客为主",并以春秋时吴越笠泽之战与十六国时期后赵石勒击破姬澹之役为例证,进一步从理论与实践相结合的高度,论证了变客为主、变劳为逸的辩证关系。《问对》的这些论述,较之于《孙子兵法》《吴子》等兵书的认识更为深刻、更为全面,弥足珍贵。

四、部队管理教育和军事训练的远见卓识

《问对》所论述的重点并不在于治军,然而这并不意味着他忽略了这一问题。其书谈到治军处不在少数,而比较有新意的是关于部队的管理教育和军事训练问题的论述。

《问对》对教育训练的论述,主要把握了两个基点。首先,主张提高部队的政治素质,认为治军的核心问题是要加强军队内部的团结、搞好官兵关系,其原则就是"爱设于先,威设于后,不可反是也"(《唐太宗李卫公问对》卷中)。这就是说,恩威并施、赏罚俱用的统治阶级的治军原则中,恩是威的前提,必须以爱兵为上。只有将帅与士卒"心一",意愿相同,士卒亲附,才能真正立威,才能真正明罚。反之,"若爱未加而独用峻法,鲜克济矣"(《唐太宗李卫公问对》卷中),是难以达到治军目的的。这一思想其实就是对孙子"卒未亲附而罚之则不服,不服则难用也"(《孙子·行军篇》)论点的继承和发展。

其次,《问对》也十分注重提高部队的军事素质,强调身为将帅者必须深晓训练方法,指出:"教得其道,则士乐为用;教不得法,虽朝督暮责,无益于事矣。"(《唐太宗李卫公问对》卷上)而要真正做到"教得其道",就必须遵循三阶段循序递进训练方法:"臣(指李靖)尝教士,分为三等:必先结伍法,伍法既成,授之军校,此一等也;军校之法,以一为十,以十为百,此一等也;授之裨将,裨将乃总诸校之队,聚为阵图,此一等也。大将军察此三等之教,于是大阅,稽考制度,分别奇正,誓众行罚。"(《唐太宗李卫公问对》卷中)这个"三等之教"的训练方法,就是将训练分为三个阶段。其由少及多、由简单到复杂的训练过程,有些类似于今天那种由单兵到多兵,由小分队到大部队,由分练到合练(包括实战演习),由浅入深、循序渐进的训练方法。

《问对》还注意到,训练应该根据部队的不同特点,区别对待,扬长避短。如针对少数民族士兵长于骑射,汉族士兵擅长于弩战的特点,提出"汉戍宜自为一法,蕃落宜自为一法,教习各异,勿使混同"(《唐太宗李卫公问对》卷上)的

主张。这些有关军事训练的论述,对于我们来说,无疑是有其一定的启示意义的。

五、考镜阵法奥秘,揭示兵学源流

八阵是古代一种具有代表性的阵法,由于阵图失传,后世学者捕风捉影,穿凿附会,遂产生了许多猜测和误解。隋唐以降,此风尤为盛行。《问对》作者却坚持实事求是的态度,反对一切玄虚之词,从理论上和实践上澄清迷雾、廓清异说。它经过翔实缜密的考辨,指出八阵是一个阵法的名称,是由五阵推演而成,其队形变换的基本形态主要根据战场地形分为方、圆、曲、直、锐五种。而这五种阵名基本符合1972年山东临沂银雀山汉墓出土的竹简佚名兵书《十阵》的提法,这表明作者对古兵法的确有深刻的研究,其得出的结论是可以信从的。

至于中国古典兵学的源流,《问对》也进行了深入的考察,提出了自己独到的观点。如认为中国古代兵家可划分为《六韬》《三略》和司马穰苴、《孙子兵法》两大流派,指出古代兵学在分类上"大体不出三门四种",从而为后人研究古代兵学思想史提供了重要的线索。另外,值得充分肯定的是,《问对》的作者坚持朴素唯物主义的立场,与迷信说法划清了界限:众所周知,自战国以来,阴阳五行之说盛行,兵学思想领域自然深受其影响,这在《孙膑兵法》《六韬》等书中均有所反映,如《六韬》之《兵征》《五音》诸篇,其内就有"此五行之符,佐胜之征,成败之机"等语。而在兵家流派中则形成了"兵阴阳家"的派别。自西汉董仲舒"天人合一"之说的弥漫,到东汉谶纬之说的风靡,兵学理论中,听音望气,灾变吉凶等大量渗入,到唐代李筌《太白阴经》、宋代许洞《虎钤经》、曾公亮《武经总要》等书更是这样。而《问对》的作者却始终坚持比较科学的态度,丝毫不涉及阴阳迷信的说法,这实在是难能可贵的。

总之,《唐太宗李卫公问对》是一部内容丰富、立论新颖、影响较大的古代兵学名著,宋人戴少望在其《将鉴论断》中称道它"兴废得失,事宜情实,兵家术法,灿然毕举,皆可垂范将来"。郑瑗在《井观琐言》中也断言:"《问对》之书虽伪,然必出于有学识谋略者之手",这的确是合乎实际情况的评价。该书作者堪称隋唐五代兵家的杰出代表,他对中国兵家思想发展的贡献值得充分肯定。

中 编

第七章 再铸辉煌：
宋代的兵家与兵学（上）

宋代兵学是中国传统兵学发展的又一高峰：武学兴起，武举成为定制；"武经七书"成为官学教材，各种兵书战策及论兵之作层出不穷，兵家及其理论取得了许多方面的发展。但是，在"右文"政治之下，兵学儒学化倾向严重，兵学理论创新性不足，未能很好地应对火器初兴、骑兵崛起的时代变局，传统兵学在繁荣的表象下已经蕴含着深刻的危机。

第一节 右文政治下的宋代兵学

宋代是中国文化史上十分辉煌的时期，在政治、经济、艺术、科技、教育等领域都取得了卓越的成就，达到了封建时代的顶峰。诚如陈寅恪先生所言，"华夏民族之文化，历数千载之演进，造极于赵宋之世"[①]。但同时，宋代又往往被后世冠以"积弱"的名号，在与辽、夏、金、元等北方民族政权的战争中常处于劣势，终致北宋亡于金、南宋亡于元。文治之盛与武功之弱是宋代最为显著的两大特征，也构成了宋代兵学发展的基本背景，使宋代兵学呈现出独特的面貌。

一、右文政治与强兵需求

宋朝立国于唐末五代半个多世纪的战乱之后，因此，如何从根本上杜绝五代乱源，建立长治久安的政权，是宋初统治者面临的首要问题。经过深刻的历史反思，他们认识到：藩镇坐大、武人专权是五代动乱的根本原因。因此，控制

[①] 陈寅恪：《宋史职官志考证序》，《金明馆丛稿二编》，上海古籍出版社1980年版。

军权、革除藩镇之弊就成为宋初建章立制的根本指导思想。

宋太祖即位后,很快采取了一系列"收兵权"的举措。他通过"杯酒释兵权"的方式,先后解除了石守信、高怀德等禁军高级将领和王彦超、郭从义等藩镇将领的兵权,将军权控制在自己手中;又通过选拨藩镇军精锐补充禁军,选任文官知州事,设置通判、转运使等方法,将兵权、政权、财权自藩镇剥离,削弱了藩镇割据的基础。

在"收兵权"的同时,宋廷还通过创建和调整军制实现了兵权的拆分与制衡。首先建立起庞大的中央禁军,负责京师及军事要地的防卫,在兵力部署上"内外相制",保持京师内外、京畿与诸道兵力的大体平衡。在统御原则上,以三衙(殿前都指挥使司、侍卫亲军马军都指挥使司和侍卫亲军步军都指挥使司)分别统兵,取消殿前都、副点检的职位,选取资历较浅的低级将官统军。三衙虽有管军之责,却无发兵之权。发兵权掌握在由皇帝直接控制的枢密院手中。禁军出戍之时,则打破原有编制,由部署、钤辖、都监等"率臣"临时统兵,事毕各自归建,使得"兵无常帅,帅无常师"①。通过这些制度的创设和调整,基本形成了"枢密掌兵籍、虎符,三衙管诸军,率臣主兵柄,各有分守"的分权制衡之制,被时人尊为"万世不易之法"②。

宋初施行这些控制兵权的举措,目的在于消除藩镇割据的基础,铲除武人专政的隐患,这对于封建政权的稳定无疑具有积极意义。但是,宋廷的"防弊之政"并未止步于此,而是沿着"抑武"的方向不断推进,至太宗朝,"崇文抑武"已经成为具有纲领性质的治国方略。③ 两次幽州之战的失败,使宋太宗的思想发生重大转变,由"志在恢复"转变为"守内虚外""兴文教、抑武事"。④ 端拱二年(989),王禹偁即指出,"自陛下统御,力崇儒术,亲主文闱,志在得人,未尝求备。大则数年便居富贵,小则数月亟预官常,或一行可观,一言可采,宠锡之数,动逾千万,不独破十家之产,抑亦起三军之心"。他担心太宗"崇文"导致武将怨愤,建议"减儒冠之赐,以均战士之恩"。⑤

---

① 马端临:《文献通考》卷152《兵考四》,中华书局1986年版。
② 《宋史》卷162《职官二》。
③ 参见陈峰:《北宋武将群体与相关问题研究》,中华书局2004年版,第253页。
④ 《续资治通鉴长编》卷18,太平兴国二年正月丙寅。
⑤ 《续资治通鉴长编》卷30,端拱二年正月癸巳。

太宗朝以后,"崇文抑武"的政治格局继续发展,文武失衡日益严重。宋英宗时,蔡襄曾指出:"今世用人,大率以文词进:大臣,文士也;近侍之臣,文士也;钱谷之司,文士也;边防大帅,文士也;天下转运使,文士也;知州郡,文士也。虽有武臣,盖仅有也。"[1]文臣牢牢掌控了政权的各个层面,以儒家治道与封建君主共治天下;武臣则被认为是导致祸乱的潜在威胁,地位越发降低。非但如此,随着文臣势力的不断扩张,原本属于武将群体的军权也被侵夺,最终在北宋中叶形成了"以文制武"的政治体制:在中央,文官在枢密院中取得优势地位,从宋仁宗至和三年(1056)到北宋灭亡,文官完全执掌枢密院达71年之久,占北宋全部时间的42.5%之多[2];在地方统兵体制中,逐渐确立起以文臣为"帅臣",武将为"将官"的统御制度。"以文制武"体制确立后,作为祖宗成法被宋朝历代君臣奉为圭臬。

"右文政治"也对社会文化观念产生了深刻的影响。在官僚队伍中,文官集团从维护皇权专制和自身利益出发,不断强调武将拥有重权的危害性,以防范和控制武将为己任,重文轻武之风日盛。一方面,文臣不愿换为武职,如庆历年间,边防吃紧,宋廷曾鼓励文臣换武职,但应者寥寥,即便是皇帝指定,也往往为文臣所抵制。另一方面,武臣或将门子弟千方百计换授文资,一个显著的例子就是武学博士何去非,苏轼称他"虽喜论兵,然本儒者,不乐为武吏"[3]。

对于普通民众而言,他们看到儒生"科举及第"的荣耀与武人被压制防范的鲜明对比,深信"万般皆下品,惟有读书高",以极大热情习文科考,却不愿意习武从军。加之宋代广收失职犷悍之徒充军,大大降低了军人的社会地位,越发加重了时人以从军为耻的心理。仁宗年间,富弼即已指出,"今人重文雅而轻武节""但稍能警励有廉耻,则焉肯为卒伍之事乎?"[4]神宗时,王安石也说:

---

[1] 蔡襄:《上英宗国论要目十二事》,赵汝愚编:《宋朝诸臣奏议》卷148,上海古籍出版社1999年版。以下只注篇卷。
[2] 参见陈峰《北宋武将群体与相关问题研究》第三章"北宋武将在枢密院地位的变迁"(中华书局2004年版)。
[3] 苏轼:《举何去非换文资状》,孔凡礼点校:《苏轼文集》卷29,中华书局1986年版。以下只注篇卷。
[4] 富弼:《上仁宗论武举武学》,《宋朝诸臣奏议》卷82。

"天下学士以执兵为耻,而亦未有能骑射行阵之事者。"①重文轻武像一条无形的绳索,约束着人们的思想、言行,也很大程度上制约了兵学的发展。

与"右文政治"形成鲜明对比的,是宋代军事形势的持续紧张。宋朝建立之后,一直面临各种内忧外患,尤其是契丹、党项、女真、蒙古等北方民族相继兴起,与宋廷的军事冲突持续不断。当边患危及国家存亡之际,强兵御侮理所当然地成为紧迫的时代课题,兵学发展也因而获得了现实推动力。

一方面是右文政治环境下,防范、压制武将和武力因素,对兵学发展产生消极影响;另一方面是强兵的时代需求,迫使统治者必须加强武备、重视兵学。宋代兵家学派就在这样两个矛盾因素的作用下,不断发展变化。

二、宋代兵家与兵学发展的三个阶段

随着时代条件的不断变化,宋代兵学从低迷到全面繁荣再到深化发展,呈现出明显的阶段性特征。

(一) 低迷期:宋初至宋夏战争爆发

从宋初到宋夏战争爆发的近八十年,是宋王朝建立和巩固政权的时期,其间经历了统一战争、两次幽州之战、对抗西夏李继迁部袭扰的小规模战争等等。宋真宗景德元年(1004),契丹大举南侵,宋被迫签订"澶渊之盟",以岁币换和平。此后,边疆进入相对和平时期,国内统治也日趋稳固。

这一时期,宋廷建立并完善各种制度,逐步推行"崇文抑武"的治国方略,对兵学没有给予足够重视。相反,出于防范民间反叛、巩固政权的需要,朝廷采取禁兵书政策。在宋太祖年间颁发的《宋刑统》中即规定:"诸玄象器物、天文图书、谶书、兵书、七曜历、太一雷公式,私家不得有,违者徒二年。"②当然,这一规定承袭唐律而来,查禁的重点是与天文、术数相关的兵书,但在嗣后数十年间,禁兵书的律条一再被重申。如景德三年(1006),宋真宗下诏称"天文兵法,私习有刑,著在律文,用妨奸伪",除了一些经过特批的阴阳、卜筮之书之

---

① 王安石:《上皇帝万言书》,《王文公文集》卷1,上海人民出版社1974年版。
② 窦仪等撰,吴翊如点校:《宋刑统》卷9《职制律·禁玄象器物条》,中华书局1984年版。

外,其他天文、历算、兵书等均"不得存留及衷私传习",如一月之内不上缴,即予处死。① 这些法令使兵学在官方层面进入了一个冰封期。

从现存史料来看,这一时期见诸记载的兵书不多:官方编纂的著作主要有仁宗亲撰的《神武秘略》;私人撰著的兵书中传世的只有许洞《虎钤经》一部。许洞虽以《虎钤经》应制举,最终却"以负谴报罢"②,虽然不能确证许洞"负谴"的原因,但从各方面情况推测,当与他在兵书中多论及"六壬遁甲"等阴阳占候内容有关。③ 这一时期研究兵学的文人官僚有卢察、柳开、高志宁、陈贯等,武将之中则以符彦卿、石普较为典型,但是这些人的兵学研究论著并未受到重视,也没能流传下来。总之,这一时期的兵学发展较为低迷,呈现出一派萧条景象。

(二) 全面繁荣期:宋夏战争至北宋末

宋夏战争是宋代兵学发展的一个转折点,兵学发展由此逐渐走出低谷。宋仁宗天圣十年(1032),党项首领元昊继承父位,先后攻陷回鹘之甘州和西凉府,并接受契丹册封,称西夏王。从景祐元年(1034)开始,元昊频繁骚扰北宋边境,尤其是康定元年(1040),西夏军攻宋延州,宋将刘平、石元孙战殁,给宋廷造成极大震动。在"澶渊之盟"带来的近四十年承平之后,面对西夏的攻势,北宋的军事体系暴露出严重的弊端。

为了改变边防形势,宋廷在加强武备的同时,也开始重视兵学,弛兵书之禁,兴武学、设武举。宝元二年(1039),宋廷重新核定禁书名曰:"除《孙子》《吴子》、历代史《天文》《律历》《五行志》并《通典》所引诸家《兵法》外,余悉为禁书。"④至此,关于《孙子兵法》《吴子》等经典兵书的禁令正式解除。庆历三年(1043)五月,宋廷兴办武学,以太常丞阮逸为武学教授,教习诸家兵法,《孙子兵法》《吴子》等成为武学的重要教学内容。武举承唐制,宋建立后即不定期举行,至天圣七年(1029),仁宗诏置武举。但此时兵书"禁而废学"的状况尚未改变,武举考试内容主要为武艺和策论。⑤

---

① 司义祖整理:《宋大诏令集》卷199《禁天文兵书诏》,中华书局1962年版。
② 《宋史》卷441《许洞传》。
③ 相关考证参见魏鸿:《宋代孙子兵学研究》,军事科学出版社2011年版,第55—57页。
④ 《续资治通鉴长编》卷123,宝元二年正月丙午。
⑤ 徐松辑:《宋会要辑稿·选举》一七之五、六,中华书局1957年版。以下只注篇卷。

武学、武举建立后，发展并不顺利，武学仅存在三个月便告夭折，皇祐元年（1049）武举亦遭到罢废。武学、武举遭罢废的原因大致相同：一是儒家保守派反对，担心武学、武举张扬勇力、权谋，对文教和世风产生影响；二是重文轻武之风盛，入武学、应武举者少，对军功集团、英勇豪杰以及士人子弟都缺乏吸引力。

武举、武学虽经罢废，但紧迫的战争形势使主政文臣们意识到，培养韬略型将领势在必行。治平元年（1064），朝廷采纳枢密院的建议，下诏复置武举，并从学士贾黯之请，"如明经之制，于太公《略》《韬》，孙、吴、司马诸兵法，又经史言兵事者设为问目"。① 熙宁五年（1072），武学复置，选取文武官员中通兵学者为教授，学习诸家兵法、历代用兵事迹以及前世忠义之节等，愿意演习战阵的还可以量给兵伍。②

从武学、武举的废立可以看出，在右文政治和强兵需求的博弈之下，宋廷扶持兵学的政策犹疑不定，其进程也是一波三折，而且因为贯穿了"科举官僚培养'文武双全'的武将的理想"③，在指导思想及制度设计上打上了鲜明的儒家印记。但不容否认的是，也正在这一时期，武学、武举成为定制，兵学成为官方支持下的正统学术，拥有专门的研究机构、稳定的研习队伍以及付诸实践的正规渠道，这是兵学史上具有里程碑意义的重要事件，为兵学的持续稳定发展和兵家的不断成长壮大创造了条件。

宋夏战争也成为"文人论兵"勃兴的契机。为了应对边防危机，宋廷广开言路，积极向朝野征求贤才良策。据《郡斋读书志》称，"仁庙时天下久承平，人不习兵，元昊既叛，边将数败，朝廷颇访知兵者，士大夫人人言兵矣"④。时人刘敞也说："宝元康定之间，元昊畔。诏书求材谋之士，于是言事自荐者甚众，辄下近臣问状，高者除郡从事，其次补掾史，且数百人。"⑤秦观描摹当时的兵学热说："今世之学兵法者肩相摩，袂相属。"⑥可见，宋夏战争的强烈刺激，加上朝廷的有意咨访，使文人论兵蔚为风潮。

---

① 孙逢吉：《职官分纪》卷10，中华书局1988年版。
② 《续资治通鉴长编》卷234，熙宁五年六月乙亥。
③ 赵冬梅：《宋代武举初探》，北京大学1998年博士学位论文。
④ 《郡斋读书志》卷3下《兵家类》。
⑤ 刘敞：《谕客》，《公是集》卷48，文渊阁《四库全书》本。
⑥ 秦观：《进策·兵法》，徐培均笺注：《淮海集笺注》卷17，上海古籍出版社1994年版。以下只注篇卷。

这一时期,官方、民间的兵学研究都很活跃,推动了兵学文献的空前繁荣。官方编纂的兵书有《武经总要》、校定《李靖兵法》、校定"武经七书"等。私人兵书更是大量涌现,如丁度《龟鉴精义》《庆历兵录》《庆历缮边录》《备边要览》,杨偕《兵书》,刘沪《备边机要》,薛向《陕西建明》,郭固《军机决胜立成图》《兵法攻守图术》,任谅《兵书》,苏洵《权书》,何去非《何博士备论》,张预《十七史百将传》,王洙《三朝经武圣略》,吕夏卿《兵志》,王韶《熙河阵法》,阮逸《野言》,赵珣《聚米图经》,景泰《平戎议》《边臣要略》①,程大昌《北边备对》,等等。这一时期的论兵文章更是汗牛充栋、不可胜数,范仲淹、富弼、李觏、欧阳修、苏轼、司马光、王安石等硕学名臣都有论兵文章,从各个方面论述兵学或现实军政问题。

(三)深化发展期:南宋

南宋一直面临着严峻的军事形势。金军屡次大举南犯,试图统一全国;南宋也数度北伐,希望恢复中原。绍兴和议后,宋金虽然大体形成了战略均势,但军事上一直处于对峙状态。13世纪初,蒙古兴起,以凌厉之势迅速灭掉夏、金,成为南宋的又一劲敌。在持续紧张的安全形势之下,必须切实讲求胜敌之策,这是时势所必需,也是朝野上下的共识。因而,南宋兵学的发展获得了较北宋更为强大的现实推动力。

南宋时期,武学、武举制度得以延续,"文人论兵"依然是兵学的基本样态。但南宋的"文人论兵"又与北宋有所不同,紧张的安全形势使儒学的经世致用传统焕发出新的生机,尤其是浙东事功学派的兴起,对兵学研究产生了重要的推动作用。浙东事功学派的代表人物薛季宣、陈傅良、叶适、陈亮等都对兵学高度关注,积极研究兵书、兵制,讲求制敌方略。在他们的影响下,浙东事功学派的兵学研究蔚然成风,产生了一批优秀的兵学论著。

浙东学者之外,其他儒家学者也多留意兵学,如刘清之为鄂州通判时,"留意学校,广延生徒,又率介胄子弟欲习兵书者肄业其中"②。又如,朱熹门人李

---

① 按:《宋史》卷207《艺文志六》著录为"耿恭《平戎议》三卷、《边臣要略》二十卷",同卷"类事类"又著录有"景泰《边臣要略》二十卷"。《宋史》卷326《景泰传》、《玉海》卷25引《中兴目》、《续资治通鉴长编》卷128等均谓景泰著《平戎策》和《边臣要略》。"耿恭"与"景泰"当为一人。"耿"当为本姓,因避太宗名讳改为"景","恭"与"泰"形近而讹。

② 蔡戡:《荐鄂州通判刘清之状》,《定斋集》卷1,文渊阁《四库全书》本。

燔教授岳州时，以培养兼文武的"通材"为宗旨，"即武学诸生文振而识高者拔之，辟射圃，令其习射；廪老将之长于艺者，以率偷惰"[1]，连帅臣赵方也将其子送到他的门下受教。再如，著名理学家张栻曾刊行《杜牧注孙子》，并撰跋语，论研习兵学的重要性。

南宋产生了一批新的兵书，传世的主要有綦崇礼《兵筹类要》、戴溪《将鉴论断》、陈亮《酌古论》、陈规《守城录》、佚名《百战奇法》、华岳《翠微先生北征录》、施子美《施氏七书讲义》等等。这些兵书开辟了兵学研究的一些新路向，如《百战奇法》对兵学范畴的总结和归纳、《守城录》对火器条件下城防理论的创新、《翠微先生北征录》对传统兵家之学的继承等，不但推进了兵学研究的深入发展，而且对后世兵学产生了深远影响。

这一时期，"文人论兵"热潮持续涌动，论兵文章数量更为庞大。这些论兵文章大多紧密结合军事斗争实际，具有很强的现实性。如王之道建议选将成守合肥，以期"致人而不致于人"[2]；薛季宣以"五事七计"论时势[3]；李焘以"常山蛇势"论地势[4]；陈造《罪言》备论谋敌、备用、救时之术[5]；等等。辛弃疾《美芹十论》《九议》[6]、陈亮《中兴五论》、倪朴《拟上高宗皇帝书》更是立论高远，运用兵学理论分析形势，提出恢复中原的方略，具有较高的理论水平和学术价值。

三、宋代兵家与兵学的主要特点

在社会政治、军事、文化诸多因素的共同作用和影响下，宋代兵学取得了超迈前代的成就，也表现出了突出的时代特点。

一是研究群体的文人化。宋代为了矫正五代武人专政之弊，以文教为立国之本，诚如陈亮所言："艺祖皇帝用天下之士人，以易武臣之任事者，而五代

---

[1] 《宋史》卷430《李燔传》。
[2] 王之道：《选将戍合肥札子》《上江东宣抚使李端明书》，《相山集》卷21、24，《宋集珍本丛刊》第40册，线装书局2004年版。
[3] 薛季宣：《又与王枢密札子》，《浪语集》卷17，文渊阁《四库全书》本。以下只注篇卷。
[4] 李焘：《六朝通鉴博议》卷3，文渊阁《四库全书》本。
[5] 陈造：《江湖长翁集》卷24，文渊阁《四库全书》本。
[6] 参见邓广铭辑校：《辛稼轩诗文钞存》，古典文学出版社1957年版。

之乱不崇朝而定。故本朝以儒立国,而儒道之振独优于前代。"[①]在"右文政治"的基本框架之下,文人不但把持了国家政治的主导权,也掌控了学术研究的话语权,"文人论兵"就是这一状况在兵学上的体现。综观宋代兵学研究者,文人是绝对主体。从北宋的梅尧臣、王皙、苏洵、何去非到南宋的陈规、陈亮、辛弃疾、戴溪,无一不是文人,甚至有的还是诗词名家、文学巨擘。即便有些民间或武举出身的兵学研究者,也深受儒家思想的浸染。

"文人论兵"促进了宋代兵学的繁荣,但也注定了其具有先天缺陷:兵学作为一门"实学",不仅具有理论性,而且有很强的实践性,宋代以前的兵学家大多为文武兼备的将帅,且不说司马穰苴、孙子、吴起等先秦兵家,汉代整理兵法的韩信、张良,三国时期首注《孙子》的曹操,唐代著名将领李靖等,都既是理论家,又是军事家。宋代文人兵学研究群体则不然,除了王韶、陈规等个别人,他们大多不亲军旅,其兵学研究既非从实践中来,也难以到实践中去,更多的是书斋里的纸上谈兵,庙堂上的韬略之议,这就从根本上决定了宋代兵家理论与实践相脱节的特点。宋代兵学论著繁富,但武功不彰,这是重要原因之一。

二是兵学的官学化与边缘化。兵学被立为官学,使其具有了一整套研习、科考、授官的制度支持,促进了兵学的普及、传播和研究,这是不容否认的。但是,官学地位的确立却并未改变兵学日益边缘化的趋向:从兵书类著作在《汉书·艺文志》中独立为"兵书略",与"六艺""诸子"诸略并立,到四部分类法中并入子部,再到《宋史·艺文志》中被排在子部的第十四位,仅先于杂艺术、类事、医书,就足以看到这一趋向的明显发展。

在"崇文抑武"治国方略之下,"崇儒抑兵"成为宋代社会文化的基本观念。儒家学者不断重申王霸之辩、兵儒异质,推崇儒家的"仁义",挞伐兵家的"诈利",不但在治道层面上排斥兵学,在战争问题上也主张仁义制敌。在他们看来,发展兵学无非是"祖尚仁义,次以钤略"[②],以兵学之"器"成全儒学之"道"。故而在意识形态和学术文化领域,随着儒学的统治地位进一步加强,而兵学的

---

① 陈亮:《上孝宗皇帝第三书》,《陈亮集》卷1,中华书局1974年版。以下只注篇卷。
② 《武经总要·仁宗皇帝御制序》,《中国兵书集成》第3—5册,解放军出版社、辽沈书社1988年版。

从属、边缘地位更加固化了。

三是兵学思想的儒学化。从战国中后期开始，诸子思想已经开始互相影响、互相吸收，兵学思想也日益多元，出现了受儒家思想影响较多的《司马法》《吴子》，有明显法家倾向的《尉缭子》等兵书。秦汉以降，随着儒学统治地位的确立和不断强化，以儒学对兵学的批评、浸润和改造为主导的"兵儒合流"成为兵学发展的大势，传统兵学文化逐渐形成了以儒家"道德主义"为核心的精神特质。

宋代"文人论兵"客观上加速了"兵儒合流"的进程。文人学者研究兵学，往往有意无意地"以儒解兵"，譬如对《孙子兵法》"慎战""备战""不战而屈人之兵"等思想，多解以儒家"仁政""民本"之说。在海量的边奏政论中，文官更是援引经典兵书中与儒家相近、相和的观点，使传统兵家的战争观、战略思想出现了明显的儒学化倾向。

宋儒对兵学的儒学化诠释固然有曲解、误读的成分，但同时，这种方式也沟通了儒学与兵学，使传统兵学在统合兵儒的基础上获得了新的发展空间。

第二节　官方之学

官方的政策是兵学发展的前提，官方主导的学术活动既是兵学的重要内容，也是兵学发展的引擎。严格说来，官方兵学很难被称为一个统一的学派，但是作为官方学术，宋廷组织的兵书编纂、校勘整理、武学教学等活动都体现着最高统治阶层的意志，在指导思想上具有高度的一致性，在内容也有着区别于非官方学者的特征。

宋代官方兵学贯穿两宋始终，但在不同阶段呈现出不同的样态。在宋初八十年的兵学低迷期，以御制兵书为主。在北宋中后期的全面繁荣期，官方组织了数次兵书校理活动，武学、武举教学也蓬勃开展。在南宋深化发展期，官方兵学活动以武学、武举为中心，重要性逐渐不及私人兵学研究。总的说来，北宋较南宋为盛，武学教学渐成中坚。

一、御制兵书

御制兵书是宋初禁兵书时期的特殊现象。宋初禁兵书,并非否认兵书的价值,相反,统治者恰是意识到了兵书的重要性,方才为了防范有人以兵学为谋反之具而查禁兵书。但是,禁兵书与军事实践对兵学的需求之间势必产生矛盾,正如富弼在景祐元年(1034)上书中所说:"夫习武者,读太公、孙、吴、穰苴之术,亦犹儒者治五经,舍之则大本去矣。"[①]因此,在禁兵书的背景下,皇帝成为唯一合法的兵学研习者,御制、御赐兵书就成了最重要的兵学活动。

宋太宗对兵学十分关注,他虽非开国之君,但也久历戎行,自恃很有军事才能,加之其在位时已开始"崇文抑武",对武将的控制日益严密,对军事的关注也便尤显突出。据史料记载,太平兴国八年(983),太宗赐《军诫》给新任枢密副使王显,"上召谓显曰:'卿世非儒家,少罹兵患,必寡学问,今在朕左右,典掌万机,因年暇博览群书。'左右取《军诫》三篇,赐曰:'读此亦可以免面墙矣。'"富弼在《政要释》中解释这件事道:"大臣不知学术,则闇于大体。王显一武人,虽以才力任用至枢密使,太宗虑其不学,不能晓通变之事,故以《军戒(诫)》授之,使知贤者行事也。"[②]宋太宗赐予王显的《军诫》很可能是唐人裴守一所著《军诫》三卷。[③] 该书已佚,具体内容不得而知。

宋太宗倡导文治,在书法上用功颇深,尤擅飞白体和草书,因此经常效法唐太宗赐御书之故事,其中也有专门针对武臣的赐书。据《玉海》记载:"雍熙四年五月,以北房未服,召北面诸将田重进、潘美、崔翰及殿前刘延翰对于便殿。上访以御戎备边之防。延翰曰:臣等皆鹰犬之才,奉指踪之命,犹惧不给。破房之防,惟圣心裁处。上因手书《六韬兵法》'将有五才十过'之说以赐之。"[④]"五才十过"出自《六韬·龙韬·论将》,"五材(才)"是指"勇、智、仁、信、忠","十过"是指"有勇而轻死者,有急而心速者,有贪而好利者,有仁而不忍人者,有智而心怯者,有信而喜信人者,有廉洁而不爱人者,有智而心缓

---

① 富弼:《上仁宗论武举武学》,《宋朝诸臣奏议》卷82。
② 王应麟:《玉海》卷141《太平兴国军诫》,上海古籍出版社1992年版。以下只注篇卷。
③ 参见欧阳修、宋祁:《新唐书》卷59《艺文志三》,中华书局1975年版。以下只注篇卷。
④ 《玉海》卷33《雍熙赐御书六韬》。

者,有刚毅而自用者,有懦而喜任人者"。宋太宗手书"五才十过"赐予田重进等武臣,可谓寓意深远,正如洪适在《御书六韬兵法赞》中所说,太宗赐御书的目的是"使之昭然识为将之术,知勇、智、仁、信、忠之可以法,而轻死好利、怯懦急缓之可以戒。朝诵夕惟,起居造次,必思而践行之。其所以训敕臣下之道,可谓善矣"[1]。

宋太宗对前线将领的作战指挥也严格控制,"图阵形,规庙胜,尽授纪律,遥制便宜,主帅遵行,贵臣督视"[2]。阵图是他控制战场指挥的重要工具,如在赐予田重进等"五才十过"御书的同时,宋太宗还颁示了一份《御制平戎万全阵图》[3]。《平戎万全阵图》收录在《武经总要》中,《武经总要》评价它说:"所以挫驰突之锐,明坚重之锐,循名摘实,知神明之有在矣。"[4]这显然是不实的谀美之词。事实上,以一张预制阵图决定前线的排兵布阵,即便这种阵图设计得如何周全,也不可能"万全平戎"。宋太宗以阵图御军,严重束缚了前线将领的临机指挥权,常常造成战场上的被动和失利,正如田锡所说:"今委任将帅,而每事欲从中降诏,授以方略,或赐以阵图,依从则有未合宜,专断则是违上旨,以此致胜,未见其长。"[5]尽管屡有朝臣谏言,太宗却不以为然,他曾对近臣傅潜说:"布阵乃兵家大法,非常情所究,小人有轻议者,甚非所宜。"[6]因此,终太宗之世,临战赐予将领阵图的做法并未有所收敛。不唯如此,这一做法也为嗣后的真宗所继承,造成了持久的不良影响。仁宗朝武将王德用曾说:"咸平、景德中,赐诸将阵图,人皆死守战法,缓急不相救,以至于屡败。"[7]

御赐阵图固然弊端很大,但阵图作为排兵布阵之法,在军队训练和作战指挥中发挥着重要作用,排除其中的神秘主义因素,阵图本身也是中国古代兵书中独具特色的一部分内容。而宋太宗对阵图、阵法的偏好,刺激了大量阵图的产生,这也成为宋初禁兵书背景下一个特殊的兵学现象。

---

[1] 洪适:《御书六韬兵法赞》,洪适、洪遵、洪迈撰,凌郁之辑校:《鄱阳三洪集》,江西人民出版社2011年版。
[2] 杨亿:《李公墓志铭》,《武夷新集》卷10,文渊阁《四库全书》本。
[3] 《玉海》卷33《平戎阵图》。《续资治通鉴长编》卷28雍熙四年五月庚寅,作《御制平戎万全阵图》。
[4] 《武经总要》前集卷7,《中国兵书集成》第3—5册,解放军出版社、辽沈书社1988年版。
[5] 《续资治通鉴长编》卷30,端拱二年正月癸巳。
[6] 《续资治通鉴长编》卷40,至道二年九月己卯。
[7] 《宋史》卷278《王德用传》。

宋仁宗朝最重要的御制兵书是《神武秘略》。景祐四年（1037），同知枢密院事韩亿建言称武臣宜知兵书而禁不传，请求纂集兵书之要赐予诸将。于是，宋仁宗御制了《神武秘略》一书。在各类记载中，都说《神武秘略》为仁宗亲撰，如《玉海》著录《仁宗御集》一百卷，即将该书列入其中；欧阳修在代英宗所作《仁宗御集序》中说，仁宗"于万几之暇，泊然凝神，不见所好，惟躬阅宝训，陈经迩英，究钟律之本源，训师兵之武略。按图以鉴古，铭物以自戒"①，显然也以《神武秘略》为仁宗亲撰。仁宗对兵学固然很重视，可能也确有一定研究，但以皇帝之尊亲自编纂兵书的可能性很小，之所以号称仁宗御制，很可能因为当时兵书尚为禁书，唯有御制才能彰显其合法性和权威性。

《神武秘略》今已不传，据史书记载，该书共三十篇，分十卷，按《汉书·艺文志》兵权谋、兵形势、兵阴阳、兵技巧四类，纂集"古今行兵用师之要"和"诸家兵法"。仁宗在《序》中言："《礼记》：出征受成于学。汉礼遣将，尚书授以古兵书。魏武帝命将行师，皆以《新书》从事。艺祖临遣将，勉其为治。太宗尝出《军诫》，以赐枢臣。是用启金锁秘室之藏，究鹖冠、黄石之旨，采古贤兵法及旧史成败，为十五卷三十篇②，其标目始于《叙兵》《将才》，终于《教射》《教弩》，实阃外之津梁，幕中之龟鉴。"③宋祁也说，该书"包囊术以无遗，订秘书之不布""因兵家之四种，汇以名章；欲师律之万全，授而为法"④。由此可知，这部书是对古代兵法的精要摘编，涉及作战指导理论、战争战例、建军治军和战术战法等各个方面。

《神武秘略》编纂完成以后，"赐河北、河东、陕西缘边部署、钤辖、知州军，每得代，更相付授"⑤，朝中宰执也在赐读之列。很显然，这部书是作为高级臣僚及守边要员的军事参考书使用的。宋神宗时，曾"诏赐王韶御制《攻守图》《行军环珠》《武经总要》《神武秘略》《风角集占》《四路战守约束》各一部，仍令秦凤路经略司抄录"⑥。南宋绍兴二十八年（1158），权礼部侍郎孙道夫言："仁宗景祐初，采古兵法及旧史成败，为《神武秘略》以赐边臣，训迪有方，故一时爪

---

① 《玉海》卷28《治平仁宗御集》。
② 《宋史》卷207《艺文志六》及《续资治通鉴长编》卷120俱云此书为"十卷"。
③ 《玉海》卷141《兵制》。
④ 宋祁：《代参政谢赐神武秘略表》，刘枣庄、刘琳主编：《全宋文》卷498，巴蜀书社2012年版。
⑤ 《续资治通鉴长编》卷120，景祐四年六月戊子。
⑥ 《续资治通鉴长编》卷241，熙宁五年十二月乙亥。

牙有古良将风。愿下文馆重加雠正,遍赐将帅,以继仁宗故事,岂无曹玮、王德用、狄青之徒为时出乎?"①可见直到南宋时,《神武秘略》依然受到关注。

据《宋史·艺文志》记载,宋仁宗纂集的兵书除《神武秘略》外,尚有《攻守图术》三卷、《行军还珠》一部、《四路战守约束》一部②,这几部书也在宋神宗赐予王韶的书目中,可视为北宋将帅行军作战的纲要。

二、纂修《武经总要》

庆历三年(1043),宋夏战事方殷,兵书禁令虽已部分解除,但将帅昧于兵学的状况并未改观。"朝廷恐群帅昧古今之学,命公亮等采古兵法及本朝计谋方略"③,遂修纂《武经总要》。《武经总要》的编纂由翰林学士承旨丁度总领其事,集贤校理曾公亮具体负责④,约纂成于庆历七年(1047)四至六月之间,历时四年左右。⑤

《武经总要》是一部大型综合性兵书,共四十卷,分前后两集,前集包括制度十五卷、边防五卷,后集包括故事十五卷、占候五卷。该书纂成后,仁宗亲自作《序》,称其"凡军旅之政,讨伐之事,经籍所载,史册所记,祖尚仁义,次以钤略,至若本朝戡乱边防御侮计谋方略,咸用概举。……又若营阵法制,器械名数,攻取之具,守拒之用,并形图绘,悉以训释。考星历,辨云气,刑德、孤虚、推步、占验,行之军中,缺一不可"⑥。从内容来看,《武经总要》涵盖范围确实十分广泛,举凡军事制度、选将用兵、步骑训练、行军宿营、古今阵法、战略战术、武器装备、军事地理、历代战例、阴阳占候等,都有系统论述,具有很高的军事学术价值。明人郑魏挺评价说:"盖自有五兵以来,大而攻围之筹略,战守之法度,

---

① 李心传:《建炎以来系年要录》卷180,中华书局1956年版。
② 《宋史》卷207《艺文志六》。《四路战守约束》之"战"字,《宋史·艺文志》作"兽",当为形近致误。
③ 《郡斋读书志》卷3下《兵家类》。关于《武经总要》开始编纂的时间,《郡斋读书志》称"康定中",但据《宋史》卷11、《续资治通鉴长编》卷144庆历三年十月乙卯等记事,诏修《武经总要》当在庆历三年。
④ 《续资治通鉴长编》卷144,庆历三年十月乙卯。
⑤ 张其凡:《〈武经总要〉编纂时间考》,《军事史林》1990年第6期。
⑥ 《武经总要·仁宗皇帝御制序》,《中国兵书集成》第3册,解放军出版社、辽沈书社1988年版。

小而楼橹之规制、器械之形模,上下数千载间,增创沿革,靡不载。"①

《武经总要》注重对"本朝计谋方略"的记载,不仅记述了宋初的战争方略、营阵之法和武器装备等等,而且附有大量的插图,如宋太宗的《平戎万全阵法》《大宋八阵法》《军行次第》《行为方阵法》等。尽管这些记载被《四库总目提要》批评为"其制弥详,其拘牵弥甚,大抵所谓检谱角抵也"②,但它们真实反映了宋代安营布阵的具体情况,至今仍不失为研究宋代兵学的宝贵资料。书中对于庆历时期《赏格》《罚条》的记录等,也对宋代军事史研究有重要参考价值。

《武经总要》中还保存了宝贵的军事科技史料,书中比较全面地记载了各种冷热兵器的种类、形制和制造方法,很多还附有图示。其中关于指南鱼制作方法的记述,是世界上用地球磁场进行人工磁化的首次记载;前集卷十一"火攻"中的"毒药烟球"、前集卷十二"守城"中的火球"火药法"和"蒺藜火球",是世界上最早的三个火药配方,标志着我国军用火药发明阶段的开始③,这些记载都具有重要的军事科技史料价值。

宋廷倾力编纂《武经总要》,目的是为边防战争提供理论指导。该书纂成后,确实产生了很大影响。熙宁五年(1072),神宗曾将《武经总要》与《神武秘略》等一道赐予王韶,并令秦凤路经略司抄录。④ 南宋时期,朱熹提议颁发《武经总要》等书,使举子讨论诵习,并立为科目。⑤ 可以说,《武经总要》不仅是对中国古代兵学的全面梳理和总结,而且推动了宋代兵学的繁荣发展。

三、校理兵书

随着兵学的官学化,宋廷组织了一系列兵书校理工作,在兵学文献的保存、整理方面取得了显著成绩。一般而言,官方对兵书的校理常与国家校书活动相一致,但由于兵学属于专门之学,校理难度较大,往往需要遴选兵学专家

---

① 《武经总要·跋》,《中国兵书集成》第5册,解放军出版社、辽沈书社1988年版。
② 永瑢等:《四库全书总目》卷99《武经总要》提要,中华书局1965年版。
③ 王兆春:《中国火器史》,军事科学出版社1991年版,第12页。
④ 《续资治通鉴长编》卷241,熙宁五年十二月乙亥。
⑤ 朱熹:《学校贡举私议》,《晦庵先生朱文公文集》卷69,朱杰人等主编:《朱子全书(修订本)》第23册,上海古籍出版社、安徽教育出版社2010年版。以下只注篇卷。

来做，有时也会组织专门的兵书校理。宋代官方较重要的兵书校理共有四次，主要集中在北宋中后期。

第一次是仁宗景祐年间编修《崇文总目》时对兵书的校理。《崇文总目》的修撰始于景祐元年（1034）："以三馆秘阁所藏有缪滥不全之书，辛酉，命翰林学士张观、知制诰李淑、宋祁，将馆阁正副本书看详，定其存废，伪谬重复，并从删去，内有差漏者，令补写校对，仿《开元四部录》，约《国史艺文志》，著为目录。"[①]至庆历元年（1041）七月成书，历时七年之久。

《崇文总目》共收录兵书六十部、一百一十六卷，除了《汉书·艺文志》"兵权谋""兵形势""兵阴阳""兵技巧"四部分类之外，又"杂以卜筮刑政之说"。[②]《崇文总目》后世已无完本，从相关记载来看，它是对宋初国家藏书的全面整理，包括遴选、补写、校对、著录以及撰写提要等，每类之下有"叙"，每书之下有"释"，对兵书的校理应该也遵循了这一流程。

第二次是仁宗年间对秘阁所藏兵书的编校。据《续资治通鉴长编》记载，嘉祐六年（1061）四月，宋仁宗命大理寺丞郭固编校秘阁所藏兵书："先是，置官编校书籍，而兵书与天文为秘书，独不预。大臣或言固知兵法，即以命之。然兵书残缺者多，不能徧补也。"[③]这里所说的"先是，置官编校书籍"是指从嘉祐四年（1059）开始的对馆阁藏书的校理，直至神宗熙宁八年（1075）告竣，历时十六年之久。[④] 在这次规模浩大的国家藏书校理中，由于兵书、天文作为"秘书"的特殊性，起初不在编校之列，直到校书工作开始两年后，才由以"知兵法"闻名的郭固承担此任。郭固是一位兵学专家，非常熟悉边防事务，宝元、庆历年间，范仲淹、韩琦、富弼都曾辟他为随从，参谋军机，由他负责校理兵书可谓适得其选。这次兵书校理至英宗治平四年（1067）完成，前后历时七年，最终抄成黄本一百七十二册。[⑤]

第三次是神宗熙宁年间对《李靖兵法》的校定。据《续资治通鉴长编》记载，熙宁年间，神宗曾下诏枢密院："唐李靖兵法，世无完书，杂见《通典》，离析

---

① 《玉海》卷52《庆历崇文总目》。
② 欧阳修：《崇文总目叙释》，《欧阳修全集》卷124。
③ 《续资治通鉴长编》卷193，嘉祐六年四月丙子。
④ 《续资治通鉴长编》卷189，嘉祐四年二月丁丑。
⑤ 《玉海》卷141《嘉祐秘阁兵书》。

讹舛。又官号物名与今称谓不同,武人将佐多不能通其意。可令枢密院兵房检详官与检正中书刑房王震、提举修撰经义所检讨曾旼、中书吏房习学公事王白、管勾国子监丞郭逢原校正、分类、解释,令可行后。"①这次校定《李靖兵法》,缘于神宗时改革营阵之法,欲以唐李靖兵法为重要参照,需要先厘定文本。尽管从实践的角度看,校订后的《李靖兵法》所载阵法在校试中遇到了很多困难,但校订《李靖兵法》本身体现了神宗对兵学的重视,客观上推动了兵学的发展。

第四次是神宗元丰年间对"武经七书"的校定。元丰三年(1080)四月,宋神宗"诏校定《孙子》《吴子》《六韬》《司马法》《三略》《尉缭子》《李靖问对》等书,镂板行之"②。元丰六年(1083)十一月,"国子司业朱服言:'承诏校定《孙子》《吴子》《司马兵法》《卫公问对》《三略》《六韬》,诸家所注《孙子》互有得失,未能去取,它书虽有注解,浅陋无足采者。臣谓宜去注,行本书,以待学者之自得。'诏:《孙子》止用魏武帝注,余不用注"③。

这次兵书校理虽然只涉及《孙子兵法》等七部兵书,但由于是皇帝钦命,而且所校为"武经",因而受到了较多的重视。朱服在上奏时说:"检会武学奏诸家兵法,差舛脱略,殆无完书,谓宜委官,使集诸本,悉行校正。"④也就是说,这次校订的主要任务是为武学提供教科书,参校本是官方所藏各种兵书。这次校订的负责人是国子司业朱服,具体执行者是武学教授何去非。

《宋史·艺文志》著录有"朱服校定《六韬》六卷,又校定《孙子》三卷,校定《司马法》三卷,校定《吴子》二卷,校定《三略》三卷",应该就是这次校正的成果。这次校订刊行的"武经七书"成为后世流传最广、最权威的"武经七书"版本。

四、官方学者的兵学研究

宋廷组织兵书编纂和校理,一般会选任有一定兵学造诣学者。这些人在从事兵书编纂校理工作的过程中,又会进一步加深对兵学的研究,成为兵学研

---

① 《续资治通鉴长编》卷260,熙宁八年二月戊寅。
② 《续资治通鉴长编》卷303,元丰三年四月乙未。
③ 《续资治通鉴长编》卷341,元丰六年十一月丙辰。
④ 《校正武经七书》卷首,谢祥皓、刘申宁辑:《孙子集成》第1册,齐鲁书社1993年版。

究专家。丁度、郭固、曾公亮、朱服、王震、郭逢原等均属此类。

在宋代官方兵学研究中，还活跃着另一批人，那就是武学教授(元丰改制后称"武学博士")。武学教授以文武之"知兵者"充任，实际上以文士居多。他们担负武学教学之职，也常参与宋廷编纂、校理兵书的工作，如郭固、何去非等，既为武学学官，又承担兵书校理工作。武学教授往往任职时间短、调动频繁，但也不乏在兵学领域卓有成就者。他们或教授兵法，或诠注兵经，或撰著兵书阵图，是"文人论兵"潮流的积极参与者。

武学教授之外，还有一些其他的官方学者，他们或任教于太学，或参与官方兵学和军事活动，同样为兵学发展做出了贡献。如"宋初三先生"之一的胡瑗(993—1059)，他十分重视经世致用之学，在苏州、湖州教学之时，即立"经义""治事"二斋，分斋教学，其中"讲武以御其寇"就是治事斋重要一"事"。仁宗庆历至嘉祐年间，胡瑗执掌太学，其苏湖教法也推广至太学，学生按"好尚经术者""好谈兵论战者""好文艺者""好尚节义者"等分类群居，因材施教。① 胡瑗也曾亲历军旅——范仲淹经略陕西时，曾辟他为丹州军事推官、经略安抚司勾当公事。② 庆历武学罢废后，他提议复建，而且撰写了《武学规矩》进呈。③

胡瑗从教二十余年，"始于苏、湖，终于太学，出其门者无虑数千余人"④，门下弟子中颇有知兵者。如顾临，以知兵闻名，神宗召对，"问以兵学"⑤，并两度判武学，参与编修《经武要略》。又如徐积，对兵学颇有研究，所著《节孝集》中对"伐谋""伐交""兵势分合"等多有讨论。

（一）阮逸及其兵学著作

阮逸(约1002—约1055)是北宋第一位武学教授。庆历三年(1043)五月，宋仁宗诏令兴办武学，以太常丞阮逸为武学教授，教习诸家兵法。⑥ 庆历武学仅存在了三个月就遭罢废，但阮逸的兵学教学似乎并未完全停止：他改任国子

---

① 《宋元学案》卷1《安定学案》，黄宗羲原著，全祖望补修，陈金生、梁运华点校：《宋元学案》，中华书局1986年版。以下只注篇卷。
② 《续资治通鉴长编》卷128，康定元年八月乙酉。
③ 朱熹：《五朝名臣言行录》卷10，《朱子全书(修订本)》第12册。以下只注篇卷。
④ 《宋元学案》卷1《安定学案》。
⑤ 《续资治通鉴长编》卷219，熙宁四年正月戊申。
⑥ 《续资治通鉴长编》卷141，庆历三年五月丁亥。

监丞,有愿意继续学习兵书的,可以跟随他在国子监听读。①

阮逸著有《野言》一书,《宋史·艺文志》将其列为兵书,这本书并未流传下来,未知内容如何。史料中关于阮逸兵学方面的记载,重点不在他的武学教学和兵书著作,而是一些扑朔迷离的伪书迷案。

《续资治通鉴长编》在记载麻皓年注《孙子》、《吴子》、《李靖对问》(即《唐太宗李卫公问对》)一事后有一段话说:"李靖《兵法》世无全书,略见于《通典》,今《对问》出于阮逸家,或云逸因杜氏益之也。"②从这段话透露的信息看,宋人中流传着一种说法,即《李靖对问》最初出自阮逸之家,因此它的真伪也便引发了质疑。何去非之子何薳在《春渚纪闻》中记载,"先君为武学传授日,被旨校正武举《孙》《吴》等七书。先君言,《六韬》非太公所作,内有考证处,先以禀司业朱服。服言,此书行之已久,未易遽废也。又疑《李卫公对问》亦非是。后为徐州教授,与陈无己为交代。陈云尝见东坡先生,言世传王氏《元经薛氏传》、关子明《易传》《李卫公对问》,皆阮逸著撰,逸尝以草示奉常公也"③。"奉常公"即苏洵,陈无己即陈师道。关于这件事,陈师道在《后山谈丛》中的记载基本相同。在他们的记述中,阮逸不但涉嫌伪造《唐太宗李卫公问对》,而且伪造了《元经薛氏传》《易传》等书,俨然是个制造伪书的"专业户"。这一说法影响很大,邵博《闻见后录》、晁公武《郡斋读书志》、陈振孙《直斋书录解题》等都持此说。

那么,阮逸到底是何许人呢? 阮逸,字天隐,建阳(今属福建)人。天圣五年(1027)进士。其人以通音律闻名,曾撰《乐论》十二篇,后召赴京师,与胡瑗等共同校定旧钟律钟。康定初为太子中允,上《钟律制议》并图三卷。庆历三年(1043),以太常丞为武学教授,武学寻罢,迁国子监丞。至和年间,因诗中有"易立泰山石,难枯上林柳"之句,坐事得罪,除名勒停。④皇祐中,更铸太常钟磬,典乐事,三年(1053)大安乐成,特迁户部员外郎。与胡瑗合著《皇祐新乐图

---

① 《续资治通鉴长编》卷142,庆历三年八月戊午。
② 《续资治通鉴长编》卷251,熙宁七年三月乙丑。
③ 何薳撰,张明华点校:《春渚纪闻》卷5"古书讬名"条,中华书局1983年版。按:中华书局本此段引文断句有误,此不从。
④ 胡仔:《宋朝杂记上》,《渔隐丛话》前集卷54,文渊阁《四库全书》本。以下只注篇卷。

记》，又著有《易筌》《野言》《王制井田图》等。①

由此可见，阮逸最重要的身份是音乐家，他精通音律，而且承担了朝廷校正音律的工作。北宋的音律之争，司马光、范镇等名臣都曾参与，争论了近三十年，是重要的文化事件，阮逸作为制定音律的重要人物，若非因事被罢，声名和地位必然很高。此外，阮逸还有一个重要的身份——《易》学家，何薳、陈师道提到的《元经》《易传》等，都与《易》学有关，其《易筌》一书以史解《易》，阮逸也被认为是"史事宗"易学的开山鼻祖。

在史料记载中，阮逸除了做了三个月的武学教授，并没有其他军事方面的职任。至于他的兵学素养，很难确切了解。但是与他一起校定音律的胡瑗的意见或许可做参考。胡瑗在武学罢废后曾提议复建，他在上仁宗的奏疏中指出："顷岁吴育已建议兴武学，但官非其人，不久而废。"这里说的"官非其人"，显然是指阮逸。也就是说，胡瑗认为阮逸并非武学教授的合适人选，而且对武学的罢废负有直接责任。胡瑗在这则奏疏中还对武学提出了具体建议："今国子监直讲内，梅尧臣曾注《孙子》，大明深义，孙复而下，皆明经旨，臣曾任边陲，颇知武事。若使尧臣等兼莅武学，每日只讲《论语》，使知忠、孝、仁、义之道，讲《孙》《吴》，使知制胜御敌之术，于武臣子孙中选有智略者三二百人教习之，则一二十年之间，必有成效。臣已撰成《武学规矩》一卷进呈。"②虽然胡瑗的建议"时议难之"，最终并未施行，但在胡瑗看来，若朝廷复建武学，梅尧臣、孙复以及他本人都是比阮逸更适合的教授人选。

从以上材料来看，阮逸并不是一个兵学造诣很高的人，历官的大部分职任都与音律有关，在同僚之中也没有"知兵"的声誉，说他伪造《唐太宗李卫公问对》，可能性并不大。但他毕竟是宋代第一位武学教授，与武学及兵学的发展息息相关，他的遭遇很大程度上也是宋初兵学的遭遇。至于苏氏父子为什么讲阮逸作伪，我们不得而知，但从苏洵对《孙子兵法》等其他武经的疑伪态度推断，很可能有主观臆测的成分。这一点我们在下文谈及蜀学时还要讨论。

---

① 参见陆心源《宋史翼》卷23《儒林·阮逸》，同治《福建通志》卷187《宋儒林传》等。
② 朱熹：《五朝名臣言行录》卷10。按："一二十年"，章如愚《群书考索》后集卷29作"一二年"。

（二）何去非与《何博士备论》

何去非，字正通，北宋浦城（今属福建）人，生活于宋神宗至徽宗年间。他好学古兵法，长于论兵，神宗元丰五年（1082）以特奏名入仕，被任命为武学教授，元丰改制后称为武学博士。何去非在武学任教八年，期间参与校订"武经七书"，是"武经七书"最重要的编校者。元祐五年（1090），何去非出任徐州教授，绍圣四年（1097）转任地方，历官知富阳、沧州通判、司农司丞、庐州通判等，卒年七十三岁。著有《何博士备论》《司马法讲义》《三略讲义》[①]，还有文集二十卷，除《何博士备论》外，其他今皆不传。

《何博士备论》是我国历史上第一部军事史论集。尤袤《遂初堂书目》、陈振孙《直斋书录解题》、《宋史·艺文志》均著录该书，但各家所记篇数互有不同。据苏轼荐状，该书共二十八篇，但今存本皆为二十六篇。每篇以一人或一朝为主，评其用兵得失，阐述兵学思想。

作为一部文人论兵的佳作，《何博士备论》文采斐然，时有新见，体现了宋人不囿成说、独立思考的治学精神。对此，《四库提要》赞曰："其文雄快踔厉，风发泉涌，去苏氏父子为近。苏洵作《六国论》，咎六国之赂秦；苏辙作《六国论》，咎六国之不救；去非所论，乃兼二意，其旨尤相近，故轼屡称之。"正由于与三苏文风相近、观点一致，苏轼对何去非十分赏识，称赞他说："尝见其所著述，材力有余，识度高远，其论历代所以废兴成败，皆出人意表，有补于世。"[②]然而，何去非却并不以兵事为荣，而是执意希望转为文官。元祐四年（1089），苏轼荐举何去非换文资，次年又奏进《何博士备论》，荐举他任馆职。何去非虽然没能任馆职，但是成功转为文官，此后不再有新的兵学论著问世。

（三）张预及其《孙子注》《十七史百将传》

张预，字公立，《直斋书录解题》称其为清河（今属河北）人，今存明本《十七史百将传》则题为东光（今属河北）人，韩淲《涧泉日记》也称其为东光张预。通

[①] 《宋史》卷207《艺文志六》作"何去非三备略讲义六卷"，"备"字当为衍文。《八闽通志》（文渊阁《四库全书》本）卷65作"三略讲义三卷"。《司马法讲义》《三略讲义》当为何去非武学授课的讲义。

[②] 苏轼：《举何去非换文资状》，《苏轼文集》卷29。

过梳理相关史料,可以初步推定,张预大约生活于北宋末年,很可能是一位地方武学的教官。①张预传世的兵书有两种,一种是《孙子注》,收入《十一家注孙子》,另一种是《十七史百将传》,这两部书可能是他为武学教学编写的教材。

张预《孙子注》以征引广博著称。书中援引战例及战争史料多达二百零六则,为宋代孙子注家之最。其对各类文献的征引也很广泛,包括《吴子》《司马法》《尉缭子》等"武经",《太白阴经》《诸葛亮兵法》《曹公新书》等兵书,《诗经》《周易》《尚书》《左传》等儒家经典,《孟子》《荀子》《管子》《老子》等子书以及《汉书》《后汉书》等正史。通过大量征引史料,张注对《孙子兵法》文本做了深入而通俗的解析,今人评论其注"集诸注之长,成一家之言,于《孙子》义旨多有发明,博而切要,文字亦好,堪为杜牧之亚"②。

《十七史百将传》,又名《百将传》《正百将传》等。张预在《十七史百将传·序》中说:"观历代史书,上下千余载间,将兵者所以成,所以败,莫不与武之书相符契。……因择古之所谓良将者,得百人,以其传集成一书,分为十卷,以太公为首,而其次皆以年代,题曰:《百将传》。"他著《百将传》的目的,是以史例印证孙子思想,证明"《孙子》之书不为空言,而古之贤将所以成立功名者岂无法哉!"③可以说,《十七史百将传》是对《孙子兵法》另一种形式的疏解。

《十七史百将传》从历代史书中选取名将百人,上自周齐太公,下至五代刘词④,一般"传取数事,先以《孙子兵法》题其后,次以行事合之,参校其得失"(《十七史百将传·序》)。如《韩信传》,在叙述韩信用兵事迹后,评曰:"《孙子》曰,'校之以计而索其情',信料楚汉之长短;又曰,'远而示之近',信陈兵临晋而渡于夏阳;又曰,'入深则专,十人不克',信去国远斗,其锋不可当;又曰,'置之死地而后生',信使万人出背水陈;又曰,'不战而屈人之兵',信暴其所长,燕从风而靡;又曰,'半渡而击之,利'。信决潍水而斩龙且是也。"(《十七史百将传·韩信传》)张预以《孙子兵法》的六个兵法原则评韩信用兵,既深入分析了韩信用兵之术,又使《孙子兵法》的作战指导原则更加具体、形象,"简而易

---

① 参见魏鸿:《宋代孙子兵学研究》,军事科学出版社2011年版,第124—128页。
② 于汝波主编:《孙子学文献提要》,军事科学出版社1994年版,第33—34页。
③ 张预:《十七史百将传·序》,《中国兵书集成》第9册,解放军出版社、辽沈书社1991年版。以下只注篇名。
④ 按:明万历本《正百将传评林》"词"作"嗣",《四库总目提要》则称"终于五代刘鄩"。

习、明而易晓"(《十七史百将传·序》)。

《十七史百将传》是中国古代第一部将领评传集,将史事记述与理论阐发融为一体,是兵书编纂上的一大创新。南宋时期,仿其体例撰著的兵书很多,如章颖《南渡十将传》《六将传》《四将传》等即属此列。后人对《百将传》的注、续、评、补之作也很多,如南宋淳熙十年(1183)前后,翟安道为《百将传》作集注,共计百卷。① 此外还有明何乔新《百将传续编》、赵光裕《新刊官校批评正百将传》、张澡《正续百将传评林》、黄道周等《新镌绣像旁批详注总断广百将传》等等。

由于编纂得法、通俗易懂,《百将传》流传很广,甚至不仅在宋境传播,金统治区亦有流传,并受到将领们的重视。明人称《百将传》为"军旅之龟鉴,而中兴之急务也""足为治乱持危之筌蹄,而为将者不可不知"②。戚继光在蓟镇练兵时,便将它作为训练教材之一,要求部属研读,以培养将才。③

(四)施子美与《施氏七书讲义》

施子美是南宋孝宗淳熙年间武举进士,长期在武学中任教,《施氏七书讲义》是他为武学生授课的教材。《施氏七书讲义》见载于南宋周应合《景定建康志》,题为《七书解》。由于施子美名不见经传,加之《施氏七书讲义》日刊本有江伯虎《序》,署为"贞祐壬午"(按:"贞祐"为金宣宗年号),有些学者便认为施子美是金人,《施氏七书讲义》是金武学上舍教本。④ 事实上,这些判断存在明显错误。

关于施子美的生平,江伯虎在《施氏七书讲义·序》中说:"三山施公子美为儒者流,谈兵家事,年少而升右庠,不数载而取高第。为孙吴之学者多宗师之。今得其平昔所著《七书讲义》于学舍间,……于是锓木以广其传。"⑤"三

---

① 关于翟注本的写作时间,参见李裕民《四库全书宋人著作提要订误四十则》,罗家祥主编:《华中国学》第3卷,华中科技大学出版社2015年版,第286—287页。
② 明隆庆元年(1567)耿文光重修翁氏刻本《百将传》后序。
③ 戚继光撰、邱心田校释:《练兵实纪·杂集》卷1《储练通论上》,中华书局2001年版,第201页。
④ 参见李零:《现存宋代〈孙子〉版本的形成及其优劣》,《〈孙子〉十三篇综合研究》,中华书局2006年版;杨丙安、陈彭:《〈孙子〉书两大传本系统源流考》,《文史》第17辑,中华书局1983年版。
⑤ 施子美:《施氏七书讲义》卷首《江伯虎序》,《中国兵书集成》第8册,解放军出版社、辽沈书社1990年版。

山"是福州的别称,"右庠"指武学。由此可知,施子美是福州人,曾经是武学生,并在青年时期早登科第,成为武举进士。南宋梁克家《淳熙三山志》的记载可以印证这一点,据该书,施子美为淳熙十一年(1184)武举进士,怀安人。[①] 怀安是当时福州的属县。另据《宋会要辑稿》记载,这一年的武举进士正奏名共四十三人,除第一、二名补保义郎外,其余补承节郎[②]。据此,施子美当在登第之后补承节郎,从此踏上仕途。从江《序》称"得其书于学舍间"的情况来看,施子美很可能在武学中担任教职,且其讲义受到武学生们的欢迎,以至于"为孙吴之学者多宗师之"。

《施氏七书讲义》是一部服务于武学教学和武举考试的兵书注作,其目的很明确,一是要让文化水平不高的武学生们读懂,二是要让他们理解"武经七书"的要义,以备科考之用。在通俗性和实用性的指向下,《施氏七书讲义》在形式上集篇目解题、字义训诂、句义串讲、章旨分析、战例印证于一体,从多方面、多角度诠释"武经七书",形成了较为完备的讲义体,堪称宋代兵书注释的集大成之作。随着武学和武举成为定制,这一体例为后世兵家广泛袭用,明刘寅《武经七书直解》、清朱墉《武经七书汇解》等都受到其直接影响。

何去非、张预、施子美等成为官方兵学研究者中的代表人物,主要是因为他们有兵书传世,而大部分官方学者的兵学论著未能流传下来,如丁度的《备边要览》《庆历兵录》《庆历赡边录》,韩缜的《元丰清野备敌》《枢密院五房宣式》《论五府形胜万言书》,郭固的《军机决胜立成图》《兵法攻守图术》《教习比试队伍法》,等等。可以肯定的是,宋代官方学者的兵学著述远较我们今天所能了解的更丰富,对宋代兵学发展产生的作用也十分之大。

五、官方兵学研究的显著特点

官方兵学是宋代兵学繁荣的基础,也是兵学研究的重镇,它既受时代文化的影响,又反过来塑造了宋代兵学的路径和特点。综观宋代官学研究群体,很难称之为一个学派,但他们从事的兵学研究和教学活动都具有官方性、权威

---

① 梁克家:《淳熙三山志》卷30,文渊阁《四库全书》本。
② 《宋会要辑稿·选举》一八之六。

性,也表现出一些共性特点。

首先,宋代官方兵学学者多为文人。主持编修、整理兵书的多为资望俱隆的文学之臣,如丁度主持编修《武经总要》期间,即升任参知政事,曾公亮后来做了枢密副使,负责校订"武经七书"的朱服为国子司业,等等。理学名儒程颢、朱熹也曾参与武学事务,尽管程颢判武学,八日而罢[1],朱熹任武学博士,旋即罢归[2],但起码说明名儒与武学很容易发生密切关联。其他如顾临、韩缜、何去非等人也都颇有文名,宋代官学以文人治兵学的特点昭然可见。

其次,官方兵学研究秉持鲜明的儒家立场。这一点与其研究群体以文人为主密切相关。官方兵学本质上是文人兵学,这在《武经总要》《神武秘略》《何博士备论》等兵书中都有充分的体现。官方学者虽然参与兵学撰著和教学,但并非唯兵书是从,甚至对兵书多有怀疑,如何去非认为《六韬》并非太公所作,又怀疑《唐太宗李卫公对问》是伪作,关于阮逸伪造兵书的传言也与他有些关系。这些怀疑并非没有道理,但也一定程度上反映出官方学者的儒家立场。

最后,官方兵学起着引领宋代兵学发展的作用。宋代官方学者的兵学活动围绕宋廷的需求展开,无论是受诏编修《武经总要》、校订"武经七书"、参照《李靖兵法》编排阵法,还是从事武学教学,都有明确的目的性,服从和服务于最高统治阶层的意志,影响的范围也更为广泛。虽然这些兵学活动的初衷并非为了发展兵学,客观上却对兵学的普及、传播、研究起到了引领和推动作用。尤其是何去非、张预、施子美等的兵学论著,对后世兵书撰著产生了深远影响。

第三节 蜀学与兵学

蜀学是苏洵、苏轼、苏辙父子创立的儒家学派,因三苏世居四川眉州,故称"蜀学"[3]。北宋中期,蜀学与二程的洛学、王安石的新学鼎足而立,在学术界产

---

[1] 《续资治通鉴长编》卷296,元丰二年二月。
[2] 《宋史》卷429《朱熹传》。
[3] 关于蜀学的界定,学界有不同意见,或以为蜀地之学,或以为蜀地儒学,或以为苏氏蜀学,本书取后者。参见胡昭曦、刘复生、粟品孝:《宋代蜀学研究》,巴蜀书社1997年版,绪论。

生了很大影响。南宋初期,蜀学备受重视,高宗"喜读苏集,日夕进御"①;孝宗尤爱苏轼著作,"读之终日,亹亹忘倦。常置左右,以为矜式"②。一时间,"人传元祐之学,家有眉山之书"③,蜀学蔚为显学。

在学术思想上,蜀学以兼容释、老为重要特征,这一点在苏氏父子对《易》《论语》《孟子》《春秋》《诗》等儒家经典的诠解上体现得很鲜明。此外,蜀学还有一个世人常常忽略的重要特征,就是对兵学高度关注:苏洵"好为策谋""颇喜言兵"④,所著《权书》被后世目为兵书;受到苏洵的影响,苏轼、苏辙及其门人弟子也普遍表现出对兵学的兴趣,有较多兵学论述,成为宋代文人论兵的一支重要力量。

一、三苏及其门人弟子的兵学论著

《权书》《衡论》《几策》是苏洵的代表作,也是其成名作。当时的文坛领袖欧阳修赞其"辞辩闳伟,博于古而宜于今,实有用之言"⑤,以之进呈朝廷,苏洵由此名动京师。

《权书》共十篇,前五篇讲用兵作战的理论问题,包括《心术》《法制》《强弱》《攻守》《用间》;后五篇是对历史上军事人物和事件的评论,有《孙武》《子贡》《六国》《项籍》《高祖》诸篇。在这些篇章中,苏洵对一些重要的兵学概念和战略战术原则进行了阐发。⑥

《衡论》是《权书》的姊妹篇。苏洵在《衡论引》中说:"始吾作《权书》,以为其用可以至于无穷,而亦可以至于无用,于是又作《衡论》十篇。"权为秤砣,衡为秤杆,二者配合才能称量轻重。同理,《权书》侧重理论,《衡论》则更多讨论细目,将二者参酌配合进行阅读当为作者本意。《衡论》十篇包括《远虑》《御将》《任相》《重远》《养才》《广士》《用法》《议法》《兵制》《田制》,其中《御将》

---

① 《任长庆〈重刊嘉祐集序〉》,曾枣庄、李凯、彭君华编:《宋文纪事(上)》卷25,四川大学出版社1995年版,第336页。
② 赵眘:《苏轼文集序》,《苏轼文集》附录。
③ 罗大经撰,王瑞来点校:《鹤林玉露》甲编卷2"二苏"条,中华书局1983年版。
④ 曾巩:《苏明允哀词》,《曾巩集》卷41,中华书局1984年版。
⑤ 欧阳修:《谏布衣苏洵状》,《欧阳修全集》卷112。
⑥ 参见魏鸿:《〈权书〉与〈孙子兵法〉异同探论》,《军事历史研究》2006年第2期。

《兵制》主要讨论军事，《任相》《养才》等也对军事有所涉及。

《几策》原有三篇：《审势》《审敌》《审备》①，其中《审备》今已佚。欧阳修在《老苏先生墓志铭》中称，他所上《权书》《衡论》《几策》"二十二篇"②。《权书》《衡论》各十篇，是则《几策》当为两篇。苏洵在《上田枢密书》③中也自称"作策二道，曰《审势》《审敌》"，据以上资料推断，苏洵很可能认为《审备》不够成熟，故在进呈欧阳修前后自行删掉了。《审势》和《审敌》都是时政对策，《审势》论政治形势及施政原则，《审敌》讨论边防问题，批评对辽和西夏的"赂敌"政策。

在其他一些文章如《制敌》《上韩枢密书》《上皇帝十事书》中，苏洵也对武举、治军、战略等问题做了讨论。

苏轼并没有专门的兵书著作，但他论兵的文章很多，主要是史论和军事建策，与兵学关系最密切的当属《孙武论》④。在现实军事建策上，苏轼应制科所撰《策略》《策别》《策断》等25篇文章，考古证今，提出了一系列政治军事主张。在其从政期间的大量奏疏中，也有很多论及军事问题，如代张方平所作《谏用兵书》，反对神宗用兵西北，影响很大。⑤

苏辙的情况与苏轼略同，没有兵书著作，但有很多论兵之文。元祐年间，苏辙身居要职，对军政决策产生了很大影响，尤其在是否放弃占领的横山诸寨问题上，他站在司马光等"弃地派"一方，争之甚力。

三苏开创的蜀学，吸引了一群志趣相投的门人子弟。黄庭坚、张耒、晁补之、秦观四人在元祐时皆入馆阁，人称"苏门四学士"，加上后来以诗文见知于苏轼的陈师道、李廌，并称"苏门六君子"。"六君子"与苏轼过从甚密，与苏辙也多有往来，在学术和文学上深受苏轼兄弟影响。

"苏门六君子"皆对兵学有所涉猎，其中研究最为深入的是李廌、秦观二人。李廌少有文名，以文章拜谒苏轼。苏轼对他十分赞赏，"谓其笔墨澜翻，有

---

① 《审备》一文，雷简夫《上韩忠献书》提及，见邵博：《邵氏闻见后录》卷15，文渊阁《四库全书》本。以下只注篇卷。
② 欧阳修：《故霸州文安县主簿苏君墓志铭》，《欧阳修全集》卷35。按：欧阳修在《荐布衣苏洵状》中称"二十篇"，似举成数言之，或传刻脱误。
③ 苏洵：《上田枢密书》，曾枣庄、金成礼笺注：《嘉祐集笺注》卷11，上海古籍出版社1993年版。以下只注篇卷。
④ 苏轼：《孙武论二首》，《苏轼文集》卷3。
⑤ 苏轼：《代张方平谏用兵书》，《苏轼文集》卷37。

飞沙走石之势。抚其背曰:'子之才,万人敌也。抗之以高节,莫之能御矣。'"①李廌应举落第,苏轼、范祖禹试图举荐他,但因二人相继遭贬谪而未果。元祐年间,朝廷求言,李廌献《兵鉴》二万言论西边事,今《济南集》中所存《兵法奇正论》《将材论》《将心论》即为其中三篇。其中《兵法奇正论》着重阐发"奇正"思想;《将材论》论将之"勇""智""仁""忠""信"五材;《将心论》讲"为将之道"。②

秦观,字少游,一字太虚,扬州高邮(今属江苏)人。别号邗沟居士、淮海居士,世称淮海先生。他自幼颖悟,少豪俊慷慨,好学兵法。元丰八年(1085)中进士,元祐初,苏轼以贤良方正荐之于朝,为太学博士,后兼国史院编修官。绍圣初,秦观入元祐党籍,遭贬谪,至元符三年(1100)召还,可惜卒于途中。秦观的论兵文章集中在《进策》之中,他自述撰著意旨:"料敌之虚实,若别牛马,应变之仓卒,如数一二,非有道之士不能,作《将帅》;以寡覆众,来如风雨,去如绝弦,作《奇兵》;美言可以市三寸之舌,胜百万之师,作《辩士》;机会之来,间不容发,匪龟匪镜,其能勿失,作《谋主》;心不治则神扰,气不养则精丧,治心养气,四术自得,作《兵法》;愚民弄兵,依阻山谷,销亡不时,或为大衅,作《盗贼》三篇。党项微种,盗我灵武,逾八十年,天诛不讫,作《边防》三篇。"③以上数篇之外,《安都》《人材》《官制》等也与军事相关,其他史论文章,如《晁错论》《李陵论》《鲁肃论》《诸葛亮论》《李泌论》《王朴论》等,纵论古人用兵得失,亦可视为论兵之作。

二、蜀学系统兵家理论研究的特点

蜀学学者大率为文人,他们鲜有军旅经历,即便官居高位,参与庙堂之议,也多是提出边防建策,这从根本上决定了蜀学论兵多为兵谋、机变之言,与战争实践较为疏远的特征。蜀学注重性命之学、擅文史、长于议论等特点,也使其兵学研究呈现独到的特色。

(一)标榜儒学立场,贬低兵学地位

苏洵自称《权书》为兵书,书中观点多承袭《孙子兵法》,但他却极力与孙子

---

① 《宋史》卷444《文苑传六》。
② 参见李廌:《济南集》卷6,文渊阁《四库全书》本。以下只注篇卷。
③ 秦观:《进策·序篇》,《淮海集笺注》卷12。

之类的兵家划清界限,称"吾疾夫世之人不究本末,而妄以我为孙武之徒"。他认为,孙子言兵为兵家常言,而他是儒者言兵,是"用仁济义之术",是"不得已而言之","故仁义不得已,而后吾《权书》用焉"。① 苏洵在《权书》中还专立《孙武》一篇,一方面,他批评孙子"用兵乃不能必克,与书所言远甚",他循着"按武之书以责武之失"的思路,指出孙子有三大过失:

《九地》曰:"威加于敌,则交不得合。"而武使秦得听包胥之言,出兵救楚,无忌吴之心。斯不威之甚。其失一也。《作战》曰:"久暴师以钝兵挫锐,屈力殚货,则诸侯乘其弊而起。"且武以九年冬伐楚,至十年秋始还,可谓久暴矣,越人能无乘间入国乎?其失二也。又曰:"杀敌者,怒也。"今武纵子胥、伯嚭鞭平王尸,复一夫之私怨以激怒敌。此司马戍、子西、子期所以必死雠吴也。勾践不颊旧冢而吴服,田单谲燕掘墓而齐奋,知谋与武远矣。武不达此,其失三也。

因此,他的结论是:"夫以武自为书,尚不能自用,以取败北,况区区祖其故智余论者而能将乎?"②另一方面,苏洵又高度肯定孙子的兵学理论成就,称之为"言兵之雄""其书论奇权密机,出入神鬼,自古以兵著书者罕所及也"③。在道的层面上否定,在器的层面上肯定;在理论层面肯定,在实践层面否定,是苏洵对待孙子兵学的基本态度。

苏轼继承了苏洵的这一立场。他虽然在论兵之时备引《孙子兵法》"先为不可胜,以待敌之可胜""十则围之,五则攻之,倍则分之,敌则能战,少则能逃之,不若则能避之"④诸说,但在《孙武论》中却评价孙子"智有余而未知其所以用智""以将用之则可,以君用之则不可""天子之兵、天下之势,武未及也"⑤。晁补之也有相似之论,称"孙武无王佐之才,而其言有用于王者之事"⑥。深受苏

---

① 苏洵:《权书叙》,《嘉祐集笺注》卷2。
② 苏洵:《权书·孙武》,《嘉祐集笺注》卷3。
③ 苏洵:《权书·孙武》,《嘉祐集笺注》卷3。
④ 苏轼:《策断》,《苏轼文集》卷9。
⑤ 苏轼:《孙武论下》,《苏轼文集》卷3。
⑥ 晁补之:《上皇帝论北事书》,《鸡肋集》卷24,文渊阁《四库全书》本。

轼赏识的何去非也说,"武虽以兵为书,而不甚见于其所自用"①,这些议论显然都是承袭于苏洵、苏轼父子。

蜀学学者以儒为本、以兵为末的立场对宋代兵学产生了很大影响。一方面,其助长了"崇文抑武"治国方略下的"崇儒抑兵"思潮,另一方面也影响到对兵书真伪的辨别。苏洵等蜀学学者对孙子的贬抑和批评更相递进,最终在南宋形成了对孙子其人其书的强烈质疑,影响延及明清两朝,孙子为山林处士、《孙子兵法》为伪书之说几成定谳。不仅对《孙子兵法》,对于其他兵书的疑伪,蜀学学者也起到了发端或助推的作用。上文所述阮逸伪作《李靖兵法》的传言,即来自苏洵、苏轼、陈师道、何去非的口耳相传。若从学术角度探讨兵书疑伪,似乎无可厚非,但蜀学学者对经典兵书的疑伪并非建立在扎实考据的基础上,而更多地源于崇儒抑兵的思想倾向,带有很强的主观臆测成分;更重要的是,对兵书的疑伪又反过来贬低了兵学经典的地位,进一步强化了"儒本兵末"的观念。

(二) 在兵学思想上表现出明显的儒学化倾向

苏洵论兵,强调仁义,反对诈利。他说:"凡兵上义,不义,虽利勿动。"②又说:"夫兵虽诡道,而本于正者,终亦必胜。……夫用心于正,一振而群纲举;用心于诈,百补而千穴败,智于此,不足恃也。""仁""义"思想在战争观层面具有积极意义,但用于具体作战指导,则不免迂腐可笑。苏洵据"义""正"反对孙子"用间"思想,声称"今五间之用,其归于诈,成则为利,败则为祸。且与人为诈,人亦将且诈我,故能以间胜者,亦或以间败",就是儒学思想滥用于兵学的显例。③

蜀学兵学思想的儒学化还表现在对"治气""治心"等概念的解读上。蜀学作为宋代新儒学的一个流派,对义理之说不甚重视,但对性命之学却颇多讲求。秦观曾言蜀学特点:"苏氏之道,最深于性命自得之际。"④性命之学表现在兵学上,就是对"治心""养气"等概念的新解。《权书》第一篇即为《心术》,其言曰:"为将之道,当先治心。泰山崩于前而色不变,麋鹿兴于左而目不瞬,然

---

① 何去非:《何博士备论》卷下《魏论下》,文渊阁《四库全书》本。以下只注篇卷。
② 苏洵:《权书·心术》,《嘉祐集笺注》卷2。
③ 苏洵:《权书·用间》,《嘉祐集笺注》卷2。
④ 秦观:《答傅彬老简》,《淮海集笺注》卷30。

后可以制利害,可以待敌。"①而他所说的"养心之法"则是"视三军之众与视一隶一妾无加焉,故其心常若有余,夫以一人之心当三军之众,而其中恢恢然犹有余地,此韩信之所以多多而益办也,故夫用兵岂有异术哉?能勿视其众而已矣"②,这显然是儒家的修持之术。秦观甚至将"治心养气"提升到了"道"的高度。他说:"古之论兵者多矣,大率不过有四,一曰权谋,二曰形势,三曰阴阳,四曰技巧,然此四术者,以道用之则为四胜,不以道用之则为四败。"而这个"道",就是"治心养气而已"。③秦观又有《浩气传》《心说》等文章,探讨儒学之理,如《浩气传》中说:"夫气之主在志,志之主在心""志,气之帅也。气,体之充也"。秦观还引孙子之语"朝气锐,昼气堕,暮气归",可见他是完全将儒学"心""志""气"的概念与兵学融为一体的。④

在对将道问题的论述上,蜀学也较多地渗透了儒家思想。苏轼批驳孙子"将能而君不御者胜"的观点,他说:"天下之患不在于寇贼,亦不在于敌国,患在于将帅之不力,而以寇贼敌国之势内邀其君",意思是说,将帅对君主的威胁有时比"寇贼""敌国"还大,"将能而君不御"万万行不通,相反,"天子之兵,莫大于御将";而御将之术在于"开之以其所利,而授之以其所忌",即一手用胡萝卜,一手用大棒,恩威并施。⑤苏轼所论御将为君主军事集权制的政治问题,《孙子》讲"将能而君不御"则是作战指挥问题,二者适用范围不同,但又密切相关。从军事学术上讲,苏轼的观点是不符合战争规律的,但就维护封建君主专制来讲,他的观点又有一定道理,是儒家政治思想的体现。李覯论将道,则更加明确地提出了儒家的要求。他论将之五才,认为"事君皆以忠,而将之忠为大",将领的"信"与"忠"是"建立勋名之权舆,杜塞危疑之关键"。⑥可以说,强调将领的"忠节",是宋代兵学思想在强化君主军事集权背景下的又一重要变化。

(三)史论纵横,别开生面

苏洵在上韩琦书中说:"洵著书无他长,及言兵事,论古今形势,至自比贾

---

① 苏洵:《权书·心术》,《嘉祐集笺注》卷2。
② 苏洵:《权书·孙武》,《嘉祐集笺注》卷3。
③ 秦观:《兵法》,《淮海集笺注》卷17。
④ 秦观:《浩气传》,《淮海集笺注》卷24。
⑤ 苏轼:《孙武论下》,《苏轼文集》卷3。
⑥ 李覯:《将材论》,《济南集》卷6。

谊。所献《权书》,虽古人已往成败之迹,苟深晓其义,施之于今,无所不可。"①《权书》各篇大多是基于军事历史的论述,《六国论》更是传诵甚广的名篇。此外,苏轼"独好观前世盛衰之迹,与其一时风俗之变。自三代以来,颇能论著"②;苏辙"自少读书,好言治乱"③;李廌"喜论古今治乱,条畅曲折,辩而中理"④;何去非"论历代所以废兴成败,皆出人意表,有补于世"⑤;等等。这些蜀学学者的军事史论文采斐然、汪洋恣肆、说理透辟,不仅是文学佳作,也是文人论兵的代表作。王安石说"苏明允有战国纵横之学"⑥,并非指苏洵文风而言,而是揭示了其兵家史论重权谋、机变的特色,而这不仅是苏洵论兵文章的特点,也是整个蜀学学派兵家史论的共同特点。

虽然秦观以蜀学擅文章为最末事,但蜀学确乎是以文章著名的。苏洵、苏轼、苏辙父子在唐宋八大家中就占了三席,足见其文学地位之重。他们的文名有利于其兵学论著的传播,如苏洵的《权书》流传甚广,便与此直接相关。蜀学学者不但以文论兵,也以兵习文、以兵论文。苏洵自称在学习写作的过程中,广泛吸取诸家之长,"孙吴之简切"是其中重要一项。⑦ 晁补之论苏轼为文,"盖天才能驱驾,如孙吴用兵,虽市井乌合,亦皆为我臂指,左右前却,在我顾盻间,莫不听顺也"⑧。黄庭坚论作文之理:"盖变体如行云流水,初无定质,出于精微,夺乎天造,不可以形器求矣。然要之以正体为本,自然法度行乎其间,譬如用兵,奇正相生,初若不知正而径出于奇,则纷然无复纲纪,终于败乱而已矣。"⑨如此等等,不一而足。在蜀学学者的文章中,援引兵书语句的例子更是俯拾皆是。如苏轼论静坐修身,甚至以商君法、孙武令"事在必行,有犯无恕"⑩为口诀。由是言之,兵学已经成为蜀学学者知识体系和思维方式的一部分,深入渗透到他们的著述和言行中。

---

① 苏洵:《上韩枢密书》,《嘉祐集笺注》卷11。
② 苏轼:《上韩太尉书》,《苏轼文集》卷48。
③ 苏辙:《自齐州回论时事书》,陈宏天、高秀芳点校:《苏辙集》卷35,中华书局1990年版。
④ 《宋史》卷444《李廌传》。
⑤ 苏轼:《举何去非换文资状》,《苏轼文集》卷29。
⑥ 邵博:《邵氏闻见后录》卷14。
⑦ 苏洵:《上田枢密书》,《嘉祐集笺注》卷11。
⑧ 朱弁:《风月堂诗话》卷下,文渊阁《四库全书》本。
⑨ 胡仔:《杜少陵五》,《渔隐丛话》前集卷10。
⑩ 苏轼:《修养·养生说》,《东坡志林》卷1,中华书局1981年版。

第八章 再铸辉煌：
宋代的兵家与兵学（下）

第一节 浙东事功学派与兵学

一、浙东事功学派

浙东事功学派是南宋时期活跃于浙东路的儒家学派的统称，包括以薛季宣、陈傅良、叶适等为代表的"永嘉学派"，以陈亮为代表的"永康学派"（又称"龙川学派"）和以吕祖谦为代表的"金华学派"（又称"东莱学派""婺学"或"吕学"）。浙东事功学派最大的特点是讲求事功，反对理学空谈道德性命，与朱熹理学、陆九渊心学鼎足而立，成为南宋学术思想的一方重镇。

浙东事功学派的产生有着深刻的政治、经济以及学术思想方面的原因[①]，但更重要的还是紧张军事形势刺激下儒家经世致用思想的发展。而当时最大的事功莫过于恢复中原，因此，在浙东学者对实用之学的探讨中，兵学不但是题中应有之义，而且是非常重要的内容。他们或探讨军事历史，或梳理军事制度，或研习兵书战策，或谋划战争方略，积极参与并推动着南宋兵学的发展。

袁溉是永嘉学派的发轫者。在他身上，已显示出博通实用之学以及重视兵学的特点。薛季宣为之作传，称"先生学，自六经百氏，下至博弈小数，方术兵书，无所不通"[②]。

---

① 参见漆侠：《宋学的发展和演变》，河北人民出版社2002年版，第554—583页。
② 薛季宣：《袁先生传》，《浪语集》卷32。

至于薛季宣(1134—1173)本人,字士龙,号艮斋,永嘉(今浙江温州)人,是永嘉学术走向事功之学的关键人物,主张治学"务为深醇盛大,以求经学之正;讲明时务,本末利害,必周知之,无为空言,无戾于行"①。他师承袁溉之学,"于世务二三条如田赋、兵制、地形、水利,甚曾下工夫"②,曾校订《风后握奇经》《阴符经》《八阵图》等,撰有《汉兵制》一书。针对现实军事问题,薛季宣提出了很多卓越的见解,"言兵变化若神,而在朝每以不可轻试为主"③。更重要的是,他曾亲历战事,躬行实践,年少时便留心军事,"及见渡江诸老,闻中兴经理大略。喜从老校、退卒语,得岳、韩诸将兵间事甚悉。年十七,起从荆南帅辟书写机宜文字"④。绍兴末年,金军大举南侵,薛季宣时为武昌令,以保伍法组织民众,练兵备战,稳固了武昌形势。《四库全书总目》评价他说:"其历官所至,调辑兵民,兴利除弊,皆灼有成绩。在讲学之家,可称有体有用者矣。"⑤

薛季宣之后,陈傅良(1137—1203)、叶适(1150—1223)等递相祖述,永嘉事功之学进一步光大。陈傅良除了撰有《历代兵制》外,还著有《皇朝财赋兵防志稿》《备边十策》等兵学论著,其《止斋集》中也有不少论兵篇章。叶适作为永嘉学派的集大成者,虽然没有专门的兵书著作,但在《习学记言序目》中对《孙子》《吴子》《司马法》等"武经七书"均有述评,他对传统兵书和武学的批评深刻影响了南宋兵家的理论构建趋向。⑥ 开禧北伐中,叶适任知建康府兼沿江制置使,借鉴三国孙吴"以江北守江"的经验,建立起堡坞相连的防御体系,屡挫金军。

陈亮(1143—1194),字同甫,号龙川,婺州永康(今属浙江)人,是永康学派的代表人物。他"为人才气超迈,喜谈兵,议论风生",自称"十八九岁时,慨然有经略四方之志"。⑦ 隆兴议和,他以解头荐,但未中礼部试。乾道五年(1169),上《中兴五论》,奏入,不报。此后又多次上书,论恢复大计,孝宗欲予重用,但受到朝臣排挤,两度被罗织入狱。绍熙四年(1193),再应进士举,光宗

---

① 薛季宣:《答象先侄书》,《浪语集》卷25。
② 吕祖谦:《与朱侍讲》,《东莱集》别集卷7,文渊阁《四库全书》本。以下只注篇卷。
③ 吕祖谦:《薛常州墓志铭》,《东莱集》卷10。
④ 《宋史》卷434《薛季宣传》。
⑤ 永瑢等:《四库全书总目》卷160《集部·别集类十三》,中华书局1965年版。
⑥ 参见魏鸿:《永嘉三巨子与南宋孙子兵学研究》,《滨州学院学报》2011年第5期。
⑦ 陈亮:《中兴论·跋》,《陈亮集》卷2。

擢为第一,未及用而卒。

陈亮尤重事功,浙东后学乔行简称其"以特出之才,卓绝之识,而究皇帝王霸之略,期于开物成务,酌古理今,其说盖近世儒者之所未讲。平生所交,如熹、栻、祖谦、九渊,皆称之曰:'是实有经济之学'"①。陈亮不但重视事功,而且公开批评理学。在淳熙十一年(1184)后的数年中,他与朱熹通过书信往还展开了著名的"王霸义利"之辩。在辩论中,朱熹劝他"绌去义利双行、王霸并用之说,而从事于惩忿窒欲、迁善改过之事,粹然以醇儒之道自律"②,陈亮则批驳程朱理学以"王""霸"、"义""利"截然对立,认为"功到成处便是有德,事到济处便是有理"③,结果是"朱公元晦意有所不与,而不能夺也"④。陈亮的论兵之作,主要有《中兴五论》《酌古论》等。

吕祖谦(1137—1181),字伯恭,祖居东莱(今山东莱州),自其祖父始居婺州(今浙江金华),学者称东莱先生,称其学派为金华学派。吕祖谦与朱熹、张栻、陆九渊等均有交游,曾主持鹅湖之会,试图调和朱熹理学与陆九渊心学的争论。在学术思想上,吕祖谦与陈傅良、陈亮等相近,讲求事功,反对空谈性命。吕祖谦晚年尤与陈亮交好,因而学界也有将陈亮归入金华学派者。

吕祖谦的先祖吕蒙正、吕夷简等累朝公卿,"祖谦之学本之家庭,有中原文献之传"⑤,其治学尤重史学,旨在通经史以致用。虽然他并无专门的兵学论著,但在《春秋左氏传说》《春秋左氏传续说》《左氏博议》《历代制度详说》等著作中,有不少涉及兵学的内容。

金华学派的另一重要人物唐仲友(1136—1188)与吕祖谦同为金华人,人称说斋先生,博闻洽识,长于经史,"上自象纬方舆、礼乐刑政、军赋职官,以至一切掌故,本之经史,参之传记,旁通午贯,极之茧丝牛毛之细,以求见先王制作之意,推之后世,可见之施行"⑥。

---

① 《宋乔行简奏请谥陈龙川札子》,《陈亮集》附录二。
② 朱熹:《与陈同甫》,《晦庵先生朱文公文集》卷36,《朱子全书(修订本)》第21册。
③ 此为陈傅良对陈亮观点的总结,见陈傅良:《答陈同父三》,《止斋集》卷36,文渊阁《四库全书》本。以下只注篇卷。
④ 叶适:《龙川集序》,刘公纯等点校:《叶适集·水心文集》卷12,中华书局1961年版。以下只注篇卷。
⑤ 《宋史》卷434《吕祖谦传》。
⑥ 《宋元学案》卷60《说斋学案》。

在薛季宣、陈傅良、叶适、陈亮、吕祖谦等浙东诸子的带动和影响之下，浙东事功学派的兵学研究蔚为一时之盛，涌现出陈直中《孙子发微》、王自中《孙子新略》、戴溪《将鉴论断》、倪朴《拟上高宗皇帝书》等兵书著作或论兵宏文，成为兵学研究的主力军。

二、浙东事功学派的兵学论著

在南宋军事斗争新形势、新特点的刺激下，浙东事功学派的学者们纷纷研习兵学，著书立说。尽管这些兵书大部分未能流传下来，但从传世兵书及相关记载来看，浙东事功学派的兵书种类多样、内容各异，从不同角度和层面丰富了兵学研究的内容。

（一）王自中《孙子新略》

王自中（1140—1199），字道甫，永嘉平阳人。少负奇气，自立崖岸。乾道四年（1168），议遣归正人，他以平民身份赴阙上书，由是闻名。淳熙五年（1178）登进士第，枢密使王蔺荐之于孝宗，但遭朝臣排挤，未得重用。宁宗庆元五年（1199）卒。

王自中与浙东诸子关系密切，"其所学，大略类陈同甫，傲岸自喜，目无世人"①。吕祖谦对他颇为赏识，"教诲往复八年"②，陈傅良、叶适等也与他过从甚密。他关心时政，慷慨论兵，曾建议孝宗改革军制，仿唐府兵制建立"兵农合一"之制，辅以普及的武学教育，等等。③

王自中注《孙子新略》④约在淳熙六年（1179）前后，完成后，他将书稿寄与周必大，请其作序，但遭到了周必大的婉拒。从周必大的回信中可以看出，《孙子新略》共三卷，在体例上与一般注作不同，分为本书十篇，末书二十八篇。⑤

---

① 《宋元学案》卷56《龙川学案》。
② 吕祖谦：《祭文·王主簿道夫》，《东莱集·附录》卷2。
③ 魏了翁：《宋故籍田令知信州王公墓志铭》，《鹤山集》卷76，文渊阁《四库全书》本。
④ 魏了翁所作王自中墓志铭称《注孙子新略》，周必大与王自中书则称为《孙武新略》（《文忠集》卷186，见下文），《浙江通志》卷247著录为《孙子新略》，结合诸说，当以《孙子新略》为是。
⑤ 周必大：《王道夫主簿》，《文忠集》卷186，文渊阁《四库全书》本。

（二）陈直中《孙子发微》

陈直中（生卒年不详），字颐刚，永嘉人，与王自中、许及之、楼钥等都有交往，尤与陈傅良关系最为密切。《孙子发微》不见于宋代书志记载，唯有陈傅良《止斋集》卷40存有陈氏代序一篇，可以约略见其概貌。其文曰：

> 自六经之道散而诸子作，盖各有所长，而知兵未有过孙子者。春秋之季，天下将趋于战国矣。故武之书多权谋，儒者辄摈弗道，间有好其书者，又往往为之章句训解。夫兵事尚变，而欲以训诂求之，不亦陋乎？余自乾道乙酉不干有司之试，端居深念，今复岁矣。盖所观六经、孔孟二氏之遗书，由汉以来诸儒发明之者略备，余未能有所增益。间读十三篇，尚多余意，因以所闻于先君子与渡江诸将议论兵间事与己见，推武之说，附次其下。嗟乎！方天子明圣，养晦于外而拱手让中原者，五六十载矣。士大夫怀安，顾耻言兵。然则，余是书亦有为为之也。①

从这则序文可以看出，陈直中科考不中，长期居于乡里。其注《孙子兵法》当在孝宗淳熙年间。他不满于传统《孙子兵法》注的"章句训解"模式，在体例上自开新路，结合南宋战争实践，参以己意，以阐发《孙子兵法》兵学理论为主。

（三）戴溪《将鉴论断》

戴溪（1141—1215，说1144—1215），字肖望，一作少望，号岷隐，学者称岷隐先生，永嘉人。淳熙五年（1178），为别头省试第一名，开禧年间曾为太子詹事兼秘书监，为景献太子讲学②。史书中关于他的记载不多，但他在当时应是一位颇有声望的儒家学者。时人编辑《十先生奥论》，他位列其中，与二程、朱熹、张栻、吕祖谦、陈傅良、叶适等并列，足见其学术地位之高。戴溪与浙东诸子关系密切，《宋元学案》以之为"止斋同调"③。淳熙十五年（1188），叶适上书

---

① 陈傅良：《〈孙子发微〉序（代陈颐刚作）》，《止斋集》卷40。
② 《宋史》卷434《戴溪传》。
③ 《宋元学案》卷53《止斋学案》。

右相周必大,推荐名贤 34 人,戴溪即名列其中。戴溪撰有《续吕氏家塾读诗记》,显然也与吕祖谦关系密切。

《将鉴论断》①以将领评论为主,于每将标目之下有一句"断语",完全以儒家"仁""义""忠""循谨""谦退"等为准的,如评孙子"有余于权谋而不足于仁义",评田穰苴"假权变守经常",论卫青"畏谨而能全其功名",邓禹为"仁义之将",周亚夫"失君臣之礼",等等。《将鉴论断》虽然肯定《孙子》为兵书中"善之善者"(《将鉴论断·孙武》),但更推崇《六韬》《司马法》《三略》,尤以《三略》"最通于道而适于用"(《将鉴论断·檀道济》)。

(四)陈傅良《历代兵制》

陈傅良(1137—1203),字君举,号止斋,温州瑞安(今属浙江)人,师从郑伯熊、薛季宣,是永嘉学派的重要代表人物。乾道八年(1172)登进士甲科,光宗绍熙三年(1192)除起居舍人,次年兼权中书舍人,因数次进谏不被采纳,愤然辞官。宁宗时召为中书舍人兼侍读,不久又因"庆元党禁"而遭贬黜。嘉泰二年(1202)复官,进宝谟阁待制。

《历代兵制》未见于宋代书志目录,曹叔远在《止斋文集序》中称陈氏撰有未脱稿《周汉以来兵制》,当即此书。今存本《历代兵制》共八卷,记述从周至北宋各朝兵制。据邓广铭先生考证,北宋部分并非陈傅良所撰,而是取自王铚

---

① 对于《将鉴论断》的作者及成书,尚有一些疑问。《宋史·艺文志》著录戴溪《历代将鉴博议论》十卷,《四库全书总目》又录有宋麻沙本,且现存《将鉴论断》前《自序》题为戴少望作,可见,南宋戴溪著《将鉴论断》似成定论。但是,戴溪《序》自署作于"绍兴辛酉中秋日",这一时间与《宋史·戴溪传》的生平殊为不合。《四库全书总目》已经指出:"溪以淳熙五年登第,开禧中尚官资善堂说书,而此书《自序》题绍兴辛酉,为高宗十一年,下距其登第之岁三十八年,距开禧元年更六十五年,溪不应如是之老寿,疑别一人,其名偶与溪字同也。"(卷100《子部·兵家类》)笔者在检索史料的过程中,发现了另一部与该书颇为相似的《将鉴》。南宋学者包恢在其《敝帚稿略》中有《跋邓州通判饶公将鉴》一文,称该书又名《将论》,共为百篇,为邓州通判饶廷直所作。饶廷直在绍兴议和、割让邓州之际,坚守危城,以身殉职。他的这部《将鉴》"欲进而未果",长期湮没无闻,直至近百年之后,才有包恢为之表彰。在内容上,该书是以儒家之"理"为论将标准,这一点与今本《将鉴论断》一样,更重要的是,该书作成于绍兴辛酉(1141),恰好与戴溪《自序》所题时间相符。这些暗合之处都说明该书似与《将鉴论断》有一定的渊源关系。近有学者考证,推断饶廷直是《将鉴论断》的初撰者,戴溪增补了一些断语(参见翟士航、董恩林:《〈将鉴论断〉作者与版本源流考》,《历史教学》2020 年第 14 期)。此说虽有一定道理,但因缺乏足够史料依据,尚难定论。

《枢廷备检》的序文。① 尽管原稿无宋代部分,《历代兵制》仍是中国历史上第一部兵制通史,系统总结了历代兵制的内容、沿革、特点以及利弊得失,体现了浓厚的"经世致用"思想。《四库提要》虽未能甄别出书中羼入部分,但对陈傅良写作动机的评价仍是准确的:"盖傅良当南宋之时,目睹主弱兵骄之害,故著为是书,追言致弊之本,可谓切于时务者矣。"②

(五) 陈亮《酌古论》

《酌古论》是对历史人物和事件的研究评论。陈亮作此书时正值青年,议论纵横,挥斥方遒,他在自序中坦陈,自己关注的重点在"伯王大略,兵机利害"。其言曰:

> 吾鄙人也,剑楯之事,非其所习,铅椠之业,又非所长;独好伯王大略,兵机利害,颇若有自得于心者,故能于前史间窃窥英雄之所未及,与夫既已及之,而前人未能别白者,乃从而论著之;使得失较然,可以观,可以法,可以戒,大则兴王,小则临敌,皆可以酌乎此也。命之曰酌古论。③

在《酌古论》中,陈亮论及东汉至唐的十九位君主和将帅,通过对他们用兵得失的分析,提炼出了"伯王大略,兵机利害"。如评刘备,因关羽之死而伐吴,是忘大义而逞私怨;孙权遣使求和而不许,是怒敌;平地立营而无他奇变,是轻敌,"怒敌者危,轻敌者败",丧师为必然。④ 又如,论韩信,提出"常以多算胜少算,而未尝幸人之无算也"⑤。再如,论邓禹,强调"善用兵者,识用不用之宜,而后能以全争于天下"⑥。每一篇所论皆为"古",但又处处着眼于"今",流露出以古鉴今的旨趣。

---

① 邓广铭:《陈傅良的〈历代兵制〉卷八与王铚的〈枢廷备检〉》,《邓广铭治史丛稿》,北京大学出版社 1997 年版,第 116—123 页。
② 永瑢等:《四库全书总目》卷 82《史部·政书类二》,中华书局 1965 年版。
③ 陈亮:《酌古论序》,《陈亮集》卷 5。
④ 陈亮:《酌古论·先主》,《陈亮集》卷 5。
⑤ 陈亮:《酌古论·韩信》,《陈亮集》卷 5。
⑥ 陈亮:《酌古论·邓禹》,《陈亮集》卷 5。

三、浙东事功学派兵学研究的特点

（一）"以儒论兵"的特点更为突出，将"崇儒抑兵"推至高潮

浙东事功学派非常重视兵学，但这并不意味着他们推崇以《孙子兵法》为代表的传统兵学，"崇儒抑兵"依然是他们思想的原则和底色。这一立场并未因军事形势的紧张、兵学的发展而有所改变，相反，为了抵制传统兵学的蓬勃发展，他们越发强调兵学与儒学的异质。金华学派唐仲友弟子傅寅的言论很有代表性："先生精于古今军制，而从未尝教人读兵书，曰：'胸中无《论语》《孟子》为之权衡，遽闻谲诈之言，则先入者为主，害心术矣。'"[①] 较诸三苏蜀学与传统兵学的切割，浙东事功学派显然走得更远。他们对传统兵学的批判更为严厉，甚至以儒学为兵学之本，奉儒家经典为兵学圭臬。

薛季宣论兵虽多援据《孙子兵法》，但他却秉持"尊荀子而抑孙吴"的立场，以荀子兵论为至理，而批评孙子的变诈之术。他说："善乎，荀卿子之论兵曰，……谓桓文之节制不足以敌汤武之仁义，故论兵要，舍汤武何法哉？今之兵家，一本之孙吴氏，孙武力足以破荆入郢，而不能禁夫概王之乱；吴起威加诸侯百越，而不能消失职者之变。诈力之尚，仁义之略，速亡贻祸，迄用自焚，是故兵足戒也。"[②]

吕祖谦则十分推崇《孟子》，认为《孟子》"天时不如地利，地利不如人和""得道多助，失道寡助"数句，"尽古今用兵之道，为兵法之祖"，而"如《吴子》《孙子》《六韬》《三略》之类，止言天时地利，亦不言人和"，个中差别恰恰表明"圣人见得明，他人见得不明，以此见学问之深浅处"。[③] 吕祖谦还对"万物皆贱诈，唯兵独贵诈"的论调进行批驳，认为君子之"诚"才是制胜根本，不仅可以"以诚代诈"，而且能"以诚制诈"，因此，以诚道自立的君子才是真正的善用兵者。[④]

[①] 《宋元学案》卷60《说斋学案》。
[②] 薛季宣：《拟策一道并问》，《浪语集》卷28。
[③] 吕乔年编：《丽泽论说集录》卷7《门人集录孟子说》，文渊阁《四库全书》本。
[④] 吕祖谦：《左氏博议》卷1，文渊阁《四库全书》本。

叶适对孙子的批评更为尖锐。他说:"非诈不为兵,盖自孙武始""夫战国相吞,无义无名而志在必胜,故武之术,出于名义之所弃,为此下策。而其所谋者,行阵之浅画,地形曲折,军势翕张,特俄顷之智耳"。① 他将孙子的诡道与儒家相比较:"今'诡道'二字于兵外立义,遂为千古不刊之说。古人之言兵者尽废矣。禹、汤、文、武之兵,正道也,非诡道也。孙子不学,所知者,诡而已。"②因此,他对孙子兵学的发展十分警惕:"天下好奇之士奋笔墨以傅益武之说,而为书者数十百家,而号孙子为谈兵之祖,其气焰兴起于百世之下,若将与圣贤并称者。"以孙子与儒家圣贤并称,是他所不能容忍的,他不由得惊呼:"人心之不仁,至此极耶!"基于对传统兵学的这种认知,叶适反对兴武学,认为武学诵读兵书,是"徒以不仁之心上下相授",而"授天下以不仁之心,患之大者也"。③

叶适对孙子的批评,显然比苏洵更为激进。南宋学者黄震已注意到了这一点,认为"言兵者若此,斯儒者矣,视老泉(苏洵)辈平生师事孙子之学霄攘矣"④。

在兵书的疑伪问题上,叶适同样比蜀学更进一步,认为《史记》所载孙子事迹不可信,是"辨士妄相标指,非事实",《孙子兵法》是"春秋末战国初山林处士所为,其言得用于吴者,其徒夸大之说也"。⑤ 其理由主要有四:其一,《左传》不载孙子事迹。他认为,《左传》对于与孙子同时的伍子胥、宰嚭都有详细记载,如果孙子果真功绩章灼,《左传》不当阙略。其二,孙子为大将而不为命卿,与春秋"将相合一"的政治制度不合。其三,《孙子兵法》内容与《管子》《六韬》《越语》相出入,当为春秋末战国初作品。其四,《史记》所载孙子"吴宫教战"的故事"尤为奇险不足信"。

从学术研究角度讲,兵书辨伪不但重要而且必要,但是叶适对《孙子兵法》的质疑却带有明显的主观性,明代学者宋濂对此早有驳论。他说:"叶适以不见载于《左传》,疑其书乃春秋末战国初山林处士之所为。予独不敢谓然。春

---

① 叶适:《兵权上》,《叶适集·水心别集》卷4。
② 叶适:《习学记言序目》卷46《孙子》,中华书局1984年版。
③ 叶适:《兵权上》,《叶适集·水心别集》卷4。
④ 黄震:《黄氏日抄》卷68《读文集十·水心外集·兵权二篇》,文渊阁《四库全书》本。
⑤ 叶适:《习学记言序目》卷46《孙子》,中华书局1984年版。

秋时,列国之事,赴告者则书于策,不然则否。二百四十二年之间,大国若秦、楚,小国若越、燕,其行事不见于经传者有矣,何独武哉?"①至于叶适说"吴宫教战"的记载"奇险不足信",则完全是站在理学家立场所下的道德判断,更是不足为凭。

叶适对孙子的疑伪,虽然证据并不充分,但以他在学界的地位,此言一出,影响甚大。陈振孙在《直斋书录解题》中认为"世之言兵者祖孙氏,然孙武事阖庐而不见于《左氏传》,未知其果何时人也"②,显系上承叶适之说。清人姚际恒、全祖望等也都赞同其说。如果说宋代疑经思潮开启了儒学发展的新门径,那么叶适等浙东学者对传统兵书的疑伪则助长了"崇儒抑兵"思潮的发展。

(二)"以经制言事功",兵制研究成果显著

浙东事功学派的兵学论著中,虽然各种类型均有涉及,但又以兵制研究成果最为丰富。薛季宣撰有《汉兵制》、陈傅良著《历代兵制》、钱文子著《补汉兵志》、黄度著《屯田便宜》,加之吕祖谦《历代制度详说》、章如愚《山堂考索》、王应麟《玉海》中涉及兵制之内容等一道,形成了中国古代兵制研究的小高峰。

浙东事功学派注重兵制研究,究其根本,主要是由于"以经制言事功"的学术理路。"以经制言事功",一般被认为是永嘉学派的特点。事实上,不仅永嘉学派,浙东学派整体上都重经制之学。全祖望曾总结说:"乾、淳之际,婺学最盛。东莱兄弟以性命之学起,同甫以事功之学起,而说斋则为经制之学。考当时之为经制者,无若永嘉诸子,其于东莱、同甫,皆互相讨论,臭味契合。东莱尤能并包一切。"③

经制之学注重研讨经史典籍中的制度,总结利弊得失以资当世借鉴。薛季宣"于古封建、井田、乡遂、司马法之制,靡不研究讲画,皆可行于时"④,虽然他的《汉兵制》业已失传,但从其奏疏、文章、书札之中,仍可见对兵役、御将、屯

---

① 宋濂:《诸子辩》,《文宪集》卷27,文渊阁《四库全书》本。
② 陈振孙撰,徐小蛮、顾美华点校:《直斋书录解题》卷12,上海古籍出版社1987年版。
③ 《宋元学案》卷60《说斋学案》。
④ 《宋史》卷434《薛季宣传》。

田等制度的系统论述。①陈傅良作为永嘉学派的代表人物,更是将经制之学发展到了新的高度,叶适评价说,永嘉之学"至陈君举尤号精密,民病某政,国厌某法,铢称镒数,各到根穴,而后知古人之治可措于今人之治矣"②。钱文子所著《补汉兵志》重在梳理"寓兵于农"之制,目的是"以古质今","为宋事立议,非为汉书补亡也"。③ 叶适在《习学记言序目》中也论及汉代兵制,但他的观点与陈傅良等不同,认为"先王之法有可因于后世者,而独兵为不可因。盖地大小、备众寡不同耳"④,他强调时移世易,反对盲目泥古,同样是以史为鉴,因其异议而更具独到价值。

吕祖谦代表的金华学派在制度史研究上同样成绩斐然,吕著《历代制度详说》十三门中,十一为屯田、十二为兵制、十三为马政,"皆前列制度,叙述简赅,后为详说,议论明切"⑤,书中提出了"寓兵于农""精兵"等主张。章如愚《山堂考索·兵制》网罗历代兵制史料,"言必有征,事必有据,博采诸家而折衷以己意,不但淹通掌故,亦颇以经世为心"⑥。王应麟学问赅博,尤精史地考证,所撰《玉海》兵制门征引繁复,为宋以前兵制史料之渊薮。

浙东学者对兵制的热衷,始于历史研究,终于经世致用。他们为官为学,就当时兵制、军政等问题提出了颇多有价值的建策,有的还在实践中有所建树,而他们对兵制史料的整理、考证和研究,也成为宋代兵学的重要成果。

(三) 论兵紧密联系现实,对兵学理论的运用更加系统深入

浙东事功学派论兵,以"经世致用"为鹄的,上文所述《历代兵制》《将鉴论断》《酌古论》等兵书,都带有以古鉴今的特点,以服务现实军事斗争为旨趣。然而,与现实联系最为紧密的,还是大量的奏疏、策论、札子等论兵文章。这些文章或为边策,进献于朝堂之上,或为私人研习之作,流传于师友之间。与兵书相比,它们具有更强的现实针对性。在这些论兵文章中,陈亮《中兴五论》、

---

① 参见刘春霞:《事功追求与兵学研习——南宋永嘉学派薛季宣军事思想探微》,《安康学院学报》2016年第5期。
② 叶适:《温州新修学记》,《叶适集·水心文集》卷10。
③ 永瑢等:《四库全书总目》卷82《史部·政书类二》,中华书局1965年版。
④ 叶适:《习学记言序目》卷22《汉书志》,中华书局1984年版。
⑤ 永瑢等:《四库全书总目》卷135《子部·类书一》,中华书局1965年版。
⑥ 永瑢等:《四库全书总目》卷135《子部·类书一》,中华书局1965年版。

倪朴《拟上高宗皇帝书》堪称翘楚。

《中兴五论》是陈亮第一次科考失利后,于乾道五年(1169)上孝宗的进策。陈亮十分推崇苏轼,《中兴五论》在思路与结构上都与苏轼的《策略五首》颇为相似。① 五论之中,《中兴论》为总纲,论"治国之大体"与"谋敌之大略",《论开诚之道》《论执要之道》《论励臣之道》《论正体之道》等四篇主要讲为君之道。

《中兴论》所论"谋敌之大略",即为恢复中原的战略谋划:兵分三路,在荆襄地区示形动敌,造成欲取开封、洛阳的假象,吸引敌人兵势,然后东西两路乘间而发,进取山东、陕西,进而平定中原,这就是所谓"批亢捣虚、形格势禁之道"。在这一战略中,陈亮将荆襄作为战略布局的枢纽,认为它"坐为东西形援""平居无事,则欲开诚布信以攻敌心;一旦进取,则欲见便择利而止以禁敌势;东西之师有功,则欲制驭诸将,持重不进以分敌形"。② 从后来元灭宋之战的情况来看,这一认识是十分深刻的。

倪朴,字文卿,浙东浦江人,居石陵村,故号石陵。尝应进士举,不第,"豪隽不羁,喜舞剑谈兵,耻为无用之学,必欲见之于事功"③。淳熙中,为人所构陷,徙家筠州,后以赦归,困顿终身。倪朴与陈亮性格相近,交谊深厚,二人同为"荆溪(周葵)门下生"④。

倪朴对兵学有深入研究,他遍览群书,考天下山川险阻、户口多寡,著成《舆地会元志》四十卷。又合古今夷夏绘为一图,挂于屋壁,手指心计,何地可战、何城可守。晚年著《鉴辙录》五卷,指陈御侮用策之失。遗憾的是,这些兵学著作均已失传。绍兴末年,倪朴撰成万言长文《拟上高宗皇帝书》,备论灭金之策,受到永嘉学派先驱人物郑伯熊的极力褒奖,但以无路进献而罢。此文与其他一些文章流传下来,由后人编为《倪石陵书》。

在《拟上高宗皇帝书》中,倪朴提出了三种情况下的不同方略。其一,敌人未发,当先发制人。令诸将水陆并进,以迅雷不及掩耳之势夺占要害之地,然后迁都江表,以壮诸将声势,则黄河以南,可传檄而定。其二,敌师已动,则全面迎敌,正合奇胜。"使江淮之师堂堂之众出寿春、出盱眙、出涟水以迎其前;然

---

① 参见闵泽平:《南宋"浙学"与传统散文的因革流变》,浙江大学出版社2014年版,第70—71页。
② 陈亮:《中兴论》,《陈亮集》卷2。
③ 宋濂:《倪朴传》,《倪石陵书·传》,文渊阁《四库全书》本。以下只注篇卷。
④ 倪朴:《上太守郑敷文书》,《倪石陵书·书》。

后一军出荆襄、入陈蔡,绕出贼后以溃河洛;一军出陇蜀、入散关,据关陕以震两河,天下定矣。"其中江淮之军为牵制之师,荆襄、陇蜀两路为袭虚之众。其三,敌锋甚锐,则列江而守,坚壁不战,使敌粮竭财匮而溃。

倪朴还提出了与恢复大计紧密相关的七条建议:顺天、立将、屯兵、强兵、防奸、安民、理财。这些建议涵盖了政治、军事、经济等方面,是其用兵三策的基础和支撑。①

陈亮、倪朴的论兵文章将兵学思想运用于指导战争,涉及战争准备、战争实施等诸多方面,提出了系统的战略部署,其深刻性和广泛性大大超过前代,不但使儒家政治理念与兵家的韬略谋议达成了有机的结合,也使兵学思想与战争方略的结合达到了新的高度。尽管这些建策并未能真正付诸实施,但其中的真知灼见仍然具有重要学术价值。

第二节 儒将群体的兵学研究

儒将是中国古代文武分职后对将领的最高期许,他们既通儒学之道,又有兵学之术,既能治国,又能安邦,是封建君主最理想的股肱之臣,也是封建统治秩序的最佳维护者。宋朝立国于唐末五代战乱之后,防范武将专权是其建章立制的基本逻辑。在这样的背景下,儒将就显得尤为重要。从宋初开始,选任儒将的呼吁便不绝于书,朝廷也采取了一些措施。但是,在右文政治之下,儒将却没有大的发展空间——毕竟儒将也是将,一旦掌握将权、归入武官序列,他们同样会受到防范和排斥。随着"抑武""鄙武"之风日盛,"有武干"的文人很少愿意投身军旅;武学、武举等培养选拔儒将的制度也成效不彰。因此,尽管众望所归,儒将终究是宋代将领群体中的极少数派。

同时,从仁宗时期的宋夏战争开始,宋廷实行"以文制武"之制,以文官为帅臣,节制一方;以武将为副贰,受其驱使。在此制度下,北宋的范仲淹、韩琦、王韶,南宋的张浚、虞允文等,都是这样的儒帅。尽管大多数儒帅并不需要转隶武职,但这里为行文方便,将其与前述通儒学之武职统称为儒将。

---

① 倪朴:《拟上高宗皇帝书》,《倪石陵书·书》。

儒将在宋代并非将领主流,也并不是一个兵学流派,既没有师门传承,也没有系统的理论观点,但是兵学作为一门实践性很强的学科,不同的将领群体往往具有不同特点。儒将群体兼具儒家与兵家特点,其思想和实践有内在一致性,也有区别于其他兵家流派的独特性。

一、儒将观念的兴起和发展

宋代立国以后,培养和选拔什么样的将领以及如何培养和选拔,成为皇帝和文人官僚们关注的重要问题。至宋真宗朝,文人士大夫们的不约而同地转向选拔和任用儒将。

宋真宗即位之初,左正言、直史馆孙何提出了"参用儒将"的建议。他说:"臣远祖武有言曰:'将者,人之司命,国家安危之主。'"指出"历代将帅,多出儒者",如东汉的邓禹,三国的诸葛亮,西晋的羊祜、杜预,唐代的郭元振、狄仁杰、裴度,等等,这些儒将的共同特点是"皆有尊主庇民之功,善始令终之德,一时武臣未有出其右者"。因此,孙何建议真宗从文官中选择儒将,委以专权,"勿俾武人擅其权,勿使中使挠其事,阃外之漕挽一以付之,境内之租赋、权利一以与之"。[①] 孙何以孙子后人自居,多次重申这一主张:"简择将帅,则莫若文武之内,参用谋臣。"[②]"伏乞于中外文武臣僚中,以将将之术,采赫赫之名,取其文武相资,智勇兼备者,盛其礼,重其权。使受命之初,可以耸动人听;出疆之日,可以震慑虏庭。"[③]

咸平二年(999),右正言赵安仁也提出了与孙何类似的意见。他指出,当时军队数量多但立功少,是因为"主将之无智略",为解决这一问题,需选用郤縠、杜预那样的"儒学之将",这些人"洞究存亡、深知成败",且"识君臣父子之道,知忠孝逆顺之理",故他主张从"有材武、知兵法"的士人中选取儒将。[④] 赵安仁强调的是儒将另外两个方面的特质:一是思想认识较深刻,能洞悉历史发

---

① 孙何:《上真宗乞参用儒将》,《宋朝诸臣奏议》卷64。按:此文撰写时间,《宋朝诸臣奏议》系于咸平元年(998),孙何时为右司谏。《续资治通鉴长编》卷42系于至道三年(997)九月壬午,孙何时为左正言、直史馆。此从《长编》。
② 《续资治通鉴长编》卷45,咸平二年十二月。
③ 孙何:《上真宗论御戎画一利害》,《宋朝诸臣奏议》卷130。
④ 赵安仁:《上真宗答诏论边事》,《宋朝诸臣奏议》卷130。

展大势,胜败存亡之理;二是懂得忠君,思想可靠。这两个方面不是才干问题,而是主要关乎"识"和"德"。总之,至北宋中期,选择既具有儒家政治理念、忠君爱主,又知兵法、懂韬略的儒将已经成为流行的政治观念。

实际上,在宋初的政治实践中,已经开始注重选用文武兼备的人才。宋太祖选取"儒臣有武干者"①治大藩,如张齐贤、辛仲甫、王明等。雍熙四年(987),宋太宗下诏,"举文臣中有武略知兵者",许换为武秩,"以侍御史郑宣、司门员外郎刘墀、户部员外郎赵载并为如京使,殿中侍御史柳开为崇仪使,左拾遗刘庆为西京作坊使"。② 不过,咸平三年(1000),当真宗下诏在京朝官中选任武职时,田锡提出质疑道:"盖见往年朝臣中求武勇者,得刘墀、郑宣等数人,刘墀以易州陷没契丹,郑宣卒无劳效。今又朝臣中求人,臣虑朝臣中武勇者少,设使有武勇,多不愿在武职。"可见,田锡对太宗朝从文臣中选任武职的效果并不满意,重文轻武之风盛行,也使得从文臣中选任武官遇到阻力。他提出,"若求骑射之艺,勇猛之人,兵法中自有选求之法,便求得人,但要有智谋者指使之而已。所谓获兔者犬,指踪者人也。况善用兵者,人无勇怯,以智略使之,则怯者有勇"。③ 这实际上是将有智略的文臣与勇猛的武将分别开来,隐含着"以文驭武"之意。后来成为陕西儒帅的夏竦更明确地提出了将帅二分的观点。他说:"但能精选文臣,材兼智勇,若多识前贤事迹,必资通变机筹。授之斧钺,临事可裁。然后旁选英雄,列为裨佐。以勇佐谋,舒急相济,谋者足以制敌,勇者足以冠军。二者有方,则师律正矣。"④田锡、夏竦等人的观点与孙何、赵安仁等有所不同,他们并不寄望于文武兼资的将才,而是将有谋略的文臣定义为儒帅,以武将为辅佐,期望达到"谋者足以制敌,勇者足以冠军"的效果。仁宗朝宋夏战争中,以文人为帅臣,以武将管军的"以文制武"之制遵循的正是这一思路。

选任儒将思想的另一重要影响,是引领了武学和武学制度的发展。文人官僚希望重塑将领群体,通过武学、武举培养、选任文武兼备的韬略型将才。因此,武学、武举的制度设计融入了儒家经典、兵书韬略、策略问对和弓马武艺

---

① 《续资治通鉴长编》卷13,开宝五年十二月乙卯。
② 《续资治通鉴长编》卷28,雍熙四年五月乙丑。
③ 《续资治通鉴长编》卷46,咸平三年三月。
④ 夏竦:《进策·论将帅》,《文庄集》卷13,文渊阁《四库全书》本。

等内容。康定元年(1040),武举确定了"以策问定去留,弓马定高下"①的原则。"以策问定去留",就是以策论作为录取的首要标准,这就要求举子读经通史,善写文章,能对军事问题做符合儒家价值观的判断和分析,体现了遴选"儒将"的明确意图。然而,由于制度设计不合理以及其他因素掣肘,武学、武举并未成为优秀将才的摇篮,武学、武举出身的将领也很难被称为儒将。②

二、儒将群体的重要兵学论著

儒将兼具儒者与将领的双重身份,有较高的文化素养,在著述方面较行伍出身的武将更有优势。从史料记载来看,很多儒将都对兵学颇有研究,有的还有兵学论著。

如宋太宗时期的柳开系开宝六年(973)进士,北宋古文运动的先驱,以文名闻于世,同时,他也对兵学有所研究,自称"生长河朔间,读书为文之外,好寻前古兴亡成败之迹"③,"少知兵略,识吴起、孙武之机钤"④。张景为他做行状,也称他"颇究《阴符》、《素书》、孙武之术"⑤。尽管柳开转武职更多是出于投机心理,希望捞取政治资本,但从史料记载看,他讨论军事问题确实体现出对兵书战策的谙熟。

又如于咸平年间举明经科的高志宁(971—1053),他对兵学很有兴趣,"取诸家兵法读之,了如夙习,尽得微奥,于是益览子史及阴阳谶纬之书,究古今治乱成败之迹,慨然以功名自任";景德二年(1005)以所著《平燕策》应"识洞韬略运筹决胜科";真宗大中祥符九年(1016)被换为供备库副使的武阶。⑥ 元昊初反时,高志宁曾上剿灭之策,被时人认为是景德二年制举得人的典范。⑦ 他的兵学论著很多,有《皇王治统》《文武经纬》《太平助化策》《儒将前议》《兵机

---

① 《宋会要辑稿·选举》一七之七。
② 参见魏鸿:《宋代孙子兵学研究》,军事科学出版社2011年版,第188—196页。
③ 柳开:《上王太保书》,《河东集》卷6,文渊阁《四库全书》本。以下只注篇卷。
④ 柳开:《知邠州上陈情表》,《河东集》卷10。
⑤ 张景:《伯祖邑九百户柳癸行状》,《河东集》卷16。
⑥ 《续资治通鉴长编》卷88,大中祥符九年九月。
⑦ 黄履翁:《古今源流至论·别集》卷6,文渊阁《四库全书》本。

总要》《周易化源图》等,总名之为《阃外书》。①

再如景泰,元昊未反时,其为庆州通判,曾连上三疏指出元昊包藏祸心,当加强战备,但并未受到重视。"已而元昊果反,泰复上《边臣要略》二十卷、《平戎策》十五篇,于是有荐泰知兵者,召对称旨,故换武秩,使知宁州。"②《平戎议》《边臣要略》显然都是关于西夏战事的论述。

总的说来,儒将的兵学著述很多,有的是对军事问题的献言献策,如尹洙的《叙燕》《息戎》;有的是对传统兵书的研习,如柳开对《阴符经》《孙子兵法》等的探究;有的是讲用兵作战之法,如杨偕《兵书》、王韶《熙河阵法》;等等。遗憾的是,这些著作流传下来的百不当一,难以进行全面深入的研究。

在现存的儒将兵学论著中,最著名的当属陈规《守城录》和辛弃疾《美芹十论》《九议》。

陈规(1072—1141),字元则,密州安丘(今属山东)人。其于徽宗时中明法科,靖康中,金军南下,他以德安府安陆县令摄守事,率军民固守,先后九次击退敌人进攻,史称其"在州八年,屡破贼众,中原郡县皆失守,唯德安一城独存,识者伟其能"③。绍兴十年(1140),金军大举攻宋,企图经亳州、顺昌渡淮南下。陈规时为顺昌知府,与新任东京副留守刘锜协力守城,挫败金将完颜宗弼数十万大军,取得顺昌大捷,阻遏了金军主力南下。时人论及文人将帅,多以他为代表,称"自绍兴以来,文臣镇抚使有威声者,惟规而已"④。《宋史》本传称他"有《攻守方略》传于世",今已不传。

《守城录》由三部分组成。第一部分是陈规所撰《〈靖康朝野佥言〉后序》一卷,作于绍兴十年(1140)守顺昌之时。《靖康朝野佥言》乃夏少曾所作,记述靖康时金人攻汴京始末。陈规读后,痛感当时捍御失策,针对《佥言》所述战事,条列应变捍御之策,谓之《后序》。第二部分是陈规所著《守城机要》一卷,记述守御德安时的城郭楼橹之制及攻城备御之方。第三部分是《建炎德安守御录》二卷,为德安府教授汤璹寻访陈规"守城遗事"所撰。这三部分内容相互补充,相得益彰,不但展现了南宋守城作战的真实图景,也反映出陈规对守城

---

① 韩琦:《故卫尉卿致仕高公墓志铭》,《安阳集》卷47,文渊阁《四库全书》本。以下只注篇卷。
② 《续资治通鉴长编》卷128,康定元年九月己未。
③ 徐梦莘:《三朝北盟会编》卷139,上海古籍出版社1987年版。
④ 《宋史》卷377《陈规传》。

作战的深入思考。

陈规主张积极防御,他认为势在人为,强弱胜负的变化取决于将帅如何措置。"治乱强弱,虽曰在天有数,未有不因人事得失之所致也。""强者复弱,弱者复强,强弱之势,自古无定,惟在用兵之人何如耳!"[1]守城作战也一样,善守者不是一味死守,而是要做到积极防御、"守中有攻",用各种方法创造可胜之势。

陈规还主张革新城防旧制。他指出,城防设施要根据实际情况调整,不能惮于改作。他根据火器条件下攻守城作战的特点,对城防做了多方面改进:拆除城门外的瓮城,改进门楼、吊桥等设施;收缩易攻不易守的四方城角,增筑便于掩护和还击的高墙,增强防御能力;改传统的一城一壕为三城两壕,形成多重防御体系。

陈规也十分注重武器装备的创新和运用。他说:"凡攻守之械,害物最重,其势可畏者,莫甚于砲。"砲是攻城利器,也是守城利器,关键在于是否善于运用,"若攻城人能用而守城人不能御之,则攻城人可以施其能,若守城人能用,则攻城人虽能者,亦难施设"[2]。《守城录》中讲了很多御砲之术和用砲之法,如,改明置砲于城头为暗设于城脚,在城头增设观察哨,指挥砲击敌人,等等。陈规还亲自研制出竹竿火枪二十余支,这是我国最早的管型火器,在科技史上占有重要地位。

对于处于守势的南宋来说,守城作战是基本的作战方式之一。陈规在德安、顺昌等战役中的胜利,打破了金军攻城势不可挡的神话,树立了守城作战的样板。《守城录》对守城器械、方法、组织编制和战略战术做了全面总结,具有很强的实战指导意义。乾道八年(1172),宋孝宗诏刻《德安守城录》,"颁天下,为诸守将法"[3],对当时的城防作战起到了重要的指导作用。

辛弃疾(1140—1207),字幼安,号稼轩,历城(今山东济南)人。绍兴末年,金主完颜亮死,中原豪杰并起,辛弃疾参加耿京义军,为掌书记。绍兴三十二

---

[1] 陈规:《守城录》卷1《〈靖康朝野佥言〉后序》,《中国兵书集成》第7册,解放军出版社、辽沈书社1992年版。
[2] 陈规:《守城录》卷1《〈靖康朝野佥言〉后序》,《中国兵书集成》第7册,解放军出版社、辽沈书社1992年版。
[3] 《宋史》卷377《陈规传》。

年(1162),耿京派他奉表归宋。宋高宗命其以节度使印告召耿京,归途闻知张安国杀害耿京降金,遂率部直趋金营,俘张安国以归,其时年仅二十三岁。归宋后历任建康府通判,知滁州,江西、湖南、福建、浙江东路等地安抚使。① 在任期间招抚流亡、创设飞虎军、赈济灾荒,颇有政声。辛弃疾胸怀恢复大志,在《美芹十论》《九议》②等文章中,系统论述了恢复中原的方略。在学术上,辛弃疾既不属于理学,也不属于浙东事功学派,但与朱熹、张栻、吕祖谦、陈傅良、叶适等相为师友,尤与陈亮意气相投、感情深笃,二人在生平志业、论兵观点上均有很多相合之处。③ 辛弃疾的文学造诣也很深厚,是著名的豪放派词人,与苏轼并称"苏辛"。

《美芹十论》又称《御戎十论》,作于隆兴二年(1164),乾道元年(1165)进献朝廷。《十论》分别为《审势》《察情》《观衅》《自治》《守淮》《屯田》《致勇》《防微》《久任》《详战》。前三篇分析宋金双方形势,阐明金可胜之形。后七篇论宋廷所当行,"所以求己之能胜"④。

《自治》反驳了当时盛行的"南北有定势,吴楚之脆弱不足以争衡于中原"的失败主义论调,指出三国吴、东晋等亡于中原政权,根源在于不能"自治"。他提出两条"自治"之策——"一曰绝岁币,二曰都金陵",目的是振作士气,展示必战必胜的决心。《守淮》提出了重点防御、守中有攻的守淮思路。主张改变"备多力寡"的局面,"聚兵为屯,以守为战":择精骑十万,分屯于山阳、濠梁、襄阳三处,在扬州或和州置一大府以督之。各地驻军相互援应,进可攻,退可守。《屯田》建议以归正军民及州郡兵屯田于两淮之间。《致勇》讲鼓舞将士问题。《防微》提出广开言路,优恤归正之民,谨防智勇之士投敌致患。《久任》主张任才以专,不因一次胜败而轻易黜陟。

《详战》是《美芹十论》的最后一篇,也是最重要的一篇。在前面九论基础上,辛弃疾提出了"以海道、三路之兵为正,而以山东为奇"的攻金方略。他认为,对于金国而言,"其形易、其势重"的地区在于山东,但金人不识此大势,在

---

① 《宋史》卷401《辛弃疾传》。
② 本书所引《美芹十论》《九议》均采用徐汉明校注:《辛弃疾全集校注》,华中科技大学出版社2012年版。以下不再注明。
③ 辛弃疾:《祭陈同甫文》,《陈亮集》附录一。
④ 永瑢等:《四库全书总目》卷100《子部·兵家类》,中华书局1965年版。

山东地区的部署很简略，反而将重点放在了关中、洛阳、京师（指开封）等处。因此，他的战略预案是：出兵川蜀、襄阳、淮西，分别对应金屯聚重兵之处，多为旌旗金鼓之形，佯为进攻，使敌人"无所不备则无所不寡"。同时以沿海战舰出击山东沿海登、莱、沂、密、淄、潍等州郡，吸引山东境内之金兵。山东既为虚邑，民众必起而为乱。乘此机会，选一骁将，率兵五万，步骑相半，直取山东，然后传檄河朔，收复中原。在这一战略谋划中，海道、三路之兵为正兵，起牵制、佯攻的作用，不必用精锐之师；山东之兵为奇兵，是进攻的主力，当配置最强的军队。

乾道六年（1170），辛弃疾在上丞相虞允文的《九议》中，再次阐述了恢复中原的战略。在内容上，《九议》与《美芹十论》大体相同，但在理论性上，《九议》较《美芹十论》更胜一筹。《九议》开篇指出："战者，天下之危事；恢复，国家之大功，而江左所未尝有也。""他日之战，当有必胜之术。欲其胜也，必先定规模而后从事。"所谓"定规模"，就是从全局、长远着眼，通盘考虑战略问题。在对"恢复大计"的讨论中，也处处表现出对兵学理论的纯熟运用。例如，提出用兵方略之前，辛弃疾引论曰："既谋而后战，战之际又有谋焉。吾兵与虏战，众寡不相敌也。使众寡而相敌，人犹以为虏胜，何者？南北之强弱，素也。盖天下之势有虚实，用兵之序有缓急，非天下之至精不能辨也。故凡强大之所以见败于弱小者，强大者分而弱小者专也。知分之与专，则吾之所与战者寡矣。所与战者寡，则吾之所以胜者必也。故曰：'备前则后寡，备左则右寡，无所不备则无所不寡。寡者，备人者也；众者，使人备己者也。'又曰：'出其所不趋，趋其所不意。'又曰：'形之所在，敌必从之。'""众寡""强弱""虚实""示形""专分""出其不意"等均出自《孙子兵法》，这些兵学指导原则构成了辛弃疾战略构想的理论基础。

《美芹十论》《九议》是辛弃疾论兵的代表作。这两组文章阐述了恢复中原的方略及相关军政问题，从宋金实力对比，到屯田之策，到宽民力、厚植国本，到团结将士和归正人，到战略要地的防御，再到提出避实击虚、奇正相生的战略预案，既全面深刻，又切实可行，是兵学理论与战争方略结合的典范。它们与陈亮《中兴五论》、倪朴《拟上高宗皇帝书》一道，使南宋兵学在战略谋议方面达到了新的高度。

三、儒将兵学研究的特点

儒将既是参与战争实践的儒者,又是深谙儒学思想的兵家;既是儒家"经世致用"传统在兵学上的践履者,又是将领群体中文化素养最高的一群人。文武兼资使他们获得了不同于一般儒家与兵家的视角,也使他们的兵学研究呈现出鲜明的特点。

(一) 对于兵学经典的认同度普遍更高

儒将对传统兵家的态度显然有异于一般儒家,他们对《孙子兵法》等兵家经典有更强烈的认同感,也更能服膺并运用于军事实践。以儒家对兵家批判最力的"诡诈"为例,儒将并不讳言诡诈,甚至以之为重要的作战指导原则。辛弃疾在《九议》中说:"举天下之大事而蔽之以一言,曰,'攻其无备,出其不意',是谓至计。"他认为,对金人应"骄之",使其麻痹大意;"劳之",使其疲于应付。总之,"兵法以诈立",要用各种手段欺骗敌人,"诈之不为不信,侮之不为无礼,袭取之不为不义,特患力不给耳"。其中的"攻其无备,出其不意""兵以诈立"等,都是《孙子兵法》的重要思想。辛弃疾还主张善用阴谋。他说:"胜兵先胜而后求战,败兵先战而后求胜。故善为兵者阴谋。阴谋之守坚于城,阴谋之攻惨于兵。心之精微,出而为智,行乎阴则谓之谋。"他所指的阴谋,一是"攻其腹心之人臣",利用反间计,使金统治阶层相互残杀;二是"间其州府之兵卒",瓦解金的基层防卫力量。这些思想都与兵家有高度一致性,而与儒家反对诈力之说迥然不同。

陈规的《守城录》虽然主要讲守城之法,但也同样遵循了孙子思想。他在《〈靖康朝野佥言〉后序》中说:

> 规尝闻《孙子》曰:"兵者,国之大事,死生之地,存亡之道,不可不察也。"又以为,"兵者诡也,用无中形,诡诈为道。故能而示之不能,用而示之不用,近而示之远,远而示之近,攻其不备,出其不意,此兵家之胜,不可先传也"。然而有传之于众而达之于远,有利而无害,有得而无失者,不可不先传也。……然用兵之道,以正合,以奇胜,善出奇者,无穷如天地,不竭

如江海,千变万化,人孰能穷之? 今止据金人攻城施设略举捍御之策,至于尽精微致敌杀敌之方,虽不惮于文繁,而有所谓真不可示人者未之传也,又况虽欲传之,有不可得而传者矣。惟在乎守城之人于敌未至之前,精加思索应变之术,预为之备耳。①

《孙子兵法》的诡道、示形动敌、出奇制胜、避实击虚等等作战指导原则,在陈规的守城思想和实践中都有充分的体现。

儒将之所以对传统兵学表示认同,是因为他们面对的是瞬息万变、生死攸关的战场环境,只有善用兵法才能克敌制胜。因此,越是有成就的儒将,对《孙子兵法》等兵学经典越是有强烈的认同,越善于学习和运用兵法原则,陈规、辛弃疾都是这方面的显例。当然在儒家将帅之中,也并非没有迂腐之辈,如徐禧"疏旷有胆略,好谈兵"②,神宗派他到西北前线视察,在永乐城之战中,他抱定"王者之师,岂可以狙诈取胜"③的信念,最终落得兵败身死,贻害深远。不过,徐禧虽然在战争中掌握了军权,却是神宗钦派的要员,算不上典型的儒将。他的事例也恰恰说明了纸上谈兵在战争中的危害。

(二) 在战争实践中体现兵学思想

兵学的实践性是其区别于儒学等学术门类的重要特征。儒将对兵法的理解和运用,未必都能形诸文字,但可以从其军事实践中体现出来。北宋仁宗时期儒将张亢就是活用兵法、因敌制胜的典型。

张亢(998—1061),天禧三年(1019)进士,"少磊落有大志,博学能文之外,喜读诸家兵法,常慕古大丈夫,立奇功伟节以震暴于当世,不为拘儒齪齪之行"④。在通判镇戎军任上,他预言元昊将反,又上疏言西北二边攻守大计,前后上数十章,因而被换为武职如京使,从此开始了军旅生涯。

庆历元年(1041),西夏军攻陷丰州,屯军琉璃堡,纵兵在麟、府二州间抄

---

① 陈规:《守城录》卷1《〈靖康朝野佥言〉后序》,《中国兵书集成》第 7 册,解放军出版社、辽沈书社 1992 年版。
② 《宋史》卷 334《徐禧传》。
③ 司马光撰,邓广铭、张希清点校:《涑水纪闻》卷 14,中华书局 1989 年版。
④ 韩琦:《故客省使眉州防御使赠遂州观察使张公墓志铭并序》,《安阳集》卷 47。

掠。二州军民闭垒不出，水荒严重，一两黄金仅能买一杯水，情况十分危急。张亢临危受命，为并代都钤辖、管勾麟府军马事。鉴于禁军新败、斗志不振，张亢从担负后勤任务的"下军"中选拔勇士，令其出击，对立功者加以奖励，并赐予锦袍。这一举动大大刺激了禁军将士，于是"禁军惭奋，咸愿一战"。张亢还派出间谍，侦知敌人轻视宋军、毫无防备，便乘夜率兵突袭，夺占了琉璃堡。这次战役中，张亢遵循的正是"攻其无备，出其不意"的作战原则。

为了打通麟、府通路，张亢在二州之间构筑堡寨，夏军屡来阻挠，双方战于兔毛川。张亢以骁将孙岊设伏兵数千于山后，自己率军迎敌。在布阵之时，他令"万胜军"与"虎翼军"互换旗帜。"万胜军"是京城新招募的市井无赖子弟，疲软不能战，夏人对他们颇为蔑视，称为"东军"；而"虎翼军"却勇敢善战，是夏军畏忌的劲旅。交战后，敌人果然直扑"东军"阵地，却遭到"虎翼军"的顽强抵抗。[①] 孙岊所率伏兵也适时出击，大获全胜。此役中，张亢在战术上成功地实践了"以正合，以奇胜"的原则，又易"东军""虎翼军"的旗帜以诱敌，正是运用"能而示之不能"的诡道。

张亢在作战中对兵法的灵活运用，不但在儒将中罕有其匹，在整个将领群体中也是很卓越的。《宋史》评价他说："张亢起儒生，晓韬略，琉璃堡、兔毛川之捷，良快人意。区区书生，功名如此，何其壮哉！"[②]

儒将在战争中善用兵法的例子还有很多，由于他们具有较高文化素养，熟读兵书，在运用兵法方面较武将更具自觉性。他们对兵法灵活乃至创造性的运用，也构成了宋代兵学成就的重要组成部分。

（三）更注重从功利角度思考边防战略

宋人讨论边防的奏疏文章汗牛充栋，每篇都会分析利弊，似乎利害是其思考问题的出发点，实则不然。考察宋人的论兵言论，我们会发现，那些没有边疆任职经历的文臣论及边防，更多地秉持儒家的战争观和边防观，强调战争对内政的影响，主张"以德怀远"，对于边防冲突，往往指责边将"贪功""生事"，

[①] 按：《梦溪笔谈》卷13记载，宝元中，狄青与党项战，曾以万胜军与虎翼军互易旗帜，但据《续资治通鉴长编》，万胜军之置在庆历元年，沈括或传闻有误，将张亢事迹误植于狄青，今从《宋史》张亢本传、韩琦所作张亢《墓志铭》及《长编》卷136记载。

[②] 《宋史》卷324《张亢传》。

最终滑入"消极防御"的窠臼。儒将以及在边疆地区任职的文官则往往从现实的、功利的角度权衡利害，更倾向于积极防御。

在宋代历次重大边防议题上，诸如太宗、真宗时灵州的弃守问题，仁宗时对夏攻守问题，神宗时熙宁开边问题，哲宗时割弃横山诸寨问题，南宋关于和战"国是"的争论，等等，都能观察到文臣与儒将这种立场上的差别。

以真宗时关于灵州弃守的争论为例，也能看出这种差别。灵州（今宁夏灵武西南）地处黄河北岸，"为关中之屏蔽，河陇之噤喉"，战略地位十分重要。从淳化末年开始，宋夏围绕灵州的攻守战愈演愈烈。咸平三年（1000）九月，李继迁在积石大败宋军，劫夺由庆州运往灵州的粮草。咸平四年（1001）八月，其率五万骑兵再围灵州，受挫后转而攻陷清远军（今甘肃环县山城堡附近），使灵州孤悬北边，危在旦夕。围绕灵州的弃守，宋廷发生了激烈的争论。主弃派主要有张洎、张鉴、田锡、李至、杨亿、李沆等人，他们基本都没有边疆或军旅任职经历，认为灵州孤悬于外，馈运艰难，不值得为这样一个化外之地劳民伤财。若因救灵州激起国内民众叛离，更是舍本逐末。杨亿甚至认为，灵州"存之有大害，弃之有大利"，存之则为"借寇兵而资盗粮，竭民力而耗国用，为患之大，无出于斯"，弃之则可使"国家无飞刍挽粟之劳，士卒免暴露流离之苦"。① 退一步讲，即使李继迁执迷不悟，弃灵州也会使宋占据道义的制高点，激发民众义战的勇气，所谓"使曲在彼，而直在我，问有罪而罚有名，天地亦所不容，鬼神亦所共怒，继迁不日当自灭亡，何耕战兵食之云乎！"②他们声称"圣人之道，务屈己含垢以安万人"③，以"弃灵州"为慎战安民的王道政治。

主守派的代表人物有主管西北边事的帅臣张齐贤、曾任通判永兴军并受诏往灵州经度屯田的何亮、陕西转运使刘综、知镇戎军李继和、熟悉西北边防事务的殿中丞郑文宝等，他们都有在西北前线任职或作战的经验，深刻认识到灵州的重要战略地位，坚决反对弃守灵州。如李继和说："灵州远绝，居常非有尺布斗粟以供王府，今关西老弱疲苦转饷，所以不可弃者，诚恐滋大贼势，使继迁西取秦界之群蕃，北掠回鹘之健马，长驱南牧，何以支吾！"④何亮指出，如果

---

① 《续资治通鉴长编》卷50，咸平四年十二月。
② 《续资治通鉴长编》卷50，咸平四年十二月。
③ 《续资治通鉴长编》卷42，至道三年十二月。
④ 《续资治通鉴长编》卷50，咸平四年十二月。

弃灵州,"西域、北庭合二为一",不但会使西夏进一步壮大,而且会使宋失去战马的重要来源,极大地制约宋军对夏作战能力。他不赞成大兵进讨,也反对姑息羁縻,建议修建从清远至灵武的溥乐、耀德二城以通粮道,支援灵州,积极防御。

历史的发展证明,主守的儒将们对西夏形势的判断完全正确。宋失灵州以后,边防线内缩,环州、庆州、镇戎军以至麟州、府州等地压力骤增,修建城寨、驻兵防守等都耗费巨大。主守派关于战马来源的忧虑也成为现实,马源的萎缩使宋廷难以组建强有力的骑兵,与西夏决战域外几不可能。"弃灵州"非但未使李继迁"幡然向化",相反,李继迁将灵州改为西平府,作为新的统治中心,为进一步扩张创造了条件。

再以仁宗时期的宋夏战争为例。范仲淹、韩琦主持西北边防,虽然提出了攻、守、和、备诸策,但其核心却是"以和好为权宜,以战守为实事"的积极防御战略。"渐复横山"是其稳定西北局势后的战略构想。范仲淹明确指出,"渐复横山"的目的"非穷兵黩武,角胜于绝漠之外",而是为了控扼战略要地,加固边疆藩篱。他说:"秦汉驱逐西戎,必先得山界之城,彼既远遁,然后以河为限,寇不深入。"① 宋英宗治平初年,"收复横山"战略再度被时任宰相的韩琦提起②。虽然由于种种原因,这一战略未能推行,却成为神宗即位后经略西夏战略的张本。

儒将从功利角度思考边防战略,一定程度上对冲了宋廷的消极防御战略,也促进了军制的改革,如重视土兵、实施将兵法等。但令人遗憾的是,在儒家保守派文臣的强大势力下,现实主义、功利主义的战略思想难以占据上风,两宋边防战略终究以"消极防御"为主流。

第三节 传统兵家之学

如前所述,《汉书·艺文志》将兵家之学分为兵权谋、兵形势、兵阴阳、兵技巧四类,这是关于兵家之学最早也最权威的分类。兵学发展至宋代,文人论兵成为其主要样态,兵学著作在内容和形式上都呈现出明显的儒家化倾向,兵书

---

① 范仲淹:《奏陕西河北和守攻备四策》,李勇先、王蓉贵校点:《范仲淹全集》第2册,四川大学出版社2007年版。
② 《续资治通鉴长编》卷205,治平二年五月癸亥。

诠解之作、兵权谋类兵书以及策论文章成为兵学文献的大宗,先秦兵家学派意义上的兵学反而被边缘化了。但是,传统兵家讲求的权谋、形势、阴阳、技巧等仍旧是兵学最核心的内容,这赋予了它存在的合理性和顽强的生命力,在宋代依然得到延续和发展。

传统兵家之学并不是一个独立的学派,之所以如此称谓,主要是为了与儒学化的文人论兵相区别。这类兵学研究者的身份并不一律,有的是文人出身,有的是武学生员,有的是将门子弟,有的是江湖处士,但他们都有一个共同的特点,那就是与文人群体迥然不同,也并不以文儒相尚,他们的兵学论著赓续传统兵学的主题和精神,更多关注兵学的"器"与"术",更贴近实践和实战,与文人的纸上谈兵自觉地保持了距离。

一、传统兵家之学的兵书论著

从《宋史·艺文志》《郡斋读书志》《直斋书录解题》《文献通考·经籍考》等的著录来看,宋代属于传统兵家之学的著作不在少数,约略占到宋代兵书论著的三分之一左右。但是,由于种种原因,这些文献流传下来的极少。在现存的兵书中,许洞《虎钤经》、华岳《翠微先生北征录》最具代表性。

(一) 许洞与《虎钤经》

许洞(约970—约1011),字洞天,苏州吴县(今苏州吴中)人。他出身于官僚家庭,父亲许仲容官至太子洗马,著名学者沈括是他的外甥。许洞自幼性情豪放,喜欢射箭、击刺等武艺。年纪渐长,折节励学,尤其精通《左传》。咸平三年(1000)中进士,被任命为雄武军(今甘肃天水)推官。但入职不久,就因狂狷不逊得罪了上司,被开除公职,罢归乡里。景德二年(1005),他献所著《虎钤经》以应"洞识韬略运筹决胜"科的制科考试,结果却"以负谴报罢",只被安置了一个均州(今湖北丹江口)参军的职位。大中祥符四年(1011),宋真宗祀汾阴,他进献《三盛礼赋》,召试中书,改任乌江县(今安徽和县乌江镇)主簿,不久去世。时年四十二岁。[①]

---

① 参见《宋史》卷441《许洞传》。

许洞在《虎钤经序》中称,该书"创意于辛丑之初,成文于甲辰之末"。"辛丑"是宋真宗咸平四年(1001),"甲辰"是真宗景德元年(1004),由此可知,该书的撰著历时四年,恰为他罢官归吴中期间。

《虎钤经》全书共二百一十篇,分为二十卷。许洞在《序》中自述撰著《虎钤经》的指导思想为:

> 自古兵法多矣,然《孙子》之法奥而精,使学者难于晓用;诸家之法肤而浅,或用者丧于师律。浅深长短,迭为表里,酌中之理,诚难得焉。又观李筌所著《太白阴经》,论心术则秘而不言,谈阴阳则散而不备,以是观之,诚非具美。臣今上采孙子、李筌之要,明演其术,下撮天时人事之变,备举其占,或作于己见,或述于古人。名曰《虎钤经》。①

由此可见,《孙子兵法》和《太白阴经》是《虎钤经》的两个主要思想来源。许洞认为《孙子兵法》"奥而精",研习者难以理解和运用,因此欲"明演其术",使之具体化、通俗化。这部分内容主要体现在《虎钤经》前十卷中,其重在探讨战争观、作战指导原则、治军选将思想、料敌之法、训练之法以及计时、辨向、人马医护等军事技术的内容。《太白阴经》系唐李筌所撰,是道兵家的代表作,存录了大量阴阳术数、奇门遁甲的内容。许洞不满于《太白阴经》"论心术则秘而不言,谈阴阳则散而不备",希望对兵阴阳之说重新整理,"下撮天时人事之变,备举其占"。这部分内容主要体现在《虎钤经》的后十卷中。

作为宋初最重要的一部兵书,《虎钤经》继承《孙子兵法》《太白阴经》等的兵学理论,或发挥成说,或自出心裁,对"先胜""袭虚""任势"等兵学概念加以阐发,一定程度上丰富和发展了兵学思想。另一方面,《虎钤经》也存在明显的缺点,主要是缺乏实践性和创新性。书中兵学理论部分多源自《孙子兵法》《吴子》《墨子》《淮南子》等古代典籍,主要为综合、引申,原创内容不多。书中关于兵学知识、技术、兵阴阳等的内容则多引自《太白阴经》《大唐卫公李靖兵法》等兵书,同样谈不上创新。唯有飞鹗阵、长虹阵、重复阵、八卦阵四种阵法为许洞所独创,他对此也颇为自豪,但是,这些阵法既无实践基础,又未经实践检验,

---

① 许洞:《虎钤经》卷首《原序》,《中国兵书集成》第6册,解放军出版社、辽沈书社1992年版。

很难说有多大的实用价值。正如《四库总目提要》所评价的那样："其间亦多迂阔诞渺之说，不足见诸施行。"①

（二）华岳与《翠微先生北征录》

华岳（？—1221），字子西，贵池（今属安徽）人，因读书于贵池齐山翠微亭，自号翠微。据史料记载，华岳为武学生，轻财好侠。开禧元年（1205）叩阍上书，谏止韩侂胄北伐，因而被贬官入狱，谪发建宁（今福建建瓯），韩侂胄兵败被杀后方获释。登嘉定十年（1217）武科第一名，为殿前司同正将，抑郁不得志。后以谋去丞相史弥远，事发入狱，杖死东市。②

华岳非常推崇英雄豪杰，他说："立帝王之大业者在豪杰，扫天下之妖孽者在英雄。"③"英雄豪杰之去留，为社稷邦家之休戚"④。他所谓的"英雄豪杰"，不是粗通兵书的书生学士，也不是"科目行伍之材""规矩准绳之士"，而是精通"遁甲之术""料敌之法""安营之方""地势运用"等的兵家：

> 夫所谓英雄豪杰者，山林特起，拜为父师；江湖隽逸，视为标准；衣冠缙绅，足未尝躐其门；王公大人，名未尝过其目。其所究心者，门屏、缶听、种冰、阱固、飞灰、走雷、风篁、水栅、木柜、摇波、透石、远汲之制。其所筹算者，五福、大游、君基、臣基、天乙、地乙、四神、直符、小游、民基、青门、直使之诀。其所歌诵者，长庆人事、诸子秘传、张氏屠寇、九星营寨、诸家秘密之书。其所交游者，唐城、桐柏茶牙海狗、东邹、南偃、夹山、六安鸡鸣马嘶，羊岘、房陵、襄淮遗逸之士。其所畅望者，巢淮涟泗之浅深，可以通津之远近；淮汉荆襄之肥瘠，可以屯兵之多寡。其所素晓者，淮东多川泽，利舟楫而不利步骑；淮西多山林，利步骑而不利舟楫。其所收集者，皆梁汉奇材，荆楚壮士，烟云楼阁，波涛楼橹、窟穴药石、风云占候之人物。其所计度者，山口、枞阳、东关、斥江、裕谿、马肠、九曲、狗溪、射阳、杨口、洲头、杨林之津

---

① 永瑢等：《四库全书总目》卷99《子部·兵家类》，中华书局1965年版。
② 《宋史》卷455《华岳传》。
③ 华岳：《平戎十策·再上皇帝书》，《翠微先生北征录》卷1，《中国兵书集成》第6册，解放军出版社、辽沈书社1992年版。以下只注篇卷。
④ 华岳：《平戎十策·取士》，《翠微先生北征录》卷1。

要,以至荆襄之战地三十六,何地为险;淮南之山寨九十四,何寨为要。论至于此,则英雄豪杰之士,其视夫书生学士之流,岂不大有径庭也哉!①

华岳所称许的"英雄豪杰"是他的榜样,"英雄豪杰"所研习的学问也正是他所推崇的兵家之学。从华岳的自述来看,他也确乎是这样一位"英雄豪杰"。他说自己是"郊野散材,本非书生","自总角至今,日诵兵家之书,日习兵家之事,日求兵家秘妙之术,日访兵家先达子孙、名将后嗣家传世袭之论。凡论事有系于兵者,无不遍考;地之有关于兵者,无不遍历;器用服食行阵衣甲之制有资于兵者,无不旁搜远采,以尽其底蕴;山林遗逸、英雄豪杰之士有精于兵者,无不端拜师承,以益其寡陋。以故一步一跬,皆有定制,一分一毫,皆有成法。耳闻目见者,非众所共读之文,口授心传者,非人所同得之学。卫公、武侯不传之妙,臣得其真,韩信、曹公不著之书,臣得其秘。不遇见知,未甘弃逐,于是易真实之兵为章句之士,变汗血之心为选举之学"。② 由此可见,华岳对兵学有浓厚兴趣和深入研究,非常希望成就一番功业,但怀才不遇,只好投身"选举之学"。

《翠微先生北征录》,又称《翠微北征录》,包含《平戎十策》一卷、《治安药石》十一卷。《平戎十策》是针对南宋军政"十弊"的兴利除弊之策,包括用人选将、人心士气、物资储备、作战方法、军马征调诸方面。《治安药石》取"治安不可无兵,犹膏粱不可无药石"③之意,对和议大计、边防要务、破敌之技、将帅修养、武器装备、情报采探、御将之道、守边之策、足兵便民之策等"当世利害"详加论列。

《翠微先生北征录》对相敌之术、攻守要地、武器装备等的论述十分详尽。如考察南宋地理,列举可立山寨之处九十四,守山寨器具三十六种,可立水寨之处四十九,水寨守具三十九,等等。④ 针对金人的骑兵优势,该书论述了以车御骑、以驾陷骑等战法。⑤ 对于攻守城作战,该书阐述了城外制敌的方法,包括

---

① 华岳:《平戎十策·再上皇帝书》,《翠微先生北征录》卷1。
② 华岳:《平戎十策·马政》,《翠微先生北征录》卷1。
③ 华岳:《平戎十策·序》,《翠微先生北征录》卷1。
④ 华岳:《治安药石·边防要务》,《翠微先生北征录》卷4。
⑤ 华岳:《平戎十策·御骑、陷骑》《治安药石·破敌长技·陷骑》,《翠微先生北征录》卷1、5。

"伏筌之法""暗阱之法""触网之法""伏虎之法""反疑之法""远更之法""白阱之法""青阱之法""马拖之法""马筒之法"。① 对于行军作战,列举了八种"将帅小数"——搜伏:针对九种伏兵的搜查之法;反泄:改变原有的号令方式,以达到保密目的;暗认:为防敌人冒充而设的暗号系统;潜易:偷偷更换将领或军队以迷惑敌人;急据:迅速占领山、水、林等战略要地;分渡:分兵渡河之法;自认:迷路时的记认之法;就顺:占据优势的方法,分为顺山、顺水、顺风三种。② 关于武器装备,则记载了甲制、人甲制、马甲制、马军甲制、弩手甲制、弓制、弩制、弓箭制、弩箭制、鞍制、靴制、马枪制、叉枪制等十三种步兵和骑兵最常用的武器和防护装备。③

综观全书,华岳对传统兵学有深刻领悟,并有新的阐释和发展。如论及兵之"心"与"气",他在《平戎十策》中"夫兵者,心也,战者,气也。心之不充,则临敌而无定见,气之不足,则遇敌而有畏心"的观点,正是对《孙子兵法·军争篇》"三军可夺气,将军可夺心"思想的阐发。又如他论正兵、伏兵、奇兵三者的关系,以为"伏生于奇,奇生于机,机生于正,奇正发于无穷之源"④,也是对《孙子兵法》"奇正相生"思想的进一步发挥。凡此种种,不一而足。

总之,华岳既非典型文人,也非领军将帅,他的兵学体系以传统兵家之学为根底,以切近实用为旨归。《翠微先生北征录》既是兵学论文,又是现实对策;既有对战争观、战略的观照,又有对战术、战法的记述,条分缕析,切实详明,是对传统兵家之学的赓续和发展,在宋代乃至中国兵学史上都是独树一帜的。

二、武将群体的兵学思想及实践

传统兵家之学最主要的研习和实践者是武将。这里说的"武将"是指文人出身之外的将领,他们大致有两个来源:一是将门之后,依靠恩荫进入庞大的武选官行列;二是行伍出身,凭借战功和资历逐步升迁。由于宋代推行"崇文抑武"的方略,武将群体长期受到排斥和贬抑,加之实行募兵制,充军者多为饥

---

① 华岳:《平戎十策·得地》,《翠微先生北征录》卷1。
② 华岳:《治安药石·将帅小数》,《翠微先生北征录》卷6。
③ 华岳:《治安药石·器用小节》,《翠微先生北征录》卷7—8。
④ 华岳:《治安药石·将帅小数》,《翠微先生北征录》卷6。

民、罪隶,军人地位低下,军队中难以吸收到真正优秀的人才,以致在宋神宗时,王安石已经有"豪杰不复在军"①的感慨。因此,总的说来,武将群体的文化水平普遍不高,兵学素养也较差。在文官眼中,他们并非理想的将帅,就像富弼所说,若"卒然委以重兵,托以安危,则丘明所云可为寒心,贾谊所云可为痛哭者也"②。

一般而言,武将的特点是"武勇少文",以武艺和勇力见长,文化与谋略不足。不过,如果要成为独当一面的大将,光靠勇武显然是不够的,还必须具备一定的兵学素养。宋代武将中不乏对兵学素有研究者,如北宋将领符彦卿,著有《五行阵图》《人事军律》《兵书论语》等。③ 贺惟忠以"洞晓兵法、有方略"著称。④ 石普"倜傥有胆略""颇通兵书、阴阳、六甲、星历、推步之术",曾上《御戎图》《军仪条目》《用将机宜要诀》等书,又曾改良器械、战法。⑤ 曹彬之子曹玮"喜读书,通《春秋三传》,于《左氏》尤深"⑥,另一子曹琮亦为名将,去世后家中仅存兵书边奏⑦。狄青"折节读书,悉通秦汉以来将帅兵法"⑧。郭逵"慷慨喜兵学",对于八阵法有独到理解。⑨ 南宋时期,吴玠对兵学有所研究,且能学以致用,"用兵本孙吴"⑩。杨存中也曾学孙、吴兵法。⑪ 王彦⑫著有《武经龟鉴》,"以《孙子》十三篇为主,而用历代事证之",宋孝宗还曾亲自为之作序。⑬

武将之中,撰有兵学论著的毕竟少数,其中大多数人的兵学成就都体现在战争实践中。明人何乔新编撰的《续百将传》中,共收录了三十七位宋代将领,仿张预《十七史百将传》之例,每传之后都以孙子思想点评。无论这些将领是否自觉运用了兵法,他们都是兵学的践行者和创造者。下面仅以狄青、岳飞两

---

① 《续资治通鉴长编》卷236,熙宁五年闰七月壬戌。
② 富弼:《上仁宗论武举武学》,《宋朝诸臣奏议》卷82。
③ 《宋史》卷207《艺文志六》。
④ 《宋史》卷273《贺惟忠传》。
⑤ 《宋史》卷324《石普传》。
⑥ 《宋史》卷258《曹彬传》附。
⑦ 《续资治通鉴长编》卷155,庆历五年五月甲申。
⑧ 《宋史》卷290《狄青传》。
⑨ 《宋史》卷290《郭逵传》。
⑩ 徐梦莘:《三朝北盟会编》卷195,上海古籍出版社1987年版。
⑪ 《宋史》卷367《杨存中传》。
⑫ 此王彦非"八字军"统领,为另一同名将领。
⑬ 陈振孙撰,徐小蛮、顾美华点校:《直斋书录解题》卷12,上海古籍出版社1987年版。

位著名武将为例,以窥武将群体兵学思想及实践之一斑。

狄青(1008—1057)行伍出身,初以勇武闻名,经范仲淹点拨,通古今兵法。因战功卓著,累官至枢密使。皇祐五年(1053),广源蛮族侬智高犯两广,狄青时为枢密副使,主动请缨。他率部到达前线后,针对诸将不服从指挥的状况,强调:"令之不齐,兵所以败。"①于是为严肃军纪处死了贪功冒进的广西钤辖陈曙等人,诸将知畏,悉从号令。起初,他命人备五日粮草,后来又命备十日粮草,侬智高侦知这一消息,认为宋军不会很快进攻,便不作战备。狄青却乘上元灯会之机突然进攻,双方战于归仁铺。在作战部署上,狄青以步卒居前,骑兵匿于后,敌人却是骁勇者居前,羸弱者在后。双方接战后,狄青严令正面对敌的宋军拼死力战,稍后令骑兵分左右翼从背后冲击敌阵,大败敌军。② 在这次战役中,狄青先是示以不战,迷惑敌人,然后突出奇兵,攻其不备,又巧妙使用骑兵作为最终决定胜负的"奇兵",这些战术都深得兵法之精髓。

岳飞(1103—1142)出生于贫苦农民家庭,其孙岳珂称他少时"书传无所不读,尤好《左氏春秋》及孙、吴兵法,或达旦不寐"③。邓广铭、王曾瑜等认为此说有文饰夸大之嫌④,显然合乎情理。但是,岳飞在军旅生涯中努力学习文化知识,"独以垂意文艺称"⑤,又广泛延揽儒士,与之"商论古今,相究诘,切直无所违忤"⑥,不断提高自己的兵学理论水平。从史料记载看,他对兵法有着深刻的理解。

《金佗稡编》记载了岳飞与张俊关于兵法的一段对话:"张俊尝请问用兵之术,答曰:'仁、信、智、勇、严,五者不可阙一。'请问'严',曰:'有功者重赏,无功者峻罚。'"⑦岳飞所讲的"用兵之术"正是《孙子兵法》"将之五德",只不过顺序作了调整,把"仁"放在了首位。从其军事实践来看,他正是切实遵循了"仁、

---

① 《宋史》卷290《狄青传》。
② 参见司马光撰,邓广铭、张希清点校:《涑水纪闻》卷13,中华书局1989年版;《续资治通鉴长编》卷274,皇祐五年正月丁巳。
③ 《金佗稡编》卷4《鄂王行实编年》,岳珂编,王曾瑜校注:《鄂国金佗稡编·续编校注》,中华书局1989年版。以下只注篇卷。
④ 参见邓广铭:《岳飞传》,人民出版社1983年版,第441页;王曾瑜:《岳飞和南宋前期政治与军事研究》,河南大学出版社2002年版,第331页。
⑤ 岳珂:《黄鲁直先王赐贴》,《宝真斋法书赞》卷15,文渊阁《四库全书》本。
⑥ 《金佗续编》卷30《郧州忠烈行祠记》。
⑦ 《金佗稡编》卷9《遗事》。

智、信、勇、严"的为将之道,才取得了彪炳史册的功绩。①

岳飞非常注重战略谋划,他认为"勇不足恃也,用兵在先定谋。谋者,胜负之机也,故为将之道,不患其无勇,而患其无谋"②。在武勇与谋略之间,岳飞更重视后者,尤其是战前的周密筹划。南宋学者杨简曾说:"岳飞用兵,有胜而无败。闻其欲有所举也,必尽召诸统制官,环坐饮食之,而与之谋。先谋夫敌之所以败我者,至于六七,备谋,详虑,竭智,共攻而终于无败也,乃行,故飞每战无败。"③这正是《孙子兵法》"校之以计而索其情"的庙算之道:庙算胜,而后出兵,故有必胜的把握。

岳飞对战阵的理解也颇得兵法精髓。据史料记载,岳飞在东京留守宗泽麾下时深得器重,但也认为他"好野战,非古法",于是授以阵图,希望他认真学习。岳飞却不以为然,称:"古今异宜,夷险异地,岂可按一定之图?兵家之要,在于出奇,不可测识,始能取胜。若平原旷野,猝与虏遇,何暇整阵哉!"他认为阵图只是"一定之局",是常法,实际作战部署则要依形势而定,即所谓"阵而后战,兵之常法,然势有不可拘者。且运用之妙,存于一心"。④ 因敌制胜、出奇制胜是兵法要义,岳飞对于兵法、阵图的这一理解是十分深刻的。

关于岳飞的作战实践及其方略,由于史料残缺不实,我们对他四次北伐的战略战术都难得其详,但从一些零星史料中,仍可看出他对兵法的"运用之妙"。如建炎四年(1130)克复建康之战中,岳飞先是袭扰敌人,使其自相攻击;继而以伏兵擒敌,攻其无备,出其不意。⑤ 克复建康以后,主帅张俊担心金兵再犯长江,命岳飞守鄱阳,他却主张守淮,称:"山泽之郡,车不得方轨,骑不得并行,虏得无断后之虑乎?但能守淮,何虑江东、西哉?使淮境一失,天险既与敌共之矣,首尾数千里,必寸寸而守之,然后为安耶?"⑥此论从"地势"出发,提出了正确的防御战略,连张俊也不得不表示信服。

除狄、岳二人外,宋代将领中善于用兵者还有很多。如吴玠"用兵本孙吴,

---

① 参见魏鸿:《宋代孙子兵学研究》第五章"宋代孙子兵学与军事实践",军事科学出版社 2011 年版。
② 《金佗稡编》卷 4《鄂王行实编年》。
③ 杨简:《论兵》,《慈湖遗书》卷 16,文渊阁《四库全书》本。
④ 《金佗稡编》卷 4《鄂王行实编年》。
⑤ 《金佗稡编》卷 5《鄂王行实编年》。
⑥ 《金佗稡编》卷 23《山阳辨》。

务远略,不求小近利,故能保必胜"①。绍兴元年(1131)和尚原之战中,他先以强弓劲弩分番迭射,以"沮其坚忍之势",待敌稍退,以奇兵从旁袭击,绝其粮道,敌人将败之时,又设伏以待,纵兵夜袭。绍兴三年(1133)饶风关之役中,吴玠又率部驰援饶风关,日夜行三百里,敌将惊叹其神速。凡此种种,都体现了吴玠活用兵法、临机应变的能力。

吴玠之弟吴璘则根据古军法《束伍令》以及车战遗意,创立"叠阵法",以长枪、强弓、强弩、神臂弓等梯次布置,更番迭战,在剡家湾之战中运用此法取得大捷。吴璘还将这一战法写成兵书②,大略为:

  金人有四长,我有四短。当反我之短,制彼之长。四长曰骑兵,曰坚忍,曰重甲,曰弓矢。吾集蕃汉所长,兼收而并用之,以分队制其骑兵;以番休迭战制其坚忍;制其重甲则劲弓强弩;制其弓矢则以远克近,以强制弱。布阵之法,则以步军为阵心、左右翼,以马军为左右肋,拒马布两肋之间;至帖拨增损之不同,则系乎临机。③

吴璘根据敌情我情、地理形势、武器装备等方面的因素,创造性地改进战术战法,在战场上取得了成功。这类"兵法"是对兵学的创新发展,理应在宋代兵学史上占有重要地位。

三、传统兵家之学的显著特点

传统兵家之学区别于其他兵学流派和研究群体的最大特点,在于其突出的实践性。传统兵家并非不言及战争观、战略问题,但在"武经七书"等兵家经典中,这些并不是主要内容。宋代的传统兵家之学也一样,它们并不是与儒家兵学思想对立的存在,受时代思潮的影响,传统兵家学者在思想倾向上也会带有儒家的色彩,这一点在上述《虎钤经》《翠微先生北征录》等兵书中都有所体

---

① 《宋史》卷366《吴玠传》。
② 《宋史》卷366《吴璘传》谓《兵法二篇》,《建炎以来系年要录》卷174绍兴二十六年九月庚子谓《兵要》。
③ 《宋史》卷366《吴璘传》。

现。但是,分辨儒家与兵家的差别、确定二者的尊卑次第,并不是他们讨论的重点,其关注重点是兵学本身,兵权谋、兵形势、兵阴阳、兵技巧是他们研兵的核心。武将因其亲临战场的特殊性,更为关注兵学的实践性问题,武器装备、排兵布阵、阴阳占候等文人罕言的内容,恰恰是他们最为关注的。

在宋代文人论兵蔚为风潮的背景下,传统兵家之学得不到重视,他们的兵书论著也很难流传下来。许洞《虎钤经》在很长一段时间里被认为是元人的著作,华岳《翠微先生北征录》在宋代目录文献中并无记载,直到清代黄虞稷等所辑《宋史艺文志补》中始见著录,湮没无闻数百年之久。武将传记等文献中所见的他们的兵书著作,很多并无目录记载,说明其并未被列入官方藏书,《宋史·艺文志》中著录的宋代兵书中,流传下来的寥寥可数,其中赵珣《聚米图经》是当时最重要的兵要地理著作,王德用《神射式》、石普《军仪条目》、王韶《熙河阵法》、郭雍《冲晦郭氏兵学》等等,皆为名将所著,依然没能流传下来。至于阴阳占候类的兵书,虽有些附于《道藏》得以流传,但大部分还是亡佚了。

传统兵家之学的边缘化是宋代兵学的重要特征,也是兵学儒学化进程的必然结果。宋代传统兵家之作的大量散佚、历史文献中对于武将兵学论著的选择性忽视,使兵家的进步缺失了由实践上升到理论的重要一环,也影响到我们对中国古代战争史、兵学史的全面认知,这是一个巨大的缺憾。同时也应注意到,传统兵家之学的边缘化又进一步形塑了兵学文化,固化了其儒学主导、重道轻器、重义轻利、贵谋贱战等特点。

第九章 明代兵家与兵学的演变

明清时期是中国封建社会的最后阶段,这一时期的兵家担负着特殊的历史使命——既需对传统兵学完成整理和总结,同时还要为迈向近现代的兵学转型做好准备和铺垫。从这个角度来看,考察这一时期特别是明代兵家群体的研究旨趣等,具有非比寻常的意义。

第一节 明代兵家对海防战略战术的探讨和战法革新

明代兵家在战法研究、战术的创新和拓展上有较大发展,结合火器的新型车战战法也受到推动,尤其是对海防战略战术有深入探讨,兵学研究内容变得更加具体、务实和丰富。[①] 明代中晚期,随着海上威胁的逐渐增多,海防形势发生了很大变化,逼迫明廷发展水军,提升海防能力,并研究海防战略及海战战法。

一、海防战略战术的研讨

清末名将左宗棠在总结中国历史上的边患时指出:"伊古以来,中国边患,西北恒剧于东南。盖东南以大海为界,形格势禁,尚易为功,西北则广漠无垠,

---

[①] 从总体上打量,中国古典兵学的发展和其他学术史有类似之处,也是走在向前发展的道路上,但在侧重点上有所区别。比如,兵学思想和总体原则等基本没有跳出先秦兵学,甚至是《孙子兵法》的藩篱;但在"术"的层面,也即具体的战术设计上,随时代变化而不断地有所发展。唐宋时期的兵学研究就已经开始体现出这一趋势,比如《唐太宗李卫公问对》的问世,"显示出古典兵学的重点正开始由战略的层次向战役战术的层次转移"。参见黄朴民、魏鸿、熊剑平:《中国兵学思想史》,南京大学出版社2018年版,第268页。

专恃兵力为强弱,兵少固启戎心,兵多又耗国用。"[1]这段话确实点明了我国边疆防卫的特点,特别是在东南方因为有海洋作为天然防线,较少受到袭扰。到了明代,伴随着世界范围航海技术的迅猛发展,明廷面临的海上威胁逐渐增多,倭寇长期袭扰我国东南海疆,就此引起海防形势发生急剧的变化。由于不堪袭扰,明朝统治者不得不在国防战略上进行若干调整,重新整合防卫力量,致力于发展水军,提升海防能力,由此而形成了较为完整的海防战略和较为系统的海战战法。倭患时起时伏,在一段时间之内对边境安全构成了严重的威胁,但在朝野上下共同努力和顽强抗击之下,边患最终得到解除。在军事实力非常强劲的明朝初期,御倭尚且不足以成为难事,取胜属于情理之中;在国力和军力都已日趋衰退的明朝中晚期,御倭仍能够取得完全成功,则显得非常难得。除海防体系构建和武器装备发展之外,明代海防战略构想及海战战法设计都有可取之处。海防战略思想在抗倭战争中逐渐得到完善,也反过来对抗倭战争起到指导作用;严重的倭患逼迫人们深入研究海防理论、探讨海战之法,特别是在嘉靖以后,很多军事理论家都开始深入探讨海防理论:据统计,在明代后期的百年间,专门论述海防地理、设施和方略的著述就多达100多种[2],其中以郑若曾所撰《筹海图编》《海防图论》《江南经略》、邓钟《筹海重编》、王在晋《海防纂要》等最为著名。在经过多次论争并在战争实践之中得到检验之后,嘉靖年间明廷关于海防的战略战术思想已渐趋合理。

(一) 海陆并重

所谓海陆并重,其实是将决战海外、近海布防与海岸布防很好地结合在一起。

明朝立国之初,方鸣谦就曾建议将防御阵地拓展到海外:"倭海上来,则海上御之耳。"[3]此论受到朱元璋的重视,此后汤和奉命在东南沿海建立卫所、构筑海上防线,但明廷此后大规模实施海禁,海外御敌的思想其实并没有得到完全贯彻。到了永乐年间,朱棣大力发展水师,派遣郑和远下西洋,并且适当解除海禁,所贯彻的恰是"海上御倭"的构想。明代中后期尤其是嘉靖年间,随着

---

[1] 左宗棠:《遵旨统筹全局折》,刘泱泱等校点:《左宗棠全集·奏稿六》,岳麓书社2014年版。
[2] 参见秦天、霍小勇编著:《悠悠深蓝:中华海权史》,新华出版社2013年版,第86页。
[3] 张廷玉等:《明史》卷126《汤和传》,中华书局1974年版。以下只注篇卷。

倭寇袭扰力度的加大,到底是海上御敌,还是固守海岸,重新成为兵家必须面对的新论题。

如俞大猷积极主张在海上御敌,他说:"倭贼之来必由海,海舟防之于海,其首务也。"①胡宗宪也主张"制寇于海洋",并且极力主张恢复"巡海会哨"制度。唐顺之指出:"御贼上策,当截之海外。"②他们的主张得到了当时正巡视浙闽的右佥都御史王忬的大力支持,并赢得如兵部尚书杨博等一帮朝臣的高度认同。明廷此后大规模建造船只,大力加强水师建设,多少与这些前线御倭将领的诉求有关。经过一番努力之后,虽说并不能实现俞大猷所希望的"水兵常居十七"③的目标,却也在一定程度上改变了此前军备松弛、装备颓坏的局面,并奠定了御敌于海上和固守重要海口的基础。

以当时明军的水师实力,海上御敌其实存有不少困难,不仅是战船损毁严重,难以满足出海作战要求,而且大多数官兵也缺少航海经验,甚至根本没有海战经验,与一贯在风浪里出没的倭寇相比确实不占优势。故此,谭纶、戚继光等人主张放弃海上御敌,退守陆地。谭纶指出,海战存在着"万里风涛""贼预知趋避""难于声援"和"(将士)掩功讳败"四个弊端,故此他主张"内海之外,止可出哨,不能设守",进而反对在海上与倭寇作战。④戚继光虽主张"水陆兼司",却更强调"陆战尤切"。⑤事实上,戚继光抗倭的主要战绩,有不少都发生在陆地,与他的一贯主张和抗倭方略保持一致。

朱纨、张经等人则建议统筹考虑,也即海陆一体,以陆防配合海防,建设立体式防御体系。朱纨指出:"不革渡船则海道不可清,不严保甲则海防不可复。"⑥基于这一理念,他建议大量建造战船,并建立严密的保甲制度,使得海防与陆防很好地融为一体。如果短期之内战船无法满足海上作战需求,则暂时以陆地布防为主,但也应积极建造大型舰船,逐步由近海推进至远洋,最终实现出海决战。这样便可以既御敌于海洋,也固守于海岸,既坚守重要海港,又

---

① 俞大猷:《议水陆战备事宜》,《正气堂集》卷7,清刻本。以下只注篇卷。
② 《明史》卷250《唐顺之传》。
③ 俞大猷:《恳乞天恩赐大举以靖大患以光中兴大业疏》,《正气堂集》卷16。
④ 姜宸英:《海防总论拟》,贺长龄、魏源等编:《清经世文编》卷83《海防上》,中华书局1992年版。
⑤ 戚继光:《纪效新书》卷首《任临观请创立兵营公移》,《中国兵书集成》第18册,解放军出版社、辽沈书社1995年版。
⑥ 《明史》卷250《朱纨传》。

死守重要内河,实现彻底消灭倭寇的目标。

御海作战与固守陆防两种理论,其实也是特定时期的产物,其受制于其时明廷的海防力量,因此可在特定历史时期产生作用,很难断定孰是孰非。这种争论和分歧同样存在于现代海军理论中,马汉(Alfred T. Mahan)曾专门讨论海岸设伏与海军战略的关系,认为海岸要塞"并非为了防御,而是为了进攻"。[①]考察明军抗倭历史,不难看出当时各方已于战略层面有深入讨论,相比马汉的《海军战略》也未曾逊色。通过多个回合的争论,明军已注意将陆防和海防结合在一起,而非偏执于一端,海防战略理论也显得相对完整。

(二)攻守结合

所谓攻守结合,即既寓守于攻,也寓攻于守。无论是岸防还是海防,都不可一味死守,而应抓住时机果断出击,积极主动地消灭敌人。

明代有关海禁的争论,其实质仍是对攻守问题的争论。就海防建设而言,长期实施海禁其实是一种相对保守的退守之策。明朝初期的海禁对于海防曾起到了一定作用,但随着时间推移已渐显弊端。由于海禁阻断了明帝国与海洋的联系,使之不仅损失了巨额海外贸易,同时也失去了走向世界的机会,并逼迫沿海居民铤而走险,违禁下海,甚至大胆地接济倭寇,乃至就此加入倭寇的队伍。单纯的海禁政策明显是消极退守的,只能阻止倭寇靠近海岸,并不能消灭倭寇的有生力量,也因此而无法从根本上消除倭患。永乐年间,朝廷部分解除海禁,并且派遣船队扬帆出海,在体现积极进取的开拓精神的同时,也很好地宣扬了军事实力,宣示了海洋主权。这种积极开放的态度,正好实现了以攻代守。这是明廷水军实力得到极大张扬的时期,倭寇自然不足为患。到了明朝中后期,海禁同样与御倭紧紧捆绑在一起,也是看重其对于防守的意义。王忬、俞大猷等人极力主张继续严令禁海,但遭到了谭纶等人的强烈反对。谭纶认为,只有解除海禁才可以收拢沿海民心,消除倭寇在陆地上的根据地,进而赢得御倭主动权。也就是说,表面上对于海禁政策的若干松动,反而可能会增强海防的伸缩性和张力,使得各种防守策略可以更好地贯彻下去。

---

① 艾·塞·马汉:《海军战略》,蔡鸿幹、田常吉译,商务印书馆1994年版,第407页。

现代海战理论强调攻与守的结合,马汉就将海战的军事力量分为"攻势力量"和"守势力量",强调区别场合使用。① 明代海防战略同样强调攻与守的结合,但这似乎是借鉴和发展了孙子的战争理论。郑若曾分析海防的攻守之道时指出:"攻之中有守,守之中有攻。攻而无守,则为无根;守而无攻,则为无干。"在这里,郑若曾以树木的根和干作为比喻,巧妙地论述了"攻"与"守"须臾不可分离的辩证关系。这一论述形象而又生动,可以说是得到了孙子的真传。郑若曾接着以守城为例继续进行讨论,指出守城存在着难以避免的缺陷:"一城之中,不下数万家,若定守之而不外攻,围困日久,食尽兵罢,寇虽不攻而我亦自溃矣。"②就守城而言,即便是城墙非常坚固,足以确保不被攻破,也应适当发起反攻。毕竟城中粮草有限,如果一味死守,全面放弃进攻,迟早会迎来弹尽粮绝的一天。因此,正确的防守之术是在强调固守的同时,不忘适时组织反击。即便兵力明显处于劣势,也要派出精锐之师对敌实施袭扰,使其无法专心攻城,进而寻找突破和反击的良机。明代著名的抗倭战例,诸如剿灭徐海、擒拿汪直、舟山大捷和台州大捷等,便都是因为很好地处理了攻守关系而取得胜利。只有先做好防守,再抓住时机组织反击,并果断地与倭寇展开海上决战、岛礁决战,才能够更好地发挥出明军在战船和兵力上的优势,找到消灭对手的机会。

(三)聚揽民心

孙子认为影响战略决策的重要因素一共有五个:道、天、地、将、法,合称为"五计"(《孙子·计篇》)。这"五计"中,"道"位列第一,强调的是政治清明的重要性,这是孙子战略思想的重要内容。明代海防起初并未关注"道"的因素,因而屡遭失败;后期则吸取教训,强调军民协同和聚揽民心,方才逐渐赢得转机。

明中期以后,政治愈加腐败,军备日益废弛,长期的海禁更是引发了沿海居民对政府的强烈不满。大量沿海居民迫于生计,纷纷依附倭寇、接济倭寇,这也是明朝中晚期倭患愈演愈烈的重要原因。郑若曾在分析倭寇成分时指

---

① 艾·塞·马汉:《海军战略》,蔡鸿幹、田常吉译,商务印书馆1994年版,第127页。
② 郑若曾撰,李致忠点校:《筹海图编》卷12《经略二·严城守》,中华书局2007年版。以下只注篇卷。

出:"今之海寇,动计数万,皆托言倭奴,而其实出于日本者不下数千,其余皆中国之赤子无赖者入而附之耳。"①由此可见,在政治晦暗的时期,政府因失"道"而成为孤家寡人,民众不仅不响应政府的号召,反而逐步走到其对立面,教训不可不谓深刻。要想改变这种不利形势,使用有效的政治手段和经济手段抚慰民众和收揽民心,便显得非常迫切。此后,明廷开始减免沿海赋税,力争使得百姓能够安居乐业,而不用依附于倭寇求生;海禁政策虽仍在延续,但是渔民在近海捕鱼则不被完全禁止。此外,明廷还加大了惩处贪官污吏的力度,注意选用良吏,认真体察民情,尽力收买民心。总之,政府花了很多力气"行宽大,布恩信,问疾苦,时拊循"②,致力于改变自身形象,最大限度地抚慰民众,至少不会再逼迫沿海居民转而加入倭寇队伍之中。为了赢得民心和缓解矛盾,对于那些已经加入倭寇的民众,如能及时归降,明军一律既往不咎,从而也对倭寇形成了分化和瓦解。

在抗击倭寇的关键时刻,明政府非常注意宣传倭寇造成的危害,号召沿海居民团结起来保家卫国。他们将沿海地区的民众组织在一起,加强训练,与明军协同配合,形成合力。当时,针对沿海卫所军队战力较弱的情况,政府一面征调客兵,特别是来自两广和湖广等地的狼兵③、土家兵,一面则是在沿海地区大量招募乡勇,调动他们的积极性,号召他们组成乡兵,力争各保其乡。戚继光和俞大猷意识到卫所之兵缺乏战斗力,客兵战斗力虽强却也难以驾驭,于是大量招募当地民众,组建成戚家军和俞家军。戚继光说:"堂堂全浙,岂无材勇?诚得浙士三千,亲行训练,比及三年,足堪御敌。"④当他提出这一想法时,身边不少人都无法理解,甚至对此发出哄笑和嘲讽。但事实证明,戚继光的眼光非常独到,他的这些主张也慢慢地为上司和同僚所接受。沿海居民在经过严格的训练之后,也在抗倭战争中发挥了积极作用。嘉靖以后,募兵制越来越受重视,成为世军制的重要补充,这与戚继光等人募兵抗倭的成功实践不无关系。

大量征调民船也成为抗倭的保证。征调之所以能够顺利展开,也是依靠

---

① 《筹海图编》卷11《经略一·叙寇原》。
② 《明实录·世宗实录》卷413,上海书店出版社1982年版。
③ 专指广西招募之兵和自卫武装,其彪悍勇武,却也军纪混乱;战斗力强,却也较难管制。
④ 戚祚国汇纂,李克、郝教苏点校:《戚少保年谱耆编》卷1附《练兵议》,中华书局2003年版。

政策手段和广泛发动,赢得民众的鼎力支持。当时明军所拥有的战船大多年久失修,损毁严重,短期之内又来不及建造新的战船,因此只得大量征调民船。如果无法得到渔民支持,这一切便成为空谈。由于出台了切实可行的政策,有些渔民愿意根据政府的折价将渔船献给明军作抗倭之用。有些渔民还主动充当兵夫,发挥他们熟悉近海地形和天候的优势,尽其所能地协助明军抗倭。

(四)情报先行

关于情报与战争的关系,孙子有句名言:"知彼知己,胜乃不殆;知天知地,胜乃不穷。"(《孙子·地形篇》)陆地作战需要重视情报,海战同样应充分掌握敌情,认真分析和研判敌我双方的力量对比。在海战中,除了要对敌情、我情进行分析和比较之外,还要充分掌握天候、地形等与战争有关的各类情报。与陆战不同的是,海战有关"地"的内涵会发生一些变化,主要是指有关海洋的基本情况,如潮汐、水深及水流走向等水文情报。

《筹海图编》论海防情报,既强调战略层面,也重视战术层面,达到了新的高度。郑若曾指出,"不按图籍不可以知厄塞,不审形势不可以知经略"[1],主张海防设置必须要"因地定策",因此格外重视海防地理情报。围绕这一目标,郑若曾采用"图以志形胜,编以记经略"的体例,详细记载中日两国有关情况,申述海防战略思想。书中大量绘制明代沿海地形和郡县图等,不仅保存了许多极具价值的地理资料,而且标志着军事地理已成为海防情报搜集的重要内容。

谭纶、俞大猷、胡宗宪等都充分意识到海防情报的重要性。胡宗宪主持抗倭时,一直非常注意加强舰船的巡逻力度,提升海防警戒水平,同时注意搜集海洋情报,使用熟悉海情的乡兵驾驶舟船、担任向导。他甚至提出要求:"风汛时月,正副总兵不拘警报有无而亲出海洋。"[2]内阁首辅张居正同样十分重视海防情报,亲自参与重要情报的分析和研判,并命戚继光等人必须高度重视探听倭情,要求他们"凡机密重务,许以不时奏闻"[3]。在这一指导思想之下,各地都建立了严密的巡哨制度,多层设防,并连接成线。至于担任巡哨任务的情报人

---

[1] 《筹海图编》卷首《凡例》。
[2] 胡宗宪:《浙江四参六总分哨论》,陈子龙等选辑:《明经世文编》卷267,中华书局1987年版。
[3] 张居正:《答蓟镇总兵戚南塘计边事》,《张太岳集》卷30,上海古籍出版社1984年版。

员,也确定了严格的选拔标准:一是熟悉敌情,知晓当地情况;二是能说一口流利的外语;三是熟识敌方人员,会交朋友。

对于研判海上敌情,明军也总结了一些基本方法。其中最著名的莫过于戚继光的"海上相敌二十法"。这些相敌之法,并非对孙子三十余种"相敌之法"的简单模仿,[①]而是从实战中总结出来的经验之谈,对于冷兵器时代海上敌情研判具有很强的指导作用。这些相敌之法,充分总结了倭寇海上战斗的行动规律,其中同样蕴涵着"去粗取精、去伪存真、由此及彼、由表及里"的情报分析方法,是我国古典情报理论的宝贵遗产,甚至对当今打击海盗和保障海上战略交通要道畅通的情报工作等,都有一定启示意义。

倭寇其实也非常注意情报工作,而且行动隐蔽,行踪难定。他们熟悉天气潮汐情况,能够做到随机应变,而且非常善于化装,巧行欺骗之术,加之又有不少奸细担任内应,导致明朝官兵难以设防。在这种情况下,反情报工作显得尤为重要。为做好防奸保密工作,戚继光等人曾亲自制定《伏路条约》,命令三军共同遵守。当发现敌情时,伏路军官必须火速报告并迅速处置。明军的海防情报体系在抗倭军事行动中逐渐得到完善,也对抗倭起到了积极作用。

二、战法探讨和战术革新

为寻求战术变化,戚继光借鉴前人阵法,研究设计出"鸳鸯阵法",同时他还就海战战术等进行了深入探讨。当然,对海战战法总结更多的要数《筹海图编》。随着明代以火器为中心的兵器升级,兵家更强调火器的运用,由此推动了新战法的诞生。《火龙神器阵法》《火攻挈要》等对火器的使用总结得更为深入,既体现出"重术"的一面,也体现出"重器"的一面。明朝后期兵学快速发展的局面,尤其是以火器为代表的军事科技的高速发展,以及围绕火器技术所带来的战争理论的更新等,都表现出军事理论升级转型的迹象。

[①] 两种相敌之法请分别参见戚继光:《纪效新书》卷18《治水兵篇》,《中国兵书集成》第18册,解放军出版社、辽沈书社1995年版;《孙子·行军篇》。

（一）戚继光的战术革新

因为有长期学习古代兵学经典的背景，戚继光对于以《孙子兵法》为代表的传统兵学多有继承。相对而言，就战略筹划和攻守战术等方面继承更多，同时也战法上有所创新。戚继光的作战对手，要么是游弋于海上的倭寇海盗，要么是游猎于草原的骑兵队伍。他们都具有灵活机动的特点，也都以掳掠财货和人口为基本战争目标，一旦目标达成，就会迅速撤出战斗，消失在茫茫的大海或无垠的草原之上，踪迹难寻。与这样的对手作战，戚继光必须相应提高部队战术素养，并对传统战术进行必要的改革。

戚继光战术思想的主要特点体现在三个方面：第一，充分发挥武器装备方面的优势。当时明军已经拥有火炮、火铳等较为先进的热兵器，无论是对付蒙古骑兵，还是对付倭寇，都占有一定的优势。就海上作战来说，明军的舰船也相对先进。为了对付骑兵，明军还专门研制了狼筅、大棒等特殊兵器，结合快枪鸟铳等远射火器杀伤敌人。戚继光战术改革的核心问题，就在于如何充分发挥武器方面的优势。第二，寻求人与武器的最佳结合。通过合理的战术编组和扎实训练，让士兵和武器之间形成良好的配合。尤其是注意将冷热兵器有机地结合在一起，最大限度地发挥战斗力。第三，重视情报工作，尤其重视海防情报工作。无论疆防还是海防，戚继光都非常重视情报工作。如前所述，为了搞好海防情报，他还模仿孙子的相敌之法，提出了内容新颖的"海上相敌二十法"。这些方法对于冷兵器时代的海上敌情研判具有很强的指导作用，也是戚家军能够多次击败倭寇的重要原因之一。

戚继光的战术编组和排兵布阵中也贯穿着战术思想，以最大限度地发挥个体的战斗力。《明史》记载了戚继光组织车营战术："车一辆用四人推挽，战则结方阵，而马步军处其中。又制拒马器，体轻便利，遏寇骑冲突。寇至，火器先发，稍近则步军持拒马器排列而前，间以长枪、筤筅。寇奔，则骑军逐北。"[①]这种战斗阵型的组织，注意多种武器装备性能上的互补性，可以最大限度地发挥军队的战斗力。类似的还有"鸳鸯阵法"，该阵由十二名武艺娴熟的士兵组成一队，左右对称排列，因此而得名。按照戚继光的设计，年纪稍长的士兵手

---

① 《明史》卷212《戚继光传》。

持防御性的长牌,年轻而又力气未稳的手持藤牌,年轻力壮且斗志旺盛的手持狼筅等进攻性武器,最后以鸟铳手压阵。上述战术编组,一方面注意冷热兵器的结合,另一方面则追求长短兵器的互补,使得单个战术编组的战斗力得到大大加强,既能对远近不同距离的敌人构成杀伤,同时还能做好必要的防御措施。除了对武器准备上的考虑之外,戚继光的战术改革也寻求车兵、骑兵、步兵和水师等多兵种之间的协同作战。戚继光将车兵、骑兵和步兵合而成为一营,通过合理编组和严格训练,令骑兵、车兵和步兵形成合力,能够紧密相依、步调一致,并且保证不会发生"车前马后,马前车后之误"[①]。三者之中,以车兵为正兵,车上多配各种火器,车与车之间有步兵护卫,各兵种可以互相形成支援。这种战术编组也强调变化,在遇到复杂地形时,骑兵可以前出列阵,防止整个战队遭敌伏击。另外,针对各种不同地形,作战的主力也会发生变化。平坦开阔地带以车兵为主力,山林地带则以步兵为主力。

从战术史的角度来考察,戚继光所进行的战术变革具有非同寻常的意义。与先秦时期的《六韬》或唐宋时期的《唐太宗李卫公问对》等相比,戚继光时期的兵种合同战术,无论在参与兵种的门类方面,还是在战术变化的样式方面,都取得了新发展。为寻求战术变化,戚继光大胆变革阵法,目的就是最大限度地挖掘士兵的作战潜能,充分发挥各种长短武器的效率。如在"鸳鸯阵法"的阵型中,士兵必须密切协同,巧妙配合。这种战斗模式,实则和今天的班排战术类似,强调的是士兵之间的团结协作。这种精心设计的班排战术,经过实战考验,表现出灵活多变、攻防兼备的特点,对戚继光御倭起到了很好的作用,也是戚继光对战术史做出的杰出贡献。

(二)《筹海图编》对海战战法的总结与探讨

在《筹海图编》中,郑若曾对包括胡宗宪在内的各级将领有关海防的重要论述进行了摘编和探讨,其中也包含了郑若曾本人有关海防及海战的真知灼见。在他看来,要想搞好海防,就必须既重视"御海洋",又强调"固海岸",既要加强"谨瞭探",也须重视"勤会哨"。只有做到这些,才能保证海防战略的总体设计能够跟进抗倭斗争的形势变化。在这里,郑若曾对抗击倭寇的防御层次

---

① 戚继光撰,邱心田校释:《练兵实纪》卷1《练伍法》,中华书局2001年版。

和防御策略有着较为全面的关注,还对海防情报的侦察和研判等有系统总结,因此这部分内容集中汇集了海防战略战术,也可视为《筹海图编》的精华部分。

关于"御海洋",郑若曾对胡宗宪"海防则必宜防之于海"的主张进行了较为细致的阐释,所推崇的是"击贼于近洋而勿使近岸"的战法,反对将战火引到陆地,防止因此而给沿岸百姓造成不必要的伤害,也可防止倭寇深入腹地后造成更大损失。① 至于"固海岸",郑若曾认为这是"紧关之第二义",同样也需要引起重视,但地位已经等而次之。为了做好"固海岸",就必须要做到"谨于海岸之守",并进一步做好反客为主的准备工作,及时组织反攻,才能确保沿海各地关隘的安全。② 在他看来,对情报工作必须要给予充分重视,做好"谨瞭探"则是搜集敌情、实现"先知"的根本保证。为做好情报工作,必须"精选熟知水性之人分头哨探"③,依靠这些哨探在沿海搜集有关倭寇的情报。至于"勤会哨",也是防止倭寇"互为声援"④的有效手段,同样必须引起充分重视。为了更好地做好情报工作,当然更要注意使用间谍。郑若曾引用唐顺之"用间,使其自相疑而自为斗,最是攻敌上策"⑤一语,说明了巧妙使用间谍的重要性。事实上,后来倭首徐海等人被除,正是巧妙使用间谍的结果——胡宗宪委派夏正担任间谍,离间徐海和陈东等倭首,结果大获成功,从而一举除掉在两浙一带为害多年的倭寇。

与此同时,郑若曾还对各种海战兵器,尤其是战船的作战性能等,进行了尽可能翔实的记录,对各种兵器不同的使用特点有具体描述。在各种作战兵器中,他尤其重视火器,对天坠炮、子母炮、火箭、佛朗机等的作战性能都有记载。例如对于鸟嘴铳,指出了其"马上步下皆为利器"的特点。为了强调火器的重要性,他再一次引用了唐顺之的论断:"寇所最畏于中国者,火器也。"⑥既然如此,力争扬长避短,充分发挥火器的优长,便成为明军抗倭首先要考虑的因素。

---

① 《筹海图编》卷12《经略二·御海洋》。
② 《筹海图编》卷12《经略二·固海岸》。
③ 《筹海图编》卷12《经略二·谨瞭探》。
④ 《筹海图编》卷12《经略二·勤会哨》。
⑤ 《筹海图编》卷12《经略二·用间谍》。
⑥ 《筹海图编》卷13《经略三·兵器》。

(三) 孙承宗的车战理念和战法设计

从《车营叩答合编》的问世,可以管窥明朝末期传统兵家试图完成兵学转型的艰难历程,尤其是可以看出孙承宗对于新型车战战法的探讨。为确保车营的顺利组建和新战法研讨的深入展开,孙承宗一直非常注意招揽人才。在经略蓟辽期间,他长期与鹿善继、茅元仪、杜应芳等文武官员研讨破敌之策,推动新型车兵的战法研究。"以边才自许"[①]的袁崇焕,也得到孙承宗的赏识。尽管孙承宗一度因权阉魏忠贤诬陷而去职,但抗击后金的信念始终岿然不动。在意识到新型战车的战斗力之后,孙承宗曾主持撰写《车营图制》,对车营编组、兵器配备、兵种协同及后勤保障等,都进行了较为深入的探讨。此后,为确保车营编制的合理化和相关战法研究水平的提升,孙承宗推出了有关车营战法的一百零八个论题,即《车营百八叩》,同时还组织人力编写《车营百八答》和《车营百八说》,对所叩问内容进行解说,这些论作后合编为《车营叩答合编》。孙承宗相信,"大叩则大鸣,小叩则小鸣"[②],希望是书能为抗击后金兵起到积极作用。

车战一度是西周和春秋时期的主要作战样式,至战国时期逐渐没落。[③] 到了明代,火器技术一度迎来快速发展,因为战车可以装载火器而使得车兵迎来复兴的机会。明代兵书《火龙神器阵法》中,已将装载火器的战车视为"以寡敌众,以逸待劳"之谋。[④] 在北方御敌战争中,明军也曾多次尝试使用车战并取得了一定的战果。[⑤] 到了明朝末期,随着内忧外患进一步加剧,设计新型战法成为现实而又急迫的课题,于是再次出现对于新型车兵的呼唤。面对以骑兵见长的后金军,孙承宗也将装载火器的战车视为击败对手、收复辽土的重要砝码,因此力主建设新型车兵,并积极研讨火器与车兵相结合的新战法。在他看来,战车不仅具有"不动如山"的抗击打能力,也可以利用火器快速打击敌军。

---

① 《明史》卷259《袁崇焕传》。
② 孙承宗:《车营叩答合编》卷2《车营百八叩·序》,《中国兵书集成》第37册,解放军出版社、辽沈书社1994年版。以下只注卷。
③ 参见孙机:《中国古代车战没落的原因》,《中国国家博物馆馆刊》2014年第11期。
④ 焦玉:《火龙神器阵法·隔河神捷火龙车》,《中国兵书集成》第17册,解放军出版社、辽沈书社1994年版。以下只注篇名。
⑤ 参见韦占彬:《理论创新与实战局限:明代车战的历史考察》,《河北学刊》2008年第2期。

当然,这一多兵种协同战术的关键是"火(器)以车习,车以火(器)用"①,二者之间密切配合,才能充分发挥火器的威力。同时,骑兵、车兵、步兵、水兵等在此战术中都需达成最优配置,从而形成合力,打击对手。孙承宗指出,其核心还是看火器能否充分发挥作战效能:"莫如用车,其用车在用火(器)。"②因此,他加快推进火器与车兵的融合,为此倾注了几乎全部的心血并寄予厚望,曾留下"万方车骑拥雕栏"③的诗句。

兵家代表人物孙子认为用兵贵在变化:"能因敌变化而取胜者,谓之神。"(《孙子·虚实篇》)此语道出了兵法的真谛,得到历代兵家的认可和践行。就车战的战法而言,这一用兵原则同样适用。孙承宗高度强调"因敌制变",指出:"或抄其旁,或袭其后,或捣其老巢,因敌制变。"④在他看来,车战的各种战术变化也都需要根据敌情的变化而展开,这便是"因敌制变"。只有跟踪敌情并善于变化战术,才能因敌制胜。孙子制定战术时,建立起一整套"分合为变"和"因敌制胜"的战法,将诡道视为核心内容,这一点也得到了孙承宗的继承。在《车营叩答合编》中,孙承宗在强调"因敌而制胜"的同时,更主张"因其计而出奇兵"⑤。这里的"因"和《孙子兵法》中的"因"相似,同样可作"因此""原因"或"依靠""因循"解。所谓"因其计",指的是根据敌方所设计的计策而采取相应对策。一方面是使得敌人无法从容施展计谋,另一方面则是"因敌制变",进而寻觅获胜之机。

孙承宗认为,车战中同样存在战争欺骗行动,不仅要严防敌方间谍刺探情报,避免为敌方奸计所伤,同时还要主动使用欺骗之术欺敌诱敌,借机离间和分化敌军。这既是主动进攻的情报欺骗之术,也是将帅经常使用的制胜战术。"因敌制变"战术,多结合敌情而展开,多方运用欺诈之术,因此可视为战术之"奇"。在此基础之上,孙承宗还结合车战战术,对"奇正"的内涵进行充分探

---

① 孙承宗:《车营扣答合编》卷2《车营百八扣·序》。
② 孙承宗:《车营扣答合编》卷2《车营百八扣·序》。
③ 孙承宗诗作《殚忠楼同鹿干曜杜培亭宋园如程星海张起闲寗次田杜亦河有作(其一)》:"高楼更上一层看,四望浑开大将坛。千里金汤横雉堞,万方车骑拥雕栏。真人气接尘先静,猛士云气胆亦寒。却忆中山徐太傅,独数兵法向平蛮。"详见李红权辑录点校:《孙承宗集》卷5,学苑出版社2014年版。
④ 孙承宗:《车营叩答合编》卷3《车营百八说·其七十一》。
⑤ 孙承宗:《车营叩答合编》卷3《车营百八说·其五十四》。

讨。在撰写《车营百八叩》"序言"时,孙承宗已经高度强调"奇正"问题,花费很多笔墨予以论述:"兵,用水用陆,遂用舟用车。其舟车,用步用骑;其骑步,用众用寡,用正用奇。凡兵皆守,动则战,凡战皆众而有寡,凡战皆正而有奇。一两之卒,用伍为寡,余为众;用伍为奇,余为正;或用余为奇,伍仍为正,有我正而敌为奇,有我奇而敌为正。余欲用车为正,用舟为奇,而车自有奇,舟自有正。"①这段文字不长,但已对战术变化中可能出现的情况几乎都有提及。在孙承宗看来,所有战术设计都无法离开奇正,因此车战和舟战中同样存在奇正之术。如果是车战与舟战的结合,则车战为正,舟战为奇。即便是单独使用车战或舟战,其中仍然存在奇正。因为无论是陆战水战,其中都必然地要牵涉到诸如攻守和众寡等论题,而它们又和奇正紧密相连。因此,研究车营之法也必须深入研究奇正,可以借此丰富战术手段。

通观《车营叩答合编》,孙承宗关于新型战法的讨论显然受到了传统兵学的深刻影响,尤其是"选卒"等主张中都可以看出孙子的影子。即便是讨论车战的奇正,也仍未能在总体上跳出传统论述范式。当然,他也曾试图结合装备发展和时代特征有所创新和改变,对车战的临阵之法进行了多方探讨,以便更好地发扬火器的威力。就古典兵学的发展而言,这一点显得难能可贵。我国传统兵学研究因为受到军事科技发展缓慢等因素制约,一度长期徘徊于冷兵器时代而难求一振。在明代中晚期,随着火器技术的进步,上述停滞局面一度迎来改观,新型车兵渐受重视,战略地位越发突出。因为孙承宗等人的努力,明末对新型车战和新型战法的探讨也有日渐深入之势,传统兵学也就此迎来转型的良机,《车营叩答合编》成为这种努力的最佳注脚。令人遗憾的是,明朝末年混乱的朝纲和特殊的内外环境等,随即打断了这一转型历程,孙承宗等人的种种努力也都最终付诸东流。

三、《武备志》对古典兵学的总结

明代中晚期,海防局面的变化以及火器技术的革新等,都极大促进了兵家理论的发展,古典兵学至此获得一段快速发展的高峰期。明朝末期由茅元仪

---

① 孙承宗:《车营叩答合编》卷2《车营百八叩·序》。

编撰完成的《武备志》恰好完成了对古典兵学的总结任务。因此，这本兵书的诞生对于明代兵家的历史地位而言，无疑具有特殊意义。

茅元仪，字止生，号石民，又号东海波臣、梦阁主人、半石址山公等，明末归安（今浙江吴兴）人。由于曾亲眼见到明朝政治日益腐败、内忧外患日趋严重，茅元仪更加注重实学，用心研究兵略，寻求"治国平天下"的方略。茅元仪著述宏富，对后世影响最为深远者，当推《武备志》。该书共二百四十卷，约二百万字，附图七百三十八幅。在这本百科全书式的军事学著作中，茅元仪对历代军事战略、各种阵法战术、传世主要兵书等都有系统总结，就此形成了一部体系宏大、内容丰富的军事学巨著。关于《武备志》的写作宗旨，茅元仪在其"自序"中有明确说明。针对当时的边患，朝廷无人可用，"文士投袂而言者，武弁能介而驰者，即以为可将"，这使得边患问题由此而变得越发严重。茅元仪对此忧心忡忡，所以立志钻研兵学，发奋著述，试图推出挽救时局的实用之学。他认为，"朝野之间，莫或知兵"，甚至于"以兵为弄""违天背地"，所以积极寻找治国安邦之策，竭力拯救日渐衰亡的明政权。[①] 虽说他的这一写作目的未能实现，但该书依据史事或战例并结合时势所进行的探讨，都有发人深省之论。

在茅元仪之前，还有若干大型兵书诞生，例如何汝宾的《兵录》、唐顺之的《武编》、王鸣鹤的《登坛必究》等。与茅元仪同期撰写的大型兵书，则有《经武要略》。这些著作虽难称完善，却也为古典兵学的总结起到了铺垫作用。《兵录》《武编》《登坛必究》《经武要略》等兵书，其立意和侧重点都各有不同，但都试图建立庞大体系，类目编排较为庞杂，而且总体上都属于"录"的性质。当然，它们还有一个共同的缺点，就是缺少己见，更缺少对古典兵学的宏观审视和总结。不过这些兵书的价值也不容否定，它们多少也为茅元仪撰述《武备志》起到了铺垫作用。而对古典兵学进行系统总结的任务，也正等待茅元仪来完成。

与《武经总要》《武编》《经武要略》等军事学类书相比，《武备志》具备明显的自身特点。

第一，综合性。《武备志》是一部大型的综合性辑评体兵书，与《经武要略》等同类书相比，它不仅体系更为宏大，而且点评更加精到；不仅条理清晰，而且

---

① 《武备志》卷首《自序》。

体例保持统一;不仅有理论总结,也有史料支撑;不仅考镜源流,挖掘古代兵典的要义,而且立足于解决现实问题,及时采辑其时先进的兵学理论和兵器知识。可以说,其编纂指导思想,要较其他同类兵书明显地胜出一筹。

第二,合理性。与《武经总要》或《武编》相比,《武备志》对古典兵学的分类排纂更加明晰合理。如前所述,全书分为"兵诀评""战略考""阵练制""军资乘""占度载"五大类,明显去除了从《武经总要》到《武编》及《登坛必究》《经武要略》等书中分类庞杂的毛病。为了对兵学的主要论题进行更为合理的总结,茅元仪采用了独特的条贯方法,大类之下设小类,小类之下又根据需要出发灵活设置细目,对涉及军事的方方面面问题进行概括和总结。这种条分缕析尤其可见作者功力,也可看出茅元仪对古典兵学的钻研之深。

第三,独创性。《武备志》中有大量的点评文字,基本来自茅元仪的独创和研究发现,同样可见功力。通过这些点评文字,茅元仪借机阐释了其对古代兵典的独到见解。除了每类之前的"序"之外,茅元仪还在完成基本资料的辑录之余,合理采用诸多方法完成对古典兵学的评注任务。比如,他通过文中夹注的方式,或解释难懂字词,或介绍经典战例,或申论兵学理论,很好地表达了自己对于军事问题的独到见解。很显然,这与"述而不作"的《武编》或《兵录》等兵书立即拉开了距离。

第四,系统性。与《经武要略》比较,《武备志》并没有局限于明朝一代,而是立志对包括明代在内的既往兵学进行系统梳理。茅元仪的立意,并不只是挽救时局,同时也是要对既往兵学进行全局性总结。《武备志》由此而成为"中国古代部头最大、类似军事百科全书性"的兵书。[①] 自成书以来,它都以丰富的内容、深刻的见解、科学的编纂、珍贵的史料等,赢得后人的广泛赞誉,受到研究专家的广泛重视。即便一度遭到清朝统治者禁毁,它仍然不断被翻刻,广为流传,足可证明其思想价值。

第五,创新性。通过《武备志》可以看出,茅元仪始终用创新和发展的眼光看待军事问题。其中不只是辑录古代军事技术,也积极倡导对新军事技术的发展和使用,意在改善明军的装备,提高明军战斗力。比如,他坚持认为御敌必须善于使用火器,对使用火器的原则方法和技战术等都有深入论述,希望明

---

① 参见许保林:《中国兵书通览》,解放军出版社2002年版,第382页。

军在作战和训练中充分熟悉和掌握各种火器的性能,并能因时因敌使用,充分发扬先进火器的威力。

总之,《武备志》从战略战术、装备后勤等多个方面,对涉及军事问题的各方面内容都进行了总结和阐发。茅元仪通过《武备志》,不仅阐发了自己的兵学思想,同时也完成了对中国古典兵学的分类梳理和总结整理。细察该书,我们不难发现,茅元仪的梳理总结,多少受到《汉书·艺文志·兵书略》的影响。这种"五分法"可能是尝试对旧有兵学思想体系进行革新,但也能明显看出"兵四家"的影子。一为五分、一为四分,虽不能建立起一一对应关系,但是《武备志》受《兵书略》影响的印记无法抹去。具体地说,"兵诀评"和"战略考"多属于"兵权谋"和"兵形势","阵练制"和"军资乘"所论,则多为"兵技巧","占度载"则大体属于"兵阴阳"。由此可见,《汉书·艺文志·兵书略》所建立的古典兵学的基本范畴,无论是精神实质,还是实际内容,并没有被茅元仪所完全消解。在《武备志》中,茅元仪只是换了一种方式,重新进行了归类与合并。

考察从《兵书略》到《武备志》的这个漫长周期,我们可以发现:中国古典兵学虽说一直向前发展,但更多的只是在"术"的层面或战术细节上有所创新,至于一些基本的思想和原则等,则基本没有跳出先秦兵学尤其是《孙子兵法》的藩篱。至于明代中晚期出现的若干具有创见的兵书,更像是一种回光返照。这个时候,我们再重新回味茅元仪在《武备志·兵诀评》中对《孙子兵法》的评价——"前孙子者,孙子不遗;后孙子者,不能遗孙子",越发觉得它确实抓住了中国古典兵学发展的内在发展规律,确实堪称允当之语:早于孙子的,《孙子兵法》都充分予以吸收;晚于孙子的,都不免受到《孙子兵法》的深刻影响。这段话充分说明茅元仪对古典兵学的洞察能力,也多少折射出古典兵学在长时间之内的停滞不前。

第二节 明代中后期兵家视野的拓展和关注点的增加

明代中后期,随着火器技术的飞速进步,西方科学技术的渐次引进,加之文人论兵推动了兵学理论水准的提升,传统兵家也在视野上获得拓展,关注点随之增加。尤其值得关注的是火器技术的进步促进战法的相应改进,其次则是军事地理学日益受到重视。

一、火器技术进步带来的战法的革新

到了明代,火器技术获得大幅度提升,火器种类不断增加,运用也日渐广泛,明军一度设置了专门的火器部队。火器技术的发展深刻影响了建军思想,加快推动军队编制体制的调整,并促进了军事训练的转型。不仅是训练内容发生了改变,训练模式等也都在发生深刻变化。在战争中,由于会围绕火器制定战术,战术思想和军事学术等由此而发生转变,传统兵家开始关注新领域,自此出现兵学研究的新局面。随着火器的发展,军事理论和军事学术也发生相应变化,"以器制胜"的战争观逐渐形成。火器的大量使用,使得战法变得更加多样化,兵种之间的合同战术水平达到了新高度,火攻战法也有了极大的提升,攻城和守城战术以及作战的阵法更加多变。与之相应的是,战争对各级指挥员的指挥能力提出更高要求。

第一,火器的发展使得作战兵种得到增加,战法更加丰富,战术手段更加多样化。

随着火器技术的飞速发展,其在战场所发挥的作用越来越大,明朝遂组建了专业的火器队伍——神机营,车兵也因为可以装载火器而就此复活。加上原有的步兵、骑兵和水师,明朝军队的兵种变得更加多元化。在戚继光的队伍中,就有步兵、骑兵、车兵等多个兵种。兵种的增加、武器装备的增多,可以让将帅在指挥作战时拥有更多的选择。特别是具备较高战术素养的优秀将帅,可以将兵力配置更加优化,并设计出更加多样的战法。如嘉靖四十年(1561)五月初四,倭寇袭击台州,戚继光得知这一消息后,立即率领士兵在上峰岭选择有利地形设下埋伏。虽说敌众我寡,戚家军依仗鸟铳、火箭等先进火器先机打击敌军,很快便使得倭寇溃不成军。在这场战役中,火器和地形成为戚继光设计伏击战术的关键因素。

火器的出现改变了各兵种之间的优劣对比。在冷兵器时代,骑兵因为拥有机动速度较快的特点,能够较好地压制住步兵。自从汉武帝大规模组建骑兵部队以来,骑兵在历朝历代都受到高度重视。在唐代,骑兵更是成为主战兵种,被大规模投放到战场之上。到了明代,步兵却因为便于使用火器而得到重新崛起的机会。步兵可以利用手中射击距离较远的先进火器,有效地抵御骑兵部队的冲击;对于骑兵而言,人坐马匹之上,火器反倒难以掌控和发射,便转而成为劣势一方。骑兵的威力忽然降低,在军队和战争中的地位也随之下降。

不只是步兵,车兵这种此前稍显笨拙的兵种,也因为能够满足装载火器的需要而重新受到重视,战略地位越来越突出。围绕车兵的特点和需要设计战术也成为兵学研究的新课题。如赵士祯积极主张车铳结合,用战车自卫,用火炮杀敌。他指出:"一经用车用铳,虏人不得恃其勇敢,虏马不得恣其驰骋,弓矢无所施其劲疾,刀甲无所用其坚利,是虏人之长技尽为我车铳所掩。"①又如前述,孙承宗亦对于车战很有信心,把装载火器的战车视为取胜后金、收复辽土的重要砝码,并围绕新型车兵精心研究战术,在突出战车"不动如山"之抗击打能力的同时,力求在完成车兵和其他兵种的战术协同方面使前者有所作为,其关键即是"火(器)以车习,车以火(器)用"。

由对于车兵的运用可以看出,随着兵种的增多,兵种之间的协同也是兵学研究迫切需要面对的课题。火器的发展和战争实践由此而极大促进了多兵种合同战术水平的提高。无论是在草原作战,还是在东南沿海御倭,一般都需要骑兵、车兵、步兵等多个兵种的互相配合。在俞大猷、戚继光等人的努力下,明军在东南沿海的抗倭中就成功地将步兵、骑兵、车兵和水军的合同战术发展到一个新水平。景泰元年(1450),明将董兴在与起义军的交战中,也曾使用水陆并进的战法取得胜利。当时比较常见的协同方式有三种:一是步兵从陆地利用火器远距离攻击敌人,水军则适时封锁海面,切断敌军退路;二是引诱部分敌军上岸,步兵利用地形发挥火器的威力消灭对手,水军也在海面对敌发起攻击;三是待敌军完全登岸,步兵和水军同时对陆地敌人构成夹击之势。无论采取何种协同方式,火器在其中都扮演了重要角色。

第二,借助于先进火器,火攻战法受到特别重视,与之相关的研究论著日渐增多。

先秦兵典《孙子兵法》设有《火攻篇》专论火攻,《六韬》中也有《火战》专门讨论火攻战法,说明先秦时期的火攻战法已经相当成熟。古代经典战例如官

---

① 《神器谱·防虏车铳议》,日本文化五年(1808)坊刊本。

渡之战、赤壁之战等，都因为以少胜多而名垂青史，其实也都有火攻助力。明太宗朱元璋亦非常善于运用火攻战法，在和陈友谅的鄱阳湖决战中就曾使用火攻挫败强敌。随着火器技术的发展，火攻战法在明代更受重视，已出现专门的研究论著，标志着古代火攻战法的研究进入了新阶段。

《火龙神器阵法》是一部结合火器发展深入研究火攻战法的代表作。书中不仅记载了各种火器的制造和使用方法、各种火药的配置方法和性能，更对火攻的方法和原则进行了深入探讨。仅就火药配置而言，《火龙神器阵法》也较《武经总要》所载配方更加合理和先进。作者指出，先进火器可以发挥多种用途，既可以直接杀伤单个敌人，也可以引发火攻，对敌造成大面积杀伤。至于发起火攻的时机，则一定要"上应天时，下因地利"①，既要抢先占据上风口，同时也要充分发挥各类火器的自身性能，并且注意与冷兵器充分结合。由此可知，该书不仅是专门研究火器制造的兵书，同时也是探讨火攻战法的兵书，在古代军事史上占据着重要地位。

《火攻挈要》成书相对前者为晚，记录火器、讨论火攻战术则较前书更进一步。该书题"汤若望授"，对当时西方先进火器技术也有所吸收。上卷概论火器的制造原则，中卷介绍火药的制造工艺，下卷介绍火器的使用方法和火攻的原则等。其中既有对当时火器技术的忠实记载，也有作者对明军使用火器作战的经验教训总结。作者借此提出自己对于火攻的独到见解，认为火器固然是破敌利器，但必须使用得法，尤其需要智谋良将来指挥，否则便是"空有其器，空存其法，而付托不得其人"②。他总结了明军虽有利器却不能以火攻破敌的主要原因，如将疲兵骄、铸铳无法、造药无法和装放无法等，也提出了具有针对性的解决办法，力争去弊存利。作者指出，火攻虽烈，却不能专恃，对于火攻的效能一定要辩证看待。在战争中，指挥员还要注意各种兵器的互相配合，结合具体的阵法灵活运用，即"兵器与火器互相为助"③，更不能被火器伤及自身。明代研究火攻的著作还有《火龙经》《火攻阵法》等，这些兵书不仅记载了当时火器技术的发展情况，也保存了明代结合火器对于火攻战法的深入探讨，反映

---

① 焦玉：《火龙神器阵法·火攻地利》。
② 焦勖：《火攻挈要》卷中《火攻根本总说》，《中国兵书集成》第40册，解放军出版社、辽沈书社1994年版。以下只注篇卷。
③ 焦勖：《火攻挈要》卷下《救卫之备》。

出其时火攻战术迅速发展的面貌,具有重要的军事学术价值和史料价值。

第三,攻城和守城都相应提升了战术难度,对城塞的防御作用须作重新认识。

火器时代的攻城与守城,其实仍然遵守"魔高一丈,道高一尺"的规则。守城一方如果拥有先进的火器,可以增加防守的厚度;攻城一方如果拥有锐利的火器,也同样可以较为容易地摧毁对方的防御阵地。当然,火器的出现,尤其是杀伤力更大的火炮大量投入使用,也明显地会令城塞的攻与守增加不确定因素,逼迫着城塞的攻守战术不断提高。冷兵器时代,兵器对于城塞的破坏能力非常有限,攻城在采取围困战术之外,只能仰仗奇袭,除了费时费力之外,士卒的生命损失也大,这就是孙子所坚决反对的"杀士卒三分之一而城不拔"的攻城之战。然而进入火器时代后,先进火器显然可以帮助攻城部队提升攻城能力,摧城拔寨变得相对容易。如果能够有效利用火器,不仅攻城的战术水平可以得到提高,也可以在有效杀伤敌军的同时保存自己。例如,攻城部队可以用火炮直接轰击城墙和城门,一旦打开缺口,步兵就可以迅速冲入城内;也可以悄悄挖通地道至城墙之下,再大量充填火药,通过引爆火药来炸塌城墙。永乐四年(1406),明军进攻安南多邦城,遇到顽强抵抗。敌军依托坚固的城墙和深深的壕沟,多次瓦解明军攻势。明将张辅一面派遣小分队趁着黑夜潜入城内,一面"翼以神机火器"[①],从而大量杀伤敌军,一举击溃对手。

天启六年(1626)的宁远之战中,努尔哈赤大军被袁崇焕用红夷炮击退。这场攻城战中,作为攻方的努尔哈赤因为对明军守城决心和火炮威力认识不足,故而导致惨败。他所擅长的传统攻城战术已经无法取得成果。袁崇焕就如何结合城墙构筑火炮阵地非常有心得,将守城战术提高到一个新层次。在随后的宁锦之战中,袁崇焕的防御战术又有所变化。为了对攻城的后金军构成牵制和打击,袁崇焕在城外布置了一支机动能力较强的骑兵部队,"绕出大军后决战"[②],一面依托坚固的城墙和先进的火炮进行防御,一面不时地对后金军的攻城部队展开袭击和骚扰。此举使得后金军无法集中精力攻城,精心设计的攻城战术无以施展。这场战役体现出袁崇焕守城战术的进步和高超的战

---

① 《明史》卷154《张辅传》。
② 《明史》卷259《袁崇焕传》。

术应变的能力。因为战术得当,袁崇焕率领明军成功地击退了皇太极率领的后金军。

在火器时代,守城之术、围城之术、围城打援之术乃至于后勤补给之法等,都需要被重新认识和设计。至于城塞设施,则在火药面前变得脆弱起来,其防守作用和存在价值也就此引发了人们的争论。明朝万历年间的进士尹耕针对当时渐渐弥漫的城塞无益论,特地著作《城塞》一书,呼吁朝廷继续加大城塞建设,认为"城塞以止驱,犹服药以已疾"[1]。徐光启也主张大力构筑城台:"建立附城敌台,以台护铳,以城护民。"[2]配合火器的城塞建设,即便面对争议仍然得到迅猛发展:在北疆,明王朝曾经多次对长城进行修缮与改建,尤其注意结合重要关隘构筑坚固的城堡来抵御北方游牧民族的入侵;在东南沿海,明军也非常注意结合大江大河和重要入海口构筑城池,修建具有独立作战能力的城寨。在城寨之内和重要关隘都大量配置先进火器,以此构建抵御侵略的基础防线。就城市防御作战而言,"依城护炮,依炮护城"也是火器时代非常不错的战术选择。袁崇焕之所以能够成功防守关宁,先后打退努尔哈赤、皇太极的进攻,其实也在很大程度上得益于用心构筑的坚固城墙。

第四,火器的发展促进了阵法的研究,也对指挥员的战术素养提出了更高的要求。

火器技术的发展和大量使用,也要求战场的阵法做相应的变革。从战斗队形到作战指挥等,都会随之发生很大改变。在明代,研究阵法的著作逐渐增多,焦玉的《火龙神器阵法》、何良臣的《阵纪》等,都有不少有关阵法的探讨。如《火龙神器阵法》中说:"选以精兵,练以阵法。器贵利而不贵重,兵贵精而不贵多,将贵谋而不贵勇。"[3]在作者眼中,阵法与火器、精兵一起构成战胜对方的不可或缺的重要因素,只有三者紧密地结合在一起,才能真正克敌制胜。

由于火器比冷兵器的杀伤力更为强大,作战双方都要更加合理地排兵布阵,力求找出最优兵力组合,更加充分地发挥火器的作用,同时更加注意保存己方的兵力。无论进攻还是防守,首先都需要注意"化整为零",小分队式的作战方式更加受到重视。也就是说,战斗阵型由大趋小,兵力分布由密集趋于疏

---

[1] 尹耕:《塞语·城塞》,《中国兵书集成》第40册,解放军出版社、辽沈书社,1994年版。
[2] 徐光启:《谨申一以保万全疏》,王重民辑校:《徐光启集》卷4,上海古籍出版社1984年版。
[3] 焦玉:《火龙神器阵法·火攻器制》。

散。戚继光的"鸳鸯阵法"正是以十二人组成一个基本战斗阵型,在战场上发挥了重要作用。其次,阵型设计更需要灵活求变,不再像冷兵器时代那般强调阵型的严整和规模。在开战之前,指挥员就需要根据地形变化合理部署火炮,组织强大的火力网,力求先以火器阻击对手和杀伤敌军。在战斗发起之后,也要善于根据战场情况,及时地调整阵型,牢牢占据战场主动权。最后,阵型设计要求能够有效地避开对方的直接杀伤,尤其是要躲开对方威力大、射程远的火炮,不再强调硬碰硬的直接对决,而是尽可能巧妙地隐蔽主力,等待合适的时机出现后再利用各种火器压制对手,歼灭敌人。

火器的大量使用使得战场面貌发生深刻变化,作战样式更加复杂化,需要指挥员善于根据战场形势及时做出调整。火器在引起战术和阵法不断变化的同时,极大地改变了战争指挥方式,这无疑对指挥员的战术素养提出了更高的要求,即焦玉所说的"将贵谋而不贵勇"①。在冷兵器时代,一次战斗乃至一场战争的胜负经常取决于战争双方的短兵搏杀,指挥员往往需要亲临战场,甚至带头搏杀。但在火器时代,远距离作战已经成为可能,更需要运筹帷幄的善谋之将。作战节奏的加快、火器种类的增加,需要指挥员更加博学,不仅懂搏杀,还要懂军事科技;不仅善于作战,还要善于指挥。宁远之战中,就有明军将领因为不懂火炮炮膛过热会引发开膛爆炸之类危险,被当场炸死。身为将帅,其主要职责不再是带领士兵冲锋陷阵,而是能够根据情报果断形成决策,具备快速应变能力,善于根据战场上的情况变化及时做出调整。为了解决信息不畅、指挥不力等问题,还应组织成立高效的指挥团队,大量吸收参谋人员的智慧。

总之,明代火器技术取得飞速发展,火器技术与战场的结合也较宋元时期有较大进步。遗憾的是,这种良好发展势头并没能够继续保持下去。日渐腐朽的明朝统治者即便是拥有先进火器,也最终没能抵挡后金铁骑入关。满族入主中原之后,明朝火器技术和军事科技的良好发展势头就此戛然而止。在清代,火器技术一度呈现出明显下滑态势,甚至一直持续到清朝灭亡。晚清时期中国火器技术与西方已经形成巨大差距,其落后状况与明朝火器技术快速发展状况形成鲜明对比,不免让人产生扼腕之叹。

---

① 焦玉:《火龙神器阵法·火攻器制》。

二、军事地理学进一步受到重视

军事地理学自先秦时期开始，便已经成为古典兵学的重要内容之一。《孙子兵法》已将"地"作为影响战争胜负的五个重要因素之一。[①]《六韬》《孙膑兵法》等兵书也充分结合地形研究战术。可见，对军事地理的研究是我国古代兵家的重要内容和优良传统，明代兵家对此同样非常重视。万历年间，伴随着古典兵学研究热潮兴起，军事地理学更加受人瞩目，《广志绎》《筹海图编》等著作的出现是其标志，《武备志》中也有大量讨论军事地理的内容。特别是《筹海图编》等书对海洋地理有深入讨论，还注意结合海岸地形条件，探讨海防战略、总结海战战法等。明末清初的军事地理研究已经发展到高峰期，系统论述军事地理的著作《读史方舆纪要》便于此时诞生。

（一）研究越来越偏向军事，更具深度和广度

洪武三年（1370），魏俊民等按照《大元大一统志》的体例编纂而成《大明志书》。在这个基础上，天顺五年（1461），李贤、彭时等编纂《大明一统志》，完成官修明代地理总志，比较系统而集中地保存了明代各个政区的重要地理资料。明前期的地理志书较少，所以这部书虽因纪事简略或张冠李戴等问题而遭受广泛批评，但它也为明代后期军事地理学研究的兴起打下了一定基础。此后，在经过诸如倭寇这样特殊的外部环境刺激后，之前那种单纯的地理志书开始转而向军事学方向大幅度迈进，于是有了明末清初军事地理学研究的高潮。

研究军事地理，既需要精通军事理论，也需要钻研军事历史，更需要不辞辛劳地游历五岳，走进名山大川，向各种复杂地理环境讨要学问。因此，军事地理学同时也是一门实践之学，需要于山水之间花费大量时间。这种实践之学，与王阳明所倡导且一度风靡各地的心学有着本质的不同。明朝末期，心学虽然高度发达，但也逐渐流于空疏，已导致不少问题出现。顾炎武等人甚至将明朝的灭亡归于这种空疏之学的发达："以明心见性之空言，代修己治人之实

[①] 《孙子·计篇》中将"道、天、地、将、法"统称"五事"。十三篇兵法中，既有专门结合地形讨论战术思想的《地形篇》，也有论述作战环境和兵要地理的《九地篇》。

学,股肱惰而万事荒,爪牙亡而四国乱。"①到了明朝晚期,一些睿智的知识分子已经逐渐认识到这一问题,于是万历之后的学风也在悄然发生转变。这种转变情形正如周振鹤所总结的那样,"从空谈性理转入经世务实"②。也就是说,地理学和军事地理学的兴起,与当时学风转变有着直接联系。从郑若曾到王士性,从顾炎武到顾祖禹,可以明显地看出这段时期军事地理学研究越来越走向深入。

人文地理学家王士性的游历可分为两种,除了地理学和军事地理学的探索之外,其中仍有不少纯粹属于寄情山水,游目骋怀,发一丝幽古之情而已。其中偏游记的风格被明末著名旅行家徐霞客等所继承,偏于军事的风格则被著名学者顾炎武等人所发展。顾炎武著述《历代宅京记》时曾说:"必有体国经野之心,而后可以登山临水;必有济世安民之识,而后可以考古论今。"③考察其著述和治学,也充分贯穿了这一思想。他之所以下大力气研究地理学,其实乃是源于家国之恨,希望能通过这种实学研究为反清复明提供武器。因此顾炎武的地理学,已经非常留意于军事。对此,全祖望有过非常简要的总结和评价:"凡先生之游,以二马二骡载书自随。所至陇塞,即呼老兵退卒询其曲折;或与平日所闻不合,则即坊肆中发书而对勘之。"④从这段记录可以看出,顾炎武每到一处险要之地,便与老兵一起探讨当时地理形势,又与旧籍仔细进行对照,努力进行核实。这种经世致用的地理学研究,明显深含心机,一直是在为复明大业做准备,带有强烈的现实意义和鲜明的军事色彩。因此我们可以说,顾炎武所研究的地理学实则为军事地理学。顾炎武博学多闻,但在清代学者看来,他"最明于地理之学"⑤。

作为一部百科全书式的军事学著作,同时也是对古典兵学具有总结性质的兵学巨著,《武备志》也必然要对军事地理学有所涉及。相关论述集中收录在《武备志·占度载》中。《占度载》的内容非常驳杂,所总结和收录的基本是

---

① 顾炎武:《夫子之言性与天道》,《日知录》卷7,清乾隆刻本。
② 王士性撰,周振鹤校:《五岳游草 广志绎》,中华书局2006年版,前言第1页。
③ 顾炎武:《历代宅京记·自序》,中华书局1984年版。
④ 全祖望:《亭林先生神道表》,《鲒埼亭集》卷12,张元济主编:《四部丛刊初编·集部》第292册,上海书店出版社1989年版。
⑤ 永瑢等:《四库全书总目》卷76《史部·地理类五》,中华书局1965年版。

兵阴阳学的内容。依照古代的传统，舆地学与阴阳学之间的关系非常密切，因此，茅元仪在《占度载》中为军事地理学留下了不菲的卷帙，也便很可理解。从卷一八九开始，茅元仪花费了大量笔墨讨论"方舆"，主要探讨的正是军事地理学。

在《方舆》的开篇，茅元仪就强调了研究军事地理学的重要意义："古之纵横家，欲以明通窾要执人主之契，必先熟形势始。"①这里所谓"形势"，指的就是地理形势。古代那些纵横捭阖、叱咤风云的纵横家，首先都是胸怀丘壑的战略家，对各国的地理形势和战略得失都谙熟于心，如此才能结合时势及时地拿出切实可行的战略方案，也才能在和国君对坐之时成功地说服对方。军事地理学是古今战略家首先需要掌握的基础知识。诸如"天下户口、众寡兵甲、强弱之形"等，一直是影响战争决策的重要因素。要想真正掌握这些内容，只有依靠扎实的军事地理学研究。因此，茅元仪要花费大量笔墨讨论舆地之学，也即他所谓"度地之学"。茅元仪以王将军（姓名不详）为例，指出当时的军事地理学研究过于注重地理沿革的考证和山川地理情况的简单记载，却缺少对地形特点，尤其是主要关隘地形和地理形势特点的分析探讨，所以在研究内容上存有重大缺失，因而也不足以言"武备"，对研究军事问题和战争决策没有什么实际参考价值。由于亲眼看见这些不足之处，茅元仪决心构建体系更为庞大的军事地理学。其对于"方舆"的探讨实则更详于内地，围绕每处要塞的战略得失而展开；当然，在边疆、海防、江防、属国、航海等其他方面，茅元仪也有程度不同的探讨，在他看来，这些内容同样应属于军事地理学的研究范畴："六者，皆兵力所可及也。"②就军事地理学的研究对象而言，茅元仪从陆地拓展到海洋，甚至对属国的地理形势都有研究。《武备志》各部分写作特点不同，比如《兵诀评》多为议论和品评，《战略考》则结合战争历史而展开，《占度载》中有关军事地理学的内容则紧密结合各处地理形势而展开，而且依照行政区划进行了认真条贯，结构严谨而又脉络清楚。作者依照明代行政区划"两直隶、十三布政司"这一架构而依次展开，对于每个具体的行政区，茅元仪先是采摘先贤对有关地域的定评，再配以形势图给人以直观感受，接着辅以各个郡县的分图，将

---

① 《武备志》卷189《占度载·方舆》。
② 《武备志》卷189《占度载·方舆》。

有关户口、钱粮、疆界以及山川险要等情况——予以介绍,力求在内容上逐层深入,为"武备"提供可具参考价值的报告。

从《武备志》的整体著述特点和编排结构都可以看出,舆地学在茅元仪这里尚且只是兵阴阳学的附庸,这说明茅元仪并没有能够摆脱传统兵学思维定式的束缚。尽管如此,茅元仪的探讨仍然具有重要价值。结合军事学对各地山川地理和险要地势的分析和探讨,既对先贤的研究心得完成了历史性总结,也很好地启示了后来者,顾炎武和顾祖禹都从中受益。特别是顾祖禹的《读史方舆纪要》最终之所以能够完成,离不开《武备志》的铺垫作用。该书成书于明末清初,系统论述军事地理,也一举将军事地理学研究推向高峰。这部著作代表了明代军事地理学研究的最高水平,开启的地理学研究之风,得到清代学者的继承和发扬。在清代,随着朴学兴盛,产生了一批灿若群星的地理学研究专家。除顾祖禹之外,全祖望、阎若璩、高士奇、胡渭、钱大昕、王鸣盛、洪亮吉等一大批学者,都曾对地理学、军事地理学或沿革地理有过精深的研究,并且不乏独到见解。从中也能看出,明清兵学研究群体的丰富性,尤其是文人学者的参与,在一定程度上推动着传统兵学研究水准的提升。

(二) 海洋地理渐受重视,更加紧密地结合当时的军事斗争

永乐年间,马欢随郑和远下西洋时,已经非常注意随行记录和保存,对"诸国人物之妍强,壤俗之同异,与夫土产之别,疆域之制"[①]等留下记录,并著成《瀛涯胜览》一书。费信的《星槎胜览》、巩珍的《西洋藩国志》亦为同类性质作品。此外,还有一份重要的地理文献《郑和航海图》,经《武备志》收录而得以长期保存。[②] 至明代中晚期,有不少兵书都论及海防,对海洋地理都有不同程度探讨,这主要是因为其时倭患日益突出。在《筹海图编》中,作者更为集中地论述海防战略和海洋地理。茅元仪著《武备志》,也主张边防、海防、江防并重,其中有不少篇幅论及军事地理。

明朝中后期的长期海禁,不但没有带来朝廷所盼望的海洋秩序,反倒直接导致海权的空前萎缩。倭寇的长期袭扰,以及西方海洋强国的远道侵袭,与这

[①] 马欢著,万明校注:《瀛涯胜览·序》,中国旅游出版社2016年版。
[②] 《武备志》卷240《占度载·航海》。

种退守政策的施行不无关联。当然,倭寇的侵袭行为也引起了人们对于海洋地理的重视,不仅《武备志》这种大型类书会关注海洋地理,同时也有《筹海图编》这种专论海防地理的著作诞生。该书虽曰"图编",实则图、论结合,探讨和总结"海防之制"[①],为明军抗倭提供帮助。事实上,明朝后期,随着海防形势的变化,诞生了一大批讨论海防的著述,在《筹海图编》之外,还有《万里海防图论》《江南经略》《筹海重编》《皇明海防纂要》《海防图议》《海防集要》《海防述略》《虔台倭纂》《御倭军事条款》《倭志》《温处海防图略》等等。这些著作的主题都是讨论海防问题,但其中不少内容都结合海洋地理而展开,所以对于东部沿海地区的海洋地理情况都会有或多或少的涉及。其中不少著作都配有较为直观的海防地图,对于沿海的地形特点、防守要塞等配图予以说明。这些著作的纷纷面世,固然是抗击倭寇的军事斗争形势使然,但也充分反映出当时的人们,尤其是兵家对于海洋地理的重视。

如上所述,明代有关海洋地理的著作中,需要重点关注的是《筹海图编》。是书由郑若曾、邵芳负责撰写和绘图,抗倭名将胡宗宪亲自审定。仅从书名就可看出,《筹海图编》的特点就是最大限度地结合地图来记载和分析海洋地理形势以及抗倭形势,立意全在海防。既然如此,《筹海图编》对涉及海防的各方面内容均有不同程度的探讨。除重点介绍海洋地理和山川险要之外,作者对海防战略、治军思想和海战战术及海战兵器等都有所论及。

全书第一部分是《舆地全图》,花费大量篇幅记述广东、福建、浙江、直隶、登莱五地的海防地理形势,体例则同样是借助于地图(《沿海郡县图》)展开说明,此外也结合海洋地理和海防形势探讨海防事宜。其次则是大量收录有关日本的基本情况,主要分为《日本国论》《日本纪略》《倭船》《倭刀》等,并对倭寇基本情况、入侵路线图、既往抗倭经验等进行总结。这些内容使得该书在性质上与单纯的海洋地理著作有着根本不同,故而能对抗倭斗争起到现实参考作用,也由此而受到戚继光等抗倭名将的重视。以《沿海山沙图》为例,这部分内容由七十二幅地图组成,其中包括广东十一幅、福建九幅、浙江二十一幅、南直隶八幅、山东十八幅、辽东五幅。这些地图前后相连,成为一幅结构严整而且气势恢宏的画卷,不仅可以从中隐约感受到明军戒备森严的防线,也可以大

---

① 《筹海图编》卷12《经略二·御海洋》。

致推想倭寇咄咄逼人的进犯之势。在图卷中，作者对有关海洋地理的各种要素如海岛、海口、沙滩、海岸线、城镇以及烽堠等，都有较为详细的记载和说明，并依靠画师出色的绘图技术，为读者努力呈现相对直观的沿海地形图。以《福建经略》为例，郑若曾对福建沿海的岛屿礁石、岸上地势、沿岸港口卫所等情况都有具体描绘，并试图从中总结出既有"百年之长计"，也有"一时之权宜"的御寇之策，[1]力争为抗倭将领提供一份切于实用的海洋地形图。

不仅如此，《筹海图编》还收录了明军对倭寇的历次重大战役，除了总结战役经过和战法得失之外，还对明军将士及沿岸百姓的伤亡情况有所记述。此外重点收录的还有建军思想及海防思想。郑若曾首先对倭寇的来源及活动规律等进行认真的总结和梳理，就此指出了"袭用旧人，行旧政"[2]的危害。还对嘉靖时期各级将领，尤其是胡宗宪有关海防的重要论述进行了摘编和探讨，这其中也包含了郑若曾本人关于海防的真知灼见。在作者看来，要想搞好海防，就必须既重视"御海洋"，又强调"固海岸"，既要加强"谨瞭探"，也须重视"勤会哨"。郑若曾对抗击倭寇的防御层次和防御策略有着较为全面的关注，还对海防情报的侦察和研判等有系统总结，因此这部分内容集中汇集了海防战略战术，也可视为《筹海图编》的精华部分。从总体上考察，《筹海图编》虽难称完善[3]，却在此后受到前线抗倭将领的普遍重视，保持了相当程度的权威性。这并非仅仅因为该书审定者是胡宗宪这样的总督，也是因为其中地理形势图绘制较为精审，对倭寇情况及活动规律等有较为详细和准确的记录，有关海防战略战术思想也具有一定的前瞻性和实用性。

明朝后期对海洋地理的重视，在当时有着重要的现实意义，对于其后的海上作战也具有非同寻常之价值。无论郑成功还是施琅，在收复台湾的过程中都对海洋地理情报高度重视。郑成功在发起登岛作战之前，非常注意收集台湾岛和台湾海峡的气象情报，也要求部下详细收集并掌握台湾海峡的水流和

---

[1] 《筹海图编》卷4《福建经略》。
[2] 《筹海图编》卷11《经略一·叙寇原》。
[3] 《筹海图编》刊刻于嘉靖四十一年(1562)春正月，距离郑若曾进入胡宗宪幕府不过数月，因此有学者认为该书撰述时间很短，参见李新贵译注：《筹海图编》，中华书局2017年版，第2页。当然，郑若曾动笔著述是书或许更早：当他目睹倭寇为患家乡之时，可能已悄悄展开著作，甚至是以该书为荐而投入胡宗宪幕府。但不管如何，该书初刻之时，文字尚未及仔细推敲，地名、人名等也没来得及核实，因此文字内容脱讹较多，难称完善。

风向等情况。如果不掌握基本的海洋地理情况,大军甚至无法顺利靠岸,更会在战斗中处于下风。至于施琅,因为自恃在海滨长大,对海洋地理和当地气候情况一直非常熟悉,在写给朝廷的奏折中,敢于自称"岂有海面形势、风信水性犹不畅熟胸中"①。其后的渡海作战证明,他所掌握的大量海洋地理情报,包括海峡水流情况和台湾岛周围的天气变化等,对于他的战争决策和战术指挥都起到了非常关键的作用。值得注意的是,受到明末重视海洋地理的这种风气影响,清代也有不少学者非常重视对海洋地理的研究,并为后人留下了精彩著作,如《江防海防策》《沿海形势论》《沿海形势录》《防海形势考》等。而为世人所熟知的魏源编纂的《海国图志》,也许是因为其中有"师夷长技以制夷"②之类主张,而常被视为近代最具影响力的一部变法图强之作。但考察该书内容则可发现:它其实也是一部有关海洋地理的巨著。

(三)《读史方舆纪要》诞生,较为系统地阐述军事地理学思想

明代末期开始逐渐兴盛的地理学,虽说与西方仍存在较大差距,甚至被利玛窦讥讽为"不知道地球的大小而夜郎自大"③,但也取得了一定的成绩,而且得到清代学者的继承和发扬。王士性、茅元仪、顾炎武等学者的层层推进,郑若曾这样重视海洋地理的学者们的呼吁,包括清代朴学的兴盛等,都对清代军事地理学的兴起起到了重要推动作用。明清之际的著名学者中,专门从事军事地理研究,用力最深而且成就最高的,则要数顾祖禹。他的代表作《读史方舆纪要》一直被视为古代地理学和军事地理学的代表性著作,同时也是研究古代沿革地理的必备参考书。

《读史方舆纪要》系顾祖禹积二十余年辛劳而著成,共一百二十卷,附有《舆图要览》四卷。④ 顾祖禹对于《孙子兵法》的军事地理思想非常推崇,在"自序"中称赞"论兵之妙,莫如孙子;而论地利之妙,亦莫如孙子"⑤,所以下足功夫专门研究军事地理。在《读史方舆纪要》的写作过程中,作者的取舍和写作奉

---

① 施琅撰,王铎全校注:《靖海纪事》卷上《决计进剿疏》,福建人民出版社1983年版。
② 魏源撰,陈华等点校注释:《海国图志》卷首《原叙》,岳麓书社2021年版。以下只注篇卷。
③ 利玛窦、金尼阁:《利玛窦中国札记》,何高济等译,何非武校,中华书局2010年版,第181页。
④ 顾祖禹撰,贺君次、施和金点校:《读史方舆纪要》,中华书局2005年版,第1页。以下只注篇卷。
⑤ 《读史方舆纪要》卷首《总叙二》。

行的都是经世致用思想,是为了在山川险要之中探讨古今兴亡的道理以及进退、攻守的方法及得失等。在"自序"中,作者已经点明著作目的:试图让人们懂得"先知地利,而后可以行军。以地利行军,而复取资于乡导,夫然后可以动无不胜"①的道理。从书中大量征引《孙子兵法》名言、袭用其中"圮地""重地""衢地"等军事地理名词等情况来看,顾祖禹显然对孙子兵学思想有过深入学习和借鉴,论述地理形势也多围绕孙子"九地"展开,和孙子一样非常看重争夺"地利"。《读史方舆纪要》对孙子军事地理思想既有继承,也有发展,"不仅吸纳了《孙子兵法》思想精髓,而且受《孙子兵法》启迪,在军事地理思想方面提出新的创见"②。

因为立意和主题基本围绕军事地理而展开,《读史方舆纪要》与一般的地理志类著作有着很大不同。清末张之洞对该书有非常恰当的评语:"此书专为兵事而作,意不在地理考证。"③在《书目答问》中,张之洞也将该书列入兵书,对其军事价值给予了充分肯定。出于军事方面的特殊强调,作者在写作过程中着重记述的是历代兴亡、战争胜负与地理形势的关系,进而试图从中推导出地理与胜负的某种联系。无论是论述地理还是记载历史,作者始终突出军事色彩,强调军事与地理的结合。顾祖禹记述山川地理形势,格外注重对于战争胜负和朝代兴衰的影响,他通过大量引述历史上的战例总结地理形势的得失,希望那些志在反清复明的仁人志士从中受益,能汲取古往今来的用兵得失和经验教训,更好地利用各种地理形势进行反清斗争。顾祖禹结合孙子的军事地理思想,提出了"地利变化无穷"和"争地必得其人"的主张。④ 孙子论兵,强调"因敌变化"(《孙子·虚实篇》),顾祖禹认为地利也存在无穷之变;孙子论情报,主张"必取于人"(《孙子·用间篇》),顾祖禹则认为争夺地利同样也"必得其人",这在突出强调人的主观能动作用之外,也更加明确了"地"为"兵之助"的主张。

《读史方舆纪要》另一重要特点就是"史事"与"地理"结合。为了使有关

---

① 《读史方舆纪要》卷首《总叙三》。
② 阎盛国:《顾祖禹对〈孙子兵法〉军事地理思想的继承与超越》,《复旦学报(社会科学版)》2017年第4期。
③ 张之洞:《书目答问》卷3《子部·兵家》,商务印书馆1933年版。
④ 阎盛国:《顾祖禹对〈孙子兵法〉军事地理思想的继承与超越》,《复旦学报(社会科学版)》2017年第4期。

论述更加具有说服力,顾祖禹紧紧扣住了"读史"和"方舆"这两个主题而逐次展开,但是其灵魂仍是论述"地理"与"军事",即由地理形势推导出历史上军事斗争的得失。比如作者论述汉中的地理形势,先是简要叙述刘邦以汉中为根基,再"东向而争天下"①,最终击败西楚霸王项羽的历史,再详论各郡的地理价值和地理特点等。众所周知,以文字表述的方式讨论地理形势,其中存在一个很大的困难就是不够直观,较难给人以画面感。但是,顾祖禹用大家都耳熟能详的楚汉相争等历史作为切入点,便可在一定程度上弥补这种不足。这种由史实代入的论述方式,可以为后续的深入论述提供充足的案例支撑,使得其对有关地理形势的分析更具说服力。这一特点在《历代州域形势》部分显得尤为明显。在顾祖禹看来,不只是战争胜负与地理形势紧密相连,朝代更替以及天下兴亡等也和地理形势有着密切的联系。他指出,"时代之因革,视乎州域;州域之乘除,关乎形势"②,突出强调地理形势的重要影响。这概括起来就是"立本者必审天下之势"③的主张。

虽以研究天险和地利为主题,顾祖禹没有陷入"地理决定论"。恰恰相反,他非常注重人、地关系的辩证思维,并以"地利不足恃"④作为对孙子的回应。在他看来,天险地利固然是影响战争胜负的重要因素,却不是唯一的决定性因素。对战争起决定性作用的终究是人,而不是地理条件。顾祖禹一面以"阴阳无常位,寒暑无常时,险易无常处"⑤的阴阳变化观念为支撑,一面以函谷和剑阁这种险要关隘的来回易主为例证,强调"即地之形势,亦安有常哉"⑥的道理:如果"不得其人以守之",甚至不如"培塿之丘""泛滥之水";如果能"得其人",即使是"枯木朽株,皆可以为敌难"。⑦ 显然,这种看法是非常客观理性的。

《读史方舆纪要》是中国古代有关军事地理和沿革地理的一部最具代表性的著作,至今仍是历史地理学者的必读之书。梁启超曾称赞此书为"极有别裁

---

① 《读史方舆纪要》卷2《历代州域形势二》。
② 《读史方舆纪要》卷1《历代州域形势纪要叙》。
③ 《读史方舆纪要》卷首《宁都魏禧叙》。
④ 《读史方舆纪要》卷20《南直二》。
⑤ 《读史方舆纪要》卷首《总叙二》。
⑥ 《读史方舆纪要》卷120《贵州方舆纪要叙》。
⑦ 《读史方舆纪要》卷首《总叙二》。

之军事地理"①,非常看重其对于军事地理研究的价值。魏禧曾称赞该书为"数千百年所绝无而仅有之书",并且指出该书最大特点就是借助于探讨山川险隘,分析"古今用兵战守攻取之宜",探寻"兴亡成败得失之迹"。② 很显然,魏禧非常恰当地概括了《读史方舆纪要》的特点,同时简明扼要地点明了该书无可替代的历史地位。

---

① 梁启超:《中国近三百年学术史》,中华书局1943年版,第318页。
② 《读史方舆纪要》卷首《宁都魏禧叙》。

第十章 传统兵家的衰落及迈向近代的转型

传统兵家和兵学研究在迎来明代快速发展的高潮期之后,也迅速走向衰落,明清易代更加速了这一进程。与此同时,世界范围内的大变革,也对中国的历史进程构成了深刻影响。王尔敏说:"近世中国之日益讲求兵事,当以西方冲击为原始动力。"[1]进入19世纪中期以后,清帝国在面对西方列强时处处被动挨打,令国人相信我国传统兵学在与西方军事学术抗衡时也已经全面落伍,传统兵典更是被张之洞斥为"诡诞不经"和"多空谈"[2],因此迫切需要完成转型和蜕变。在有识之士的呼吁和推动之下,清廷一度推进"师夷长技以制夷",着手组建新式海军、引进西方军事科技、学习西方近代军事理论,试图完成向近代兵学的跃进。

第一节 传统兵家的式微与西方近代军事学术的引进

进入清代之后,传统兵家及其作战方式等,一度迎来回光返照,但随即陷入衰落。兵学研究在清前期面临的停滞局面,与王朝更迭不无关联。到了晚清时期,为避免落后挨打的局面持续,在"师夷长技以制夷"思想的推动下,开始对近代西方军事著作的学习和引进,西方近代军事学术渐而对我国传统兵家和古典兵学形成全方位影响。

---

[1] 王尔敏:《清季军事史论集》,广西师范大学出版社2008年版,第3页。
[2] 张之洞:《书目答问》卷3《子部·兵家》,商务印书馆1933年版。

一、清前期古典兵学的停滞和传统兵家的式微

在朝政腐朽的明代后期，兵学研究者和实践者们的种种努力，并无法挽救日渐衰落的明廷，无力阻止农民起义的扩散和清兵入关的脚步，甚至于明末出现的兵学转型本身同样没能最终完成——满族入主中原，彻底打断了这一转型的步伐。入关之初的满族，文化相对落后，却能依靠铁骑征服文化相对先进的中原民族。一俟获得成功，便立即出于提防之心理，竭力阻止兵学的健康发展。定鼎中原之后，清廷一面以"满汉一家"为口号，宣称"有欲联姻好者听之"①，一面却四处制造学术禁区，大兴文字狱，甚至有禁绝一切注释古书之举。② 在这种情势之下，传统兵家不复有良好生存环境，兵学研究不可能再获得更好空间，明末兵学快速发展的局面也只能就此戛然而止。既然统治者有此狭隘之心态，一幅足令人唏嘘的场景终于在晚清出现：当西方的军事技术和军事思想都伴随着科学技术不断取得飞速发展的时候，传统兵家却仍在使用蝇头小楷埋头撰写内容陈旧的兵学论题。兵学的长期不振，令国人在鸦片战争、甲午战争等一系列中外战事中吃尽苦头。兵学再次迎来转型之机，还需等待晚清时期大量仁人志士的披肝沥胆。

具体而论，清初统治者对于中原传统兵学的态度，存在着一个转变过程。起初，皇太极的用兵谋略等，明显有对中原兵学的学习和借鉴。皇太极继位后，重视汉族士绅和降官降将，带头学习汉族文化，并模仿明制建设国家政权。他对中原文化一贯重视，也对中原兵学有所借鉴，并尤其关注火器的运用和攻城战术研究。正是在他的努力之下，后金军由较为单一的骑兵兵种，一跃而成骑兵、炮兵与步兵多兵种合成的军队，战斗力得到大大增强。至于骑兵与步兵、炮兵的合成战术，也学习借鉴了明军——明军降将孔有德、耿仲明、尚可喜、洪承畴、祖大寿等均被授予高官，他们的用兵谋略在征伐明军的过程中也曾发挥过作用。入关后的康熙，用兵时也注意借用汉族的休养生息政策，但更强调必要的征伐战争之后才有休养生息。在追求"师出有名"的同时，康熙也

---

① 《清世祖实录》卷40，台湾华文书局1985年版。
② 中国第一历史档案馆整理：《康熙起居注》五十四年(1715)四月二十四日，中华书局1984年版。

非常强调"天时""地利""人和",这其实体现出他对孟子论兵思想的借鉴。例如在《论兵》一文中,康熙总结平息噶尔丹之乱的经验有三:"国家当隆盛之际"是得天时;对川原险要等"了如指掌"是得地利;"师行雷动之时顷……未尝轻劳民力"则为得人和。① 凡此种种,都体现出清初诸帝对中原兵学和治术的学习和借鉴。

但同时,清前期兵家虽从传统兵学中受益,却并非充满敬意,甚至反倒带着明显的蔑视,斥之为"纸上谈兵,无益于事"②。康熙就对以"武经七书"为代表的中原传统兵学充满轻视。学者对此曾有评论:"康熙的用兵之道、作战之术,实取之中国古代兵家,然而他却不承认且贬抑兵家,这亦是其卑劣之处。"③通过数代君主的励精图治,清王朝逐步建立起大一统帝国,但在此过程中,传统兵学不仅没有得到发展,反而逐步走向没落,这与清统治者的有意打压和歧视态度等都有直接联系。康熙曾不止一次表达出对传统兵学的否定和轻视态度。在《讲筵绪论》中,他总结自己学习传统兵学的经验道:"自十二年用兵以来,尝取前人韬略武备等书阅之,亦纸上谈兵,无益于事。间有用咒法术者,尤属不经。"④应该承认,传统兵学中确实有不少"假鬼神以为助"的糟粕,兵四家中的兵阴阳一派,有不少就是充斥着这方面内容,康熙的批评并非空穴来风;但他将"前人韬略武备等书"一概视为"纸上谈兵,无益于事",显然不够公正和客观。"武经七书"是传统兵学的精华所在,康熙对这些兵典同样持全面否定态度。康熙四十九年(1710)九月,总兵官马见伯因为流传的"武经七书"注解不同、歧义较多,请求朝廷选定一部作为标准颁行各地。康熙对此不以为然道:"'武经七书',朕俱阅过,其书甚杂……若依其言行之,断无胜理。且有符咒占险风云等说,适足启小人邪心。"康熙还以平定三藩之乱为例来证明"武经七书"的无用。在他看来,吴三桂是以"武经七书"之术对抗清兵,但最终却仍然不免覆灭命运,所以由此得出结论:"用'武经七书'之人,皆是此类。"⑤康熙这种批评实则是将谋略与实力等影响战争胜负的主要因素混为一谈,从逻辑

---

① 《论兵》,《清圣祖御制文集》二集卷30,台湾学生书局1966年版。
② 《讲筵绪论》,《清圣祖御制文集》初集卷27,台湾学生书局1966年版。
③ 姜国柱:《中国军事思想通史》(清代卷),中国社会科学出版社2006年版,第258页。
④ 《讲筵绪论》,《清圣祖御制文集》卷27,台湾学生书局1966年版。
⑤ 《清圣祖实录》卷243,台湾华文书局1985年版。

上来看实则"文不对题"①,可以看出他对"武经七书"的态度有着明确的否定之意,而且带着很明显的偏见。由取人之学,再到全盘否定,这种现象在学术史上其实并不少见,康熙对传统兵学的这种有意贬抑,至少与其自身统治利益有着紧密联系。

入主中原之后,清统治者虽说非常注意重视汉文化,并有尊儒等实际举措,但他们对汉人时时怀有提防之心,不曾有过须臾放松。在政治和文化上,他们对汉人处处保持打压之势,残酷的文字狱接踵而至,令"治学者皆不敢以天下治乱为心,而相率逃于故纸丛碎中"②。对于兵学,清朝统治者的打压态度更加坚决和明确。王芑孙曾描述清朝禁书政策给人们带来的震慑:"自朝廷开四库全书馆,天下秘书稍稍出见,而书禁亦严,告讦频起,士民蒀慎。凡天文、地理、言兵、言数之书,有一于家,惟恐召祸,无问禁与不禁,往往拉杂摧烧之。"③很显然,兵书在严禁之列。④ 清朝甫一建政,便开始大量收集和整理兵书,尤其注意清剿那些以反清复明为目的的著作。清朝以整理古籍为口号的收集和整理,其实也是为了便于集中管控或集中销毁。正是这个缘故,我们在《四库全书》中只能看到寥寥无几的兵书,历代注解《孙子兵法》的精彩之作被纷纷抛弃。这种情势之下,研究兵学其实是带有极大风险的,诸如顾祖禹、魏禧这些兵学研究者,也只能隐伏于山林之中,其著作能流传下来已属万幸。在这种持续的高压政策之下,传统兵学当然无法求得发展。清统治者也曾希望利用武举选拔出合格的军事人才,为其守卫疆土,武举考试所用教科书虽仍逃不出"武经七书"的范围,但这并不能推动传统兵学向前发展。作为"马上得天下"的民族,满族统治者对传统兵学的态度其实是既爱又怕:因为充分了解兵书的作用,他们希望兵学研究只局限于少数人,在统治阶层展开,其他人不能染指,

---

① 姜国柱:《中国军事思想通史》(清代卷),中国社会科学出版社2006年版,第258页。
② 钱穆:《中国近三百年学术史》,商务印书馆1997年版,第2页。
③ 王芑孙著,王义胜整理:《渊雅堂全集·惕甫未定稿》,广陵书社2017年版。
④ 王汎森将清朝禁书归纳为五种:"(一)提到满汉之间的战争、种族差异,或不管任何时代、任何形式的作品,其内容足以提醒人们华夷种族意识者。(二)有关兵略战术者。(三)讨论、记载明清改朝换代之史事者,或记载明末清初忠臣烈士事迹者。(四)思想或文章有异端倾向,或是在清代正统意识下被认为'不恰当者'。例如李贽(1527—1602)的著作,或任何与钱谦益(1582—1664)有关的书籍。(五)内容中有诲淫诲盗色彩者。"见王汎森:《权力的毛细管作用:清代的学术、思想与心态》,北京大学出版社2015年版,第536页。

这当然没有办法创作出高水平的研究著作。也正是这种矛盾而狭隘的心理，在某种程度上决定了传统兵学的命运。

清统治者对于近代军事科技的态度同样是矛盾而且狭隘的，其中最典型的同样要数康熙——和对传统兵学研究的态度相似，他对近代军事科技同样是既爱又怕，充满矛盾。康熙帝虽则也重视火器的制造和使用，却从来没有把火器看成是决定战争胜负的根本因素。对于火器和火器研究，康熙存有明显的戒心，在充分了解先进火器的巨大威力之后，他很快就出台规定，"严令禁止民间铸造和使用火器，甚至将子母炮等比较先进的火器只装备八旗兵，连绿营兵也不得制造和使用"①。这种政策显然会妨碍火器的进一步发展，也决定了清朝火器研制水平的逐步走低。随着清帝国版图的基本奠定，原先的反清士人纷纷蛰伏，清统治者的自大情绪更加显露，于是又更加自信地固守这套御民之术，导致火器发展水平和兵学研究水平进一步沦落。这便导致了一个非常奇怪的局面：火器技术虽经宋、元、明三代陆续推进，但直到清末，在"更相信自己的武功"②的清朝军队中，火器装备却始终处于次要地位。由于对军事科技缺乏足够重视，并对西方世界军事技术的飞速发展缺少了解，终于导致清代军事科技的全面落伍，火器制造技术相比明代都有所退步，一旦面对西方的坚船利炮，便只能处处挨打。

就军事训练的指导而言，清前期也存在若干缺陷。通过战争实践，乾隆对八旗兵的衰退有所察觉，于是下令八旗兵加强骑射训练。毫无疑问，这种训练对于恢复八旗子弟的尚武精神、提升清军的战斗力而言，会起到一定的促进作用，但也仅仅在旗兵中展开，并未扩大到清军全体，明显也有防范汉人的考虑。

不管如何，康熙以来君主的贬抑态度、朝廷的有意打压，都对传统兵学的发展起到了很大的负面作用。清廷虽重视通过武举选拔人才，却始终事与愿违——有清一朝甚至可称武举的鼎盛时期，这一制度本身却也逐渐走向衰亡。③ 在清代武举模式之下，关于策论的要求逐步降低，嘉庆年间被迫改为只

---

① 邱心田、孔德祺：《清朝前期军事史》，军事科学院主编：《中国军事通史》第 16 卷，军事科学出版社 1998 年版，第 612 页。
② 姜振寰：《技术通史》，中国社会科学出版社 2017 年版，第 302 页。
③ 李世愉、胡平：《中国科举制度通史·清代卷》（下册），上海人民出版社 2017 年版，第 525 页。

默写武经,"由主考拟出一段约百余字"①,这已经大大降低了考试难度,武举的水平逐步降低也已成不争事实。到了清晚期,社会矛盾逐渐激化,令清政府应接不暇,闭关锁国的政策也令其长期对世界范围的技术革命茫然无知,以至于军事科技等全面落伍。传统的武举模式也不免成为诟病,康有为就曾投以讥讽道:"以此刀弓石而与数十响之后膛枪、开花弹之克虏伯炮相校乎?"②在传统的武举模式下,不仅选不出合格的军事人才,兵学的发展还会由此而受到抑制。这种武举模式虽说在晚清时期一度得到改变,"一律改试枪炮"③,但这一改变却在推行半年之后被慈禧太后制止。

由于统治者长期推行高压政策,并有意打压兵学,导致清前期兵学研究乏善可陈。这期间诞生的兵书不多,而且大多保持坐而论道的特点,普遍缺乏实用性,与明代中晚期的兵学研究相比,呈现出较为明显的倒退迹象。《乾坤大略》《潜书》《兵经》《戊笈谈兵》《间书》等兵书的出现,也仅可以稍稍弥补此时兵学研究总体低迷的缺憾。通观清前期较为代表性的兵书,可以明显看出其受《孙子兵法》等兵典影响的痕迹。《兵迹》《兵谋》《兵法》等,虽则书名都显出几分高妙,但在具体思想内容上则缺少新意。从整体上打量,此时的兵学研究成就不高,沿袭多,创新少。这些兵学著作既可以说是宋明兵学快速发展的尾声,也可视为古典兵学的最后绝响。除上述几部兵书之外,清前期值得关注的是注疏类兵书,代表作要数《武经七书汇解》和孙星衍校理的《孙子十家注》。尤其是后者,代表了其时兵书整理的最高成就,至今仍有重要影响力。一部校勘整理类著作,影响力远超原创类著作,这多少也能折射出清前期兵书的总体平庸。

不唯普通兵书,《孙子兵法》在清前期同样处于长期被压制状态,研究和传播都受到了很大影响。比较突出的研究成果相对集中于文献学方面,也就是说,在疏解、校正和考据方面有着较为突出成绩,但兵学原理的应用方面则乏善可陈。康熙批评"武经七书""未必皆合于正",并非"王道","若依其言行

---

① 故宫博物院编:《钦定科场条例·钦定武场条例》卷5《武乡会试通例三》,海南出版社2000年版。
② 康有为:《请停弓刀步石试改设兵校折》,《公车上书记 戊戌奏稿》,广西师范大学出版社2016年版。
③ 《清德宗实录》卷430,台湾华文书局1985年版。

之,断无胜理"①;四库全书中《孙子兵法》亦只留一篇白文。当然,统治者又希望依靠武举来选拔人才,故也曾下令将"武经三子"(即孙、吴、司马法)作为武举的必考科目,提倡研习《孙子兵法》;清代大量禁毁兵书,唯独不禁《孙子兵法》,可见其仍是有所选择。清代学者非常重视考据之学,尤其是乾嘉学人,他们被越来越残毒的文字狱所震慑,学术路数发生重大改变,由此而被逼出孜孜于考据的乾嘉学术。就《孙子兵法》的研究而言,情况与之类似。相比较前朝,清代《孙子兵法》研究最突出成绩也集中体现在文献学上,尤其是文字校勘成绩很大。清代著名的《孙子兵法》研究专家如邓廷罗、顾福棠、黄巩、毕以珣、孙志祖、洪颐煊、俞樾、孙星衍、于鬯、王念孙、孙诒让等,都为《孙子兵法》的校勘等做出了贡献。

在文献学研究之外,清前期学者对孙子兵学也有投入研究,还表达了若干批评意见。这一点似乎与康熙对中原兵学的蔑视态度一脉相承,其中较少有真知灼见,更多是苛责。唐甄指出:"昔者贤良之任将也,如已身有疾委之良医,必曰除疾易而体气无伤焉。孙子十三篇,智通微妙,然知徐疾而未知养体也。"②在历史上,批评孙子"尚诈而轻义"的声音不绝于耳,清代则仍在延续。汪绂在肯定孙子变化莫测的用兵之术的同时,也集中批评其"轻义":"夫用兵之法,仁义为先,国之本也;节制次之,以治己也;机权为后,顺应而已。然则司马其庶几乎,孙子末也。……孙子十三篇,其近正者,惟《始计》《作战》二篇。其最妙者,则《军形》《兵势》《虚实》三篇,而最险者,亦无逾于此三篇。至于《用间》,不足怪矣。然则握奇制变,孙子为最;而正大昌明,孙子为下。"③认为孙子因忽略仁义而缺少"正大昌明"。姚鼐认为孙子用兵之法,"乃秦人以虏使民法也,不仁之言也"④。到了晚清,魏源、林则徐等人痛感外敌欺侮,号召"师夷长技以制夷",以《孙子兵法》为代表的传统兵学更备受冷落。张之洞在《书目答问》中,一面斥《太白阴经》等书"诡诞不经",一面对《孙子兵法》"存而不

----

① 《清圣祖实录》卷243,台湾华文书局1985年版。
② 唐甄著,吴泽民编校:《潜书》下篇《全学》,中华书局1955年版。
③ 汪绂:《戊笈谈兵》卷7《司马吴孙第十一笈·总论》,《中国兵书集成》第44—45册,解放军出版社、辽沈书社1990年版。
④ 姚鼐:《读孙子》,《惜抱轩文集》卷5,张元济主编:《四部丛刊初编·集部》第290册,上海书店出版社1989年版。

论",故意进行冷处理。郑观应、陈昌龙等也对《孙子兵法》提出过尖锐批评。在国运衰落的晚清,不少人将这本兵典视为保守和落后的代名词。

二、西方军事学术的全方位影响

在近代,随着军事科技的突飞猛进,西方战争学说和战法研究等都水涨船高地飞速取得进步,到了1832年遂有《战争论》这种鸿篇巨制出现。与西方近代军事理论和军事科技的迅猛发展相比,近代以来中国军事界所进行的种种翻译和转译工作,包括学习和研究在内,只能是龃龉前行,尚不能改变中国在军事技术和军事理论方面的全面落后状况,但以"师夷长技以制夷"为出发点,通过不少有识之士的不断努力,中国近代军事变革也由理论层面逐渐走向实践层面,并在"富强"口号感召下,赢得了统治阶级中大多数明智人士的默许。[①]西方军事学术由此而对中国近代军事界产生了强烈刺激,也对军事思想和军事文化产生了难以估量的影响。

(一)军事学说和战略战术的研讨

晚清诞生的一些军事学著作和条令条例等,充分反映了西方军事学说对中国逐渐产生的影响。从《自强军西法类编》到《训练操法详晰图说》,再到《新定步兵操法》,中国军事界对西方军事思想和军事学说的接受程度越来越深。[②]甲午战争之前,已有少数人注意结合西方军事学说,阐述有关军事问题的见解。如李善兰的《火器真诀》研究弹道学和枪炮技术,对清军的枪炮射击训练起到了一定作用;王韬的《火器略说》注重介绍西洋枪炮制造方法;沈竹礽的《泰西操法》注重介绍西方的军事训练和战术方法;徐稚荪的《洋防说略》明确提出重点防御的主张。这些著作都是具有独到创见的新型兵学著作。

相比于较早产生觉醒意识的魏源等人,张之洞在"师夷长技以制夷"的道路上走得更远,因为他不仅有主张,同时也有实践,所以能够成为清末力主效法西法、推行军事变革的重要人物之一。张之洞对清军装备落后、战法落伍、

[①] 参见史华慈:《寻求富强——严复与西方》,叶凤美译,中信出版社2016年版,第17页。
[②] 参见王敏、熊剑平:《近代西方军事著作的引进出版及影响》,《中国出版史研究》2018年第2期。

人才匮乏的现状痛心疾首,所以提出了发展军事工业、创办军事学堂、组建自强军的一系列主张,希望加强对西方军事技术和军事理论的学习。本着这一原则,张之洞亲力亲为组建了自强军,同时促使沈敦和组织专门人员编写《自强军西法类编》,以西法训练军队。这本书分兵法、兵器、军事、工程、测绘、数学六大类,传播西方军事学术和军事技术。《类编》中的行军警戒之法与驻军警戒之法,即由西方近代军事理论得来。至于攻击作战时强调马队的作用,用以侦探和冲锋,这其实也与第一次世界大战前西方各国师属骑兵的战法相类似。[1]

正如学者指出的那样,当时的中国"将德国视为一个值得尊敬,而且在某种程度上值得效仿的国家",而且"晚清的自强运动中曾在某种程度上借鉴了德国军事训练及组织的经验"。[2] 对德国军事著作的翻译始于19世纪70年代,至甲午战争之后达到高潮。[3] 张之洞对于当时德国陆军的战法尤其推崇,所以聘请德国军官现地教学,指导清军训练,希望清军学会德军独步欧洲的各种战法,《自强军西法类编》因此深深留有当时德军的某些烙印。例如《类编》规定,当步兵遭遇骑兵袭击时,应立即展开成一字长阵,等到敌军马队相去不远时,便一起举枪射击。这种战法其实就是当时西方步兵连的战术,是步兵尚未装备机枪的时代专门对付骑兵的一种战法。

需要指出的是,张之洞所组建的自强军基本以步兵为主,作为自强军教科书性质的《自强军西法类编》也基本以研讨陆军战法为丰,故其一方面虽可视为中国近代陆军之发轫,另一方面却也完全未论及步、骑、炮兵的协同战术,甚而其中的步兵训练也只是停留在一个较为浅层的水准,即"只能达到当时德、法、日诸国对军士的要求"[4]。但这毕竟是一个具有重要意义的开始,而且《类编》在战术原则上既采纳了中国传统兵法中的"攻其无备,出其不意"的战术原则,更注意学习西方重视发扬火力优势的战术,采取的是中西结合的方法。这其实奠定了晚清相当一段时间内学习西方军事理论的一个基调。

袁世凯在学习西方军事学说的道路上则走得更为坚决。他在接管新军之

---

[1] 参见《中国军事史》编写组:《中国历代军事思想》,解放军出版社2007年版,第412页。
[2] 柯伟林:《德国与中华民国》,陈谦平等译,江苏人民出版社2006年版,第7页。
[3] 参见皮明勇:《德国与晚清军事变革》,《军事历史》1990年第3期。
[4] 《中国军事史》编写组:《中国历代军事思想》,解放军出版社2007年版,第413页。

后的第一件事就是大力借鉴西方列强的经验对军队进行重新编制,建立步兵、骑兵、炮兵等多兵种合同部队,而且在军队的各级建制上也对西方军队进行模仿。袁世凯尤其重视军事教育改革,希望通过兴办新式的武备学堂来培养军事人才,主张在全国范围内建立小学堂、中学堂和大学堂三级军事教育体制,完成军事人才的梯队建设。除此之外,袁世凯也主张选派优秀人才出国留学,学习西方强国的军事学说和战略战术——与同治年间选拔幼童赴美留学有所区别,光绪后期选派学生赴日学习日本陆军,"各省军队因改习洋操,教练需人,亦经遣学生赴日本及欧美学习军事"[1],其目的性更为明确。

1899年,袁世凯授意编写的《训练操法详晰图说》,是一部彻底受到西方军事学说影响的新型兵书。透过该书,可以管窥新军的创办方针以及新军学习和吸收西方战略战术的情况。《图说》所遵循的战术原则已经大不同于我国古代兵法,全书按照西方战术体系展开,尤其注重以步兵为中心的诸兵种协同战术,对进攻、防御、特殊地形条件下战斗的指挥方式与战斗法则,包括遭遇战的注意事项等,都有较为明晰的阐述。从中西结合的角度看,《图说》在宏观层面继承中国传统兵学思想精华的同时,大量接受西方战术思想。如中国传统兵学著作中也有系统论述"攻守"的内容,[2]《图说》结合西方战术原则,进一步进行总结,认为攻守各有利弊,攻则可提高士气、争取主动,守则可充分结合地势,待敌疲惫。而在具体的战术层面,《图说》遵循的基本是西方战术原则;结合武器装备,探讨山地、河川、市街、隘路等特种地形的攻守战法,也大多贴近西方近代军事学说;此外,关于行军警戒和驻军警戒等论述充分结合了热兵器的时代特点,显然也是接受和借鉴了西方有关理论。因为战术原则已经西化,新军的训练也按照西法展开。

徐建寅所著16卷本《兵学新书》是中国近代吸收西方军事学说的另一代表作,同时也是兵学转型的代表作。徐建寅本人亦凭本书被世人称为"救世奇才"[3],亦被今人视为"中国近代兵法之父"或"中国近代军事学奠基人"。[4] 徐

---

[1] 舒新城编:《近代中国留学史　近代中国教育思想史》,商务印书馆2014年版,第36页。
[2] 《孙子兵法》中对攻守问题有大量论述,对攻守的各自利弊也有若干分析,详见《谋攻篇》《虚实篇》等。
[3] 徐建寅:《兵学新书》卷首《张罗澄叙》,清光绪二十四年(1898)刻本。
[4] 徐泓、包正义、顾敏立:《徐建寅与〈兵学新书〉》,《军事历史研究》2012年第1期。

建寅曾在江南制造局翻译西方自然科学书籍,后来又出任驻德使馆参赞,有机会赴西方各国考察。精通外语、亲办洋务、熟悉军工、了解西方的他,对时局忧心忡忡,将大量精力用于钻研西方军事,致力于翻译西方军事著作,并有志于融合东西方兵学。徐建寅认为,中国"古来兵书,半多空谈,不切实用"[1],加上古今作战条件已经发生很大变化,要想战胜强敌、济世救民,就必须取法西洋各国,与西方近代军事接轨,否则就会被时代所抛弃。

从《兵法新书》的内容结构来看,其中最为重要的内容为卷一至卷八,论述的是步兵、骑兵、炮兵的编制体制和训练。后八卷则分别介绍西方的兵役制度、军事教育、后勤补给、武器装备、军工科技等情况。由这一编撰体例可以看出,徐建寅在全面阐述西方军事学说的基础上,尝试充分结合中国国情与传统兵法,努力建构中国近代军事思想体系。例如《兵学新书》主张进攻时,炮兵应该先在远处展开炮击,待敌阵线混乱,则迅速集结成密集队形冲击对方防线,这其实就是对当时德军"炮火压制敌人、引导步兵占据敌阵"战术思想的直接借用。[2]《兵学新书》的协同战术思想,主张以步兵为主,骑兵和炮兵作为协同,这其实也可与当时西方各国主流战术合拍。徐建寅尤其注意驳斥当时部分国人"拥有坚船利炮就可以抵御西方强敌"的错误认识,提醒人们多注意西方军事理论,并对此做了大量工作,体现出其识见超人的一面。当然,徐著也难称完美。由于强调对朝廷的愚忠,全书立意受到影响;对于海军建设的忽视也显示出较大局限性。但不管如何,这部《兵学新书》在尝试结合西方军事学术建立中国近代军事学术体系方面做出了积极贡献,至少一只脚已经踏出了中国传统兵学的窠臼,甚至迈进近代军事学术殿堂。

1910年颁发的《新定步兵操法》,因清朝不久之后即告灭亡,并没有产生多少实际作用,但它终究是晚清时期吸收西方军事思想最为彻底的一部著作,并对民国时期的步兵训练仍具有一定的价值。其论战术,按照镇、协、标、营、队、排、棚这种新编制展开,这与西方乃至现代通行的师、旅、团、营、连、排的编制已经相差无几。[3]《操法》在"总纲"部分首先强调的是战斗单位和各兵种之间的协同一致,推步兵为各兵种之首。之所以秉持这一战术原则,一方面是因为步

---

[1] 徐建寅:《兵学新书》卷首《自叙》,清光绪二十四年(1898)刻本。
[2] 参见《中国军事史》编写组:《中国历代军事思想》,解放军出版社2007年版,第422页。
[3] 参见徐彻、董守义:《清代全史》第9卷,方志出版社2007年版,第228页。

兵确实较少受到地形、天候的影响,另一方面也是因为当时日、德诸国都是推崇步兵为主的协同战术。《操法》对攻击、防御、追击、撤退以及特定地形条件下的战斗,都在战术原则上有所阐发。就遭遇战而言,该书强调占领先机之法的关键在于"令部队直接由行军纵队展开"(第298条),这其实是争取先制之利,先敌展开,充分发扬军队战力的重要手段。这条战术原则在第一次、第二次世界大战中仍受到西方国家推崇。《操法》对于特殊地形条件下作战原则的探讨,也充分吸收了西方近代军事学术精义。例如就夜战,书中强调克服指挥的困难就需要充分利用黑夜与敌接近,更加有效地消灭敌人,保存自己。

值得一提的是,晚清学习和接受西方军事理论的力度,随着时局的变化而不同,也受当时重要战争结局左右。1894年中日甲午战争、1904年日俄战争,其结局皆对晚清政府的军事改革产生了重大的方向性的改变:因为亲眼看到日本明治维新的成效,清廷此前"海军学英国、陆军学德国"[①]的风尚也就此发生改变,从此改而就近向日本学习。因此,《新定步兵操法》从表面上看更像是学习日本军事学说的产物,因为它更接近日本的《步兵操典》。但由于日本军事界同样深受西方近代军事理论,其战术思想的灵魂同样主要得自西方(例如日本陆军战术,正是系统学习了德国人的陆军战术而取得长足进步的结果),所以师法日本其实也是师法西洋。从这个意义上来看,《新定步兵操法》其实是西方军事学术一段较长时间持续作用的结果,充分反映出晚清接纳和学习西方军事理论的阶段性成效。只是清政府尚未等到它的推广,便已迎来了自己灭亡的结局。

(二) 国防体系和军工制造的振作

面对鸦片战争以来不断加深的内外统治危机,张之洞等清廷内部的有识之士深知清政府的国防体系全面落伍,不仅是装备落后,军事人才也极度匮乏,所以他们力主效法西方,积极推行军事变革,大力发展军事工业,尽快兴办

---

① 其实这也是步日本人后尘的做法,只是时机已经错过,步人后尘,遂成步步被动之势。甲午战争之后,清廷举国上下表现出越来越强烈的学习日本变法维新的意识,有人或将清季新政时期称为中日关系的"黄金十年"。参见桑兵:《近代中日关系研究的史料与史学》,《抗日战争研究》2013年第4期。

新式军事学堂,甚或主张改造国防体系和军事制度,建立常备军与预备军相结合的国防体制。其时,不少将领虽然意识到国防体系乃至官制等迫切需要调整,但在封建专制统治之下,洋务派只能艰难地向政府讨要空间,伸展其变革理想。洋务运动期间,随着近代军事工业的陆续兴办和近代海军建设走进议事日程,清朝政治、军事制度被迫跟进,至少是进行一些微调。如清政府被迫允许各国公使驻京,后成立总理各国事务衙门,负责处理与各国的文书往来、条约缔结、经济贸易、教案处理等事务。迫于处理海防事务的压力,在总理衙门之内又另设海防股,专门负责处理南北海防事务,显示出清政府整饬海防的决心。到了1885年,清政府又设总理海军事务衙门,标志着清军兵种建设迈入新阶段,海军成为与陆军并列的重要兵种。

至于真正的变革则要等到甲午战争和戊戌变法之后才逐渐展开。当时巨大的国防压力逼迫清廷对国防体系进行重构,这种重构也是由上而下展开,从改革官制尤其是军事机构官制开始。1906年9月,清政府终于下令改革官制,军事机构也由此得到大幅度改组,不久便设立了负责全国海陆军的军事指挥机构军谘处,规定"由陆军部总持军政"[①]。1910年,责任内阁成立,军机处被撤销,原来军机处的部分职权由内阁接手,但军事职能被剥离出来,完全交给军谘处,直接向皇帝负责;同时,在原有的兵部之外,也专门设立了专门掌管全国海军事务的机构——1910年末,上谕"所有筹办海军处着改为海军部"[②],宗室载洵被任命为海军大臣。1911年清政府成立"皇族内阁"后,军谘处又被改名为军谘府,下设七个厅,分别为总务厅、第一厅(作战)、第二厅(情报)、第三厅(交通与通信)、第四厅(测量)、第五厅(史志)与海军厅。[③] 从职能上看,军谘处的职能几乎模仿西方列强。腐败的晚清政府虽在机构上做了一些投机取巧的名目改动,注定难逃灭亡的命运——军谘府成立之后仅仅运行半年,辛亥革命爆发,清王朝由此而成为历史,他们所精心设计的军谘府也随之覆灭。至于一度饱受期待的新军改革,虽借鉴西方建立起了步兵、骑兵、炮兵等多兵种合同部队,而且在各级编制上也对西方军队进行了模仿,使其战斗力有所提

---

① 史宝安编著,王强编:《大清宣统政纪》卷29,凤凰出版社2013年版。
② 张侠等编:《清末海军史料》,海洋出版社1982年版,第103页。
③ 李鹏年、朱先华等:《清代中央国家机关概述》,黑龙江人民出版社1989年版,第334—342页。

升,但最终也沦为袁世凯的私兵,不仅朝政"每由军机处问诸北洋"[1],辛亥革命时挟兵自重的袁世凯更是成了清朝的掘墓人。

晚清国防走向近代的另外一个标志是建立了新型军事教育模式,目标是将旧式武夫培养成为新型军人。军备教育思想也被注入教育制度之中,而且绵延了较长时间。[2] 对于将帅的要求也有所变化,一定要既精通中国礼法,同时又精通西方军事学术。在这一目标感召之下,张之洞致力于改造军官队伍,要求各级将领"无一不由学堂出身"[3]。当时,不只是张之洞,包括袁世凯和李鸿章在内,都非常重视军事教育改革,希望通过兴办新式武备学堂来培养合格的军事人才。1885年,李鸿章首先在天津开办武备学堂,以"西洋行军新法"传授学员。1887年,张之洞在广东创办水陆师学堂,首期招收学员一百余名。1896年,张之洞调回湖广总督任上,购地建造武备学堂,除供给伙食之外,还每月发给"赡银四两",并定时组织考试,根据成绩高低给予奖励。[4] 此外张之洞等人还不断抨击清朝军官选拔制度,积极主张废除武举。[5] 1901年,在不断的吁请之下,清政府正式结束武科选拔军事人才的模式。1902年,袁世凯开办北洋行营将弁学堂、北洋陆军讲武堂、陆军师范学堂,以及宪兵、军医、马医、军械、经济等专科学堂多所。1904年,京师设立练兵处,将正规陆军学堂分为陆军小学、陆军中学、陆军学堂、陆军大学四级,并对各级学科内容进行了区分。袁世凯还积极推动优秀人才出国留学,直接西方军事教育,学习西方强国的军事学说和战略战术。在袁世凯、张之洞一南一北遥相呼应之势的带动之下,清末新政时期,全国各地纷纷兴办新型军事学堂,在不长的时间之内就先后建成贵州武备学堂、陕西武备学堂、安徽武备学堂、山西武备学堂等多所学堂,推动了中国军事教育的近代化进程。

为了救亡图存,清廷不得不开展轰轰烈烈的洋务运动,钢铁工业和兵工厂建设因此而展开,与国防建设紧密相关的工业技术得到重视,甚至由此而对中国近代国防经济产生深刻影响。军工制造水平高低与军用钢材的质量与数量

---

[1] 张一麐:《古红梅阁笔记》,《心太平主集》卷8,中国文献出版社1966年版。
[2] 舒新城编:《近代中国留学史 近代中国教育思想史》,商务印书馆2017年版,第293页。
[3] 张之洞:《创设陆军学堂附设铁路学堂折》,《张文襄公全集》卷41《奏议》,中国书店1990年版。
[4] 张之洞:《晓谕招考武备学生示》,《张文襄公全集》卷11《奏议》,中国书店1990年版。
[5] 皮明勇:《张之洞军事思想研究》,《近代史研究》1992年第2期。

紧密相关,面对这一制造枪炮弹药与舰船的最基础材料,晚清发展军工不能不对其投入巨大精力。起初阶段,清政府被迫花费巨资从国外进口钢材,随着军工生产规模的增大,进口钢材成为一项沉重的经济负担,同时也会受到西方控制。这种局面下,创办属于中国的近代炼钢厂被提上议事日程。张之洞在两广总督任上时,立即提出兴建钢铁企业,夯实军事工业的基础。

随着洋务运动逐渐深入,大大小小的兵工厂陆续建成。这些军工企业借用西方科技,建造新式军工武器。从1861年曾国藩在安庆创办第一家军械所开始,清政府先后在各地投资兴建了一大批兵工厂,其中规模较大、产能较高的有江南制造局、金陵机器局、福州船政局、天津机器局、湖北枪炮厂。据统计,天津机器局十余年间生产火药610万磅、枪子1607万余粒、炮弹40多万枚。[①]金陵机器局每年则可造后膛抬枪180枝、一磅子快炮16尊、各项炮弹65 800颗、抬枪自来火子弹50 000粒、毛瑟枪子弹81 500粒。[②] 海军建设也取得很大进步,在《北洋海军章程》颁布时,已经拥有大小舰艇25艘,总吨位36 708,在东亚地区位居第一。[③] 在经费紧张、财政拮据的情况下,这些成绩的取得颇为不易。而兵工厂数量的增多、军工产品的不断扩展以及军工科研和制造技术的进步等,都迫使清廷进行管理体制的改革,统辖机构和管理制度等也随着时势不断变化。各省创办的机器局起初是由总理衙门分管,后来移交专门设立的考工司;各省兵器起初由兵部统一掌控,后来则演进为由各省总督、巡抚和总理衙门共同掌控。

随着甲午战争的惨败,数目空前的赔款令清政府财政空前紧张,各种兵工厂的运转由此出现困难,军工体系的危机与清王朝的政权危机相携而来,只能被动地进行若干调整。1903年的官制改革后,兵部被改为陆军部,军械制造厂局也受兵部统辖。不久之后,清廷又在陆军部设立练兵处,规定各省的兵工厂、局统由各省督抚管辖,并由练兵处督办。这其实是一种双重管理模式,因此陆军部又于1911年1月奏请朝廷,拟将全国的兵工厂统一交由陆军部直辖。

[①] 王尔敏:《清季兵工业的兴起》,广西师范大学出版社2009年版,第88页。
[②] 参见《刘坤一就金陵机器局生产能力覆总理御门电(节录)》,《刘忠诚公遗集·电奏》卷1,转引自《中国近代兵器工业档案史料》(一),兵器工业出版社1993年版。
[③] 戚其章:《北洋舰队覆没的历史反思》,戚俊杰、郭阳主编:《北洋海军新探——北洋海军成军120周年国际学术研讨会论文集》,中华书局2012年版,第15页。

但就在酝酿过程中,辛亥革命爆发,晚清兵工体系的调整尚没有来得及完成便宣告终结。清廷在军工企业的统属关系上来回更改,其实是看到了整个国防体系乃至政治体制上的弊端,但由于改革"必然地引起权力再分配和结构重组,各方利益集团互相纠缠,冲突不断",使得"改革过程充满艰难曲折"。[①] 这种情况下,清廷统治者们并没有勇气进行更为彻底的政治体制变革,所谓改革只能是做一些外科手术,对于病入膏肓的帝国而言,终究治标不治本,无法将其从危险局面中挽救出来。

总体上看,从鸦片战争到甲午战争前这半个世纪时间里,"师夷长技"逐步由口号转变为行动,从理论逐渐付诸实践,一场向西方学习军事技术的热潮席卷全国。借此热潮,中国各地陆续创办军工企业,甚至聘请洋人参与军工生产和西式训练,这场轰轰烈烈的洋务运动确实改变了中国近代国防工业的面貌,也在近代史上留下了深刻印记。在西方军事技术飞速发展的19世纪,清政府一度痛下决心,迎头赶上,但是封建专制体制上的种种弊端,对洋务运动形成了极大的掣肘,一切努力终于散作水月镜花。美国人拉尔夫·尔·鲍威尔(P. L. Powell)说,是"贫困、工业化的不足和文盲的普遍"阻止了中国变成头等军事强国,[②]这句话虽说有一定道理,但并未点出问题的实质。

(三) 军事训练和治军思想的更新

面对内忧外患,清政府虽然没有办法立即彻底改革军制,抛弃以八旗为基础的旧有班底,却已经有了大力效仿西法组织训练的决心。朝野部分有识之士认为,当时急务无外乎"制器"和"练兵",即已经将"练兵"作为一项非常紧迫的任务提出。19世纪60年代开始,在"自强"的旗帜下,清政府开始着手整顿八旗兵和绿营兵,按勇营制度改造绿营,就此建立"练军",至于裁留下来的湘军和淮军,则编为"防军"。[③] 在完成部队的精简整编之后,清政府一面以"船坚炮利"为标准,下力气改善部队的武器装备,一面对"以骑射为本"的传统练兵思想和训练模式进行大力改革,模仿西方列强的训练之法操练士卒,强调用

---

① 关晓红:《清末新政制度变革研究》,中华书局2019年版,第2页。
② 拉尔夫·尔·鲍威尔:《中国军事力量的兴起(1895—1912年)》,陈泽宪、陈霞飞译,中国社会科学出版社1979年版,第272页。
③ 参见张英辰、王树林主编:《中国近代军事训练史》,军事科学出版社2010年版,第16页。

外国法练中国兵①,在训练内容和训练方法上进行大幅度变革,朝着近代化方向迈进。

相比之下,水师队伍较早开始学习西方训练之法。清政府从英国和德国购买铁甲舰、巡洋舰等作战舰艇后,水师便开始接触和学习西方海军的训练方法。其中,舰船的列阵和编队、协同配合和战术训练等,都大量借鉴西方近代海军的训练模式。为了提高北洋水师的训练水准,清政府选派优秀人才出国考察和留学,学习西方海军的先进训练方法和训练经验,如1877年11月向英国派出的第一批留学生十二名,皆系从福建船政学堂中精心挑选的优等生。②后来成为北洋水师总兵的刘步蟾、林泰曾等人更是不止一次赴英受训,既学习基础科目,也亲往铁甲舰实习,深切感受到英国军舰的先进和海军士兵的训练有素。

虽说北洋水师最终全军覆灭,当时的海军训练也存在着诸多问题,但从训练科目设定及训练工作的组织安排上看,其仍可谓力求与西方靠拢,有颇多可取之处。北洋海军的训练,分为共同科目和专业训练两种。共同科目包括枪炮、条令等,专业训练则涉及远洋训练、水中武器训练及舰队编组训练等。③《北洋海军章程》对各科目训练标准有具体规定。对于军官,强调在训练之后组织考试,并分别判定等级和记奖记过。④对于专业技术人员,重点要求掌握汽机理法,能够顺利操控和修例汽机、锅炉等。⑤对于弁目和水手等,则要求掌握各种洋枪洋炮的操练之法,并掌握一定的轮船操作之法。⑥在基础训练之外,还组织舰船的编组训练,同时也注意展开各种阵法的训练。当然,虽说采用西方新式军舰和训练方法,但北洋海军的训练缺乏实战化导向,甚至大量存在弄虚作假,各种规章制度无法得到落实。周馥就曾指出:"余订《海军章程》,

---

① 参见虞和平、谢放:《早期现代化的尝试(1865—1895)》,张海鹏主编:《中国近代通史》第3卷,江苏人民出版社2013年版,第76页。
② 参见姜鸣:《秋风宝剑孤臣泪:晚清的政局和人物续编》,生活·读书·新知三联书店2015年版,第234页。
③ 姜鸣:《龙旗飘扬的舰队:中国近代海军兴衰史》,生活·读书·新知三联书店2014年版,第291页。
④ 《北洋海军章程·考校》,张侠等编:《清末海军史料》,海洋出版社1982年版。
⑤ 《北洋海军章程·升擢》,张侠等编:《清末海军史料》,海洋出版社1982年版。
⑥ 《北洋海军章程·考校》,张侠等编:《清末海军史料》,海洋出版社1982年版。

赏罚各有条例,而将官多不遵行。"[1]纪律松弛、训练乏力,这些多少都为北洋水师的覆灭埋下了祸根。但是即便如此,我们也应看到洋务运动以及北洋水师学堂教育对于兵学迈向近代化的意义。也就是说,洋务运动的失败不能等同于洋务教育的失败,或者说,洋务教育存在失败之处,不等同于北洋水师学堂教育的失败。[2]

　　甲午战争失败之后,清政府意识到与列强的全方位差距,但在海军已经被基本摧毁的情况下,只能加快陆军的训练改革步伐。王韬指出,当时的首要任务是改进训练方法,建立科学规范的军事考试制度,以追求"水师之练习,营务之整顿"[3]。1895年初,胡燏棻受命在天津小站采用西方近代军队的模式编练新军,号称"小站练兵"。他所统领和训练的新军,被称为"定武军"。到了这年年底,清政府任命袁世凯接替胡燏棻领导小站练兵,"定武军"从此改称"新建陆军",简称"新军"。袁世凯是领导清末军事变革的重臣之一,他眼见日本军队以"西式之法"战胜清军,不仅下决心按照西法操练军队,同时也仿照德国陆军编制,对传统营制大胆进行改革。新建陆军被改造成为步兵、骑兵、炮兵和工程兵多兵种合成军队,训练内容也紧密贴近战争需要,紧跟近代军事技术。为保证新军的训练不至于落伍,袁世凯专门聘请德国军官慕兴礼、祁开芬等人担任教官[4],并以新式军事学堂的毕业生为辅佐,要求他们的训练始终按照西法展开。由于袁世凯领导的新建陆军在军制、装备、训练、官兵素养等方面都达到了近代化水平,不仅被晚清重臣荣禄曾奏称"日臻精熟"[5],也被后世研究者视为"中国第一支近代化军队"[6]。除了新军之外,两江总督张之洞积创建的"自强军"也以德国陆军为楷模,建成有骑兵、步兵和炮兵等多兵种合成部队,平时训练都由德国军官负责,受西法之影响已不言而喻。军机大臣兼北洋大臣荣禄节制的武卫军,不仅在体制编制和武器装备上模仿西方近代化军队,治军模式和训练方式也基本西化。

---

[1] 周馥:《周悫慎公全集·年谱》卷上,《秋浦周尚书(玉山)全集》,台湾文海出版社1967年版。
[2] 于敬民:《北洋水师学校教育为资本主义近代化教育》,戚俊杰、郭阳主编:《北洋海军新探——北洋海军成军120周年国际学术研讨会论文集》,中华书局2012年版,第535页。
[3] 王韬:《纪英国政治》,《弢园文录外编》卷4,上海书店出版社2002年版。
[4] 杜春和等编:《北洋军阀史料选辑》(上),中国社会科学出版社1981年版,第18页。
[5] 朱有瓛主编:《中国近代学制史料》第1辑,华东师范大学出版社1983年版,第541页。
[6] 张英辰、王树林主编:《中国近代军事训练史》,军事科学出版社2010年版,第18页。

为了明确训练方针、强化训练模式,清军编订了较为系统的训练教科书,如前述《自强军西法类编》《训练操法详晰图说》《新定步兵操法》等书,对军事训练有或多或少的论及。这些依照西方模式编订的训练教科书,对于规范军队的日常训练工作起到了重要作用。

庚子之变后,袁世凯位居直隶总督兼北洋大臣,依然高度重视新军的训练,强调"直隶为畿辅重地,筹饷练兵,固期多多益善"[1]。当然,这其实也是他充分利用练兵之机,进一步扩张自己势力的借口。[2] 在袁世凯的主导之下,新军分成常备军、续备军、后备军三种,统一编制,编组训练。此后,他又继续扩充新军规模,直至编成六镇(师),总兵力达 75 225 人,成为当时中国最强大的军事武装。[3] 袁世凯练兵注重实战,甚至开创了近代大规模多兵种合成对抗演习的先例,通过组织"秋操",试图对军队训练情况进行检阅。

晚清倡导的新式训练非常强调制式教练及战斗教练的作用,认为设置专职教练的宗旨就是为了训练指挥官与士兵的战斗能力,促使其遵守军纪,养成良好的秩序。在平时的训练中,也注意结合各种演习培养士兵养成遵纪守法的习惯,注重服从命令、听从指挥的各种作风养成。为了搞好训练,部队设有单人教练、排教练、队(连教练、营教练、标教练、协教练),以便分层施教、因材施教,使得训练更加具有针对性。另外,晚清的新式训练已经非常注意加强对军官的训练。《训练操法详晰图说》就设有"训将要言""训将弁躬亲教练说"等章节,特别强调提高军官的全面素质,教育他们学会亲近士兵,并勇于承担危难,同时也要注意了解世界军事形势的发展变化,对西方政治、军事、经济、军备及西方军事学术的发展变化等保持跟踪和关注。这些训练科目和要求,其中有不少是中国传统"训将"内容的题中之意,但也有不少是吸收西方军事理论得来,是在长期抵抗外侮而又不断遭受失败的多次战争中所得到的教训。

需要说明的是,晚清新军在训练时效法西方较多,甚至也可以由此贴上"近代化"的标签,但在治军统军时则一如既往地高度强调"忠义":"惟夫忠义

---

[1] 袁世凯:《北洋创练常备军厘定营制饷章折》,天津图书馆、天津社会科学院历史研究所编:《袁世凯奏议》(中),天津古籍出版社 1987 年版。
[2] 张海鹏、李细珠:《新政、立宪与辛亥革命(1901—1912)》,张海鹏主编:《中国近代通史》第 5 卷,江苏人民出版社 2013 年版,第 56 页。
[3] 张海鹏、李细珠:《新政、立宪与辛亥革命(1901—1912)》,张海鹏主编:《中国近代通史》第 5 卷,江苏人民出版社 2013 年版,第 60 页。

之勇历久而不渝上戴"①,始终将"忠义"作为一种核心价值向士卒兜售。此举无非是要达到两个目的:一是要求官兵效忠清廷;二是引导官兵"义"字当先,以壮官兵之胆气,为朝廷舍命。②这两个目的也可以归结为一个,即引导官兵效忠朝廷和皇帝。以中国传统封建伦理和道德标准,将忠、义作为治军标准,将"君臣父子"和"上下尊卑"等礼教内容作为部队思想教育的核心内容,始终融入平时的思想教育之中,无非是为了将官兵培养成为"忠臣义士",忠诚地效命于皇室。就连《新定步兵操法》所强调的攻击精神,也需保持"忠君爱国"的至诚精神。不少人相信,只要具备这种效忠精神,就会具备强大的攻击精神和战斗勇气,就能勇往无前。这种过度强调,一度也获得启蒙思想家梁启超的认可——他曾认为"所谓爱国心与自爱心者,则兵之魂也"③,却也同时引起严复的警惕和批评。④

细究起来,曾国藩就已将忠君勤王和捍卫封建礼教作为练军和治军的主要内容之一,到了袁世凯的新军,这一点始终没有发生变化。袁世凯主导编写的《训练操法详晰图说》格外强调"忠义",认为唯有"忠臣谋国"才是亘古不变的常胜之理。只是这种以封建道德训导官兵的模式,并不能挽救摇摇欲坠的清王朝。一方面,部分接受"忠义"思想训导的官兵,最终成为支持袁世凯复辟称帝的帮凶,并在北洋军阀当政期间祸国殃民;另一方面,也就在这支精心打造的"忠义军"之中,众多官兵奋起参加辛亥革命,最终推倒了这个腐朽帝国。

第二节 传统兵家迈向近代化的历程及成败

从两次鸦片战争到中法战争,再到甲午战争,清军在对外作战中接连遭受惨败,天朝上国的迷梦被无情地撕碎,自信也随之丢失。当然,国人并不会就此麻木沉沦,仍有知识精英奋力拼搏,力图挽狂澜于既倒,于是传统兵学也有

---

① 《训练操法详晰图说·训将要言》,台湾文海出版社1966年版。
② 张英辰、王树林主编:《中国近代军事训练史》,军事科学出版社2010年版,第132页。
③ 梁启超:《自由书》,《饮冰室合集》(二),中华书局2015年版。
④ 在欧洲陷入纷争之后,严复更加确信地认为"爱国之说兴,种族之争弥烈",更强调人道主义的超越精神。参见黄克武:《近代中国的思潮与人物》,九州出版社2016年版,第96页。

了迈向近代化的尝试。近代中华民族根本只有一个问题,用蒋廷黻的话说就是:"中国人能近代化吗?"[①]近代化不仅是民族精英的追求,同时也是兵学转型所面临的最为急迫的问题。

一、"师夷长技"及多重波折

"师夷长技"一词,延续了"内诸夏而外夷狄"(《公羊传·成公十五年》)的传统认知,从中可以看出魏源等人的自大,但是中国近代兵学的转折也由此而展开。通过抗击英国侵略的战争实践,特别是在战争中遭到了血淋淋的打击,林则徐等人领教到西方长技的威力,因而有了"师夷长技"的主张。这些想法最终付诸实践,很大程度上借助于曾国藩、李鸿章等人发起的洋务运动。

依照传统认识,外国被统称为"夷",有关外国的情况则称"夷情"。与之相似,清政府发起的旨在学习西方军事科技的运动,也被时人称为"筹办夷务"。鸦片战争前后,国人重夷夏之防,文化上的优越感和心理上的排斥感都会"自我蒙蔽对他人的了解,不免成为盲目自大"[②]。但随着对外战争的接连失败,这一优越感又快速丢失——魏源也承认,遇到洋人,每每讳言"夷"字,直至尊为"洋大人",唯恐礼节不周。所谓"夷务",被迫而改称"洋务"。一向以天朝上国自居者,在经过多次与洋人的较量之后,放弃了固有的优越感。当然,这未尝不是一种进步:这种改变标志着"中外关系进入了一个新阶段,中国人对于西方的认识也进入了一个新阶段"[③]。只有充分重视和尊重对手、下力气研究对手,才能以客观务实的态度建设国防,有能力惩处来犯之敌。态度的转变折射出中国近代兵学在转型过程中的曲折。事实上,即便是洋务运动已经取得相当大成果之后,军事理论界的东西之争仍然没有停息。保守派和洋务派围绕孰体孰用等问题,一直争执不休,并同样体现了他们对于传统兵学和西方兵学的认识态度。考察洋务运动背景下"中体西用"观念的形成,也能明显看出

---

① 蒋廷黻:《中国近代史》,上海古籍出版1999年版,第2页。
② 王尔敏:《晚清政治思想史论》,广西师范大学出版社2005年版,第157页。
③ 丁伟志、陈崧:《中西体用之间:晚清中西文化观述论》,中国社会科学出版社1995年版,第42页。

这一情形。此说"发轫于同光之间,而盛行于甲午之后"①,似乎成为一个特殊时代知识分子的共同观念。

冯桂芬撰写的《校邠庐抗议》成为当时"采西学、谋自强"的宣言书。冯桂芬年轻时即受林则徐的影响,也认真研读过魏源的《海国图志》,因此他的思想受林、魏影响较大。此后,他又通过《校邠庐抗议》一书,对曾国藩等人产生重要影响,与洋务派"更有直接的联系"。② 考虑到他有担任李鸿章幕僚的经历,可以想象他对李鸿章的影响理应更大。在《校邠庐抗议》中,冯桂芬首先认真总结出中国的落后现状:"人无弃材不如夷,地无遗利不如夷,君民不隔不如夷,名实必符不如夷……船坚炮利不如夷,有进无退不如夷。"③面对同样的现状,冯桂芬却并不悲观,他认为当时的中国不仅恰逢"自强之时",而且也已找到"自强之道"。这个"自强之道",就是林、魏所提倡的"师夷长技以制夷"。冯桂芬旗帜鲜明地推崇林、魏,积极宣传他们的主张。从他所列举人才、地利、君民、名实等多个方面的"不如夷",可以看出其眼界已经超出魏源等人。冯桂芬从"制洋器"出发,提出了"采西学"的主张,而且不只停留在武器装备制造方面,更是强调学习西方的自然科学,如算学、光学、化学等。显然,就如何对待"西学"与"中学",冯桂芬的建议受到了更多瞩目。他的"以中国伦常名教为原本,辅以诸国富强之术"④一语,给此后处理中学西学矛盾提供了基本方案。诸如"中学为体,西学为用""中学为内学,西学为外学""西学中源"等,都可以从这里找到源头。其中,"中学为体,西学为用"之"中体西用"观影响最大,被很多人视为洋务运动的思想结晶,也是"新学环境中所创造的更重要的观念"⑤。

林则徐、魏源等人"师夷长技以制夷"的思想,得到随后洋务运动倡导者们的继承和发扬。例如,作为洋务运动的中坚人物,张之洞在两广总督任上曾直接指挥中法战争,所以对西方利器的威力同样有着深刻认识。在《奏陈海防要策折》中,张之洞曾将清军战斗不力归结为"水师之无人,枪炮之不具"⑥,到广

---

① 今人似受梁启超《清代学术概论》的影响,误认此说为张之洞率先提出。参见王尔敏:《晚清政治思想史论》,广西师范大学出版社2005年版,第42页。
② 陈旭麓:《近代中国人物论》,九州出版社2019年版,第19页。
③ 冯桂芬:《校邠庐抗议·制洋器议》,上海书店出版社2002年版。
④ 冯桂芬:《校邠庐抗议·采西学议》,上海书店出版社2002年版。
⑤ 王尔敏:《晚清政治思想史论》,广西师范大学出版社2005年版,第12页。
⑥ 张之洞:《奏陈海防要策折》,《张文襄公全集》卷11《奏议》,中国书店1990年版。

州赴任以后,他便不惜重金立即向欧美各国"广求利器",购备军火。但是,从别国购置军火,不仅质量没有保证,而且耗费巨资,其间遭受洋人种种刁难,更是令人愤懑,所以张之洞上书朝廷,建议立即建设中国自己的兵工厂。在他的不懈努力之下,清政府最终批准在湖北省城兴建兵工厂。而为了节省经费并掌握自主权,张之洞进一步决定将采矿、炼铁、炼钢三事合并为一,以便提高钢铁质量和火器性能。在经过甲午战争后,张之洞更是积极推动军工企业向规模化方向发展,并督促其加紧制造新式武器。

除了兴办兵工厂、制造利器之外,张之洞在兴办学堂、培养军官、训练新式军队等方面都有值得称道的贡献。随着局势的发展,张之洞越来越认识到"战人较战具为尤急"①,所以改而将培养军事人才作为首要目标。为此他积极兴办新式学堂,并大量派遣留学生出国留学,学习西方先进军事理论和战术指挥之法。从这些活动实绩来看,张之洞不仅完成了从寻找利器到寻找思想的转变,而且已经迈出了向西方寻找思想的步伐,是在魏源和林则徐学习西方思想基础之上的进一步远行。张之洞创办的各类军事学堂,较为彻底地效法西方的近代军校体制,学习内容也基本以西方近代军事理论和战略战术为主。王尔敏因此指出:"张之洞的求亡图存之见,总括于学之一途。故对于学课学制思虑最熟,意见最多。"②"变学制"渐成为张之洞的最迫切愿望,他本人也曾说过这样一句话:"今日朝野皆知练兵为第一大事,然不教之于学堂,技艺不能精也;不学之于外洋,艺虽精,习不化也。"③字里行间无不流露出对西方军事学术的艳羡之情。

从林则徐和魏源的吁请,到张之洞等洋务运动领导者的推进,清政府中的有志之士一直在进行着"师夷长技"的种种努力,但勉强解决的仍然是"器"的问题。尽管如此,"师夷长技"在中国近代史上还是产生了深远影响,至少是远远超出了林则徐和魏源的预期。依照当时的局面,不仅迫切需要外国的"长技",更需要使用"长技"的人才,需对旧有人才培养模式和选拔机制进行改革,最终真正引起对西学重视。在这一过程中,国人关于"道"的层面,也就是军事思想方面的转型和改造,必然也会慢慢地有所体悟,并在甲午战争的惨败之后

---

① 张之洞:《奏陈海防要策折》,《张文襄公全集》卷11《奏议》,中国书店1990年版。
② 王尔敏:《晚清政治思想史论》,广西师范大学出版社2005年版,第77页。
③ 张之洞:《劝学篇·外篇·兵学》,《张文襄公全集》卷205《劝学篇》,中国书店1990年版。

终于有了彻底觉醒——考察清廷译介西方军事著作的情况,也可以明显看出,清政府起初关注的是大多是"器"的层面,后期才慢慢转而更关心"道",渐渐产生了学习西方政治制度和军事制度,全方位接受西方军事学术的念头和勇气。王韬等学者则认识到,西方的富强的根本就是政治,①这进一步推动了国人寻找近代民主制度的念头。从寻找利器到求索思想,几代知识精英思想发展转变的艰难历程,折射出中国传统兵学在近代转型时期的步履蹒跚。

洋务派的崛起多少借助于当时朝廷所面临的深重的内患:太平军和捻军一南一北,剧烈动摇了清帝国的执政根基。已被英法联军打得溃不成军的清政府,一度希望借助洋人的力量对付起义军,此即所谓"借兵助剿"。无耻地"媚外",其实是为求"安内"。曾国藩、李鸿章发起的洋务运动,也依靠着他们镇压太平军的战争而逐步推进。在前期,洋务运动磕磕碰碰,每往前一步都会受到保守派的兴师问罪和激烈反对。张之洞曾感叹道,"湘事难办,天下所无"②,这真实地反映了当时的困局。

在洋务运动中,李鸿章等人不只是提出创办军工企业的建议,而且更加明确地主张培育"制器之人",表明其认识已经进入新的境界。如李鸿章在奏折中写道:"中国欲自强,则莫如学习外国利器;欲学习外国利器,则莫如觅制器之器……欲觅制器之器与制器之人,则或专设一科取士,士终身悬以为富贵功名之鹄,则业可成,艺可精,而才亦可集。"③当然,他也固执地认为:"中国文物制度,事事远出西人之上,独火器万万不能及。"④这其实也相当真实地表明了当时洋务运动推动者们的认识水准。保守与革新,这两种截然对立的主张在李鸿章等人处一度集于一身,令他们踯躅难行。当然,随着洋务运动的逐步推进和政治空间的逐步变化,他对西学的态度也会逐步发生改变。顽固的守旧派则不然,面对西方近代文明的冲击,他们也会感受到剧烈的震荡,带着巨大的恐惧观察时局的变化,对洋务派的行动指手画脚,生怕他们引进的是洪水猛兽。洋务运动前后历时三十余年,守旧派和洋务派之间的论战不曾停息。洋务派每推进一事,都会受到守旧派的激烈反对。意见空前对立,论战无比激

---

① 黄克武:《近代中国的思潮与人物》,九州出版社2016年版,第50页。
② 盛宣怀:《愚斋存稿》卷72《电报·张中堂来电》,台湾文海出版社1970年版。
③ 李鸿章:《致总理衙门函》,《李文忠公全集》卷24《奏稿》,台湾文海出版社1984年版。
④ 中华书局编辑部、李书源整理:《筹办夷务始末(同治朝)》卷25,中华书局2008年版。

烈,洋务派也在论战中成长。通观两派之间长达数十年的论战,最为激烈的要数同治五年(1866)关于同文馆的争论、同治十三年(1874)关于"筹议海防"的争论,以及光绪六年(1880)开始的是否修筑铁路的争论等。反对修筑铁路的保守派未见火车铁轨为何物,便断定其不合国情,甚至认为修建铁路会破坏风水。① 总之,在论战中,保守派始终坚持反对"以夷变夏"的陈词滥调,明显缺少新意并缺乏说服力;而洋务派则能不时地更新自己的理论,从而能够在对垒时逐步占据优势。

同治十三年(1874)的"筹议海防"之争,更可见保守派和洋务派关于中学、西学的立场。保守派认为,十多年的"自强"运动中,朝廷上下已有相当大的投入,但还是遭到东洋小国日本的欺侮。追究失败原因,洋务派难逃其咎。而洋务派则认为,洋务运动之所以无法取得实效,就是因为各项计划在推行过程中遭受到太大的阻力,关键决策受到太多阻挠和干扰,始终无法按照既定步骤实施。比如改革八股取士制度、选派幼童出洋等计划,一直遭到搁置。甚至于建造船炮、制造机器和修铁路、架电线等诸多重要工程,都遇到了种种阻挠和破坏,或是中途夭折,或是进展迟缓。只要事关洋务运动,推动都显艰难。在这种情形下,李鸿章呈奏《筹议海防折》,借着双方争辩的机会,向保守派发起全面的反攻。在奏折中,李鸿章首先强调清廷面临的局面实则为"数千年来未有之变局",所面对的敌人则为"数千年来未有之强敌"。接下来则探寻解困的出路:在他看来,面对新形势和新对手,旧有的抵御外侮之法已经完全失效,要想重新寻找出路,则只能加快推进变法。"舍变法和用人,别无下手方。"②

争论中,保守派督抚虽说不敢公然反对筹议海防诸事,却抛出"重农"这个传统,以"固本"为由,反对采用机器、开矿挖煤等,甚至抱着传统的"本末"观,指斥洋务派海防之议的基本内容皆为"末事",破坏了中国以农业为本的"务本"传统,更有甚者,斥之为奇技淫巧。对此,王韬引用英国的例证进行反击:

---

① 在铁路问题上,保守派多斥之为"惊世骇俗",而李鸿章和沈葆桢一度也持保守态度。普法战争之后,因为对德国利用铁路完成兵力投送的便利有所了解,李鸿章才逐步改变了态度,视铁路可以改变"日蹙之势",认为其为"泰西各国富强最要之端"。参见姜鸣:《秋风宝剑孤臣泪:晚清的政局和人物续编》,生活·读书·新知三联书店2015年版,第82—113页。

② 李鸿章:《筹议海防折》,《李文忠公全集》卷24《奏稿》,台湾文海出版社1984年版。

"又英之所长,尤在以兵力佐其商力,商力裕其兵力,自通商印度以迄东南洋,无不率以此法。"①李鸿章则借反击保守派直接阐明了关于西学的立场。他对"华学"和"洋学"的价值有了重新评估,充分肯定"洋学"的先进性,认为"洋学实有逾于华学者"②。这种表态和他在洋务运动初期"中国文物制度,事事远出西人之上"一语相比,可以看出明显改变。李鸿章告诫国人,必须破"夷夏之防",切实取法"洋学",通过洋务运动效法西方的长技。所以,这场围绕海防之议的争论,保守派的百般阻挠不仅没有浇灭洋务派的热情,反倒帮助洋务派下定了重新出发的决心,也获得继续前行的信心。

为了说服保守派,洋务派发明了"西学中源"之说,千方百计地证明中学与西学不仅本无冲突,而且二者之间可能存在互补性。而洋务派对于西学和中学的基本态度,仍是"中体西用"。所谓"西学中源",只是策略性的口号。"中体西用"的观念,仍有人继续坚守,只是这种长期论战,消耗了太多精力,也会令中国失去宝贵的机遇期。其时,慈禧太后因为借助垂帘听政而控制着皇权,"位居政权顶端,施行折中控制"③。在很长时间之内,慈禧太后俨然成为保守势力的最大靠山,对洋务派多有牵制;其间虽说也有一些"借改革以完成自我挽救"的举动,但不可能完成真正意义上的改革。④ 不仅如此,这种旨在提倡西学的理论并不完美,仍然含有"严夷夏之防"的成分。积极主张变法的梁启超,也强调应该"学习西学格致之精微"⑤,同时坚持"采西人之意,行中国之法"⑥。王韬等人虽认识到西方政治制度对于增强国力所起的作用,但同时认为这只是中国上古时期君民相亲的治世的学习,是"三代以上之遗意"⑦。

试图会通中西的严复,曾有意彻底击碎国人的这种优越感。1895年春,清军对日作战遭受惨败,清廷被迫卖国求和。严复带着巨大的痛感连续发表文章,主张唯有西学才能挽救中国。他甚至不无沮丧地指出,甲午败于日本只不

---

① 王韬:《遣使亲俄》,《弢园文录外编》卷4,上海书店出版社2002年版。
② 李鸿章:《李文忠公全集》卷17《朋僚函稿》,台海文海出版社1984年版。
③ 张海鹏:《近代中国历史进程概说》,张海鹏主编:《中国近代通史》,江苏人民出版社2013年版,第76页。
④ 谢俊美:《政治制度与近代中国》,上海书店出版社2016年版,第44页。
⑤ 梁启超:《西学书目表·后序》,《饮冰室合集》(一),中华书局2015年版。
⑥ 梁启超:《变法通议》,《饮冰室合集》(一),中华书局2015年版。
⑦ 王韬:《重民下》,《弢园文录外编》卷1,上海书店出版社2002年版。

过是中国灾难的开端,后面还会有亡国灭种、四分五裂的大难临头。① 联系近现代历史,严复此论绝非危言耸听。他通过《天演论》将达尔文"物竞天择,适者生存"的道理介绍到中国,曾在中国思想界产生激烈反响。所谓"物竞天择,适者生存",实则为"丛林法则",揭示了国际斗争中弱肉强食的残酷现实。严复一面努力翻译西学著作,一面催促国人警醒,并努力探索"国人要如何应变、图强的现实考量",以求实现"自强保种"的愿望。②

总体上看,"中体西用"这一独特观念,几乎贯穿了洋务运动的始终,甚至笼罩中国知识界和士大夫阶层长达半个世纪之久。它的被抛弃,还要等到20世纪初孙中山领导的中国革命派的出现。③ 考察洋务运动背景下的"中体西用",不难看出其中所折射的保守派与洋务派倾轧争夺的印记。中国兵学近代转型遇到的挫折而不够彻底,实则也有这种观念从中作祟。王尔敏曾说:"中国之治兵学研兵事者,虽谓取借西方,而未尝一依欧洲列强行径,不似日本之一意蹈袭。中国自始即持本有立场。"④这一"本有立场",其实就是"中体西用"。坚持"中学为体",固然透露出对中国传统文化和传统兵学的高度自信,却也显示出相当浓厚的保守情绪,这无疑会在特定时期成为传统兵学完成转型的掣肘。

二、近代国防思想的形成

近代中国国防观念也由此发生很大改变,国防思想走过一段由"求强"到"求富"的发展历程,并且还"在国防危机意识、国防价值判断,以及国防手段与方法的认识上,都有丰富的新内容"⑤。"强"和"富"紧紧相连,但毕竟也有区别。按照孙子的"称胜理论"——"地生度,度生量,量生数,数生称,称生胜"

---

① 丁伟志、陈崧:《中西体用之间:晚清中西文化观述论》,中国社会科学出版社1995年版,第259页。
② 黄克武:《近代中国的思潮与人物》,九州出版社2016年版,第91页。
③ 陈旭麓认为,"在进行东西文化对比时,孙中山似乎并没有完全摆脱'中体西用'窠臼,他一直认为这个以精神文明胜,西方以物质文明胜"。参见陈旭麓:《近代中国人物论》,九州出版社2019年版,第349页。
④ 王尔敏:《清季军事史论集》,广西师范大学出版社2008年版,第3页。
⑤ 皮明勇:《中国近代国防观念发展论》,《历史教学》1994年第12期。

(《孙子·形篇》),要想培植国力和军力,需对影响战争胜负的各个基本环节进行衡量,尤其要注意"富"与"强"的逻辑关系。中国近代国防建设同样需要重点关注"求富"和"求强",但到底是先"求富",还是先"求强",实则也考验着决策者的战略眼光。

面对西方列强的坚船利炮,洋务派的思路一度非常简单而且明晰:必须拥有坚船利炮,才有能力回击列强的侵略行径。"师夷长技"就是发展军工,大量建造利器,以利器求得"自强",进而求得"自立",避免被西方列强欺压凌辱。他们眼中的利器,以先进火炮和远洋舰船为代表。晚清长期致力发展的也正是这两种武器。就这一点而言,曾国藩、左宗棠、李鸿章、张之洞等人的看法都基本一致。曾国藩指出:"购买外洋船炮,则为今日救时之第一要务。"[1]李鸿章、张之洞等人则是积极推动兵工制造,将"师夷长技"逐步落到实处。曾对洋务派给予大力支持的恭亲王奕䜣,更是非常简明地表达出对于利器的热切期盼:"自强以练兵为要,练兵以制器为先。"[2]正是在这种指导思想的推动之下,清廷以"求强"为宗旨的军工制造,在曾、左、李、张等人的领导之下获得了阶段性成果。但这种以"求强"为目标的洋务运动,不能等同于"求富"。

按照中国古代兵家或法家理论,要想强兵,首先就要富国。《管子》即指出:"国贫而用不足则兵弱而士不厉;兵弱而士不厉则战不胜守不固;战不胜而守不固则国不安矣。"(《管子·乘马》)又说:"国贫兵弱,战则不胜,守则不固。虽出名器重宝以事邻敌,不免于死亡之患。"(《管子·形势解》)其中由"富国"到"强兵"的理念非常明确。战国时期,以李悝、商鞅等为代表的法家一派,将重农务本与军功制度紧紧地结合起来,希望通过发展农业,不断增强国家的经济实力,确保军事实力获得提升。以法家为代表的"一于农战"的传统理论,在晚清仍有一定合理性,但是被保守势力利用、放大,竟然也会成为反对洋务派兴办军工的理由。再者,兴办洋务必然会消耗巨资,也必然地成为保守派攻击洋务的理由。在保守派看来,只有发展农业才是"务本"之举,充分吸收古代法家的农战思想,才能拒敌于国门之外。也就是说,中国无须引进西方的工业技术,而应将传统意义上的"富国"作为首要追求。

---

[1] 曾国藩:《复陈购买外洋船炮折》,《曾国藩全集·奏稿三》,岳麓书社2011年版。
[2] 中华书局编辑部、李书源整理:《筹办夷务始末(同治朝)》卷25,中华书局2008年版。

在达成富国的方法上,当时存在着多种观点。积极主张改革的王韬在写给李鸿章的信中,驳斥保守派"管商之风炽,孔孟之道绌"的指责,并总结了两条自强之法,其一为握利权,其二为树国威。[1] 马建忠不仅重商,还提倡将外贸放在首位,他基于欧洲各国"无不以通商致富"的认识,提出"精求中国固有之货令其畅销"的办法。[2] 薛福成也指出,中国必须抛弃"以耕战为务"的旧观念,而应抓紧向西方学习,大力发展工商业,提出了"以工商为先"的富国强兵政策:"昔商君之论富强也,以耕战为务,而西人之谋富强也,以工商为先,耕战植其基,工商扩其用也。"[3]在薛福成看来,中国之所以"民穷财尽",就是因为工商业没有得到重视,如果模仿西方各国,加快商品流通,打破闭关而治的模式,便可以迅速改变形势,既可以发展和保护中国传统农业和丝、茶之业,也可以扩大贩运之利,推动货物流通,有效抵制外国商品的垄断。

为了发展工商业,王韬主张发展交通运输业,强调将传统船舶全部更换为轮船,并通过严格的考试培养驾驶人才。[4] 薛福成同样主张积极发展船政,尤其是致力于改善海上运输局面。在他看来,近代西方列强均建设有庞大船队,依靠强大海军保护贸易,从而争得丰厚的利益。中国发展船政,建设强大的船队和海军,既可以保护对外贸易,也可以保卫海疆,可谓一举两得,所以"整理船政"才是真正的"急务"。[5] 其实,从薛福成关于发展船政的主张可以看出,他不仅仅是意识到保护海上运输的紧迫性和重要性,更认识到抵抗侵略的急迫性。针对海洋贸易的急需,大力建造大型舰艇,制造足以御敌和缉捕海盗的利器,其中贯穿的仍然是洋务运动"师夷长技"的思想主张。为配合洋务运动的深入展开,薛福成同时建议清政府大力发展矿产业,以增加财政收入。为此,他积极提出"修矿政"之请:"矿政未修,货弃于地,犹水之渐洇而人不知也。"[6]他认为,如果对天地所生万物,合理地加以利用,既可以满足"器械之用",也可以满足人们日常生活所需。如果因为担心破坏风水,或是担心因为采矿而引

---

[1] 王韬:《上苏抚李宫保书》,汪北平、刘林编校:《弢园尺牍》卷7,中华书局1959年版。
[2] 马建忠:《适可斋记言》卷1《富民说》,郑大华点校:《采西学议:冯桂芬、马建忠集》,辽宁人民出版社1994年版,第125页。
[3] 薛福成:《筹洋刍议·商政》,徐素华选注:《筹洋刍议:薛福成集》,辽宁人民出版社1994年版。
[4] 参见王韬:《旺贸易不在增埠》,《弢园文录外编》卷4,上海书店出版社2002年版。
[5] 薛福成:《筹洋刍议·船政》,徐素华选注:《筹洋刍议:薛福成集》,辽宁人民出版社1994年版。
[6] 薛福成:《筹洋刍议·矿政》,徐素华选注:《筹洋刍议:薛福成集》,辽宁人民出版社1994年版。

发生官民纠纷，便停止发展矿业，就会因此而丧失发展良机，失去与西方列强抗衡的资本。当洋务运动发展到一定时期之后，制造舰船和火炮会产生大量物资消耗，发展矿业不仅可以减少进口，节省资金，也可以提高军工产业的独立自主，所以这其实也是富国强兵的根本大计。薛氏这一观点得到李鸿章的认同，在得知日本已从欧洲得到先进采矿技术之后，李鸿章提议斥资成立矿务局，以便为大城市提供足够的煤炭。① 为了发展工商业，尤其是维持商业正常运转，薛福成主张根据当时的国际公法，并结合自身赋税制度，寻求独立自主的税法。他在主张"整饬厘金之弊"的同时，尤其强调税法独立，认为这和内政、主权一样，都应该由中国政府自主决定，不容西方列强干涉。西方列强不得以经商为由，侵犯中国的主权。薛福成针对西方列强"洋货免厘"的无礼要求，指出当时的现状是"今各国徇商人之无厌之请，欲有妨于中国"，所以中国始终难以自立自主，只能"扼之以自护"。② 当然，依照晚清的情势，羸弱的清政府无力改变现状，薛福成所请在西方列强的炮舰政策面前也显得苍白无力。

曾经多次出使欧洲，并担任过曾国藩幕僚的郭嵩焘，思考得更加深远。凭借其对西方的了解，郭嵩焘一针见血地指出："嵩焘窃谓西洋立国有本有末，其本在朝廷政教，其末在商贾。造船、制器，相辅以益其强，又末中之一节也。故欲先通商贾之气，以立循用西法之基，所谓其本末遑而姑务其末者。"③郭嵩焘将西方强大的原因归于政教，其次是商贾，再次才是洋务运动所孜孜以求的"利器"，这些论述显然超出了洋务派的认识水平，一度难以为洋务派完全接受。但是，洋务派和郭氏之间，就重视商贾，并通过工商业推动国防和经济发展等方面，也还存着相当多的共识。强调"商战""学战"，也是晚清学者借资传统而创新的另一显著实例，④同时也是通过不断论战和总结而渐渐达成的共识。

通观洋务派的思想轨迹，他们其实也是在一步步地发展变化。起初阶段只是单纯追求利器，寻找西方式样的坚船利炮，致力于提倡引进西方先进的武

---

① 参见罗伯特·道格拉斯：《李鸿章传：西方世界第一部李鸿章传记》，李静韬等译，浙江大学出版社2015年版，第162页。
② 薛福成：《筹洋刍议·利权一》，徐素华选注：《筹洋刍议：薛福成集》，辽宁人民出版社1994年版。
③ 郭嵩焘：《条议海防事宜》，杨坚校补：《郭嵩焘奏稿》，岳麓书社1983年版。
④ 参见王尔敏：《晚清政治思想史论》，广西师范大学出版社2005年版，第22页。

器装备;再发展为学习其制造方法,改而提倡学习西方科学技术;再因艳羡西方经济模式,试图以振兴工商业来提振国民经济,提升国防水平。但他们对于政体并不愿意进行讨论,于根本之处不愿有所触动。故郭嵩焘思想之超前,也只能暂时被陋识所掩埋。洋务改革的主导者们拒绝郭嵩焘关于"本末"方面的讨论,只愿意接受"中学为体,西学为用"之类基本模式,在一个极其有限的政治空间之内求变通。

尽管郭嵩焘有关政体的立论不为洋务派所接受,但他的"姑务其末"等多个建议,还是受到了洋务派的认可。郭嵩焘就如何发展工商业拟出四条措施:"急通官商之情""通筹公私之利""兼顾水陆之防""先明本末之序"。[①] 这些建议的创新之处是,允许商人拥有充分的自主经营之权,尽量按照商业资本的运行规律,通过合理的商业模式来发展工商业,推动国家走向富强。郭嵩焘认为,西方通过工商业求得富强的关键原因,是官府没有太多干预资本的运作。只有充分依靠商贾来求得国家富强,才能实现工商业立国。郭嵩焘举出英、俄等国为例,指出这些国家的强大原因在于给予商贾足够高的地位,其轮船、铁路等,基本都为商人经营,并不依靠国王或政府。郭嵩焘充分表达出由工商业致富强的意向和思路,是超出洋务派,又能为洋务派所接受的一种价值观念。

晚清另外一位著名思想家郑观应同样积极主张发展工商业,以此实现国家的"求富"和"求强"。18世纪90年代,郑观应的《盛世危言》问世,标志着其近代思想体系的成熟,被视为"标志着洋务自强运动向西方学习所达到的最高水平"[②]。是书中,郑观应除了系统批判保守派"以农立国"的保守理念以及"商为末务"的迂腐之见,也深刻揭示出近代西方走向富强道路的根本原因:充分重视发展工商业。所以,他号召国人在时代潮流中必须要迎头跟上,更新观念。郑观应以日本为例,通过日本仿照西法进行改革实现国势强盛的实际例证,祈盼中国早日选择类似发展道路,将工商业明确立为国家支柱。郑观应认为,近代中国羸弱的原因是缺少新型工商业所需的知识素养和管理人才、缺少近代意义上的工商业。为此,他进一步提出了振兴新型工商业的办法:"国家欲振兴商务,必先通格致、精制造。""论商务之原,以制造为急;而制造之法,以

---

① 郭嵩焘:《条议海防事宜》,杨坚校补:《郭嵩焘奏稿》,岳麓书社1983年版。
② 丁伟志、陈崧:《中西体用之间:晚清中西文化观述论》,中国社会科学出版社1995年版,第134页。

机器为先。"①郑观应甚至主张完全按照西方资本主义模式全面推行经济改革,从而把"重商富民"思潮推进到一个新的阶段。②

晚清兴起的有关"重商"的种种主张,对于中国传统的"以农立国"观念而言,不啻为巨大挑战。守旧派正是一直以"固本"和"重农"为由,反对洋务派旨在学习西方的自强运动。洋务派也正是在不断的论战中,逐步理清了由富到强的思路。遗憾的是,通观他们的自强运动,整体成效不大,如果以甲午战争作为"课终考试"来衡量,他们甚至可说是完全而又彻底的失败者。在战争中不能御敌,在经济上乏善可陈。究其原因,自强运动轰轰烈烈地开展了三十年,实则也是和保守派热热闹闹地争吵了几十年。这场变革,既缺少成熟的政治环境,也缺少足够的经济底蕴。所以,以洋务运动为核心的近代自强运动,终究只能成为一锅夹生饭。甲午之战的惨败、八国联军的入侵,都可以充分证明这场运动没有收到预期效果。

晚清求富求强的革新运动,虽说实际成效不大,但还是对中国近代国防思想的形成产生了不可估量的影响。总体而言,西方近代国防思想被引进中国之后,因为受到政治体制等因素制约,并没有办法产生立竿见影的效果,但也能促进学界,尤其是军事家的反思。近代著名启蒙思想家梁启超也曾投入研究国外形势,并对西方政治学术等予以高度关注。在他看来,只有彻底改变中国的现状,才能真正挽救中国的大计。为此,他一面呼吁"铁血之主义",一面期盼"尚武之国民",认为除此则"无以自立于竞争激烈之舞台"。③ 在这之后,终于有蒋百里、杨杰等军事理论家的出现,并由他们完成了系统阐述近代军事理论和国防思想的任务。

蒋百里总结近代以来国防建设和发展趋势时说:"国防的部署,是自给自足,是在乎持久。"也就是说,战斗力与经济力不可分。他还指出:"经济力,即是战斗力,所以我们总名之曰国力,这国力有三个原素:一是人,二是物,三是组织。"④由此出发,蒋百里发表《军国民之教育》一文,强调在国民之中开展军

---

① 郑观应著,陈志良选注:《盛世危言·商务五》,辽宁人民出版社1994年版。
② 参见丁伟志、陈崧:《中西体用之间:晚清中西文化观述论》,中国社会科学出版社1995年版,第137页。
③ 梁启超:《新民说》,《饮冰室合集》(四),中华书局2015年版。
④ 蒋百里:《国防论》,《蒋百里先生全集》第2辑,台湾传记文学出版社1971年版,第158页。

人精神的教育活动,对学校和社会都有具体的任务要求。各级学校除了推广体操、野外演习等与军事有关的内容之外,也需教兵制、军制、战略战术等;社会也需要模仿军队的组织,提倡"尚勤苦以振作社会的风气",培养"激昂慷慨的精神"。[1] 杨杰总结近代国防新思想的最大特点是,更加注重经济因素,所以可称之为"联合国防"。[2] 他所倡导的"三 M 主义",受到西方《战争论》等影响。杨杰说:"研究国防问题或军备问题的人,总不会忘记,有一种主义支配着世界兵学家的思想,而自己的思想,当然也免不了要受这种主义的支配。这种主义是什么? 就是'三 M 主义'。"[3]何为"三 M 主义"? 其实就是代表国防建设或军事建设的三种要素,第一是人(Man),第二是钱(Money),第三是武器(Munition)。[4] 第一个要素当然重要,因为人是一切的基础;第二个要素"钱"和第三个要素"武器"同样重要,而这些都依靠工商业得来,需要有雄厚的经济实力。

中国近代国防建设理论,关注点越来越多,正如学者指出的那样,"从科技到经济,从物到人,客观上已经逐渐表现出一种综合化的趋势"[5]。经济力量和武器准备,作为新国防理论的要素得到突出强调,这是通过落后挨打而得到的教训,其中也折射出求富和求强的种种努力。近代有关国防建设的理论体系,既有《孙子兵法》"称胜理论"为代表的传统兵学的印记,也明显地具有西方近代兵学的特征,可视为中国传统兵学在近代转型的产物。传统兵家虽逐渐完成蜕变,但转型步伐沉重而又缓慢,相比西方列强已经在整体上处于落后局面。

---

[1] 参见舒新城:《近代中国留学史 近代中国教育思想史》,商务印书馆 2017 年版,第 295 页。
[2] 杨杰:《国防新论》,上海书店出版社 2013 年版,第 33 页。
[3] 杨杰:《国防新论》,上海书店出版社 2013 年版,第 228 页。
[4] 杨杰:《国防新论》,上海书店出版社 2013 年版,第 228 页。
[5] 皮明勇:《中国近代国防建设思想发展论纲》,《军事历史》1994 年第 5 期。

下 编

第十一章　兵家治国与治军思想的内涵与价值

兵家渊源和发展于战争,兵学本是实用之学,具有很强的功利性质和操作性能,所以兵家学说本身就是指导实践的理论。它的诸多治军原则,如刚柔相济、恩威并施、择人任势、将权贵一、严明赏罚、严格训练、统一号令、教戒为先等,实际上就是自成系统、自具特色的治国思想与管理方法。而兵家所提倡的"杂于利害"的思维方法,"以迂为直""君命有所不受"等变通原则,"因敌制胜""随机处宜"等灵活用兵策略,更为中国古代治国思想的形成与发展注入了勃勃生机,并打上了自己鲜明的文化烙印。

第一节　兵家治国思想的理论基础

一、民本:兵家经国治军思想的人文精神

中国古代许多进步思想家充分意识到政治的成功或失败、统治的稳固或崩溃,不取决于天命鬼神,而在于统治者对待民众的态度和随之而来的民心向背,"闻之于政也,民无不为本也"。正因为民是一切之"本",所以"天有常福,必与有德;天有常灾,必与夺民时。故夫民者,至贱而不可简也,至愚而不可欺也"。[①] 这就是影响、作用于中国古代政治的主流思潮——民本主义,也即孟子所概括的对于民众在国家政治生活中地位的认识:"民为贵,社稷次之,君为轻""得乎丘民为天子"(《孟子·尽心下》)。

兵家始终是将战争的胜负同政治清明直接加以联系和对应的。清明的政

---

① 贾谊撰,方向东译注:《新书》卷9《大政上》,中华书局2012年版。

治在兵家的眼里则等同于争取民心,使上下和谐,同心同德,所谓"令民与上同意""上下同欲""与众相得"云云。而达到这一目标的手段和方式,就是孙子所说的"修道而保法"(《孙子·形篇》)、"唯民是保"(《孙子·地形篇》)。所有这一切,均打上了古代民本思潮的深深烙印。

兵家深受儒家民本观的影响。第一,他们依据"民为邦本,本固邦宁"的理念,阐明了民心向背关系战争胜负的普遍规律。他们同儒家一样,也认为民众在国家事务之中处于重要的地位。例如《三略·上略》在论证"英雄"与"庶民"各自在国家所处的地位时指出:"英雄者,国之干;庶民者,国之本。"认为一个国家如能做到以英雄人物为骨干,以普通民众为根本,就能"政行而无怨"。《管子·重令》强调"凡国之重也,必待兵之胜也,而国乃重;凡兵之胜也,必待民之用也,而兵乃胜"。总之,治国安邦,取决于民心的向背;战胜攻取,也取决于民心的向背:"故与众同好靡不成,与众同恶靡不倾。治国安家,得人也;亡国破家,失人也。"(《三略·上略》)

第二,古代兵家普遍强调要发挥"民力"在经国治军中的作用。古代兵家认为,争取民心乃是为了更好地争取民力、利用民力:"众之所助,虽弱必强;众之所去,虽大必亡。"(《淮南子·兵略训》)所以只有在与民众意愿一致的条件下,"上下同欲",把广大民众动员和组织起来,才能实现克敌制胜的目的:"使民扬臂争出农战,而天下无敌矣。"(《尉缭子·制谈》)否则不免陷入危机,走向失败:"间于天地之间,莫贵于人……天时,地利,人和,三者不得,虽胜有殃。"(《孙膑兵法·月战》)

兵家"民本"主义理念,对于构筑治国思想具有理论指导的意义,其实施管理的出发点是怎样争取民心和如何利用民力,最大限度地调动民众参与从事战争、建设国防的积极性。一是要"爱民""利民"。鉴于战争必然给民众带来极大的损失,兵家力主尽可能避免直接的战场交锋,通过"不战而屈人之兵"的途径,达到一定的政治、军事目标:"善战者,不待张军;善除患者,理于未生;善胜敌者,胜于无形;上战无与战。"(《六韬·龙韬·军势》)即使是不得已选择"伐兵"的做法,也要尽可能速战速决,将战争损失减少到最低程度,以减轻广大民众的负担,务求做到"役不再籍,粮不三载"(《孙子·作战篇》)。

二是要努力兼顾民众的利益,使民众乐于参与君主的事业,保证统治者与被统治者在经国治军问题上有比较一致的目标:"举事以为人者,众助之;举事以自为者,众去之。"(《淮南子·兵略训》)这反映在战争决策过程中,就要充分考虑民心向背,必须以"令民与上同意"(《孙子·计篇》)为先决条件,力求在兼顾君主与民众双方利益的基础上,慎重进行战争决策。

三是要爱民如子,恩抚士卒,善待敌俘,赏罚平等,这是兵家民本文化精神在军队治理方面的集中体现。兵家普遍认识到民众是国家存亡的基石,士卒是作战行动的主体,他们斗志是否旺盛、士气是否高涨,在相当程度上关系着战争的胜负、社稷的命运。所以,高明的统帅总是善于激励士卒的参战热情,以保证军事行动的顺利。而要调动士卒的积极性,满足军队管理的需要,将帅与国君都必须关心民众的福祉,爱护士卒的利益:"善为国者,驭民如父母之爱子,如兄之爱弟,见其饥寒则为之忧,见其劳苦则为之悲,赏罚如加于身,赋敛如取己物。"(《六韬·文韬·国务》)从而真正理顺上下关系,协调官兵言行,做到"令素行以教其民""与众相得"。为了在治军之中贯彻民本精神,兵家还主张在赏罚问题上做到某种意义上的平等。如孙子佚文《见吴王》曾记载道,孙子明确提倡"赏善始贱,罚恶始贵"。这里所说的"贱"就是指普通士卒,而所谓的"贵"则是指贵族高官。孙子这番话的矛头直指以往"赏贵罚贱"的陋习,在治军观上具有革命性的意义。

二、"杂于利害":兵家经国治军思想的辩证思维

古代兵家辩证能动的思维方法,首先表现为它能够以普遍联系、相互依存的观点、立场和方法来全面认识和宏观把握军事问题。其一,在众多兵家学者眼里,军事问题是被作为一个整体来对待的。《孙子兵法》重视"道""天""地""将""法"并总称"五事",就是以普遍联系的观点,将政治、军事、天时地利条件、法制建设、人才拔擢任用等各种因素作为一个完整的系统来进行考虑。其二,兵学理论的基本范畴,如"奇正""虚实""宽严""主客""攻守""形势""速拙""迂直"等等,无不以相互依存、互为联系的形式而存在。如无"虚"也即无"实",无"奇"也即无"正",无"主"也即无"客"。这正如老子哲学中的"美丑、难易、长短、高下、前后、有无、损益、刚柔、强弱、祸福、荣辱、智愚、巧拙、大小、生死、胜败、静躁、轻重"一样,彼此间都有着对立的统一和普遍的联系。其三,不仅是对立的事物具有联系统一性,就是同一事物内部也存在着不同倾向之间

相互对立、互为渗透的属性。例如,用兵打仗作为一种特定的事物现象,本身就包含有"利"与"害"的两种倾向,"故不尽知用兵之害者,则不能尽知用兵之利也"(《孙子·作战篇》),强调高明的战争指导者必须辩证对待利害关系,见利思害,见害思利,"是故智者之虑,必杂于利害,杂于利而务可信也,杂于害而患可解也"(《孙子·九变篇》)。在必要的时候应以退为进,以屈求伸,"以迂为直,以患为利"(《孙子·军争篇》)。

兵家辩证能动的思维方式,其次表现为它对事物转化中"节"与"度"关系的理解和把握。事物是运动的,运动是有规律的,"反者,道之动",事物运动到一定条件下,总是向其相反的方面转化,对于战争指导者来说,最重要的职责便是把握"度"的问题,即清醒地观察和分析形势,掌握事物变化的临界点,既不要做过头,也不要做不到,顺境之中不忘乎所以,逆境之中不灰心丧气,尽最大的努力,使事物的变化向着有利于己的方面发展。用兵打仗讲求变化,变化越多越好,越神鬼莫测越高明巧妙,所以要"九变":"变者,不拘常法,临事适变,从宜而行之之谓也。"(《孙子·九变篇》张预注)然而,这种灵活机动、随机应变、屈伸自如、左右逢源不是毫无规律、杂乱无章、随心所欲的"变化多端",而是有分寸感,有大局观,恰到好处的"权宜机变"。看上去眼花缭乱,应接不暇,实质上丝丝入扣,斐然成章。对待战争大事既高度重视,透彻研究,又非常谨慎,追求"全胜不斗,大兵无创"(《六韬·武韬·发启》)的理想境界;在作战指导上,既强调"常法"——"高陵勿向,背丘勿逆,佯北勿从,锐卒勿攻,饵兵勿食,归师勿遏,围师必阙,穷寇勿迫"(《孙子·军争篇》),又提倡"变法"——"水因地而制流,兵因敌而制胜。故兵无常势,水无常形,能因敌变化而取胜者,谓之神"(《孙子·虚实篇》),主张"不以法为守,而以法为用,常能缘法而生法,若夫离法而会法"[①]。

兵家的辩证能动的思维方法,最后表现为它以发展的观点来看待军事斗争的变化发展现象,并在此基础上加以正确的主观指导。兵家的思维方法不但是辩证的,而且更是能动的。在这一点上,其境界要高于以老子为代表的道家。因为老子虽然富有很深刻的朴素辩证法思想,曾提出过"祸兮福之所倚,福兮祸之所伏""正复为奇,善复为妖"(《老子·第五十八章》)等著名命题,但是其朴素辩证法却存在着明显的局限性,即不分条件地主张贵柔守雌,反对刚

---

① 《何博士备论》卷上《霍去病论》。

强进取,一味提倡"不敢为天下先""因循无为",退让容忍,虚无守拙。然而,兵家朴素辩证法思想充满了积极主动的进取精神,主张在尊重客观实际情况的前提下充分发挥人的主观能动作用,即既承认"胜可知,而不可为"(《孙子·形篇》),又不在困难面前消极等待,而是能积极创造条件,去克敌制胜,战胜不复,所谓"胜可为也,敌虽众,可使无斗"(《孙子·虚实篇》)。

兵家朴素辩证法对于其构筑治国思想,具有方法论上的指导意义。第一,就普遍联系的观点而言,兵家总是把管理作为一个大的系统工程来对待,力求全面关照管理上的各种基本要素。如既重点突出统治者的意志愿望,"利合于主",又适当考虑被统治者的相关利益,"唯民是保"。又如既重视政治教化在管理上的主导作用,所谓"令之以文";又主张运用军纪军法对军队成员实施强制性的约束,使之不敢触犯法禁、松弛纪律,即"齐之以武"。(《孙子·行军篇》)再如,既重视执法上的严肃性、原则性,"赏不逾时,欲民速得为善之利也;罚不迁列,欲民速睹为不善之害也"(《司马法·天子之义》),同时又不排斥执法的变通性、灵活性,即孙子所说的"施无法之赏""悬无政之令"(《孙子·九地篇》)等等。

第二,就把握事物变化上"节"与"度"关系临界点而言,兵家一般都主张用"杂于利害"的思维方式来认识管理体制与管理手段的利弊得失,要求统治者在从事军队管理之时,努力克服认识上的片面性,走出思维中的误区,对利与害有通盘的了解,有互补的意识,有巧妙的转换。不能见利而忘害,使得管理中潜在的不利因素恶性发展,最后影响甚至颠覆管理的秩序;也不能见害而忘利,使得自己丧失管治好军队的信心与决心,不再去通过自己的不懈努力而改变管理现状,放任自流,最终　发而不可收拾。总之,一切都要拿捏准一个合适的"度",既不能超越可能的条件去勉强行事,也不能畏首缩尾,患得患失,无所作为。如在将帅个人品德修养上,《孙子·九变篇》论述将之"五危":"必死,可杀也;必生,可虏也;忿速,可侮也;廉洁,可辱也;爱民,可烦也。"其实,勇于牺牲、善于保全、同仇敌忾、廉洁自律、爱民善卒等等,都是将帅应该具备的优良品德,本身并无过错,然而如果一旦过度,也就是说发展到了"必"这一程度的话,那么其性质也就起了转化,走向反面,而成为"覆军杀将"悲剧的起因了,从而违背了军队管理、将帅任用的初衷。又如在普通士卒的管理上,兵家既主张"视卒如爱子",提倡"以恤士为本",但又反对溺爱过度,认为"厚而不能使,爱而不能令,乱而不能治,譬若骄子,不可用也"(《孙子·地形篇》)。

第三,就遵循事物发展的属性看待军事活动的规律并施之以正确的主观指导而言,古代兵家普遍主张管理思路与制度要随时而变,管理手段与方法要不断创新,以适应形势的变化,满足不同场合、不同条件下治军理兵的特殊需要,而不能拘泥于陈规教条,以致束手束脚,妨碍管理功能的正常发挥。例如,《司马法·天子之义》曾指出,夏、商、周三代奖惩的侧重点就随着时代的变迁而各有不同:"夏赏于朝,贵善也。殷戮于市,威不善也。周赏于朝,戮于市,劝君子惧小人也。"但是尽管有这些管理手段上的差异,其所追求的管理目标却是一致的,即所谓"三王彰其德一也"。再如《孙子·九地篇》阐述根据士兵的不同心理,实施切合需要的管理,提出了"投之亡地然后存,陷之死地然后生"的非常规统兵之法,使得兵士在无路可退的情况下破釜沉舟、奋不顾身与敌人进行决战,从而在战场管理上达到"携手若使一人""甚陷则不惧,无所往则固"的理想局面。兵家因情而变、与时迁移的发展观,的确使得它的治国、治军思想及其方法,往往能够自我调整,不断健全。

第二节　兵家治军思想的要义及其特色

如果说儒家、法家的治理思想所针对的对象主要是治国,那么兵家的治理思想所针对的对象无疑是治军。两者侧重点不同,但是都以管治为手段,以和谐有序为追求的管治宗旨并无不可逾越的鸿沟。治国的原则与手段可供治军借鉴,治军的原则与方法同样也值得治国时汲取。所以兵家治军思想也是古代治国思想的重要组成部分,乃是无可置疑的。

所谓"治军",概括地说就是指对军队的治理。其主要内容不外乎将帅的拔擢任用、部队的政治思想教育、士卒的管理与训练、兵役的组织和实施、军纪军法的申明、赏罚措施的推行等等。总的目标就是要造就一支令行禁止、进退有节、赏罚严明、内部团结、训练有素、武艺娴熟的军队,使之所向披靡,无往而不胜。故兵家吴起一再强调"以治为胜"(《吴子·治兵》),兵圣孙子更提出了治军的基本指导原则,"令之以文,齐之以武,是谓必取"(《孙子·行军篇》),即刚柔兼济、恩威并施、文武两手、双管齐下。在此基础上,古代兵家提出了一系列有关军队治理的主要思路及具体方法。

一、上下同欲，政胜为先

军队内部关系和谐，团结一致，既是军队管理的先决条件，也是其首要内容。因此，古人治军，总是把搞好军队内部的团结、提高部队的凝聚力放在重要的位置。早在《周易》中，就有关于治军以和为先的论述。如《晋卦·六三》爻辞指出："众允，悔亡。"意思是说，如果能得到众人的信任，取得战争胜利便会没有困难。《左传》更明确提出了"师克在和不在众"这一命题，把和军协众视为决定军队强大、战争取胜的主要因素之一。

孙子在治军上进一步系统提出了"上下同欲，政胜为先"的基本思路。他把"主孰有道"置于考察战争胜负诸要素"五事"的首位。这里的"道"，其本质含义就是政治清明。在孙子看来，"修道而保法"不仅是克敌制胜的前提，也是安国全军的要义。所以他主张"令民与上同意"，要求统治者尊重普通民众的意愿，想方设法创造条件，使统治者与广大民众的意志统一起来，上下之间团结一致、和衷共济。

国家政治中的"上下同意"，落实到军队管理上便是"与众相得""上下同欲"。所谓"与众相得"，指的是官兵之间关系和谐融洽，心往一处想，劲往一处使，将帅关心爱护士卒，士卒爱戴拥护将帅，为实现共同的目标携手合作，患难与共。"上下同欲"，就是指将帅与士卒利益一致、意愿相同。孙子等兵家认为，通过实现上述观念，军队内部上下之间会变得团结和谐，军队行动就会步调一致，从而进入"齐勇若一"的上乘境界。

至于怎样实现"上下同欲""与众相得"和谐协调的治理秩序这一目标，中国古代兵家结合军队治理的实际，提出了一系列具体的方法和手段，这包括：

第一，强调"上下一心"，努力保持全体军队成员在政治思想上的一致："凡胜，三军一人，胜"（《司马法·严位》）；"兵贵其和，和则一心。兵虽百万，指呼如一"[①]。

[①] 吴惟顺、吴鸣球：《兵镜吴子》卷4《将职》，《中国兵书集成》第38—39册，解放军出版社、辽沈出版社1994年版。

第二,要求军队内部在日常生活中做到一致,将帅与士卒一视同仁,不搞特殊化,为将者率先垂范,以身作则:"夫勤劳之师,将必先己。暑不张盖,寒不重衣,险必下步,军井成而后饮,军食熟而后饭,军垒成而后舍,劳逸必以身同之。"(《尉缭子·战威》)指出一旦做到了这一切,那么"士众必尽死力"(《六韬·龙韬·立将》),便可发挥出最大的战斗力。

第三,强调在战场上尤其要做到上下之间"安危与共",越是危险的地方,越是困难的局面,为将者越是要身先士卒,为部下做出表率,"先之以身,后之以人,则士无不勇矣"[①]。

第四,运用教育的手段,激发、振奋部队的军心士气,使之同仇敌忾,乐于公战,勇于牺牲,一往无前,所谓:"凡制国治军,必先教之以礼,励之以义,使有耻也。夫我有耻,在大足以战,在小足以守矣。"(《吴子·图国》)古代兵家指出,假如教育激励手段运用得正确恰当,则必能使军队内部秩序井然,对外作战所向披靡,"师不必众也,而效命者克;士无皆勇也,而致死者胜"[②]。

第五,在精神激励的同时,利用物质利益这一杠杆,使得将士在战场上的表现同其所获直接挂钩,利用人们趋利避害的普遍心理,诱之以利,调动将士的积极性,营造和谐的氛围,凝聚部队的斗志,这在《孙子·作战篇》中是提倡"取敌之利者,货也";在《尉缭子·战威》中是强调要遵循合乎"人情之理"的"本战之道":"励士之道,民之生不可不厚也,爵列之等,死丧之亲,民之所营,不可不显也,必也,因民所生而制之,因民所荣而显之。"

第六,主张军队统帅在从事部队治理和指导作战行动过程中,既要考虑和满足君主的根本利益,又要关心眷顾普通士卒乃至广大民众的痛痒,对上负责,对下安抚,一切按管理的基本原则办,只求发挥管理的应有作用,努力提高管理上的最大效益。这用《孙子·地形篇》的话说,便是"故战道必胜,主曰无战,必战可也;战道不胜,主曰必战,无战可也。故进不求名,退不避罪,唯民是保,而利合于主"。

第七,提倡"上下同欲"要从平时做起,坚持不懈,认为只有平时抚恤兵士"得其心",才能做到临战之际"得其死力"。这些"平日抚恤",用戚继光的话

[①] 诸葛亮:《将苑·励士》,段熙仲、闻旭初编校:《诸葛亮集》卷3,中华书局2012年版。
[②] 《何博士备论》卷上《汉光武论》。

说,就是"军士有病患难、颠连无靠之事,时时访询,随有所闻,即时处之"①。对此,《三略·上略》的概括、揭示可谓是千古不易的真理:"蓄恩不倦,以一取万!"

二、申饬军纪,严明赏罚

军队是从事武装斗争的特殊集团,在战场上以身许国、流血牺牲是军人应尽的天职。只有将士们勇敢杀敌,方能在战争中克敌制胜。可是爱惜生命、乐于安逸是一般人的天性,怎样克服人们天性中这一弱点,使之做到奋不顾身,勉力作战,就是军队治理上的一个重要课题。一般地说,除了用思想动员、精神激励以振奋军心士气外,申饬军纪军法,令行禁止,统一号令,整肃军容,乃是约束部众,提高军队战斗力的主要保障。

申饬军纪、严明号令是中国古代兵家的共识。早在《周易·师卦·初六》中就有"师出以律,失律凶"之说,将严明纪律视作为治理军队、克敌制胜的前提前件。三国时期的名臣、兵家代表人物诸葛亮有句名言:"有制之兵,无能之将,不可以败;无制之兵,有能之将,不可以胜。"②认为军纪严明、训练有素的军队,才拥有强大的战斗力。"师行须预严纪律""顺命为止,有功次之",可见自古以来人们都把严明纪律放在军队治理的重要地位。具体而言,体现于如下几个方面:

第一,强调整饬纪律对于军队治理的极端重要性,指出建立严格的组织与纪律是统御军队、安国治邦的根本前提,这就是所谓的"制必先定":"凡兵,制必先定。制先定,则士不乱;士不乱,则刑乃明。"(《尉缭子·制谈》)因此,《孙子·计篇》将"法"列为"五事"中的一项,并把"法令执行"作为判断战争胜负的重要因素之一。《三略·上略》把"号令""军政"等制度与纪律看作是战争取得"全胜"的基本保证:"将之所以为威者,号令也;战之所以全胜者,军政也。士之所以轻战者,用命也。故将无还令,赏罚必信,如天如地,乃可御人,士卒用命,乃可越境。"

---

① 戚继光撰,邱心田校释:《练兵实纪》卷9《练将》,中华书局2001年版。
② 诸葛亮:《兵要》,段熙仲、闻旭初编校:《诸葛亮集》卷2,中华书局2012年版。

第二,把统一号令、整齐行动作为军队法制建设的重点、军队行政管理的中心。如《孙子兵法》一再强调"斗众如斗寡,形名是也",主张以金鼓旌旗来统一将士的耳目、协调部队的行动,以达到"勇者不得独进,怯者不得独退"的目的,指出这是最佳的"用众之法"。《吴子·论将》的意见也相类似,认为统一号令为军队执法的前提,管治的要务:"夫鼙鼓金铎,所以威耳;旌旗麾帜,所以威目;禁令刑罚,所以威心。耳威于声,不可不清;目威于色,不可不明;心威于刑,不可不严。三者不立,虽有其国,必败于敌。"戚继光更进而指出,从最基层的什伍,到最高层的大将,都要把统一号令作为军队管理的重点加以贯彻落实,层层相衔,环环相扣,不出任何偏差。

第三,以厉行赏罚作为申饬军纪军法、加强军队管理的主要手段。兵家认为申饬军纪军法、加强军队管理必须用具体而有力的手段加以保证。这个手段,主要就是赏、罚两柄,即通过严刑厚赏迫使将士畏法守纪,听从命令,勇敢杀敌。《孙子兵法》把"赏罚孰明"列为预测、分析战争胜负的主要标准之一。旗帜鲜明地指出:"令之以文,齐之以武,是谓必取。"(《孙子·行军篇》)所谓"文",就是指精神教育、物质奖励;所谓"武",则是指军纪军法、重刑严罚。可见孙子认为,只要在军队管理中贯彻信赏明罚的原则及其措施,就可以克敌制胜,永远立于不败之地。后世兵家同样把赏罚两柄看作是"驭世之大权",认为它"不可一日废也":"国家驭世之大权,唯在赏罚。赏一人而有功者劝,罚一人而有罪者惩。此其激励之机,不可一日废也。"①

第四,在强调赏罚两柄重要性的基础上,提出了如何高明运用赏罚的基本要领与具体方法,以更好地发挥赏罚的作用,使军队管理收到事半功倍的效果。一是主张对赏罚的尺度把握和运用必须适宜,切忌畸轻畸重,换句话说是必须文武两手双管齐下,做到恩威并施,又拉又打,"驾驭之道,总不逾恩威两端"②。二是赏罚要守信用,要公正严肃,尤其是必须做到法不阿贵,赏不遗贱:"不信于赏,百姓弗德;不敢去不善,百姓弗畏"(《孙膑兵法·篡卒》);"凡用赏者贵信,用罚者贵必"(《六韬·文韬·赏罚》)。三是推行赏罚的时机、把握赏罚的尺度,都要恰当合适,具有针对性。《孙子·行军篇》云:"卒未亲附而罚之

---

① 王鸣鹤:《登坛必究》卷12《赏罚》,《中国兵书集成》第20—24册,解放军出版社、辽沈书社1990年版。

② 何汝宾:《兵录·论将总说》,明崇祯五年(1632)序刊本。

则不服,不服则难用也;卒已亲附而罚不行,则不可用也。"意思是说当士卒还没有亲近依附时就施行惩罚,那么他们就会不服,不服就难以驾驭;可当士卒已经亲附,而军纪军法仍得不到执行,那也同样无法率领他们去作战。这其实是讲赏罚执行的时机选择问题,当赏罚而不赏罚,不当赏罚而赏罚,都为军队管理的大忌。至于赏罚的尺度把握,则同样有讲究,既不能失之于宽,也不可失之于严,前者谓之姑息,后者谓之酷虐,都会损害赏罚的公信力与功能,只有宽猛相济,方可政通人和:"小功不赏,则大功不立;小怨不赦,则大怨必生。赏不服人,罚不甘心者,叛;赏及无功,罚及无罪者,酷。"①四是提倡申饬军纪、严明赏罚要从平时做起,"令素行以教其民,则民服"(《孙子·行军篇》),从而收到事半功倍的效果。同时做到随时变宜,灵活处置,将执法的严肃性与灵活性有机地统一起来,即所谓"施无法之赏,悬无政之令"(《孙子·九地篇》),"赏罚不可以疏,亦不可以数"②。

三、教戒为先,严格训练

中国古代兵家高度重视军事训练的地位与作用,普遍主张严格练兵,以提高军队的战斗力。为此,他们提倡把教育、训练军队官兵作为军队平时治理中的重要事务,将"士卒孰练",也即军事训练效果列为基本的制胜因素,提升到关系国家与军队存亡安危的战略高度来加以认识。如《司马法·天子之义》就明确指出:"故虽有明君,士不先教,不可用也。"《吴子·治兵》说:"用兵之法,教戒为先。"而对于治理不严、训练不精的后果,古代兵家也都有清醒的认识,反复指出:"将弱不严,教道不明,吏卒无常,陈兵纵横,曰乱。"(《孙子·地形篇》)

古代兵家提出了一系列具体的训练要领与方法,丰富和深化了兵家的治国思想,这主要包括:

第一,练心、练胆、练艺多管齐下。"训练"按原义是指两个方面:一是教训,即训其心,用今天的话说便是思想教育、道德修行。二是练习,即练其艺,掌

---

① 《素书·遵义》,《中国兵书集成》第 7 册,解放军出版社、辽沈书社 1992 年版。
② 何良臣:《阵纪》卷1《赏罚》,《中国兵书集成》第 25 册,解放军出版社、辽沈书社 1994 年版。

握作战技能。因此,古代兵家所倡导的军事训练,其实包含了两个内容——练心、练艺。在他们看来,两者都必须重视,不可偏废。所谓练心,就是要用占统治地位的正统思想、道德纲常教育培养将士,使其树立效忠君主与国家的思想情感,明确为谁打仗的立场;所谓练艺,就是要让将士熟练掌握军事技能,具备战场上杀敌制胜的本领。前者谓之"明耻",后者谓之"教战","明耻教战,求杀敌也"(《左传·僖公二十二年》)。

关于练心、练胆的具体内容,古代兵家有非常具体的阐述,不外乎以忠义教育将士,《吴子·图国》也说:"凡制国治军,必教之以礼,励之以义,使有耻也。"在古代兵家看来,练心、练胆与练艺是密不可分的:"教兵之法,练胆为先;练胆之法,习艺为先。艺精则胆壮,胆壮则兵强。"①在一般情况下,练心、练胆比练艺更为重要,因为只有将士树立了合乎封建纲常的人生观,才能真正为统治者所用,也才算是达到了军队管理的根本目标:"练心,教以忠义,使士卒皆有亲上死长之心,然后令之执干戈,擐甲胄以御敌,自然如手足之捍头目,子弟之卫父兄,有不战,战必胜矣。"②

至于练艺,主要是指将士按照条令条例,熟悉掌握各种武器的性能,操练战斗技能,熟习各种阵法,做到武艺娴熟、进退有节,确保部队投入战场交锋之时,能始终处于主动优势地位,无往而不胜。"凡欲兴师,必先教战,三军之士,素习离合聚散之法,备谙坐作进退之令,使之遇敌,视旌麾以应变,听金鼓而进退,如此,则战无不胜。"③

第二,循序渐进,教得其道。管理的基本目标,就是要通过合理的资源配置、正确的组织指挥、恰当的协调平衡,以求得最大的效益。这一点在军事训练方面也不例外,所以古代兵家都强调在军事训练上要教得其法,使士为之乐用,"教得其道,则士为乐用;教不得法,虽朝督暮责,无益于事矣"(《唐太宗李卫公问对》卷上)。在诸多方法中,又特别强调要循序渐进,张弛有度,由浅入深,由易入难,由少变多,由低变高。训练要重在平时,切不可临阵磨枪,"精在

---

① 俞大猷:《兵略对》,《正气堂集》卷11。
② 何汝宾:《兵录·教练总说》,明崇祯五年(1632)序刊本。
③ 《百战奇法·教战》,《中国兵书集成》第5册,解放军出版社、辽沈书社1988年版。

一时,而鼓舞之机在平日"①;训练要有重点,学艺练能要抓关键,切忌全面开花,贪多嚼不烂,"凡种种武艺,皆稍习之,在俱知而不必俱精,再须专习一二种,务使精绝,庶在实用,庶可练兵"②。

四、将为国辅,知人善任

专职将帅是战争发展到一定历史阶段的产物,《尉缭子·原官》说:"官分文武,王之二术也。"战国时代,才由官事可摄、将相不分的状况初步改变为文武分职、将相殊途的任职制度。这是中国职官制度建设上的转折点,也为古代治国思想的发展提供了强大的动力。

专职将帅的出现,引起人们的高度重视,古代兵家由此对将帅的培养、选拔、任用等问题进行了深入的探讨,在此基础上形成了相当完整系统的选将任将思想,其中包括对将帅地位与作用的认识、对将帅品德才能的要求以及对将帅职权的界定等众多方面的内容,从而极大地丰富了中国古代治国思想的宝库。

古代兵家高度重视将帅的地位与作用,认为其各方面素质的优劣高低,在很大程度上决定着军队管理的成败、作战行动的胜负和国家命运的安危:"故兵者,国之大事,存亡之道,命在于将。"(《六韬·龙韬·论将》)将帅作为国君的主要助手,辅弼周密有力,国家就一定强盛兴旺;反之,若辅助者有缺陷,国家就难以摆脱衰微贫弱的命运。

鉴于对将帅重要性的认识,古代兵家都十分重视对将帅队伍的建设,对选将任将提出了严格的条件,并普遍认为作为一名良将,必须具备某些突出的优良素质。在这方面,《孙子兵法》主张为将者应该具备"五德"——"智、信、仁、勇、严"。《六韬》《吴子》等也分别阐说了为将的标准与相关条件,同《孙子兵法》所言大同小异。这些条件既规范了将帅政治德操的标准,也明确了将帅军事才能的要求,强调身为将帅应力求达到德才兼备、文武双全的理想境界。

---

① 王鸣鹤:《登坛必究》卷13《选兵》,《中国兵书集成》第20—24册,解放军出版社、辽沈书社1990年版。
② 戚继光撰,邱心田校释:《练兵实纪》卷9《练将》,中华书局2001年版。

以此为总纲,古代兵家进而对将帅立世处事的行为准则提出了严格的要求。具体地说,一是将帅要具备高尚的道德操守,"受命而不辞,敌破而后言返,将之礼也。故师出之日,有死之荣,无生之辱"(《吴子·论将》)。置个人荣辱得失于度外,忠于国君,爱护民众。二是将帅要具备卓越的指挥才能,"知彼知己""知天知地""通于九变之术""识众寡之用",即不仅要知迂直之计、知阵法,更要识战机、掌握战道(即战争规律),做到足智多谋,善于临机应变,"因敌而制胜"。三是要具备杰出的军队管理能力,这包括以"信""严"为本的管理手段和以"仁""勇"为核心的带兵作风。恰当地掌握好爱与严、厚与使、乱与治的分寸,既爱护下属,身先士卒,以求士卒亲附,"与众相得",又严格管理,令行禁止。四是在个人性格修养上,将帅也要具备高度自控的能力,用《孙子·九地篇》的话说,就是"将军之事,静以幽,正以治",即沉着冷静,喜怒不露声色;为人接物公正无私,处理事务条理井然。

在任将的方式上,古代兵家都提倡"因事设官,量能授职""按名督实,选才考能,实当其名,名当其职"(《六韬·文韬·举贤》)。将帅上任后,对下属的使用,也要因人授任,"夫大将受任,必先料人,知其材力之勇怯,艺能之精粗,所使人各当其分"[①]。古代兵家还主张将帅及其属官的任用,必须选贤任能,注重从实践中考察和任命,做到任人唯贤,"欲得良将而用之,必不以远而遗,不以贱而弃,不以仇而疏,不以罪而废"。同时,古代兵家在选将用将时也强调对将帅不应该求全责备,认为人非圣贤,"有所长必有所短,有所明必有所蔽";"全才者有几?夫一人之身,才技有长短,处事亦有工拙……,自是任用,皆随其材"。[②] 人事管理上的诀窍,在于取其所长,避其所短。

古代兵家还重视军队管理权限的区分,主张官有分职,事有专司,反对形形色色的瞎指挥、瞎管理、瞎监督的做法。"故君之所以患于军者有三:不知军之不可以进而谓之进,不知军之不可以退而谓之退,是谓縻军。不知三军之事而同三军之政,则军士惑矣;不知三军之权而同三军之任,则军士疑矣。三军既惑且疑,则诸侯之难至矣,是谓乱军引胜。"(《孙子·谋攻篇》)一支军队要做到管理有序,强大有力,重要的前提条件之一,便是必须真正做到"将能而君不

---

① 《武经总要》前集卷1,《中国兵书集成》第3—5册,解放军出版社、辽沈书社1988年版。
② 《清太祖实录》卷2,台湾华文书局1985年版。

御",正是在这个意义上,古代兵家大多不遗余力地强调"将在外君命有所不受":"军中之事,不闻君命,皆由将出,临敌决战,无有二心。若此,则无天于上,无地于下,无敌于前,无君于后"(《六韬·龙韬·立将》),并将之肯定为一条重要的军队管理原则。兵家治国思想的重点是治军,但是治军与治国在性质上有其共性,因此,兵家治国思想同样是中国古代治国思想的重要组成部分。

第十二章 《孙子兵法》中兵家战略思维的基本特征

《孙子兵法》是中国兵家文化的杰出代表,它总结和揭示的一般军事规律对于当代军事理论的建设与发展具有永远不可替代的借鉴意义;而其辩证能动的思维方式、求实进取的文化精神,也业已顺理成章地渗透到军事以外的社会生活领域,在企业管理、商业经营、外交角逐、体育竞争等活动中获得极为广泛的重视和应用,更为人们的思维方法与行为模式提供着用之不竭的文化启迪。因为实事求是、关照全局、高明预测、掌握情况、把握机遇、权衡利弊、辩证分析、主动积极、扬长避短、避实击虚、灵活应变等等,始终是人们在从事各项事业时所必须遵循的认识路线和指导原则。从这个意义上讲,《孙子兵法》已经超越了时空的界限,而成为整个人类社会一大笔取之不尽、弥足珍贵的历史文化遗产。从哲学的层面来说,《孙子兵法》最值得肯定的就是它的战略思维,这种战略思维可以概括为八个基本意识,特征鲜明,至今仍有重大的启示价值。

第一节 兵家战略思维的两点论与重点论

一、综合系统的全局意识

古人认为,"不谋全局者,不足谋一域"。因为"一域"不能代替全局,"一域"之得更不能弥补全局之失。换言之,全局决定着一域的存亡,所以任何事业成功的关键在于认识全局、驾驭全局。而谋全局需要的是高屋建瓴、宏观控制的大见识、大魄力,处处高人一筹,时时占得先机。

历史上,那些成功的战略家总是善于在错综复杂的局面中清醒地分析敌我双方的优劣态势,充分考虑当时的战略地缘关系、综合实力以及战略布局,在此基础上确定自己的战略目标,站在最高层次上寻求全盘皆活的战略转机,尤其是夺取和掌握战略主动,营造有利于未来发展的良好战略环境。

《孙子兵法》的精髓,就是善于从全局的高度去认识决定战争胜负的要素、把握克敌制胜的奥妙、驾驭治军用兵的方法。无论是对政治与军事主从关系的分析、经济与战争依赖性质的阐述,抑或是对敌我战略优劣态势的判断、作战指导原则各个层面的协调,它都具有鲜明的整体性、系统性、全局性、互补性的特征。如战略预测上的"五事七计"、治军手段上的"令文齐武"、作战方法上的"奇正相生"、战争观念上的"仁诡相济"等等,无一不是以系统综合的视野切入,由全局呼应的途径造就,处处体现出纲举目张、举重若轻的大局意识和见微知著、占隐察机的预见能力。

这种全局意识,对于我们今天从事任何工作都有着弥足珍贵的文化启迪。要追求事业的成功,大局观可以说是一种不可或缺的基本素质:只有看到事物的内在联系性,才不至于在应对情况时顾此失彼,左支右绌;只有认识关系的错综复杂性,才不至于在处理问题时挂一漏万,倚轻倚重;只有意识趋势的多样变化性,才不至于在前瞻未来时一厢情愿、进退维谷。以联系的观点审时度势,以辩证的态度关照一切,以互补的手段多管齐下,以稳妥的步骤循序渐进,才能防止因偏执一端而轻躁冒进,避免因忽略细节而功亏一篑,真正明白牵一发而动全身的道理,深刻理解红花还需绿叶扶的要义。很显然,立足全局、明了大势、关照整体、和谐协调,是推进事业并牢牢立于不败之地的前提条件,也是强本固基、持续发展的重要保证。

二、突出关键的重点意识

关照全面,不等于事无巨细地平均使用力量,恰恰相反,抓住重点、强调主次才是做好一切工作的生命线。最糟糕的情况反倒是"眉毛胡子一把抓,芝麻西瓜满地捡""样样都懂,样样稀松"。

《孙子兵法》不愧为"兵学圣典",对这层道理有十分深刻的阐释。在孙子看来，即使有极大的优势，如果不能把好钢用在刀刃上，不讲主次，四面开花，那么这种优势将不复存在，反而因全面受敌而处于极大的被动，即所谓"备前则后寡，备后则前寡；备左则右寡，备右则左寡，无所不备，则无所不寡"（《孙子·虚实篇》）。正确的方法应该是在充分关照全面、有效照顾整体的同时，合理地配置有限的资源，突出重点，高明选择战略主攻与突破方向，集中优势兵力，中心突破，以点带面，创造最经济、最优先的效益，达成自己预定的战略目标，这就是"故为兵之事，在于顺详敌之意，并敌一向，千里杀将""并气积力，运兵计谋，为不可测"（《孙子·九地篇》）。

正是基于这样的认识，《孙子兵法》全书既坚持全面论，更强调重点论。其所有命题，均以两点之中抓重点的方式来表述，如攻守一体，以攻为重点；奇正相生，以奇为优先；主客相对，以客为侧重；常变并行，以变为主体。"全胜""战胜"不可或缺，而以"战胜"为重中之重；"避实""击虚"相辅相成，而以"击虚"为根本选择。

《孙子兵法》这种思维模式，是符合辩证法的基本原理的。在哲学上，同一个事物内部往往存在着矛盾的两个方面。这之中，矛盾的主要方面决定着事物的性质，决定和制约着矛盾的次要方面。因此，要处理和解决矛盾，就必须从处理与解决矛盾的主要方面入手，从而事半功倍，以四两拨千斤，以抓纲而举目。从这个意义上说，我们不能把两点论与重点论简单地对立起来，不能让关照全局与强调中心机械地割裂开来，面对风云变幻的形势、千头万绪的工作、纷至沓来的矛盾以及形形色色的压力，切不可不择主次地平均使用力量去应对，而必须沉着镇静，以静制动，突出中心工作，解决关键问题，循序渐进，化整为零，真正做到"有所为，有所不为"。

第二节　传承与创新并重的内在理路

一、与时俱进的创新意识

任何事物的活力渊源于锐意开拓、不断创新。《孙子兵法》从本质上说既是创新的过程,也是创新的成就。换言之,"创新"精神融入了《孙子兵法》的整个过程,是《孙子兵法》之所以能够超越其前代兵学理论,独领风骚的根本标志。

《孙子兵法》的创新包括观念的创新、战法的创新、思维的创新等多个层次、多个方面。具体而言,就是对"古司马兵法"的创新与超越。

"古司马兵法"的军事思想,其主要特点是在战争观、治军理论、作战指导思想原则上充分反映和贯彻"军礼"的基本精神,提倡"以礼为固,以仁为胜";主张行"九伐之法""不鼓不成列""不杀黄口,不获二毛";贵"偏战"而贱"诈战","结日定地,各居一面,鸣鼓而战,不相诈"。这正是汉代班固所指出的"下及汤武受命,以师克乱而济百姓,动之以仁义,行之以礼让,司马法是其遗事也"[①]。

《孙子兵法》则完全不同,它扬弃了"以礼为固,以仁为胜"的旧"军礼"传统,提出了一系列反映时代要求、迎合新的战争形势的兵学理论,用"兵以诈立""兵者诡道"取代"鸣鼓而战,不相诈";用"掠乡分众""堕其城,隳其国"取代"不杀黄口,不擒二毛";用"兵贵胜,不贵久""兵之情主速,乘人之不及,由不虞之道,攻其所不戒也"取代"逐奔不过百步,纵绥不及三舍"。通过这些全方位的创新,使其兵学理论成为与时俱进、满足现实的战争指导原则,实现了中国古典兵学一次具有革命性意义的飞跃。

《孙子兵法》的创新意识,对我们今天从事各项事业也同样具有深刻的启示。故步自封、墨守成规是前进道路上的最大障碍;抱残守缺、得过且过是人生进取中的致命弱点。要提升境界,实现升华,关键在于绝不安于现状,能够以"知昨非而今是"的健康心态,对旧的传统、旧的模式进行挑战,不落窠臼,打破常规,勇于开拓,锐于创新,做到百折不挠,一往无前。这也就是《周易·系辞下》所说的"穷则变,变则通,通则久"的道理。

当然,创新不是割裂传统的标新立异,那样创新就成了无本之木、无源之水了,反而会未获其利而蒙受其害。真正的创新,是在继承与汲取传统基础上的开拓,是在尊重与借鉴前人前提下的进取。这方面,《孙子兵法》同样为我们提供了明亮的镜子:它固然汲汲于创建崭新的兵学理论,但同时也充分吸取了

---

① 《汉书》卷30《艺文志·兵书略序》。

以往兵学的合理成分,保留了上古兵学中"穷寇勿迫""合师聚众"等有价值的兵学原则,从而在新与旧、常与变的结合上找到了最佳的平衡点。

二、通权达变的机遇意识

机遇指的就是时机,而所谓"时机",在战略的层面上就是对我方行动的最有利态势,是关系战局胜负趋势的基本条件,用一句俗语作形容,便是"时来天地共努力,运去英雄不自由"。故《将苑·应机》云:"夫必胜之术,合变之形,在于机也。"[①]

在利用时机问题上,一方面自然应该持重,不可忘乎所以、轻举妄动,所谓"时不至,不可强生;事不究,不可强成"(《国语·越语下》);另一方面则应该善于把握战机,一旦遇上有利的时机,就要求坚决利用、毫不犹豫,以避免贻误战机,葬送胜利的前景:"得时无怠,时不再来""从时者,犹救火、追亡人也,蹶而趋之,惟恐弗及"(《国语·越语下》),否则便会"失利后时,反受其殃"(《六韬·龙韬·军势》)。

《孙子兵法》的高明,在很大程度上反映为它对创造和把握机遇的重视。它主张在强大军事实力的基础上,充分发挥将帅的主观能动性,积极创造和运用有利的作战态势,出奇制胜地打击敌人,去夺取战争的胜利。即通过"造势""任势""示形动敌"等手段,寻得最大的机遇、争取最好的条件。所谓"善战者,其势险,其节短,势如彍弩,节如发机"(《孙子·势篇》)。而一旦捕捉到机遇,则要毫不犹豫地把握住,使之转化为胜利的现实:"始如处女,敌人开阖;后如脱兔,敌不及拒"(《孙子·九地篇》)。

今天人们要在人生竞争大舞台上牢牢占据主动地位,淋漓尽致地展示自己的能力与水平,同样离不开创造和把握机遇。有无强烈的机遇意识是取胜的重要先决条件。不能不切实际地幻想有天上掉馅饼的美事。扫帚不到,灰尘不会自己跑掉。天底下没有免费的午餐,与其抱怨命运,不如参与游戏,所谓"临渊羡鱼,不若退而结网"(《淮南子·说林训》)。

[①] 诸葛亮:《将苑·应机》,段熙仲、闻旭初编校:《诸葛亮集》卷3,中华书局2012年版。

第三节　力为本、智为末的逻辑关系认识

一、积极进取的主动意识

众所周知，主动权乃是军队行动的自由权。在战场上，谁失去行动自由，谁就面临失败的危险。可见，主动权即军队命脉之所系。

孙子对这层道理早有深刻的领会，并用一句简洁深刻的话概括揭示了牢牢掌握主动权的不朽命题："故善战者，致人而不致于人。"（《孙子·虚实篇》）即善于调动敌人而不被敌人所调动。我们认为这一原则是孙子制胜之道的灵魂。无怪乎《唐太宗李卫公问对》"卷中"要这么评点古代兵法的精髓要义："千章万句，不出乎'致人而不致于人'而已。"

为了达到掌握主动权的目的，孙子全方位、多角度阐述了相关的要领：第一，示形于敌，迷惑和欺骗敌人，使其暴露弱点，然后给予凌厉的打击。第二，以十击一，集中优势兵力，果断有效地打击敌人。第三，"攻其所必救"（《孙子·虚实篇》），即正确选择作战的主攻方向。第四，"避其锐气，击其惰归"（《孙子·军争篇》），即高明把握实施攻击的有利时机。第五，"知战之地""知战之日"（《孙子·虚实篇》），即察知战场地理，了解战场天候，并采取"策""作""形""角"等手段，全面掌握敌情。第六，"兵无常势，水无常形"（《孙子·虚实篇》），即因敌变化而取胜。

田园牧歌、温情脉脉，只存在于想象之中。要想避免出现人为刀俎，我为鱼肉的悲凉境况，就应该把命运掌控在自己的手中。对芸芸众生而言，最好的选择就是求人不如求己。而要掌控自己的命运，最重要的就是必须具备主动意识，即像孙子所说的那样，"先处战地而待敌""致人而不致于人"：一方面尽可能增强自己的竞争实力，增加自己的竞争资本，把自己做大做强，取得话语权而牢牢立于不败之地，左右逢源，游刃有余；另一方面则应该审时度势，张弛有道，选择最合适的方式参与人生的竞争，以相对小的代价换取最大的利益，实现利益的最大化，四两拨千斤，随心所欲而不逾矩，真正达到"战胜不复，而

应形于无穷"(《孙子·虚实篇》)的理想境界。

二、实力至上的优势意识

所谓优势意识,也就是树立实力第一的意识。在军事斗争中,奇谋妙计固然占有举足轻重的位置,但从根本上讲,强大的军事实力才是真正决定战争胜败天平上的砝码。因为不仅"伐兵""攻城"离不开一定的军事实力的巧妙运用,就是"伐谋""伐交"也必须以雄厚的军事实力为后盾。综观古今中外的战争历史,无一不是力量强大的一方战胜力量弱小的一方,即使本来弱小的一方最后战胜力量强大的一方,也要通过各种途径逐渐完成优劣和强弱态势的转换,使自己的力量最后从总体上超过了最初力量强大的一方——这是战争活动的客观规律。

孙子对这一问题有着十分清醒的认识,全面系统地论述了军事实力在战争中的地位和作用,以及军事实力运用的原则和实力建设的方法、途径诸问题。具体地说,"先为不可胜""胜兵先胜而后求战"是实力政策;"守则不足,攻则有余",即"强攻弱守",是对实力的战略运用;"修道而保法"是发展军事实力的基本原则,而"善战者之胜也,无智名,无勇功""胜于易胜"则是实现实力政策所要达到的上乘境界。孙子认为,战争指导者必须依据敌我双方物质条件的优劣,军事实力的强弱,灵活采取攻守两种不同形式,"以镒称铢","决积水于千仞之溪",以达到在战争中保全自己、消灭敌人的目的。(《孙子·形篇》)

《孙子兵法》注重实力、强调优势的强烈意识,很显然完全可以作为我们今天从事各项工作的有益借鉴。俗话说,鸡蛋碰石头,自不量力,就必然一败涂地;相反,石头砸鸡蛋,则可所向披靡,稳操胜券。轻重不均,优劣悬殊,则胜负立判。要想赢得主动,争取成功,没有强大的实力和充足的优势,不啻痴人说梦。所谓"善战者,立于不败之地,而不失敌之败也"(《孙子·形篇》),克敌制胜的关键就在于拥有强烈的优势意识,强化硬实力与软实力的建设,做到"胜兵先胜而后求战",避免"败兵先战而后求胜"。

当然,在形成与强化优势的过程中,为了避免陷入树大招风的困境,必须"形人而我无形""形兵之极,至于无形"(《孙子·虚实篇》),巧妙掩饰自己的战略企图,韬光养晦,知雄守雌。同时,任何优势都是相对的,"尺有所短,寸有所长",这时就应该善于"避实以击虚",扬长而避短,以自己的长处去对付对手的软肋,而尽量保护好自己的软肋,不要洞开大门,让对手有机可乘。从而使得自己固有的优势得到最充分的利用和发挥,成为竞争中真正的强者,一直笑到最后!

第四节 "以患为利"、正合奇胜的超常思维

一、别开生面的偏锋意识

另类思维,剑走偏锋,往往能起到特殊的效果,达成意外的收获,此所谓"攻其无备,出其不意"(《孙子·计篇》)。

《孙子兵法》之所以能享有"百世谈兵之祖"的美誉,一个重要的原因,就是它往往不按常规出牌,常常有出人意表的哲理阐发。例如,有关军队法规制度的实施,通常的做法应该是照章办事、令行禁止。《孙子兵法》承认与强调这一规则,提倡"修道而保法";但是它又认为,仅仅如此,还是不足以打造一支所向无敌的军队,在特定条件下,必须剑走偏锋,另出奇招,有变通,有另类。所以,它又提倡"施无法之赏,悬无政之令"(《孙子·九地篇》),意谓为了激发士卒的杀敌之心,必要时就要施行超出惯例的奖赏,法外施恩,颁布不合常规的命令,莫测高深。又如,军队驻扎与布阵,通常的处理当然是"右倍高陵,前左水泽"①,"前死后生"(《孙子·行军篇》),但是在特殊情况下,却要反其道而行之——"投之亡地然后存,陷之死地然后生"(《孙子·九地篇》)。再如,有关军队的人员优势问题,孙子一方面提倡要占有数量上的绝对优势,"十则围之,五则攻之"(《孙子·谋攻篇》),又不机械对待,主张在必要的情况下精减与压缩人员:"兵非益多也,惟无武进,足以并力、料敌、取人而已。"(《孙子·行军篇》)所以,剑走偏锋,另类思维,是《孙子兵法》理性思维的显著特征之一。

---

① 《史记》卷92《淮阴侯列传》。

这种偏锋意识，无疑是我们今天所应该借鉴的。没有规矩，不成方圆，这固然是处理问题的重要原则；然而，别出心裁，出奇制胜，更常常是达成目标的有效手段。在许多情况下，人们需要跳出常规性思维的窠臼，另辟蹊径，别开生面，用反向思维、另类思维对待事物、处理问题，往往可以歪打正着。切忌因拘泥经验、恪守规矩而瞻前顾后，患得患失，以至于错失良机，葬送前程；更不应该丧失定见，随波逐流，一窝蜂去效仿时尚、追逐潮流、以至于邯郸学步、东施效颦。

二、杂于利害的忧患意识

《孙子兵法》的文化精神中，还有一个常为人们所忽略，但却十分重要的内涵，这就是强烈的忧患意识。

中国古代的哲人，尤其是那些堪称"思想巨人"的大师，都有一种非常可贵的传统，即朝乾夕惕，忧患系心。孟子尝言"无敌国外患者，国恒亡"，又说"生于忧患而死于安乐"（《孟子·告子下》）。孙子作为伟大的兵学家，对兵凶战危尤有切身的体会，因此，忧患意识在他的身上特别充沛，一部《孙子兵法》，自始至终在字里行间渗透着"慎战节兵"的价值取向，洋溢着"以战止战"的文化理念。

这种忧患意识不仅渗透于《孙子兵法》战争观、战略论的层面，而且也反映在具体作战指导的细节中；不仅在战争之前、战争之中有鲜明的体现，而且也在战争善后问题上有突出的表露；不仅在处于逆境情况下一再强调，而且也在处于顺境条件下反复重申。像"兵者，国之大事，死生之地，存亡之道，不可不察也"（《孙子·计篇》）；像"夫钝兵挫锐，屈力殚货，则诸侯乘其弊而起，虽有智者，不能善其后矣"（《孙子·作战篇》）；像"夫战胜攻取，而不修其功者，凶，命曰费留"（《孙子·火攻篇》）；等等格言，均是其厚重忧患意识的集中流露，反映了一位优秀思想家对国家安危、民众存亡乃至人类命运的终极关怀。也正是由于《孙子兵法》具有强烈的忧患意识，它才超越了普通的兵书层次，而升华到了伟大哲学理论的高度。

这种忧患意识，是值得今天的人们倍加珍视、积极弘扬的宝贵遗产。《礼记·曲礼上》有言，"敖不可长，欲不可从，志不可满，乐不可极"。它提醒人们最大的危险来自于志满意得,放松警惕,沾沾自喜,无所用心,让胜利冲昏头脑,让太平消磨斗志,而忘记了"反者,道之动""祸兮,福之所倚;福兮,祸之所伏"的简单道理。

从某种意义上说,一个人做到"出淤泥而不染"的确难能可贵,然而要做到"濯清涟而不妖"则更是大的考验。无论是在历史上,还是在现实中,都有这么一些人,当他们在名微位卑之时,往往能锐意进取,自强不息,最终战胜攻取,成就一番气象;然而,当其战胜逆境,走出困厄,功成名就之后,却踌躇满志,忘乎所以,贪图安逸,追名逐利,徜徉于温柔之乡,沉湎于酒肉之林,最后转胜为败,走向穷途末路。

由此可见,一个人在逆境中奋斗、自强固属不易,在顺境中自重、进取实则更难。而只有具有强烈忧患意识的人,才能够跨越这个巨大的陷阱,实现人生的升华。这就如同《孙子·九变篇》中所说的那样:"是故智者之虑,必杂于利害。杂于利而务可信也,杂于害而患可解也。"

所以,《孙子兵法》始终在强调一个原则:对所有人而言,忧患意识都是不可或缺的。人们要善于从逆境中奋起,更要能在顺境之中善始善终、戒骄戒躁,乃至"战战兢兢,如临深渊,如履薄冰"(《诗经·小雅·小旻》)。这才是做人处世的理想境界,也是我们今天领略《孙子兵法》精辟哲理时所应该具备的现代意识。

第十三章 "兵儒融汇"的内涵及其意义

"兵儒融汇"现象是中国古代军事思想发展的一条主流,儒家的政治理论与兵家的权谋之术因此而得到有机结合。自从西汉王朝推行"独尊儒术"之后,儒学的地位日渐上升,开始渗透到社会各个层面,也对兵家群体和兵学研究产生了越来越大的影响,并一直波及明清兵家。

第一节 "兵儒融汇"的文化渊源与逻辑起点

兵家借鉴并吸取其他诸子的思想内涵,一步步走上兼融综合、全面总结的"康庄大通衢"不是偶然的,这首先是战国中晚期社会政治、经济、文化发展的必然产物。从政治上说,随着兼并统一战争的顺利进展,各诸侯国政治上的交流和联系日趋加强,于是统一的曙光便渐渐从东方地平线上升起。孟子在答梁惠王时指出天下"定乎一",即准确地反映了这一历史趋势。从经济上说,由于社会生产力水平的提高、商业的不断繁荣、交通的初步发达,各个地区在经济上的依赖与联系已相当密切。到了战国晚期,已出现了"四海之内若一家"的崭新气象,这种政治、经济上的大一统社会发展大势,作用于当时兵学的发展,使之呈现综合融汇的倾向。

当然,兵学综合化的发生,也直接与战国中晚期的学术文化走向有关联。当时学术文化走向的最显著特点,就是兼容与总结,它对于兵学的嬗递产生了不容忽视的影响。同样,这种综合,同兵家与儒家的学说各有其优势,又各有其短板与软肋直接有关:"兵家者流,大抵以权谋相尚;儒家者流,又往往持论迂阔,讳言军旅,盖两失之。"[①]可见二者需要互为弥补,取长补短。

[①] 永瑢等:《四库全书总目》卷99《子部·兵家类》,中华书局1965年版。又《史记》卷74《孟子荀卿列传》亦云儒家"迂远而阔于事情"。

在这样的背景之下,稍晚出的兵书,其中尤以《六韬》为代表,就开始较多地受到诸子学说的某些渗透与影响,传递当时各家学说的各种政治文化信息,并对兵学理论的各个层面进行综合性的总结。《荀子》《韩非子》等诸子领域中的集大成之作,也一样大量引入兵家的重要原理,以丰富自己的政治伦理学体系。

　　在兵家与其他诸子互补过程中,兵儒融汇也许是最重要的内容和最富有意义的贡献。这里,我们可以《六韬》和《荀子》为例,具体说明兵儒融汇历史现象在战国后期的迅速形成。

　　在大致成型于战国后期的《六韬》一书中,当时社会政治思潮的广泛渗透和高度规范乃是不争的事实。但是,细加考察我们能够看到,《六韬》尤为重视对儒家思想的借鉴和吸收,这方面最重要的标志,就是对儒家民本观的坚持和弘扬。它一再指出"无取民者,民利之;无取国者,国利之",强调"天下非一人之天下,乃天下之天下"(《六韬·武韬·发启》);反对繁刑峻法,"上劳则刑繁,刑繁则民忧,民忧则流亡"(《六韬·武韬·文启》);主张以教化治国,提倡"爱民之道":"民不失务则利之,农不失时则成之,省刑罚则生之,薄赋敛则与之,俭宫室台榭则乐之,吏清不苛扰则喜之。""驭民如父母之爱子,如兄之爱弟,见其饥寒则为之忧,见其劳苦则为之悲。赏罚如加诸身,赋敛如取于己,此爱民之道也。"(《六韬·文韬·国务》)这些言论与孟子"贤君必恭俭礼下,取于民有制"(《孟子·滕文公上》)、荀子"仁义者,所以修政者也。政修则民亲其上,乐其君"(《荀子·议兵》)等言辞如出一辙。另外,像《六韬·虎韬·略地》强调"无燔人积聚,无毁人宫室,冢树社丛勿伐,降者勿杀,得而勿戮,示之以仁义,施之以厚德"云云,更是《荀子·议兵》有关作战纪律、用兵宗旨的翻版:"不杀老弱,不猎禾稼,服者不禽,格者不舍,奔命不获。""不屠城,不潜军,不留众,师不越时。"可见,儒家民本思想在当时已深入渗透到兵学著作之中,兵儒融汇正在循序展开,成为不可逆转的文化现象。

　　与兵家借鉴儒家相仿佛,儒家同样从兵学中吸取有益的成分。这可以从《荀子》的有关论述中找到足够的证据。与孟子一概否定战争,鼓吹"善战者服上刑"的做法不同,荀子在推崇王道的同时,也肯定霸道的地位。他注意到军事自身所具有的独立价值,认识到在正确政治指导的前提下,要最终赢得战争,须通过必要的军事手段。因此,像孟子那样侈谈"仁者无敌"是远远不够的,而必须充分借鉴和吸取兵家的理论和智慧。基于这样的认识,荀子借助兵家的观念来阐述军事问题,提出了不少真知灼见。如对将帅品德修养和有关指挥艺术进行精湛的分析总结,提出"六术":"制号政令,欲严以威;庆赏刑罚,欲必以信;处舍收藏,欲周以固;徙举进退,欲安以重,欲疾以速;窥敌观变,欲潜以深,欲伍以参;遇敌决战,必道吾所明,无道吾所疑。"阐说"五权":"无欲将而恶废;无急胜而忘败;无威内而轻外;无见其利而不顾其害;凡虑事欲孰而用财欲泰。"畅言"三至":"可杀而不可使处不完,可杀而不可使击不胜,可杀而不可使欺百姓。"论述"五圹":"敬谋无圹,敬事无圹,敬吏无圹,敬众无圹,敬敌无圹。"(《荀子·议兵》)荀子这些关于将帅修养以及作战指挥原则的概括之精深,是其他儒家人物难以望其项背的,却可以从兵家那里寻找到思想的渊源与理论的出处。如"五权"精神直接脱胎于孙子的"智者之虑,必杂于利害"(《孙子·九变篇》)的思维;又如"三至"的要义纯粹渊源于孙子"进不求名,退不避罪,唯民是保,而利合于主"(《孙子·地形篇》)的论述。

这些情况表明,兵儒融汇不仅是兵家的选择,同样也是儒家的追求。荀子既重仁义,也言实力,既坚持了孔孟等先辈反对残酷战争、提倡仁义之师的原则立场,又清醒地区别了政治与军事之间既有联系又不等同的关系,广泛引入兵家的理论,从而使战国中晚期学术兼容大背景下的兵儒融汇发展到一个新的阶段,与《六韬》一起,共同奠定了两汉以后兵儒融汇文化格局的基础。

当然,战国中晚期的兵儒融汇,尚处于初始的阶段。这首先表现为兵家接受诸子政治伦理思想的选择多元化、泛延化,并不以儒家学说为唯一对象。如《六韬》就在张扬儒家民本主义的同时,大量引入道、墨、法诸家的要义,彼此交相混糅,很不纯粹。其次也表现为儒家对兵学的借鉴与吸取,仍有很大的保留。如《荀子·议兵》虽然对"霸政"给予一定程度的肯定,但从根本上仍否定兵家"兵以诈立"的原则:"故赏庆、刑罚、势诈之为道者,佣徒鬻卖之道也,不足以合大众,美国家,故古之人羞而不道也。"明确地把仁义礼乐置于军事活动的首位:"秦之锐士不可以遇桓、文之节制,桓、文之节制不可以遇汤、武之仁义。"这些情况的存在,固然是受当时诸子蜂起、百家争鸣的大环境制约,但同时也说明兵儒融汇在战国中晚期仅仅是初步的尝试,与真正的融合尚有相当大的距离。

然而,自西汉中叶起,随着整个社会政治、文化形势发生根本性的转折,渊源于战国中晚期的兵儒融汇也逐渐走向了成熟的阶段。当时董仲舒向汉武帝建议"罢黜百家,独尊儒术":"诸不在六艺之科,孔子之术者,皆绝其道,勿使并进。"①它被采纳的结果,便是儒学成为正统的统治思想。于是,儒学精神开始全面渗透于社会政治生活的各个方面,人们的举动都必须遵循儒学的原理或借用儒学的名目,诸如以《春秋》经义折狱、以《禹贡》治河、以《诗》为谏书等等,就是明显的例子。尽管统治者并没有真正放弃法家的理论,实行的是外儒内法的政治形态,用汉宣帝的话说,便是"汉家自有制度,本以霸王道杂之"②;但儒学既然成为名义上的统治思想,那么这块招牌便高高矗立在那里,不再有动摇,不但儒家人物公孙弘、董仲舒、兒宽等人得"以经术润饰吏事",而且连酷吏张汤之流也不得不推崇儒学,用儒学装潢门面了:"(汤)决大狱,欲傅古义,乃请博士弟子治《尚书》《春秋》,补廷尉吏,平亭疑法。"③在这种历史大环境下,兵家学派自然难以独善其身,儒家主导下的兵儒融合程度越发深入。

第二节 刘秀的战争实践与"兵儒融汇"的基本完成

自战国中后期肇始的学术文化思想兼融并蓄大趋势,为日后不断深化的兵儒融汇思潮的发展开辟了广阔的道路。换言之,随着儒家思想正统地位的确立,兵儒融汇现象遂成为中国古代兵家及其思想发展的主流,儒家政治理论与兵家权谋之道两者间得到有机的结合,相辅相成:儒家学说发挥统治思想的指导作用,规范了军队建设的基本原则以及用兵的宗旨、目的和对待战争的态度;而兵家的权谲诡诈用兵之道,则被运用于具体的战争实践之中,力求使战争活动符合规律而达到克敌制胜的最终目的。应该说,这种结合是兵家思想健康发展的最好选择。道理很简单:在理论上,儒家代表了中国古代最好的治国安邦之道,而兵家则体现为最好的克敌制胜之道。没有儒学仁义原则作为用兵的指导,那么军事活动便会失去正确的方向,甚至陷入穷兵黩武、自取灭

---

① 《汉书》卷56《董仲舒传》。
② 《汉书》卷9《元帝纪》。
③ 《汉书》卷59《张汤传》。

亡的泥潭；而不运用兵家的权谋智慧，那么便会重蹈宋襄公的覆辙，在残酷的军事较量中败下阵来，成为历史舞台上的失败者。所以必须由儒学来统领兵学，让兵学来服务于儒学的仁义道德。

当然，这种结合是一个痛苦的过程，其间充满着两种不同价值取向的学说体系的深刻冲突与斗争。盐铁会议上桑弘羊与贤良文学的论战就反映了这种磨合的曲折性、复杂性。贤良文学恪守以孟子为代表的儒家道德学派之立场，一味崇尚以德服人，对战争持基本否定的态度，声称"古者贵以德而贱用兵"，坚持认为"地利不如人和，武力不如文德"，竭力主张"去武行文，废力尚德"。① 而桑弘羊等人则充分肯定战争的意义："列羽旄，陈戎马，以示威武。"明确指出："兵革者国之用，城垒者国之固也。"②这些分歧的存在，表明兵儒融汇步履艰难，也表明兵儒融汇的真正完成，必须由处于实践第一线的统治者来承担，而不能寄希望于那些习惯于"坐而论道"的儒生本身。

不过，这个过程并不过于漫长。到了东汉光武帝刘秀那里，兵儒融汇便已基本完成。在军事实践活动中，刘秀始终注意将儒家的仁义治国之道与兵家的克敌制胜之道加以有机结合，系统地建立起以儒家战争观为核心、熔兵儒为一炉的兵学思想体系。他一方面打出"吊民伐罪""救万民之命"的醒目旗帜，"延揽英雄，务悦民心""平遣囚徒，除王莽苛政"③，积极争取民众的归附，把自己所从事的统一战争界定为"义战"，从而使自己在政治上、军事上赢得对敌手的优势地位，有力保障了军事活动的顺利展开。与此同时，他又充分吸取了兵家"诡道"的精髓，在战略方针的制定和战役战斗的指挥上秉持"好谋而战"、灵活用兵，坚定贯彻集中兵力、先东后西、先易后难、由近及远、各个击破的方针，善于刚柔相济、后发制人、出奇制胜、以长击短、围城打援，致人而不致于人，从而在军事斗争过程中牢牢掌握主动权，一步步走向最后的胜利。在军队建设和国防建设方面，刘秀也做到了兵儒理论与实践的高度统一，既息战养民，"修文德"以"徕远人"，又注重实力建设，严边固防，确保军队的集中和政治的稳定。从某种意义上说，刘秀的成功，标志着兵儒融汇的完成，这在中国古代兵

---

① 《盐铁论》卷1《本议》，桓宽著，王利器校注：《盐铁论校注》，中华书局1992年版。以下只注篇卷。另参见《盐铁论》卷9《险固》，卷8《世务》。
② 《盐铁论》卷7《崇礼》，卷8《和亲》。
③ 《后汉书》卷16《邓寇列传》，卷1上《光武帝纪》。

家思想发展历程中实具有里程碑式的意义。

刘秀的理论建树与实践活动,从根本上决定了兵儒融汇的历史命运,从此,儒家战争观的统治地位得到了确立,而兵家的作战指导思想也获得了合理运用。在随后的君主专制社会历史中,兵儒融汇的表现形式虽然各有不同,在某些情况下也曾遇到来自迂儒"耻于言兵"空想或统治者好大喜功、穷兵黩武的干扰,但是它作为中国古代兵学发展的主流,却一直未被根本逆转,而始终处于不断延续与丰富之中,这乃是理性的胜利。

第三节 宋代"兵学儒学化"的进一步发展

兵儒融汇是兵学与儒学融合的过程,也是儒学对兵学强力渗透和规制下的兵学重构过程。及至宋代,在"右文政治"之下,文人论兵蔚为风潮,文人成为兵学研究的主体,儒学以更强势的姿态影响兵学,加之理学的兴起为兵学注入了新的思想资源,兵学儒学化成为宋代兵学的显著特征和重要内容。

宋代兵学儒学化的主要方式是"以儒解兵"。文人儒士通过对传统兵学文本和概念的重新解读,或延展、或缩小、或曲解、或引申、或将儒学相似思想嫁接到兵学中,实现了兵学思想的儒学化。在兵学思想的战争观、战略思想、作战指导思想、治军思想等方面,儒学化解读都有突出体现。

一、战争观

兵家"尚利"与儒家"尚义"构成了鲜明的对立,成为先秦以降兵儒之间冲突的重要论题。宋儒一方面高举"王道"旗帜,将"仁义"置于"诈利"之上,确立了儒家战争观的主导地位;另一方面又以儒家思想诠释兵学思想,使传统兵家的战争观全面儒学化。

例如,关于慎战思想。儒家、道家都主张慎战,但其出发点是道德主义,重点在于战争会导致"杀人盈野""杀人盈城"(《孟子·离娄上》),"大军之后,必有凶年"(《老子·第三十章》)等灾难性后果。兵家也主张慎战,出发点却是功利主义。《孙子兵法》首句即曰:"兵者,国之大事,死生之地,存亡之道,不可不察也。"(《孙子·计篇》)《火攻篇》中又说:"主不可以怒而兴师,将不可以愠而致战,合于利而动,不合于利而止。怒可以复喜,愠可以复悦,亡国不可以复存,死者不可以复生。故曰:明主慎之,良将警之,此安国全军之道也。"很显然,"合于利"是孙子慎战思想的根基。

但是,在宋儒的诠释中,孙子慎战思想的基础由"利"被置换成了"义"。如梅尧臣注《孙子·火攻篇》"合于利而动,不合于利而止"句说:"兵以义动,无以怒兴;战以利胜,无以愠败。"在这里,儒家"义"的概念被植入,成为发动战争的先决条件。在解释同篇"非利不动"一句时,梅尧臣说:"凡兵非利于民,不兴也。""利于民"也是"义"的表现,与孙子本义显然有较大差别。

又如,关于用兵之"道"的问题。《孙子兵法》中说:"道者,令民与上同意也,故可以与之死,可以与之生,而不畏危。"(《孙子·计篇》)又说"善用兵者,修道而保法,故能为胜败之政"(《孙子·形篇》),"齐勇若一,政之道也"(《孙子·九地篇》)。凡此种种,其中所谓"道"指统一民众思想、提升战斗力的方法,与政治相关,但立足点仍在于军政。

而宋儒对《孙子兵法》中"道"的解释,则基本上等同于儒家之"道"。对于"道者,令民与上同意也"之"道",梅尧臣解为"得人心",王晳解为"人和",何氏解为"抚我则后,虐我则雠",张预解为"恩信"。施子美认为,曹操将"道"解为"道之以教令",不够准确,杜佑解为"德化"才是正确的。

朱熹的说法更为明确,他说:"且如《孙》《吴》专说用兵,如他说,也有个本原。如说'一曰道。道者与上同意,可与之死,可与之生'。有道之主,将用其民,先和而后造大事,若使不合于道理,不和于人神,虽有必胜之法,无所用之。"[①]也就是说,"道"是孙子思想的本原,而这个本原的意涵是君主"合于道理""和于人神",与儒家的"道"并无二致。

二、战略思想

《孙子兵法》是传统兵学中论述战略最详备而深刻的著作,其战略思想的核心是"不战而屈人之兵"的"全胜"战略。宋儒对孙子"全胜"战略的解读同

---

① 黎靖德编,王星贤点校:《朱子语类》卷84《礼一》,中华书局1986年版。

样是"以儒解兵"。

首先,宋儒片面强调"不战",认为"不战"是基于"不忍人"的爱人之心。梅尧臣、张预的《孙子》注,李觏《慎兵论》等都持这种观点。孙子主张"全胜",可能确有不务多杀之意,但本质上是以最小的代价博取最大的胜利,利害权衡是其出发点。宋儒强调"不战"的仁爱动因,忽略对"利害"的考量,使"全胜"与"慎战"一样,被涂上了浓重的道德主义色彩,在实践中则很容易滑向"避战""畏战"的防御主义。宋代文臣在边防建策中或认为加强战备可使敌人"不战而慑"[1],或以屈己求和为"不战而胜"[2],都是对"不战而屈人之兵"曲解的结果。

其次,将"不战而屈人之兵"等同于"仁政制敌"。如李觏认为:"彼贫其民而我富之,彼劳其民而我逸之,彼虐其民而我宽之,则敌人望之若赤子之号父母,将匍匐而至矣。彼虽有石城汤池,谁与守也?虽有坚甲利兵,谁与执也?是谓不战而屈人之兵矣。"[3]这一论点显然脱胎于《孟子》行仁政而"一天下"的思想。这样的解读使"全胜"成了儒家"政胜"的注脚,与兵家的本意相背离。

三、作战指导思想

儒者论兵,一般对"避实击虚""正合奇胜""攻其不备,出其不意"等作战指导思想不以为然,认为是诡诈之术。相对应的,随着理学的发展,宋儒论兵多援引"心""气""性""静"等理学概念,对"治气""治心"等兵家学说有所新解。

《孙子兵法》言"三军可夺气",又言:"朝气锐、昼气惰,暮气归,故善用兵者,避其锐气,击其惰归,此治气者也。"(《孙子·军争篇》)綦崇礼在《兵筹类要》中立《志气篇》,论曰:"将以志为主,以气为辅,志藏于神而为气之帅,气藏于肺而为体之充,苟气不足以发志,志不足以运气,则何以勇冠三军而威振临敌?故曰:功崇惟志。又曰:志至焉,气次焉。知此则知所谓大勇矣。"[4]这里所

---

[1] 尹洙:《杂议九篇·息戎》,《河南集》卷2,文渊阁《四库全书》本。
[2] 苏轼:《上清储祥宫碑》,《苏轼文集》卷17。
[3] 李觏:《强兵策第一》,《李觏集》卷17,中华书局1981年版。
[4] 綦崇礼:《兵筹类要·志气篇》,《北海集》卷37,文渊阁《四库全书》本。以下只注篇卷。

讲的"志""气"关系完全本于《孟子》的"志气论":"夫志,气之帅也;气,体之充也。夫志至焉,气次焉。"(《孟子·公孙丑上》)孟子的志气论正是宋代理学发扬光大的要点之一。

兵家讲"治心",如《孙子兵法》说:"将军可夺心。"又说:"以治待乱,以静待哗,此治心者也。"(《孙子·军争篇》)但綦崇礼《兵筹类要·镇静篇》说:"苟镇静则事至不惑,物来能名,以安待躁,以忍待忿,以严待懈,虽恢诡万变陈乎前而不足以入其舍,岂浮言所能动,诈力所能摇哉?故士不敢慢其令,敌不能窥其际,近取诸身,则心安体舒,内外之符也。"[1]这里所论"静"和"心"显然是理学式的。

苏洵也论"治心",但重点在于将道。他说:"为将之道,当先治心,泰山崩于前而色不变,麋鹿兴于左而目不瞬,然后可以制利害,可以待敌。"[2]而他所谓"养心之法"则是"视三军之众与视一隶一妾无加焉,故其心常若有余。夫以一人之心,当三军之众,而其中恢恢然犹有余地,此韩信之所以多多而益善也。故夫用兵,岂有异术哉?能物视其众而已矣"[3],这显然是将儒家的修持之术引入了将帅修养之中。

四、治军思想

宋儒对兵家治军思想的儒学化解读,重点在将德和御将问题上。这两个问题既关乎兵学理论,也是宋代军事领域现实矛盾的折射。

在将德问题上,宋儒关注的重点在于"忠"。出于对唐末五代"三纲不立,无父子君臣之义,见利而动,不顾其亲,是以上无教化,下无廉耻"[4]的反动,宋儒十分强调伦理纲常的重要性,反映在兵学上,就是对将领"忠"节的重视。李鹰《将材论》中说:"事君皆以忠,而将之忠为大。盖方其用师也,上不制于天,下不制于地,中不制于人,将军之志自用矣。如之何?惟君是图而忘其身,惟国是忧而忘其家,故贵乎忠。忠则无二心故也。"并称"惟信惟忠,乃为建立勋名

---

[1] 綦崇礼:《兵筹类要·镇静篇》,《北海集》卷46。
[2] 苏洵:《权书·心术》,《嘉祐集笺注》卷2。
[3] 苏洵:《权书·孙武》,《嘉祐集笺注》卷3。
[4] 范祖禹:《唐鉴》卷11《肃宗》,文渊阁《四库全书》本。

之权舆,杜塞危疑之关键也"。①《兵筹类要》中的《忘家篇》《诚实感篇》也都反复申论这一问题。此外,《孙子·地形篇》"进不求名,退不避罪,唯人是保,而利合于主,国之宝也"之语也被宋代注家普遍解释为"忠"。

在御将问题上,兵家主张"将能而君不御者胜"(《孙子·谋攻篇》)、"军中之事,不闻君命,皆由将出"(《六韬·龙韬·立将》)。这些思想在宋代崇文抑武、强化军事集权的背景下显得不合时宜,宋代君主常常"将从中御",干预前线指挥作战。针对这种状况,一些宋儒曲为之说,将"将能而君不御"引申为"将能而君不御""将不能而君御"。郑友贤《十家注孙子遗说并序》中说:"既曰'将能而君不御之者胜',则其意固谓'将不能而君御之则胜'也。夫将帅之列,才不一概,智愚、勇怯,随器而任。能者,付之以阃寄;不能者,授之以成算。""将能而君御之,则为縻军;将不能而君委之,则为覆军。"所谓"将不能而君御之则胜",实际上就是为"将从中御"张目。

总之,在宋代"文人论兵"风潮之下,文人学者研究兵学,往往有意无意地"以儒解兵",客观上加深了"兵儒合流"的程度,使得兵家的战争观、战略思想出现了严重的儒学化倾向,作战指导和治军思想也有一定程度的儒学渗透。宋儒对兵学的儒学化诠释固然有曲解、误读的成分,但这种方式也沟通了儒学与兵学,使传统兵学在统合兵儒的基础上获得了新的发展。

第四节 明清时期的"兵儒融汇"

兵儒融汇的现象在明清时期得到延续,"文人论兵"的模式在这一时期更是给人留下突出印象,如王守仁、李贽等著名思想家都对兵学深有研究,并留下大量论兵之作;《投笔肤谈》《登坛必究》《兵经》等著名兵书,也大多出自儒生或文士之手。儒家学者对于战争观、作战指导思想和治军问题都有独到见解,他们的参与,既增加了兵学研究群体的丰富性,也在继续推动着传统兵学的发展。

在战争观方面,明清时期的儒家学者对古代兵学经典大多有过深入研究,

---

① 李廌:《将才论》,《济南集》卷6。

并立足于自身立场有着独到的阐发。

王守仁对"求善"与"去患"等传统战争观有较为忠实的继承,因此反对轻易发起战争。明清时期的学者强调战争的重要作用是安国全军,这其实也是儒家和兵家的共同主张。《投笔肤谈》指出,"凡兵之兴,不得已也。国乱之是除,民暴之是去,非以残民而生乱也",强调发起战争为不得已,且为除暴和解救生民之举,必须要慎重对待,慎重谋划,希望借此"保民而康国"。①《投笔肤谈》考虑战争发起与否,首先需要考察利害,秉持孙子的"杂于利害"原则:"故知害之害者,知利之利。知危之危者,知安之安。知亡之亡者,知存之存。"②吕坤则从儒家的传统民本思想出发,充分肯定民众的地位和作用,直陈君主执政为民的道理,同时也将国家安危与百姓命运紧密联系在一起。他不仅认为"君民一体,休戚相关",也认为"身之安危,社稷之存亡,百姓操其权故耳",只有百姓才是国家的根本。既然如此,国君如果不重视百姓福祉,失去民心,那就会带来安全隐患,甚至酿成政权覆亡的大祸:"夫民怀敢怒之心,畏不敢犯之法,以待可乘之衅,众心已离,而上之人且恣其虐以甚之,此桀、纣之所以亡也。"③自称"不受管束"④的著名思想家李贽,非常热衷于谈兵。他与明代理学代表人物耿定向等人有过多次激烈交锋,也曾向对手坦言自己的论战之法来源于兵学:"如大将用兵,直先擒王,以故用力少而奏功大。"⑤不仅如此,李贽还留下《孙子参同》⑥等兵学著作。《焚书》中也有不少篇幅论及兵学问题。李贽曾深受儒学影响,却也表现出离经叛道的一面。在《孙子参同·序》中,他借张鳌为《武经七书》所作序文中"文事武备,士君子分内事也",阐发了重视武备的主张,认为"此言固知武事之为重矣"。文事和武备并重,其实是孔子的一贯主张。李贽批评孔子对军旅之事的不重视——"孔子似未可以谋军旅之事也"⑦,明显是苛责。

---

① 《投笔肤谈》上卷《本谋第一》。
② 《投笔肤谈》上卷《本谋第一》。
③ 吕坤:《治道》,欧阳灼校注:《呻吟语》卷5,岳麓书社2002年版。
④ 李贽:《豫约》,《焚书 续焚书》卷4,中华书局2009年版。
⑤ 李贽:《答耿司寇》,《焚书 续焚书》卷1,中华书局2009年版。
⑥ 《孙子参同》是李贽为《孙子兵法》所作评注,既有本人研究心得,也适当选抄"武经七书"中另外六部兵书的有关内容,以便与《孙子兵法》进行对照和"参考",故曰"参同"。
⑦ 李贽:《孙子参同·序》,《中国兵书集成》第12册,解放军出版社、辽沈书社1990年版。

就作战指导思想而言，儒家的有关研究乏善可陈，因此明清兵书继承兵家较多。也有儒家学者从孔子称赞谋略的角度出发，推崇谋略并积极研究战争谋略。

如王鸣鹤主张重视战争谋略研究，并援引儒家观点作为佐证。在《登坛必究》中，他指出，不只是兵家主谋，就连孔子这样的圣人也主张"好谋而成"："夫谋者，圣人所不能免也，况于兵乎？"[1]因此他提示将帅应重视军事谋略的研究，因为他们担负着保家卫国、保全族种等重任。也有从儒家学者转而成为军事将领，投入兵学研究者，如王守仁、孙承宗等都是典型人物。王守仁借用《孙子·军争篇》"佯北勿从，饵兵勿食"一语，说明"捐小全大"的道理，主张探清虚实，不要轻易盲动，尤其是注意对方诱我以利，不能让对方的阴谋得逞。他不仅对包括《孙子兵法》在内的古典兵学理论有过深入研究，而且善于将用兵理论运用到战争实践，并立下赫赫战功。面对大厦将倾的明末危局，孙承宗一度指望建设火器加战车的新型车营抵挡后金南下的步伐，因此主持撰写《车营叩答合编》。通过这部风格独特的兵书，不仅可以考察孙承宗的车战理念和战法设计，也可管窥明朝末期传统兵学试图完成转型的艰难历程。

明清时期的治军理论，也因为兵儒合流而显自身特色。明代兵书注意引用孔子的名言"以不教民战，是谓弃之"（《论语·子路》），申述训练的重要性，并强调治军的重要性。

如《草庐经略》指出，只有扎实地做好平时的训练工作，才能保证军队旺盛的战斗力，以备不虞："从古国家巨弊，莫巨乎平时武备废弛，卒闻有警，招募而即使之战也。"[2]而且，"善操之将，即善战之将"[3]，只有重视军事训练的将领，才是善战之将。作者还以孔子主张"好谋而成"为例，说明"三军之事，以多算胜少算，以有谋胜无谋"[4]的道理，也是试图深化兵儒合流的明证。《阵纪》为嘉靖至万历年间由浙江余姚人何良臣所撰。顾名思义，所谓"阵纪"就是战阵之间的纪律问题，所以该书将治军思想作为重点，颇有值得称道之处。这本书从

---

[1] 王鸣鹤：《登坛必究》卷32《谋主》，《中国兵书集成》第20—24册，解放军出版社、辽沈书社1992年版。
[2] 《草庐经略》卷1《操练》，《中国兵书集成》第26册，解放军出版社、辽沈书社1994年版。以下只录篇卷。
[3] 《草庐经略》卷1《操练》。
[4] 《草庐经略》卷2《将谋》。

"选卒"和"练卒"出发,结合历代用兵的经验教训,详论治军之法和用兵之法。借鉴儒家重视发动民众、依靠民众的主张,吕坤对于治军和治民都提出了自己独到的见解。他主张应看到军民之间存在的差异,在管理方法上也应有所区别。也就是说,治军与治民应采取不同的方法和政策。吕坤指出:"治道尚阳,兵道尚阴;治道尚方,兵道尚圆。"[1]"治道尚阳"是说治民之道更需要"阳谋",需要公开、透明,也要做到言必行、行必果,不可过度使用隐瞒和欺骗等方法;所谓"兵道尚阴",则是说治军之道更需要多使用"阴谋",不仅是隐蔽其手法,还要隐秘其目的,更多地使用诡诈之术。无论是面对己方士卒,还是面对敌军,都必须要有变化多端的手法,懂得圆通和权变的道理,这就是"兵道尚圆"的意思。总之,治民与治兵应主张方法有别,不可混淆。

总体来看,由于统治者持续推行高压的统治政策,兵学在此期间寻求发展也是一种奢望。等到政权走向没落,对兵学研究和兵书写作的管控有所放松之后,包括儒家学者在内的知识群体能够从容地进行相关研究,兵学才能获得迈步向前的机会。古典兵学在明朝末期再度迎来繁荣,与特殊的历史际遇有关,也与儒者和文士的积极参与不无关联,兵儒合流所起到的推动作用不容忽视。

第五节 "兵儒融汇"的历史意义再认识

毫无疑义,兵儒融汇对于中国古代兵家文化构建的意义从主导方面说是积极的,它是合乎时代潮流的产物,也是适应中国文化基本特质的选择,对于中国优秀兵学文化传统的发扬光大具有极其深远的影响。概括地说,这种积极意义突出体现在以下三个方面:

第一,兵儒融汇客观地反映了学术发展的自身要求,是中国文化精神中"同则不继,和实生物"优秀传统在兵家思想领域的集中体现,它的根本特色是宽容,而宽容精神的存在,则是促进思想发展的必要前提,这在兵学领域也不例外。兵儒融汇表明,儒家的仁义礼乐理论与兵家的权谋诡诈之道已安然同处于一个体系之中,彼此取长补短,互相影响,由儒学统领兵学,兵以义动,吊

---

[1] 吕坤:《治道》,欧阳灼校注:《呻吟语》卷5,岳麓书社2002年版。

民伐罪,同时又坚持作战指导上的权谲变化,使兵家的正确用兵方法更好地服务于儒家的仁义原则。这种融合的理论价值与实践意义都是至为重大的,既可有力地推动兵学理论体系趋于进一步完善,又能较好地满足人们指导战争实践的需要:就战争观来说,能起到克服战争万能论之片面或德化至上论之偏颇的作用;而就作战指导思想来说,则可以充分发挥"义战"观指导下的兵家克敌制胜之道的精髓。

第二,兵儒融汇有力地推动了中国古代兵学思想的深化和丰富,增强了古代兵学的理论性和思辨性,使其学术体系进一步完备而系统。众所周知,兵学是一种实用之学,它不尚空谈,而完全以现实利害为依据,重视实际经验,讲究可操作性,这固然是其长处所在;但是,正因为兵家群体单纯注重功利性,其理论思辨深度比较欠缺,相对缺乏厚重感与精致性,学术体系各个层次、各个方面之间的发展不够平衡,许多具体论述,存在着畸轻畸重甚至自相矛盾的地方,这是不容否认的实际情况。而儒学的广泛渗入并在战争观方面发挥指导性作用,则使兵家理论的思维高度得到质的飞跃,为军事从属于政治,战略服务于政略开拓了更为宽广的道路,也为人们接受和研究兵学,提供了更合理的历史与逻辑依据。从这个意义上说,兵儒融汇为中国古代兵家及其思想的发展成熟赢得了广阔的活动空间。

第三,也最为重要的是,兵儒融汇对于中国古代兵家文化崇尚和平、内向持重传统的弘扬光大起到了决定性的作用。推崇仁义礼乐、反对穷兵黩武是儒家军事思想的核心精神,对和平的热切追求、对安定生活的真切向往,是儒家的根本价值取向。兵儒融汇使得儒家的战争观念深入人心,成为民族深层心理中的普遍认同。穷兵黩武、扩张侵略、滥施杀伤始终为人们所唾弃,任何统治者或军事统帅,不论其真实的思想或行为如何,但都不敢放弃"仁义"这面旗帜,都不得不强调"慎战"这个口号。所谓"杀人亦有限,立国自有疆。苟能制侵凌,岂在多杀伤"[①]云云,正突出反映了这种安土重迁、追求稳定的民族文化心理和热爱和平、内向持重的民族性格。于是便有"先王之道,以和为贵,贵和重人,不尚战也"[②]一类的言辞常见于历代文字载体,成为社会各阶层的理性

[①] 杜甫:《前出塞九首》,高仁标点:《杜甫全集》卷3,上海古籍出版社1996年版。以下只注篇名。
[②] 李筌:《太白阴经》卷2《人谋下·贵和》,《中国兵书集成》第2册,解放军出版社、辽沈书社1988年版。

主张。由此可见,兵儒融汇的结果,是儒家人本精神在兵学文化中得到全面的贯彻,从而规范了中国古代兵学的崇尚和平、节制战争的本质特征与价值取向,这也许是兵儒融汇最富有意义的地方。

当然,兵儒融汇的影响并不仅仅体现为积极的一面,也不无消极的影响。我们应该看到,兵儒两者的兼容中明显存在着不和谐的音符。

兵儒融汇的历史局限性,首先表现为儒家的道德至上主义倾向,对于兵学自身的发展,在某种程度上具有负面的影响。所谓"义利之辨""王霸之辨"走向极端,严重制约了兵学基本原则的丰富和发展,使人们不能正确理解"兵者诡道"在军事斗争中的历史合理性,不敢理直气壮地肯定"兵以诈立,以利动,以分合为变"的根本原则,而处处以儒家的人本主义来掩饰自己的真实动机,千方百计为自己的军事实践与理论阐述笼罩上一层"仁义道德"、温情脉脉的面纱,这样一来,就使得以追求功利为宗旨的兵学无法很好地满足时代的需求。这种情况肇始于两汉时期,而从两宋时代起表现得尤为显著。当时随着理学的兴起,君主专制中央集权统治进入了新的发展阶段,以儒学为中心的思想文化专制也日趋严密,这一点在兵家的理论建构上自然亦要有所反映。于是,以"忠义"双全著称而军事建树平平的关羽,便替代"周之兵权与阴谋"宗祖姜太公而成为新的"武圣";儒学冬烘先生群起而谩骂孙子诡诈不仁,直斥《孙子兵法》为"盗术":"非诈不为兵,盖自孙武始。甚矣,人心之不仁也。"[①]"兵流于毒,始于孙武乎! 武称雄于言兵,往往舍正而凿奇,背义而依诈。"[②]这种拿儒家"仁义"来否定兵家"诡诈"的做法,虽说不是兵儒融汇的主流,但它的存在却表明儒家道德至上主义对兵学健康发展产生过消极影响。到了近代,这种儒学主导下的兵学文化,更成为中国军事落后、外侮迭至的重要原因之一。

兵儒融汇的历史局限性,其次还表现为兵学"舍事而言理"的传统与儒家忽视"形而下"问题的做法对中国军事文化发展的阻碍。我们知道,中国兵家文化的最大特色是重谋尚计,崇智尚权,虽然它也注重实力建设,主张富国强兵,但是与尚谋崇智的根本倾向相比,这只能算是次要的方面。而儒家在这一问题上则显得更为单薄,虽然也有"足食,足兵"之类的倡议,但更多的是侈谈

---

① 叶适:《兵权上》,《叶适集·水心别集》卷4。
② 高似孙:《子略》卷3《孙子》,中华书局1985年版。

"以仁义为阻,道德为塞,贤人为兵,圣人为守,则莫能入"①;幻想凭借"仁义""制梃以挞秦楚之坚甲利兵"(《孟子·梁惠王上》)。这种"舍事而言理"的"道器之辨",势必带来重道轻器、忽视科技,进而脱离实力建设这一前提而单纯注重谋略的弊端,这乃是中国兵学文化中的一个重大局限。导致这一局面的原因固然很复杂,但兵儒融汇,儒学占据统治地位无疑是重要的因素。显然,如果没有"罢黜百家,独尊儒术"的格局,则墨家之军事科技思想、齐地法家《管子》之"凡兵有大论,必先论其器"(《管子·参患》)等主张,一定能够在后世产生积极的影响,更好地推动中国古代兵家学术的发展,从而在一定程度上克服兵儒合流的消极因素。就这个意义上说,兵儒融汇对于其他学派兵学思想的生存以及发挥作用,当是一个富有悲剧色彩的归宿。

---

① 《盐铁论》卷9《险固》。

第十四章　中国古代兵家的
地域文化特征

　　所有人类活动的痕迹都显示，人的地域文化品性，是其在特定的自然环境和漫长的历史活动中逐渐形成的。同样，地域文化品性作为重要的人文及自然结晶，也弥散和渗透在社会生活的各个方面，影响着中华民族内部每一群体的历史进程。地域文化的特征鲜明而稳定，这一点在社会思潮的演变方面表现得尤为显著：先秦时期（主要是春秋战国阶段）思想学术界出现了众多学派，呈现诸子蜂起、百家争鸣的热烈景象。这固然反映了不同阶级、不同阶层的利益和要求，但同时也与各家所处的地域文化传统有密切的关系，如儒家之于邹鲁、法家之于秦晋、道家之于楚地、阴阳家之于燕齐等等。学者们敏锐地意识到这一文化现象的普遍存在，都力图考察社会文化所植根的地域土壤，从地域文明的角度审视和把握文化的趋向和特色。这一努力早在《尚书·禹贡》、司马迁《史记·货殖列传》和班固《汉书·地理志》那里即告开始，直到今天，仍有不少学者在这上面投入很大的精力。如任继愈先生在其主编的《中国哲学发展史（先秦）》中将春秋战国的文化区域划分为四个，指出当时分别产生了四种文化类型，即邹鲁文化、荆楚文化、三晋文化、燕齐文化。[①] 晁福林先生在其《霸权迭兴——春秋霸主论》一书中将当时的文化类型归纳为：周文化圈、齐鲁文化圈、秦晋文化圈、楚文化圈。[②]

　　兵家及其思想作为整个思想文化形态的重要组成部分，其产生、发展、成熟与人类社会的思想意识形态总体发展演化有着深刻的历史与逻辑一致性，也与地域文明的主导趋势相同步。换言之，先秦时期的兵学文化，同样显示出鲜明突出的地域特征。大致而言，它在当时主要体现为三大类型：齐鲁兵家文化，三晋兵家文化和以楚、吴、越为代表的南方兵家文化。

[①]　参见任继愈主编：《中国哲学发展史（先秦）》，人民出版社1983年版。
[②]　参见晁福林：《霸权迭兴——春秋霸主论》，生活·读书·新知三联书店1992年版。

第一节　齐鲁兵家文化

齐鲁兵家文化是先秦兵学文化中的最主要构成部分,其兵学作品数量之繁富、思想之精粹、传播范围之广泛、个性之鲜明、影响之深远,在先秦诸侯列国中是首屈一指的。孔子说:"齐一变,至于鲁;鲁一变,至于道。"(《论语·雍也》)这不仅是儒家理想政治的写照,同样也是齐鲁兵学在先秦兵学中地位的体现。

这首先表现为兵学著作数量繁富,蔚为大观——先秦时期最重要兵学著作大部分都诞生于齐鲁大地。就齐国而言,收入"武经七书"中的五种先秦兵书,属于齐地兵家系统的就有三种,分别是《司马法》《孙子兵法》和《六韬》。另外,据《汉书·艺文志·兵书略》记载,齐国的重要兵学著述还有《齐孙子》(即1972年在山东临沂银雀山出土的《孙膑兵法》)89篇、《子晚子》(今佚)35篇等等。在《管子》一书中,兵家思想也是其重要组成部分,该书涉及兵学问题的篇目就有《兵法》《制分》《七法》《地图》《参患》《势》《九变》《霸言》《小匡》《小问》《幼官》《侈靡》《重法》《法法》《立政》《大匡》《八观》《五辅》等。这些情况表明,在先秦及两汉传播的兵学著作中,数量最为丰富、内容最为精博且影响最为深远者,当首推齐国兵学著作。

就鲁国而言,其兵学文化虽远不似齐国繁荣发达,但是在当时也不无值得称道之处。从兵要地理的角度分析,鲁国拥有一定的优势,所谓"据河济之会,控淮泗之交,北阻泰岱,东带琅邪,地大物繁,民殷土沃,用以根抵三楚,囊括三齐,直走宋卫,长驱许陈,足以方行于中夏矣"①。春秋之初,鲁国曾强盛一时,四败宋,两败齐,一败卫、燕,几与"小霸"郑国及强齐相匹敌。② 这种局面的出现,以及长勺之战中所反映的高明作战指导,均标志着周公旦所创立的文化传统中,兵学是其中不可忽略的组成部分。而《吴子》一书,论治军用兵多袭用儒家"仁""义""礼""德""教"等重要范畴,提倡"绥之以道,理之以义,动之以

---

① 《读史方舆纪要》卷32《山东三》。
② 参见童书业:《春秋左传研究》"春秋初年鲁国之强"条,上海人民出版社1980年版。

礼,抚之以仁"云云,更是鲁文化"宗仁本义"特色的突出体现。故《四库全书总目》云:"然(起)尝受学于曾子,耳濡目染,终有典型。故持论颇不诡于正。……大抵皆尚有先王节制之遗。高似孙《子略》谓:'其尚礼义,明教训,或有得于司马法者。'斯言允矣。"[1]

齐鲁兵学文化的突出地域特征,概括起来,大致有以下几个方面:

第一,形成最早,地位最尊。学术界一般的看法是,齐鲁文化的最早源头为东夷文化,东夷文化的重大特色之一便是骁勇善战,"尚武"之风盛行张扬。其中最典型的例子,就是蚩尤作兵,成为中国历史上最早的战神——兵主。《史记·封禅书》载:"八神将自古而有之,或曰太公以来作之""三曰兵主,祠蚩尤,蚩尤在东平陆监乡,齐之西境也。"秦始皇东巡封禅时必祠包括兵主蚩尤在内的八神;汉高祖刘邦起兵反秦,也祭祀兵主蚩尤,以壮军威,"为沛公,则祠蚩尤,衅鼓旗",击灭项羽,夺取天下后,复"令祝官立蚩尤之祠于长安"。[2] 这些有关战神蚩尤的传说与祀祭活动,正好从一个侧面透露了齐鲁兵学文化源远流长、植根深厚的曲折消息。

如果说兵主蚩尤还属于神话传说的范畴,那么齐国的开创者姜太公和鲁国的建立者周公旦则可以称得上是先秦兵学乃至整个中国古代兵学文化实实在在的奠基者。《史记·齐太公世家》记载:"周西伯昌之脱羑里归,与吕尚阴谋修德以倾商政。其事多兵权与奇计,故后世言兵及周之阴权者,皆宗太公为本谋。"[3]至于周公旦同样为卓越的军事统帅,当武庚叛周、三监作乱,周王室面临生死存亡的紧急关头,他果断率师东征,平定叛乱,征服淮夷,巩固了周王室的统治,即所谓"依之违之,周公绥之"[4],周公旦也与姜太公共同成为中国兵家文化的创立人。

而作为先秦兵学源头之一的"古司马兵法"的发明和总结,也与姜太公、周公旦和齐鲁兵家有直接的关系。司马迁称姜太公、王子成甫等人对《司马法》"能绍而明之",这当然是正确的评价,但是尚不够全面。实际上姜太公等人对于"古司马兵法"的诞生,具有关键性作用。从某种意义上讲,他们是"古司马

---

[1] 永瑢等:《四库全书总目》卷99《子部·兵家类》,中华书局1965年版。
[2] 《史记》卷28《封禅书》。
[3] 《史记》卷32《齐太公世家》。
[4] 《史记》卷130《太史公自序》。

兵法"的创始人。《唐太宗李卫公问对》卷上对此曾有明确的阐述:"周之始兴,则太公实缮其法;始于岐都,以建军制;六步七步,六伐七伐,以教战法。陈师牧野,太公以百夫致师,以成武功,以四万五千人胜纣七十万之众。周《司马法》,本太公者也。"可见没有姜太公等人,就不会有以"古司马兵法"为代表的"军法"("军礼")的面世,也就不会有中国古典兵学的肇始。

第二,薪火相传,代有承继。孔子曰:"夏礼,吾能言之,杞不足征也;殷礼,吾能言之,宋不足征也。文献不足故也。"(《论语·八佾》)可见由于种种客观原因,文化上出现断层现象在古代社会中是十分普遍的,兵学文化的承继问题同样有这类情况,如后述三晋兵学、南方兵学都存在着时断时续的现象。但齐鲁兵学文化却避免了这一点,它始终以蓬勃的生机逐代传授下来,并不断地发扬和光大。这在春秋早期是鲁庄公"鹭羽金仆姑"的赫赫武功,也是齐桓公、管仲"复修太公法":"太公既没,齐人得其遗法。至桓公霸天下,任管仲,复修太公法,谓之节制之师,诸侯皆服。"(《唐太宗李卫公问对》卷上)质诸史实,信而有征。

齐桓公任用管仲,高擎"尊王攘夷"的大旗,"九合诸侯,不以兵车""霸诸侯,一匡天下"(《论语·宪问》),其指导方针就是《周礼》及《司马法》所宣称的"会之以发禁者九"的"九伐之法"。在春秋晚期,又有齐景公时期的著名兵家司马穰苴对"古司马兵法"进行"申明",并在此基础上系统构建自己的兵学思想体系——《司马穰苴兵法》;而"一代兵圣"孙子的诞生,更是以"兵者诡道"为基本特色的崭新兵学理论取代旧"军礼",在兵学思想领域完成一次具有深远影响的革命。到战国前中期,《吴子》《孙膑兵法》等杰出兵学著作先后登场亮相,极人地深化了人们对军事斗争一般规律的理性认识;齐威王"使大夫追论古者司马兵法"[①],使"自古王者司马法"得以在一定程度上恢复和保持基本原貌,确保其书的最主要内容和核心精神不致被历史的风尘所湮灭,并使它在汲取战国时代的军事文化内容后,变得更为充实和富赡。及至战国晚期,《六韬》《管子》等重要典籍的面世,使齐鲁兵学乃至整个先秦兵学进入综合融汇、全面总结的崭新阶段,为先秦兵家思想的发展繁荣画下一个比较圆满的句号。

第三,兼融博采,注重实用。齐鲁兵学文化的重要特色之一,是能够因时

---

① 《史记》卷64《司马穰苴列传》。

变化发展,善于博采兼容、集众之长。应该说,齐文化与鲁文化是有其不同的特色的:齐文化重在开创和发展,鲁文化则偏重于继承和吸收。但是就其本质而言,二者之间具有互补性,即所谓"极高明而道中庸"[①]——非高明无以有灿烂辉煌的文化成就,不中庸无以能长期稳定而守恒。正是在这个意义上,齐鲁文化才以浑然一体的形态著称于世。也正因此,从"古司马兵法"到《孙子兵法》,再到《六韬》《吴子》,齐鲁兵学文化一直能根据军事实践的需要而不断地丰富发展并及时转型,即从提倡"军礼",到崇尚"诡诈",最终总结综合、兵儒兼容,使兵学与时俱进,呈现新的风貌。

这里尤其值得注意的是,齐地风俗民情对兵学发展的制约与规范意义。[②] 齐国的社会环境铸就了齐地民众资性,而这种资性也对齐鲁兵学文化发展导向的确立起着潜移默化的作用。《司马法·严位》指出:"人方有性,性州异,教成俗,俗州异,道化俗。"齐地社会环境的制约,使得齐人形成了独特的资性,这就是《史记·货殖列传》所说的"其俗宽缓阔达,而足智,好议论"[③],从而使得当地民众易于"随时而变,因俗而动"(《管子·正世》)。我们知道,"攻人以谋不以力,用兵斗智不斗多"[④]是中国古代兵学的一大传统,齐人"足智"尚谋的地域文化,对于兵学理论的构建,自然有一种文化上的内在推动。另外,齐人"阔达""舒缓"的资性,也即国民心理,反映到学术生活中,就是具有一定的宽容精神,在与外界的接触中,齐人比较容易接受新思想、新观点,并择善而从,加以必要的改造后为己所用,丰富和发展自己的主体文化。换言之,齐地学者善于将各家各派的思想融汇而兼取,从而形成新的学术形态。战国时期稷下学术中心的出现、百家争鸣的全面展开,就是其标志。事实上这一趋势早在西周春秋时期即已开始,管仲、晏婴等人的思想学说就包含有一体多元的复杂倾向。这种文化氛围为齐鲁兵学的健康成长提供了适宜的温床。

同时,齐地讲求功利、礼法并用的社会环境,也使得齐地兵学注重实用,善于自我丰富以适应战争的需要。一定的文化是一定社会物质生活的产物,齐

---

① 《礼记·中庸》,阮元校刻:《十三经注疏》,中华书局1980年版。
② 需特别强调的是,在齐鲁兵学文化中,齐兵学始终是占主导地位的。
③ 《史记》卷129《货殖列传》。另见《汉书》卷28《地理志下》所载:"初太公治齐,修道术,尊贤智,赏有功,故至今其土多好经术,矜功名,舒缓阔达而足智。"
④ 欧阳修:《淮诏言事上书》,《欧阳修全集》卷46。

国注重发展经济、推动工商贸易、讲求功利得失、提倡礼法并用的大环境,使得在此基础上发展起来的齐地学术文化具有注重实用的显著特点。齐国的实用之学相当发达,在数学、工艺学、医学、天文学、地理学、化学、动植物学、矿物学等学科领域内都有蔚为可观的建树。这种实用之学的发展,对于兵学的进步影响非常重大。因为兵学本是实用之学,它不尚空谈,而完全以现实利害为依据,十分重视实际经验。所以齐鲁兵学的繁荣,实与齐国注重实用的学术传统相一致。

第四,体大思精,影响深远。前述明代茅元仪的"前孙子者,孙子不遗;后孙子者,不能遗孙子",这不仅是关于《孙子兵法》历史地位的正确定位,而且也完全可以视作是对先秦时期齐鲁兵学文化价值与影响的恰当评估。齐鲁兵学在中国古典兵学发展史上的作用与地位是不可逾越的,它对于后世兵学理论的健全与嬗变的影响是无与伦比的。《唐太宗李卫公问对》卷上透露了这方面的信息:"张良所学,太公《六韬》《三略》是也;韩信所学,穰苴、孙武是也。""臣案《太公·谋》八十一篇,所谓阴谋,不可以言穷;《太公·言》七十一篇,不可以兵穷;《太公·兵》八十五篇,不可以财穷。""今世所传兵家流,又分权谋、形势、阴阳、技巧四种,皆出《司马法》也。"这充分显示出齐鲁兵学在中国古代兵学发展上所占据的绝对统治地位。换言之,没有齐鲁兵学,中国古代兵学文化亦将不复存在。

第二节　三晋兵家文化与南方兵家

一、三晋兵家

"三晋"指春秋时期晋国,以及战国时期韩、赵、魏三国所辖地域,但其文化范围则不仅限于此:关中地区的秦文化主要受三晋文化的滋育和影响,曾在秦地活动的思想家,如商鞅、范雎、韩非等人,也主要来自三晋地区,加之秦文化本身缺乏自己的显著特色,所以也可以归入三晋文化类型。三晋兵学文化以其丰富的内涵和独特的品格而在中国古代兵学发展史上占有显著的地位,并成为三晋文化的重要组成部分。

毫无疑问,三晋文化的形成,是与三晋的战略地缘条件及当时的天下争战形势有着密切联系——三晋处于四战之地,战略上为内线作战态势,地理上缺少天然屏障和战略纵深回旋余地(韩、魏尤甚),为了在激烈残酷的争霸兼并斗争中争取主动,求得生存和发展,这些诸侯国统治者一般都能以务实理性的精神治国经军,对内注意改革、练兵、储粮、提倡法治、广揽人才,致力于富国强兵;对外则随时权衡"国际"形势,利用矛盾,结交与国,纵横捭阖,从而形成了注重实效、质朴平实、致力农战、以力致胜的文化传统。

这样的历史文化背景,使得三晋兵家文化早早便趋于成熟。这种成熟,主要表现为兵学传统源远流长、成果丰硕,并具有自己的鲜明个性。具体而言,首先是兵学著作数量繁富,形式多样。据《汉书·艺文志·兵书略》记载,可明确认定属于三晋兵学系统的著名兵书就有"公孙鞅二十七篇""吴起四十八篇""庞煖三篇""兒良一篇""广武君一篇""尉缭三十一篇""魏公子二十一篇""师旷八篇""苌弘十五篇""魏氏射法六篇"等①,其兵家著作数量之多,甚至超过了号称"甲冠天下"的齐鲁兵学。只是由于其中大部分内容已经散佚,且被收入"武经七书"的兵书不如齐国兵书为多,才给人一种错觉,认为三晋兵书逊色于齐鲁兵书。尽管如此,现存的三晋系统兵书仍可谓蔚为大观,如《尉缭子》《吴子》被列入经典的"武经七书"之列。又如《汉书·刑法志》等典籍所提及的重要兵家中,三晋兵家都占有相当大的比重:"吴有孙武,齐有孙膑,魏有吴起,秦有商鞅,皆禽敌立胜,垂著篇籍""吴起、孙膑、带陀、兒良、王廖、田忌、廉颇、赵奢之伦制其兵"②,这里的吴起、商鞅、兒良、王廖、廉颇、赵奢等人,就均系三晋系统的杰出兵家。尤其值得注意的是,人们在总结、揭示兵家不同流派的特点时,也往往以三晋兵家作为具体阐释的对象,如《吕氏春秋·不二》云:"王廖贵先,兒良贵后",将王廖、兒良分别列为"先发制人"与"后发制人"用兵理论的代表。所有这些,都表明三晋兵学并非像有些学者所认为的那样,属于厚重少文、富于实践而缺乏理论的归纳升华,而是拥有厚实的理论积淀,具备大量的著述载体。

---

① 《汉书》卷30《艺文志·兵书略》。
② 《汉书》卷23《刑法志》。

其次是呈示出理论与实践相结合、学理与操作相统一的鲜明特征。与齐鲁兵家较多地关注兵学理论体系构筑的情况有所不同,三晋兵家在重视理论建树的同时,也十分强调理论与实践之间的沟通,讲求兵学理论的可操作性。众所周知,三晋地区(包括秦地)的政治指导思想是法家学说,其基本特点是执着功利、讲究实用,这一宗旨决定了法家学说最大限度地强调理论的可操作性。受法家思想实用理性的规范与制约,三晋兵家合乎逻辑地致力于理论联系实际,以操作性的有无或大小来衡量兵学自身的价值和意义。

这一点在现存的《尉缭子》一书中有很突出的表现:今本《尉缭子》共二十四篇,其中《重刑令》《伍制令》《束伍令》《分塞令》等法令条例便有十篇,几占全书一半;而这些条令规章均为非常具体的军队管理方法,操作性之强不言而喻。即使在其他篇章中,其崇尚功利、注重实用的特征也同样明显,如《制谈》《原官》诸篇之言军制设置,《攻权》《守权》《战权》诸篇之言攻、战、守三种不同形式的战法要领,都以满足用兵作战上的可操作性为宗旨。正是由于理论与实践沟通顺畅,学理与操作结合无间,使当时三晋地区以及受其文化笼罩的秦地名将辈出,成为战争中的主宰——庞涓、白起、廉颇、赵奢、李牧、信陵君、王翦、蒙恬等人便是他们当中的卓越代表;而三晋与秦地的军队战斗力亦远较齐、楚诸国军队为强大,荀子的看法即已充分证明了这一点:"齐之技击不可以遇魏氏之武卒,魏氏之武卒不可以遇秦之锐士。"(《荀子·议兵篇》)

最后是内涵丰富、体系完整、观点鲜明、思维辩证,注重将厉行耕战、增强实力、推行法制、严明赏罚置于优先位置。具体地说,就是在战争观上积极主战,强调通过战争的手段达到一定的政治目的,"国之所以兴者,农战也"(《商君书·画策》);提倡"诛暴乱,禁不义"的义战,同时又主张慎战,反对穷兵黩武,"故兵者,凶器也;争者,逆德也;将者,死官也。不得已而用之"(《尉缭子·武议》)。在治军观上,主张高度集权、严格治军,追求令行禁止的效果:"故先王明赏而劝之,严刑以威之。赏刑明,则民尽死;民尽死,则兵强主尊。"(《韩非子·饰邪》)强调"制必先定",在执法上做到公正公允,"杀一人而三军震者,杀之;赏一人而万人喜者,赏之。杀之贵大,赏之贵小。当杀而虽贵重必杀之,是刑上究也;赏及牛童马圉者,是赏下流也"(《尉缭子·武议》)。提倡将帅以身作则,身先士卒,把"号令明、法则审"看作克敌制胜的基本保证。在作战指导上,注重谋略和战前准备,讲究"廊庙"决策,"兵胜于朝廷",主张"权敌审将而后举兵",以实力发言,先为不可胜,强调在战争中奇正变通,争取主动权,先发制人,出其不意,守中有攻,以打歼灭战为作战的最佳选择,总之是"战不必胜,不可以言战;攻不必拔,不可以言攻"(《尉缭子·攻权》)。在战略上,特别重视处理政治与军事的辩证关系,提倡文武并用,军政合一,"凡战法必本于政胜""政久持胜术者,必强至王"(《商君书·战法》);"兵者,以武为植,以文为种;武为表,文为里"(《尉缭子·兵令上》)。这些特征在《尉缭子》《吴子》等三晋兵学著作和《商君书》《韩非子》《荀子》等三晋文化体系内的诸子论兵之作中都有显著的体现。

概言之,三晋兵家的思想特别贴近先秦至两汉时期军队建设与战争活动的实际,突出反映了当时军队建设与作战的特点与规律,对后世兵学的发展产生了深远的影响,在兵学发展史上的地位实不亚于齐鲁兵学。清代朱墉在《武经七书汇解》中说:"七子谈兵,人人挟有识见。而引古谈今,学问博洽,首推尉缭。"[①]这一观点,可以说对以《尉缭子》为代表的三晋兵学在中国兵学历史上的地位与贡献,做出了恰如其分而实至名归的界定。

二、以楚、吴、越为主体的南方兵家文化

先秦时期的南方文化中心地带是江汉淮水流域,它受中原文化的影响较小,具有自己独特的风格,对中原礼乐文化持保留乃至批判的态度,是老庄道家文化及其后学黄老思想的大本营。其基本特色是崇尚自然,鄙薄仁义礼治,故为孟子斥之为"南蛮鴃舌之人,非先王之道"(《孟子·滕文公上》)。这一文化性格在其兵学思想中同样有鲜明的反映,所谓"诡诈谲变"的作战指导原则最早就发轫于南方地区,它的提出乃是对旧军礼"以礼为固,以仁为胜"(《司马法·天子之义》)传统的否定。

具体而言,南方兵家文化的基本特征是讲究人道与天道的统一,从自然规律中汲取营养,以求为指导战争提供启示。晦日进兵、设伏诱敌、突然袭击、避

---

① 朱墉:《武经七书汇解》卷4《尉缭子·兵谈》,《中国兵书集成》第42册,解放军出版社、辽沈书社1992年版。

实击虚、奇正相生、化迂为直等等是其最热衷的命题与作战理想境界,诡诈用兵、阴阳变化、刚柔并济是其兵学的基本精神。伍子胥、范蠡的兵学实践,《鹖冠子》《经法》的理论建树,堪称这方面的代表。值得注意的是,它与齐鲁兵家文化之间有着深厚的内在联系,所谓"孙氏之道,明之吴越,言之于齐"(《孙膑兵法·陈忌问垒》附简),反映的正是这个事实。

其中,范蠡的兵学观念可谓比较典型地反映了南方兵家文化的基本特征,具有鲜明的南方地域特征和文化特色。他出身于南方文化的中心区域——楚国,深受《老子》哲学思想以及阴阳五行观念的熏陶和影响,这就决定了其兵学思想包含有丰富的朴素辩证法内涵。而他所从事建功立业的场所——越国,又是处于明显被动弱小地位的一方,要战胜强大的吴国,必须韬光养晦,积蓄实力,逐渐完成战略优劣态势的转换。这就决定了其兵学思想立足于后发制人的立场,即以积极防御为主要手段,最终实现反攻胜敌的战略目的。

具体地说,范蠡的兵学思想集中体现在以下几个方面。

(一) 备战为重的战略观念

范蠡认为,从事战争必须具备一定的条件,这些条件既包括政治、经济因素,也包含军队实力状况:"兵之要在于人,人之要在于谷,故民众,则主安;谷多,则兵强。王而备此二者,然后可以图之也。"[1]并进而指出:"臣闻古之圣君,莫不习战用兵,然行陈队伍军鼓之事,吉凶决在其工。"[2]其基本原则就是高度重视,充分准备,措施得力,以应万变。用范蠡他自己的话来说,即"审备则可战。审备慎守,以待不虞,备设守固,必可应难"[3]。范蠡有备无患的思想还具有更深刻的内涵,它揭示了国防建设的一般规律:要做到"审备慎守""备设守固",就必须修明政治,动员民众,发展经济,加强军队建设,这样广大民众才会积极投身于国防建设事业,国家才有足够的经济力量支持反侵略战争,军队才能具有强大的战斗力粉碎敌对势力的进攻——这些都是确保国家安全的基本

---

[1] 《越绝书》卷13《越绝外传枕中》,李步嘉校释:《越绝书校释》,中华书局2013年版。
[2] 《吴越春秋》卷9《勾践阴谋外传》,赵晔撰,周生春辑校汇考:《吴越春秋辑校汇考》,中华书局2019年版。以下只注篇卷。
[3] 《吴越春秋》卷10《勾践伐吴外传》。

条件,也是范蠡有备无患思想应有的逻辑意义。

(二)"随时以行"的攻守原则

范蠡哲学观念中,"天道"与"人道"是和谐一致的。他认为,"天道"的属性是"盈而不溢,盛而不骄,劳而不矜其功"①。因此,人们在从事社会活动时,也应当因循自然,顺应天时,"自若以处,以度天下"。这一思想引进到军事斗争领域,就是所谓的"随时以行"。这里所说的"时",是指时机,也可引申为战机。"随时",就是依据时机是否有利、战机是否成熟来决定作战行动展开与否,既不超前,也不滞后,这也叫作"守时","随时以行,是谓守时"。

范蠡的"随时""守时"原理落实到具体的攻守行动中,实质上包含有两层基本意思:第一是指"时不至,不可强生;事不究,不可强成"。意谓当有利的时机还没有出现、条件还不具备的时候,切不可主动发起进攻,而应采取积极防御,等待时机,以求克敌制胜,即"待其来者而正之,因时之所宜而定之""按师整兵,待其坏败,随而袭之"②。他严肃指出,在时机不成熟的情况下盲目对敌进攻,就会"逆于天而不和于人",这就叫作"强孛",而"强孛者不祥",必然招致惨重的失败,"王若行之,将妨于国家,靡王躬身"。第二层意思是指"得时无怠,时不再来"。这是要求战争指导者善于捕捉战机,一旦遇到有利的时机,就要适时地转防御为进攻,绝不能犹豫不决,以致贻误战机、纵敌遗患。他说:"从时者,犹救火,追亡人也。蹶而趋之,唯恐不及。"即该以最快速度进攻敌人,实现自己后发制人的作战目的。如果错过了有利的时机,就会给自己带来诸多不利,留下祸患,"得时不成""反受其殃"。

范蠡"随时而行"的攻守指导原则,在吴越战争中得到了充分体现和运用。当越国尚处于被动弱小的劣势地位之时,范蠡多次谏阻越王勾践主动攻吴的计划,反复用"事无间,时无反,则抚民保教以须之"的道理说服勾践采取持久防御的策略,在削弱敌人力量的同时积聚自己的实力,为实现敌我优劣态势的转换,发起最后的反攻创造条件。而当吴国实力衰微,有隙可乘之机出现之时,则当机立断辅佐勾践及时发动灭吴之战,打得对手措手不及,全线崩溃。

---

① 《国语·越语下》,本节以下引文凡不注出处者,均出此篇。
② 《吴越春秋》卷8《勾践归国外传》。

（三）"变易主客"的实力运用方针

概括地说,与《孙子兵法》中提倡进攻速胜的战略指导略有不同的是,范蠡在战略指导上更侧重于持久防御,强调为主而不轻率为客。这当然是同越国在相当长时期内处于战略劣势地位的特殊形势有关。

范蠡注重于为主之道,反复阐述"天时不作,弗为人客;人事不起,弗为之始"的必要性。为此,他积极主张持久防御,避敌锋芒,防止出现过早决战的被动不利局面,指出"彼来从我,固守勿与",要求做到以静制动、以逸待劳、以屈求伸、以主应客。

但是范蠡的高明卓越之处在于他的持久防御并非是消极无为的举措,而是积极能动的作为。换句话说,持久防御仅仅是手段而绝非目的。其最终的目标还是"变易主客",即适时由战略防御的"主"的地位转为战略进攻的"客"的地位,先主而后客,殄灭以为期。而实现"变易主客"的关键,就在于通过各种积极的手段,转化双方的优劣态势,剥夺敌人有利的条件,暗中增强己方的实力,从而摆脱被动,立于主动的地位。这用范蠡自己的话来讲,就是"尽其阳节,盈吾阴节而夺之"。这种以暂时的退守换取最后的攻取的战略指导,是高明的实力运用方针,是范蠡兵学思想的优秀内核,它对于中国古代积极防御思想的形成和发展,具有极其深远的影响。

（四）"因情用兵"的致胜之道

在范蠡那里,因情用兵乃是"天道"运行规律在军事斗争领域的衍化,是"天道"作用于"兵事"的必有之义。范蠡认为,"天道"的运行是"赢缩转化"的,即所谓"阳至而阴,阴至而阳;日困而还,月盈而匡"。世间万事万物同样也处于不断变化、循环往复的过程之中。这就要求人们善于相因,"因阴阳之恒,顺天地之常"。这一基本原则同样也可应用于军事斗争。

他为此而指出:"因而成之,是故战胜而不报,取地而不返,兵胜于外,福生于内,用力甚少而名声章明。"这里所说的"因",就是因情用兵、因敌制胜,也即根据战争客观实际情况的变化来决定作战行动。在这一原则指导之下,后发制人和先发制人的内在关系乃是辩证的、相辅相成的。后发制人固然占据主导地位,但这并不排斥一定条件下的先发制人。善于用兵打仗的人,在作战指导上,对于后发制人和先发制人方针的不同应用,都必须随时随地,灵活机宜加以处置。在实行后发制人的原则时,要取法于阴象,即沉着应付,不动声色,持重待机;而在先发制人时,则要取法于阳象,即雷厉风行,迅猛进攻,所向披靡!对此,范蠡本人曾做过深刻系统的论述:"古之善用兵者,因天地之常,与之俱行。后则用阴,先则用阳;近则用柔,远则用刚。"

从范蠡"因"情用兵的理性认识中,我们可以清楚地看到,其兵学思想既渊源脱胎于《老子》,但又发展丰富了《老子》。《老子》一书在讲进退、刚柔、强弱、先后时,总是无条件地强调退、柔、弱、后的一面,提倡所谓的"不敢进寸而退尺"(《老子·第六十九章》),而一味否定进、刚、强、先这一面。范蠡则不同,他避免了机械化、简单化对待倾向,主张量敌用兵,灵活机动,或进或退,或刚或柔,或先或后。他的这一认识,比较《老子》而言,无疑是要辩证、全面、深刻得多了。作为中国古代兵学文化的重要组成部分,范蠡的军事活动实践与兵学理论造诣,无疑是弥足珍贵的,值得人们高度重视和充分借鉴。

第三节 魏晋南北朝兵家有关南船北骑的作战理论

秦汉以降,在"大一统"帝国体制下,地域文化特征较之于先秦时期已明显淡化,换言之,其地域文化个性不怎么鲜明了。但是,如果我们仔细考察便不难发现,地域文化特征的淡化并不等于不再存在地域文化的差异,这一点在兵家的理论建构中同样有所表现。魏晋南北朝时期兵家"南船北马"作战指导思想的提出与系统化,就是一个典型。

魏晋南北朝时期的兵家,在作战指导思想建构方面打上了强烈的地域特征与民族风格烙印。其中南方的兵家以水战思想为主,辅以城市作战理论,而北方的兵家则以骑战思想见长。这种南北差异,根源在于地理环境与民族特性的不同,南朝梁人沈约对此曾有具体的分析,要云:"夫地势有便习,用兵有短长,胡负骏足,而平原悉车骑之地;南习水斗,江湖固舟楫之乡。代马胡驹,出自冀北;梗楠豫章,植乎中土,盖天地所以分区域也。若谓毡裘之民,可以决胜于荆、越,必不可矣;而曰楼船之夫,可以争锋于燕、冀,岂或可乎!"①

南方政权所在地域河湖纵横,因而水战成为十分重要的作战方式,这就直接促成了当时南方兵家水战思想的迅速发展。大致而言,南方兵家水战思想包括了以下几个重要观念:

第一,以长击短的观念。在南北相峙中,南方的战略指导者充分肯定水战之长,认为在水战中自身具有对北军"以一当千"的优势②,并在此基础上树立起以弱胜强的信心。赤壁之战前夕,吴将周瑜对战胜曹操优势兵力信心百倍,原因就在于水战为南方作战的主要样式,而曹军恰恰在这一点上处于下风,无能为力:"舍鞍马,仗舟楫,与吴越争衡,本非中国所长。驱中国士众远涉江湖之间,不习水土,必生疾病。"③赤壁之战的结局,证明了周瑜看法的正确。此后,东晋南朝不少人都把保卫南方的希望寄托在以长击短的水战优势上。这方面,北方的战争指导者也是有共识的,如魏文帝曹丕两次广陵观兵,临江而返,喟然叹道:"魏虽有武骑千群,无所用也。"④"嗟乎!固天所以隔南北也。"⑤

第二,诱敌深入的观念。当南北双方相持不下时,南方兵家认为,为了扬长避短,不如诱而致之;实施战略进攻,不如展开积极防御。这实质上是主张将北军放进到江淮附近,以便南军依托江淮水系作战。如东晋时,征西将军庾亮以后赵统治者石勒新死,准备北伐,侍中蔡谟反对,认为应"开江延敌",将北军诱至长江附近,内线歼敌,以利于充分发挥南军水战的优势;并指出如果贸然地离江北伐,乃是"以我所短,击彼所长"⑥,纯属战略上的败笔。

第三,控扼上游的观念。南方战争指导者认为,控扼长江上游为江防之重点。如夷陵之战中,吴军主帅陆逊认为夷陵处在荆州之最上游,为东吴之大门,故全力死守该地,挫败刘备重夺荆州的企图。其子陆抗守荆州时,也提出西陵(即夷陵)为国家之藩篱、社稷安危之关键,应当全力争夺和据有。⑦整个六朝沿着这一思路,无不高度重视控扼其上游要地。

---

① 《宋书》卷95《索虏传》。
② 《晋书》卷77《蔡谟传》。
③ 《三国志》卷55《吴书·徐盛传》注引《魏氏春秋》。
④ 《三国志》卷55《吴书·徐盛传》注引《魏氏春秋》。
⑤ 《三国志》卷47《吴书·吴主传》注引《吴录》。
⑥ 《晋书》卷77《蔡谟传》。
⑦ 参见《三国志》卷58《吴书·陆抗传》。

第四，依托水道的观念。江河不仅是南方水军的战场，也为南军陆战提供了机动的水道。南军陆战，一般都愿意利用水道进兵或退兵，以方便运输和兼得水战优势。如三国时东吴攻魏，多数选在合肥方向，原因就在于该方向有水道贯通江淮，便于依托水道陆战。

至于南方战争指导者与兵家群体的城市防御战思想，则是其水战思想的补充。北方骑兵善于野战而不善于城战，遇到死守的坚城往往进攻乏术。正是在这样的背景下，南方战争指导者形成了依托坚城实施防御的观念，认为据城防御，"战士二千，足抗群虏三万"①，主张力避不利的野战，力争有利的城战，以便依托城市的军事工事，减杀骑兵的机动与冲击优势。

与南方截然不同，北方的战争指导者和相关兵家均视骑战为自己的强项，主张在与南军作战中，力主骑战，力避水战与城战。如东魏叛将侯景生长于北方，降梁又叛梁后，兼并了南方众多水军，规模之大，"江左以来，水军之盛未有也"②。然而他仍畏惧水战，叮嘱部下说："西人善水战，不可与争锋；若得马步一交，必当可破。"③仍将取胜的希望寄托在所熟悉的作战方式上。正是在与南方水战、城战相抗衡的基础上，北方的战争指导者逐渐形成了系统的骑战思想，其基本内涵有：

第一，发挥骑兵机动和冲击力优势的观念。北方兵家认为，骑兵的突出优势在于其强大的机动性。所以北魏崔浩在充分认识这一点的基础上，设计了以北制南的"长策"："轻骑同出，耀威桑梓之中，谁知多少？百姓见之，望尘震服。此是国家威制诸夏之长策也。"④应该说，"以铁骑兼行袭之，无不克矣"⑤，乃是这一时期北方战争指导者和兵家群体的普遍共识。

第二，运动防御的观念。当敌人发动来势凶猛的进攻时，北方的战争指导者往往强调骑兵应大踏步退却，以求示弱骄敌，避其锐气，疲劳敌人，等待反攻的时机，甚至会把退却的终点放在极其遥远的地方⑥。如参合坡之战中，北魏

---

① 《宋书》卷64《何承天传》。
② 李延寿：《南史》卷80《侯景传》，中华书局1975年版。
③ 姚思廉：《梁书》卷56《侯景传》，中华书局1973年版。以下只注篇卷。
④ 《魏书》卷35《崔浩传》。
⑤ 司马光编著，胡三省音注，"标点资治通鉴小组"校点：《资治通鉴》卷165，梁元帝承圣二年，中华书局1956年版。以下只注通卷。
⑥ 参见于汝波、黄朴民主编：《中国历代军事思想教程》，军事科学出版社2000年版，第88页。

放弃都城盛乐(今内蒙古和林格尔西北),退却千余里,西渡黄河,从而为时机成熟后实施反攻奠定了坚实的基础。

第三,快速进攻的观念。北方骑兵进攻总的要求是发挥灵活机动的优势,实施快速进攻。但是在不同地形和对不同敌人的进攻中又提倡区别对待,实行不同的作战原则。如对漠北草原地区的进攻,是以骑制骑,故主张多路奔袭,突然袭击。当咬住敌之主力后,当不怕疲劳追击到底。然而对江淮以北地区的进攻,则是以骑制步、制城,面对南方长于水战、城战的特点,北方战争指导者在骑兵快速进攻观念的基础上实行了新的作战原则:一是以掠夺而不以占领土地为目的,所谓"北人不乐远行,唯乐钞掠"①;二是以掠夺广大农村地区为主,对城池可攻则攻,不可攻则绕城而过;三是有所节制,冬去春来,进攻的终点以淮河为主,至多以长江为界限;四是回军时全部撤兵,"兵不戍一城,土不辟一戍"②,避免其成为己方战略上的累赘。

第四,酌情攻坚的观念。北方战争指导者在对南朝进行己所不擅长的城战时,主张最好能避免攻城,当非攻不可时,也要扬长避短,采用以下两种机动战法攻城:一是以骑兵对所攻之城昼围夜撤,并且筑堤引水灌城。二是把重点放在围城打援的野战之上,认为一旦野战打援成功,则守城者心理绝望,其城往往可不攻而下。

魏晋南北朝时期兵家群体汲汲阐释并践行的"南船北马"作战指导原则,是当时战争实践的产物,同时又转而对该时期战争活动的开展具有重要的指导意义。它的形成及运用标志着古代兵家有关战役、战术、战法、战斗指导原则理性认识的全面飞跃,也从一个侧面印证了当时兵学理论的发展进入了一个崭新的阶段。

---

① 《资治通鉴》卷141,齐明帝建武四年。
② 《资治通鉴》卷140,齐明帝建武二年。

第十五章　同与异：比较视野下的中西军事学术

19世纪60年代以后，西方军事理论被大规模介绍到中国，促使中国军事学发生重大变革，催促传统兵家开始转型。虽则军事学以全新面貌出现在历史舞台之上，但是比较中西军事学术的异同，也成为一个值得关注的论题。

第一节　中西军事思想比较视野下所呈示的差异性

众所周知，中西文化比较研究，是学术界的热点之一。这当然有积极的意义，但是也往往难以避免有张冠李戴、郢书燕说的尴尬，其症结就在于强调矛盾特殊性的同时，忽略或掩盖矛盾普遍性，即在比较的过程中，经常在强调事物某些方面因素的同时，漠视和淡化了事物的其他方面因素。这个问题，在中西方军事学研究领域同样存在。

例如，中西军事思想的比较研究中，其对象的选择就很容易引发问题。具体地说，我们在进行中西军事思想比较时，参照的范本往往局限于《孙子兵法》《战争论》《战争艺术概论》等极个别的代表作，可是无论中国还是西方，其军事思想的载体是丰富多彩、形式多样、内涵不一的。仅就中国古代而言，除了占主导地位的"兵权谋家"之外，还有"兵形势""兵阴阳""兵技巧"三大学派，它们之间的学术宗旨、思想内容、价值取向、逻辑结构、表述方式、文字叙述，可谓差异巨大，各不相同。"兵形势"的"雷动风举，后发而先至，离合背乡，变化无常，以轻疾制敌"，完全不同于"兵技巧"的"习手足，便器械，积机关，以立攻守之胜"[1]。因此，即便

---

[1] 《汉书》卷30《艺文志·兵书略序》。

《孙子兵法》被奉为"百代谈兵之祖"①,也无法完全覆盖中国古代兵学,它的许多特点只是《孙子兵法》所独有的,而不是中国兵学所共有的。把《孙子兵法》所呈示的文化特征泛化为整个中国古代兵学特征,实际上属于以偏概全,挂一漏万。

例如,我们经常说《孙子兵法》重战略,讲宏观、重理念,讲抽象,这应该没有大的问题,事实上,《孙子兵法》阐述兵理的确极具特色,其突出的特点是舍事而言理,词约而义丰,具有高度的哲理色彩和抽象性。后世兵书祖述《孙子兵法》,很自然形成了以哲理谈兵的历史传统,如《孙膑兵法》《吴子》《尉缭子》《六韬》《三略》《唐太宗李卫公问对》《阵纪》《兵经百篇》《草庐经略》《投笔肤谈》等著名兵书都以哲理性强而著称;一些大型综合性兵书如《武经总要》《武备志》等也收录了很丰富的军事理论内容;即使那些阵法、兵器等技术型兵书,也大都以理论为纲,进行编纂,从而形成了中国兵书"舍事言理"或"以理系事"的创作风格。至于编修形式上,后世兵书亦多有模仿《孙子兵法》者,如《投笔肤谈》即"仿《孙子》遗旨,出一隙之管窥,谬成十三篇"②。但是,并非所有古代军事文献都是以这样一个特征而面世的,它就无法囊括《盖庐》《伍子胥水战法》《火攻挈要》《墨子城守十二篇》等"兵阴阳"或"兵技巧"的内容与特色。所以,如果我们仅仅拿《孙子兵法》与《战争论》作为中西方军事思想进行比较的素材,在有限材料的基础上,再来分别归纳和揭示中西方军事思想与文化的具体特征,就不免会陷入顾此失彼、捉襟见肘的逻辑困境了。

当然,我们这么说并不意味着中西方军事思想之间不存在差异性。概括而言,这种差异性大致体现为:概念范畴精确性与顿悟直觉形象化之别,宏观定性与微观定量之程度不一之别,侧重理念提炼与注重操作践行之程度有异之别。

通常而言,以《战争论》为代表的传统西方军事思想相对是以概念和范畴的归纳、描述、阐释为主体,而中国古代兵学的很多表述却是相对模糊的。如孙子对"形"和"势"的论述,"胜者之战民也,若决积水于千仞之溪者,形也"

---

① 永瑢等:《四库全书总目》卷99《子部·兵家类》,中华书局1965年版。
② 《投笔肤谈》卷首《引》。

(《孙子·形篇》),"故善战人之势,如转圆石于千仞之山者,势也"(《孙子·势篇》),这都非常形象、具有文学性的语言,但是显然不怎么具体,更谈不上是科学、准确,它所体现的恰恰是混沌整体的东方思维特点。

这样的情况,在有关同样范畴、概念的阐释上导致的差异性是屡见不鲜的。如"攻守"问题是中西方军事思想家所共同关心并加以深入阐发的论题,但论证的方式与文字表述却是各具特色的。孙子主张根据战场情势的变化,采取相宜的攻守策略,主动灵活地打击敌人。一般地说,受种种主客观条件的制约,在临战之前,双方的力量对比尽管有强弱之别,但并非是一成不变的,所以作为战争指导者,要善于根据战场情势,发挥主观能动性,采取正确的、行之有效的措施和方法,使己方的军事实力得以充分地施展,已有优势则进一步加强之,若处劣势则设法改变摆脱之,高敌一筹,方能稳操胜券。在这个过程中,如何采取适当的作战样式,仍是一大关键。通常的作战样式不外乎攻与守两种,各有自己的功能,一般地说,"不可胜者,守也;可胜者,攻也"(《孙子·形篇》)。高明的军事家应该按照"守则不足,攻则有余"的作战规律,从自己军事实力条件出发,灵活主动地实施进攻或进行防御。若是实施防御,要善于隐蔽自己的兵力,"藏于九地之下",令敌无法可施;一旦展开进攻,则要做到"动于九天之上",使敌猝不及防。总之,只有在攻守问题上真正做到因敌变化,随机处置,才算是完全掌握了灵活机动的指挥艺术之精髓。这时候无论是实施进攻,还是进行防御,都可以得心应手,从容自如,"能自保而全胜"。

在克劳塞维茨(Karl von Clausewitz)的《战争论》一书中,也曾对攻守问题进行过深入的探讨,并且得出了和孙子近乎一致的结论。他说:"假定使用的是同一支军队,进行防御就比进攻容易。"防御这种作战形式,就其本身来说,比进攻的作战形式要显得优越,这是因为防御者可以得到的"待敌之利和地形之利","不仅仅是指进攻者在前进时所遇到的种种障碍(如陡峭的山谷、高山峻岭、两岸泥泞的河流、成片的灌木林等等),而且是指那些能使我们隐蔽的配合军队行动的地形"。因此,在"力量弱小"之时就不得不采用防御的作战样式,"防御是一种较强的但带有消极的目的的作战形式,那么,自然只有在力量弱小而需要运用这种形式时,才不得不运用它。一旦力量强大到足以达到积极的目的时,就应该立即放弃它……所以以防御开始而以进攻结束,是战争的自然进程"。① 富勒(John Fuller)的看法亦和克氏相近：

> 作战艺术有赖于进攻和防御之紧密结合，犹如建筑大厦少不了砖和水泥一样……正确的作战艺术取决于攻防行动的紧密结合，换言之作战的胜负取决于两者结合的有效程度。几乎也可以说，搞好攻防结合就胜利，搞不好攻防结合就失败……确实，有时打算用防御行动来避战。但是，这并不是彻底避战，只是暂时或局部的避战。避战是为了在更加有利的条件下再次作战；在一地避战是为了在另一地更有力地作战。这样的避战行动可稳定战斗，即为尔后战斗(如不是当前战斗)奠定基础。因此，让我们永远牢记：防御是进攻的基础；也让我们永远不忘记：适时的防御是胜利的基本保证。②

这些都是非常谨严的表述，不过，其说的道理同样不外乎"守则不足，攻则有余""攻是守之策，守是攻之机，同归乎胜而已"(《唐太宗李卫公问对》卷下)的含义罢了，然而中西论述间形式逻辑展示路径与语言文字描述方式的差异性乃是相当明显的。

第二节 "殊途同归"：中西战略观念的同一性

虽有上述种种因时代和社会形态不同而导致的差异，但"天下同归而殊途，一致而百虑"(《周易·系辞下》)，中西军事思想的"同"才是主流。矛盾的普遍性是根本，特殊性是补充；差异性是"末"，同一性才是"本"。主次秩序不可混淆，本末关系不宜颠倒。

一、"慎战""备战"的共同价值理念

众所周知，不懂兵道、不会打仗，便是"人为刀俎，我为鱼肉"，会随时面临

---

① 克劳塞维茨：《战争论》，中国人民解放军军事科学院译，解放军出版社2005年版，第366页。
② 富勒：《装甲战》，周德等译，解放军出版社2006年版，第167—169页。

受人欺凌的威胁,生命财产难以保全,政权社稷危若累卵。但是,战争同时意味着鲜血的滚滚流淌、财富的灰飞烟灭,所以中国古代兵家既能正视战争现实,又反对好大喜功、穷兵黩武,它不同于法家之流迷信暴力,汲汲于"好战""主战";也不同于老子、孟子、墨子的空谈道德,一味"非战""反战"。兵家强调慎战至上,反对无限制动用军事。孙子曰:"兵者,国之大事,死生之地,存亡之道,不可不察也。"(《孙子·计篇》)《司马法》言:"故国虽大,好战必亡;天下虽安,忘战必危。"(《司马法·仁本》)即是其理。

检阅西方有代表性的军事学著作,我们能发现,既"重战",又"慎战",也是其战争观念的基调与主旋律。

一方面,如克劳塞维茨说:"如果说流血的屠杀是残酷可怕的,那么这只能使我们更加严肃地对待战争,而不应该使我们出于人道让佩剑逐渐变钝,以致最后有人用利剑把我们的手臂砍掉。"[1]这是"重战"。

但是另一方面,西方军事学家更普遍强调战争必须有所节制,不可率意妄为。这方面,英国军事学家富勒的观点具有代表性,他说:

> 战争可分为两大类:具有有限政治目的战争,和具有无限政治目的的战争。只有第一种战争给胜利者带来利益,而决非第二种。[2]

> 作战的最终目标是歼灭敌人这种有害的信条,在理论上否定了战争的真正目的,即建立更加美好的和平生活……要实现战争的真正目的,就必须终止使用破坏性手段。这就是说,战争必须逐步地由武力争斗发展到智谋与士气斗争的阶段,换言之,指挥艺术必须基本上代替暴力,用瓦解士气或精神上的打击,代替武力争斗或肉体的攻击。[3]

> 战争中野蛮的行为是不划算的,不要使你的敌人陷入绝望,尽管你会赢得战争,但是这样会拖延战争,造成财产和人员的更大伤亡,这本质上来说对你是不利的。[4]

---

[1] 克劳塞维茨:《战争论》,中国人民解放军军事科学院译,解放军出版社2005年版,第300—301页。
[2] 富勒:《战争指导》,绽旭译,周驰校,解放军出版社2006年版,第4页。
[3] 富勒:《装甲战》,周德等译,解放军出版社2006年版,第54页。
[4] 富勒:《战争指导》,绽旭译,周驰校,解放军出版社2006年版,第4页。

这与《孙子兵法》中的"归师勿遏,围师必阙,穷寇勿迫"(《孙子·军争篇》)思想一致,是完全符合政治生态学的一般原理的,即"除恶不能务尽",留有对手,恰恰是自己得以生存的前提,所谓"无敌国外患者,国恒亡"(《孟子·告子下》)。不仅如此,在必要时还要向对手施以援手:"纵观战争史,值得注意的是,敌友关系是频繁变化的。当你打败了你的对手时,你应该明智地让他再站起来。这是因为,在下次战争中,你有机会需要他的帮助。"①为此,富勒对克劳塞维茨致力于赢得战争的观点给予批评:"克劳塞维茨有许多盲目的见解,其中最大的错误是:他从来没有认识到战争的真正目的是和平而不是胜利。因此,和平应该是政策中的主要思想,胜利只不过是为达到这种目的的手段。"②

二、精神要素在战争中的关键性作用

中西军事思想家对从事战争的精神要素的重视是高度相似的,认为军队的精神风貌是战争取胜的关键。《孙子兵法》认为,战争的胜负首先取决于"道":"道者,令民与上同意也"(《孙子·计篇》),强调"上下同欲者胜"(《孙子·谋攻篇》),"修道而保法"(《孙子·形篇》),即需要做到政治清明、上下和谐、内部团结。而战争指导者要鼓舞斗志、振奋士气,在于能够在精神的层面上让士卒们置身于无路可退的绝境,使其在求生的本能驱使下,奋不顾身,死不旋踵:"投之无所往,死且不北,死,焉不得士人尽力。"这就是所谓的"善用兵者,携手若使一人,不得已也""投之亡地然后存,陷之死地然后生"(《孙子·九地篇》)。《淮南子·兵略训》中也说:"千人同心,则得千人力;万人异心,则无一人之用。"即使是古代兵家所津津乐道的"不战而屈人之兵"(《孙子·谋攻篇》)、"全胜不斗,大兵无创"(《六韬·武韬·发启》),其成功的要诀也首先是精神上对敌手的彻底碾压,使对手完全丧失抵抗的意志,放弃任何侥幸心理,束手就擒,自甘失败,即所谓"三军可夺气,将军可夺心"(《孙子·军争篇》);而我方则胜券在握,无往而不胜,"以威德服人,智谋屈敌,不假杀戮,广致投

---

① 富勒:《战争指导》,绽旭译,周驰校,解放军出版社2006年版,第4页。
② 富勒:《战争指导》,绽旭译,周驰校,解放军出版社2006年版,第84页。

降"①,真正进入用兵的理想境界。

在西方军事学家的心目中,军事力量的最核心要素同样不是物质层面的,而是精神层面的——一支军队战斗意志坚强与否、精神风貌激扬高昂还是萎靡不振,直接关系到战斗力的高下,决定着战争的胜负归属。克劳塞维茨在这方面有大量的论述,他说:

> 斗争是双方精神力量和物质力量通过物质力量进行的一种较量,不言而喻,在这里不能忽视精神力量,因为正是精神状态对军事力量具有决定性的影响。②
>
> 物质的原因和结果不过是刀柄,精神的原因和结果才是贵重的金属,才是真正的锋利的刀刃。③
>
> 任何战斗都是双方物质力量和精神力量以流血的方式和破坏的方式进行的较量。最后谁在这两方面剩下的力量最多,谁就是胜利者。在战斗的过程中,精神力量的损失是决定胜负的主要原因……因此,使敌人精神力量遭受损失也是摧毁敌人物质力量从而获得利益的一种手段。④

博福尔(Andre Beaufre)在《战略入门》中也说:"要想解决问题,必须首先创造、继而利用一种情况使敌人的精神大大崩溃,足以使它接受我们想要强加于它的条件。"⑤富勒在《战争指导》一书中则一再强调,军事胜利的标志乃是在精神上彻底击垮对手,而非其他:"战略的目的是以武力而不是以文字来维护一种政治主张。这通常以作战来实现,其真正的目的不是摧毁物质力量,而是在精神上压倒敌人。"⑥

---

① 何良臣:《阵纪》卷1《赏罚》,《中国兵书集成》第25册,解放军出版社、辽沈书社1994年版。
② 克劳塞维茨:《战争论》,中国人民解放军军事科学院译,解放军出版社2005年版,第101页。
③ 克劳塞维茨:《战争论》,中国人民解放军军事科学院译,解放军出版社2005年版,第179页。
④ 克劳塞维茨:《战争论》,中国人民解放军军事科学院译,解放军出版社2005年版,第246页。
⑤ 安德烈·博福尔:《战略入门》,军事科学院外国军事研究部译,军事科学出版社1989年版,第8页。
⑥ 富勒:《装甲战》,周德等译,解放军出版社2006年版,第53页。

三、实力建设为本作为普遍共识

军事实力是军队综合战斗力的具体表现,也是战争的物质基础。在军事斗争中,奇谋妙计固然占有举足轻重的位置,但从根本上讲,强大的军事实力才是真正决定战争胜败的要素,因为不仅"伐兵""攻城"离不开对一定军事实力的巧妙运用,就是"伐谋""伐交"也必须要以雄厚的军事实力为后盾。

综观古往今来的战争历史,无一不是力量强大的一方战胜力量弱小的一方;即使本来弱小的一方,要最后战胜力量强大的一方,也是通过各种各样的手段,逐渐完成优劣强弱态势的转换,使得自己的力量最后从总体上超过了最初力量强大的一方而实现的——摧枯拉朽、所向披靡,这实实在在是不以人们主观意志为转移的战争一般规律。杜甫诗云"诸葛大名垂宇宙"(《咏怀古迹五首之五》),但是不论诸葛亮怎样足智多谋、殚精竭虑、鞠躬尽瘁,"三顾频烦天下计,两朝开济老臣心",能够五月渡泸,深入不毛,六出祁山,北伐中原,但到头来依然是僻处西南一隅,"出师未捷身先死"(《蜀相》),其根本原因还是蜀汉与曹魏实力之比实在太过于悬殊,"起巴蜀之地,蹈一州之土,方之大国,其战士人民,盖有九分之一也""众寡不侔,攻守异体",常言道"巧妇难为无米之炊",诸葛亮"连年动众,未能有克"的命运乃是注定了的。[①]

既然敌我力量对比对战争胜负结果具有关键性意义,以孙子为代表的中国兵家便提出了在军队作战中要努力确保自己先立于不败之地,"先为不可胜""不可胜在己",做到"胜兵先胜而后求战"。在此基础上,则要积极寻求和利用敌人的可乘之机,即所谓"以待敌之可胜""不失敌之败也",一旦时机成熟,便果断采取行动,乘隙蹈虚,以压倒性优势予敌人以致命的打击,"故胜兵若以镒称铢""胜者之战民也,若决积水于千仞之溪者,形也",认为唯有如此,才是真正"能为胜败正",成为战争胜负的主宰。(《孙子·形篇》)应该说,这一作战指导思想是带有普遍指导意义的。

实力建设为本,谋略只起辅助作用,西方军事学家的认识同样如此。如克劳塞维茨就指出:"任何一次出敌不意都是以诡诈(即使是很小程度的诡诈)为

[①] 《三国志》卷35《蜀书·诸葛亮传》裴松之注引张俨《默记·述佐篇》。

基础的……(诡诈)这些活动在战略范围内通常只起很小的作用。"①"对统帅来说,正确而准确的眼力比诡诈更为必要,更为有用。战略支配的兵力越少,就越需要使用诡诈。因此,当兵力很弱,任何谨慎和智慧都无济于事,一切办法似乎都无能为力的时候,诡诈就成为最后手段了。"②若米尼(Antoine-Henri Jomini)也认为,佯动欺骗只是一种万不得已情况下的选择,作战胜利从根本上说,是建立在拥有强大实力的基础之上:"首先必须行动迅速,其次必须极力以佯动欺骗敌人,使敌人不了解真实情况。然而,这是一种最大胆的机动,只有在十分急需的情况下才可以采用。"③

四、将帅为胜利之魂

克敌制胜的重要条件之一,在于将帅的素质和能力。俗话说,千军易得,一将难求,其德行情操的优劣、韬略智慧的长短、指挥艺术的高下,直接关系军队的安危、战争的胜负。假如统军之将猥琐无能,"伐谋""伐交"固然无从谈起,"伐兵""攻城"也将一事无成。所以孙子等中国古代兵家对将帅的作用和地位予以充分的肯定,将之视为保证战略目标实现的重要条件:"将者,国之辅也,辅周则国必强,辅隙则国必弱"(《孙子·谋攻篇》),"故知兵之将,生民之司命,国家安危之主也"(《孙子·作战篇》);一再强调"夫总文武者,军之将也。……得之国强,去之国亡"(《吴子·论将》),"国之大事,存亡之道,命在于将"(《六韬·龙韬·论将》),"置将不慎,一败涂地"④。对此,西方军事学家的认识也是相似的。如若米尼就强调:

一个统帅的高超指挥艺术,无疑是胜利的最可靠的保证之一,尤其是在交战双方的其他条件都完全相等时,更是如此。

有关支配军队的制度是政府军事政策中最重要的组成部分之一。一支精锐的军队,在才能平庸的司令官指挥之下,能够创造出奇迹。而一支

---

① 克劳塞维茨:《战争论》,中国人民解放军军事科学院译,解放军出版社2005年版,第206页。
② 克劳塞维茨:《战争论》,中国人民解放军军事科学院译,解放军出版社2005年版,第207页。
③ 若米尼:《战争艺术概论》,刘聪、袁坚译,解放军出版社1988年版,第155—156页。
④ 《史记》卷8《高祖本纪》。

并非精良的军队,在一位伟大的统帅指挥之下,也能创造出同样的奇迹。但是,如果总司令官的超人才能还能再加上精兵,就一定能创造出更大的奇迹。①

将帅的作用既然如此重要,那么对将帅提出高素质的要求,也就是选将任将中的必有之义了。这方面,中西军事学家的认知也没有任何差异:孙子主张将帅应该具备"智、信、仁、勇、严""五德",强调将帅要做到"静以幽,正以治"(《孙子·九地篇》),"进不求名,退不避罪,唯民是保,而利合于主"(《孙子·地形篇》);《六韬·龙韬·论将》提出"将有五材":勇、智、仁、信、忠。而若米尼则把将帅所要拥有的最核心素质归纳为三大类:"一个军队总司令的最主要素质,永远是(一)具有顽强的性格与勇敢的精神,能够做出伟大的决定;(二)冷静沉着,或具有体魄上的勇气,不怕任何危险;学问仅居第三位。但是学问却能起有力的辅助作用,不承认这一点,就是瞎子。"②

在将帅的诸多应有素质中,睿智与勇敢应该是最为重要的,所谓"智能发谋""勇能果断"。尤其是"智",更是重中之重,因为只有睿智,才能注重搜集信息,"知彼知己""知天知地"(《孙子·地形篇》);只有睿智,才能高明分析事物的利弊得失;只有睿智,才能正确预测战争的发展趋势;只有睿智,才能全面评估敌我双方的实力对比;只有睿智,才能准确选择战略的突破方向。这一点,中西方军事学家的论述可谓是异曲同工。《虎钤经·先谋》有云:"用兵之法,先谋为本。"克劳塞维茨则有着更为详细的论述:

> 如果我们进一步研究战争对军人的种种要求,那么,就会发现智力是主要的。战争是充满不确实性的领域。战争中行动所依据的情况有3/4好像隐藏在云雾里一样,是或多或少不确实的。因此,在这里首先要有敏锐的智力,以便通过准确而迅速的判断来辨明真相……战争是充满偶然性的领域,人类的任何活动都不像战争那样给偶然性这个不速之客留有这样广阔的活动天地……要想不断地战胜意外事件,必须具有两种特性:

---

① 若米尼:《战争艺术概论》,刘聪、袁坚译,解放军出版社1988年版,第62—63页。
② 若米尼:《战争艺术概论》,刘聪、袁坚译,解放军出版社1988年版,第74页。

一是在这种茫茫的黑暗中仍能发出内在的微光以照亮真理的智力;二是敢于跟随这种微光前进的勇气。前者在法语中被形象地称为眼力,后者就是果断。①

军事行动要求人们必须具备的智力和感情力量的各种表现。智力到处都是一种起主要作用的力量,因此很明显,不管军事行动从现象上看多么简单,并不怎么复杂,但是不具备卓越智力的人,在军事行动中是不可能取得卓越成就的。②

而若米尼的观点更是明快简洁,即一者善于审时度势,二者能够践行落实。一个将帅的才能包括两个完全不同的方面:一方面是善于审时度势和计划行动;另一方面是善于亲自使行动计划付诸实施,直至成功。这第一种才能可能是一种天赋,但是这种天赋还可从学习中得到培养和发展。至于第二种才能,主要决定于将帅的个性。通过学习虽然能发展和完善个性,但人却永远不能培养出属于个人天赋的"能力"。③

将帅要发挥作用、提高效率,很重要的保证是君主不加掣肘,拥有战场的机断指挥权力,所以中西军事学家都反对"将从中御"。孙子提倡"君命有所不受"(《孙子·九变篇》),主张"战道必胜,主曰无战,必战可也。战道不胜,主曰必战,无战可也"(《孙子·地形篇》)。《三略·中略》认为:"出军行师,将在自专。进退内御,则功难成。"所言都是一个道理。而在西方,"君命有所不受"这一原则同样得到充分肯定,如拿破仑(Napoléon Bonaparte)就曾就此发表过看法,堪称真知灼见:

总司令不能借口大臣或国王的命令来掩饰自己的罪过,因为大臣或国王都远离战场,他们很少知道或完全不知道当时的战争局势。(1)任何一个总司令,如果明明知道计划不好,而且有致命的危险,却仍然着手执行这个计划,那么,这个总司令就是罪犯。他应当向上级报告,要求修改计划,最后宁可辞职不干,也不能成为毁灭自己部队的祸首。(2)任何一

---

① 克劳塞维茨:《战争论》,中国人民解放军军事科学院译,解放军出版社2005年版,第53、55页。
② 克劳塞维茨:《战争论》,中国人民解放军军事科学院译,解放军出版社2005年版,第69页。
③ 参见若米尼:《战争艺术概论》,刘聪、袁坚译,解放军出版社1988年版,第374页。

个总司令,如果确信战争不能制胜,而仍旧遵照上级命令作战,那这个总司令也是罪犯。①

第三节　中西军事学在作战指导原则上的共性特征

在作战指导,也就是战法、战术问题上,中西方军事学的基本原则也是完全相通的,具有高度的同一性。

一、集中优势兵力,在决定性地点投入决定性力量

集中优势兵力,在全局或局部上造成"以镒称铢"的有利态势,各个歼灭敌人,是夺取战争胜利的一个不可忽略的环节。作战双方,谁拥有优势的战场地位,谁就能拥有军队行动的主动权,这乃是古今中外战争中的一条重要规律。大体而言,两军对阵交锋,凡兵力薄弱、指挥笨拙的一方,一般情况下总是比较被动。所以,古往今来的军事家们很自然地提出了"众寡分合"的著名命题。所谓"众寡",就是兵力的对比问题;所谓"分合",就是兵力的部署、使用问题。两者的核心所在,就是要集中兵力,在全局或局部上造成优势,分一为二,避实击虚,各个击破敌人。

孙子明确强调"识众寡之用者胜"(《孙子·谋攻篇》),把这看成是"知胜有五"的一项重要因素。这里的"众寡",当然是指兵力的多少,而"用"则是指兵力的运用,也即《军争篇》中所说的"分合为变"。孙子认为,要确保掌握主动权,使胜利的天平朝着自己一方倾斜,就必须在战场交锋时集中优势兵力,给敌人以毁灭性的打击。

---

① 拿破仑:《关于1796年和1797年对意战争的军事行动的评论》,《拿破仑文选》(上册),陈太先译,胡平校,商务印书馆1980年版,第351页。

兵力的多少与兵力的集中分散，并不是同一回事情。在总体上说，兵力对比虽然占优势，但是在具体作战过程中也极有可能因军事部署的分散而丧失这种优势；反之，尽管兵力在总体上占劣势，但也有希望通过相对集中的部署而形成局部上的优势。这说明，集中兵力是有一定条件的：从主观上说，敌我双方都力求集中兵力，千方百计追求战场上的优势；然而能不能实现这个目标，则取决于军事指挥员主观能动性能否得到充分的发挥，即必须通过高明的指挥，使我方兵力集中而使敌人兵力分散，这才是集中兵力的关键。

孙子在"众寡之用"问题上既肯定集中兵力的意义，提倡"以十击一"（《孙子·虚实篇》）；又积极探讨如何在战争活动中通过对"分合为变"（《孙子·军争篇》）等手段的运用，来达到集中兵力、掌握主动的目的。他认为集中兵力的关键在于最大限度地发挥主观能动作用，善于创造条件、捕捉战机。从战术上讲，就是要做到"形人而我无形"（《孙子·势篇》），使敌人显露真情而我军不露任何痕迹，即敌人在明处作靶子，我方在暗处施算计。他进而论说道，这样一来，我军兵力就可以集中而敌人兵力却不得不分散。通过调动敌人，来使我方的兵力集中在一处，而让敌人的兵力分散在十处。于是，集中兵力的意图即得以实现，我方便能以十倍于敌的兵力去进攻敌人，从而造成我众而敌寡的有利态势，而能做到集中优势兵力攻击劣势之敌，"则吾之所与战者，约矣"，出现"吾所与战者寡"的局面。（《孙子·虚实篇》）

孙子在肯定集中兵力重要性的同时，也深刻揭示了分散兵力的危害性，他认为在兵力部署上如果不分主次方向，平均使用力量，单纯企求"无所不备"，那到头来势必形成"无所不寡"，不能实现"我专而敌分"的意图。（《孙子·虚实篇》）因为面面俱到等于面面不俱到，什么都是重点等于没有重点。为此，孙子特别强调"并敌一向，千里杀将"（《孙子·九地篇》）。

孙子之后的历代兵家，也一致强调集中兵力的必要性，如《淮南子·兵略训》的作者就曾用形象的比喻来说明这层道理："夫五指之更弹，不若卷手之一挃；万人之更进，不如百人之俱至。"《百战奇法·形战》则更明确指出"以众击寡，无有不胜"，高度重视运用"分合为变"的手段，来达到避实击虚、集中兵力的目的，"设虚形以分其势"，造成"敌势既分，其兵必寡；我专为一，其卒自众"的有利态势，牢牢掌控作战的主动权。

通观西方代表性的军事学著作，集中兵力，将决定性力量投入决定性地

点,也是军事学家的普遍共识。克劳塞维茨就一再强调集中兵力为"最普遍的制胜因素":

> 数量上的优势不论在战术上还是在战略上都是最普遍的制胜因素。①
>
> 人们必须承认,数量上的优势是决定一次战斗结果的最重要的因素,只不过这种优势必须足以抵消其他同时起作用的条件。从这里得出一个直接的结论:必须在决定性的地点把尽可能多的军队投入战斗。②
>
> 我们认为,决定性地点上的兵力优势,在我们欧洲的这种情况下以及一切类似的情况下,是十分重要的,即使在一般情况下,无疑也是一个最重要的条件。在决定性地点上能够集中多大的兵力,这取决于军队的绝对数量和使用军队的艺术。③

他的观点也为其他军事学家所普遍认同,如若米尼指出:

> 腓特烈大帝的作战报告已开始使我发现他在莱顿(利萨)大获全胜的秘密。我认为这个秘密实在很简单,就是集中他的主力去攻击敌人的一翼而已。④
>
> (为了达到集中兵力的目的,应当正确选择作战线方向,)利用战术机动,把主力用于战场的决定点上,或用于攻占敌军战线上的要点……实际上,一个主要战区总是只有左、中、右三个区域。同样,每一个区域,每个作战正面,每个战略阵地,每条防线,和每条战术战斗线,也总是只有中央和两端三个部分。在这三个方向当中,总有一个方向是对我方到达既定重要目标最为有利的,有一个方向是次有利的,而另一个方向则是比较最不利的。看来,在明明了这一目标与敌人阵地之间,以及这一目标与地理上各点之间的关系之后,有关战略机动和战术机动的每个问题,都可以归结为一个问题,就是决定向右,向左或是向正前方机动……凡是运用这一原

---

① 克劳塞维茨:《战争论》,中国人民解放军军事科学院译,解放军出版社2005年版,第192页。
② 克劳塞维茨:《战争论》,中国人民解放军军事科学院译,解放军出版社2005年版,第194页。
③ 克劳塞维茨:《战争论》,中国人民解放军军事科学院译,解放军出版社2005年版,第195页。
④ 若米尼:《战争艺术概论》,刘聪、袁坚译,解放军出版社1988年版,第17页。

理的人,总是可以获得最辉煌的胜利,凡是忘却这一原理的人,总是难免遭到最大的失败。①

作战线的方向只能指向敌军中央或其两翼之一。除非在兵力上占无限的优势,才可以同时对敌军的正面和两翼采取行动。否则,在任何情况下,假使对敌军正面和翼侧同时采取行动,那都是犯了极大的错误。②

再如,在富勒看来,拿破仑军事指挥艺术的精髓之一,就是在作战过程中善于集中兵力,给敌以致命的打击。对此,他在《战争指导》一书中总结道:

> 集中:为了进行决定性的战斗,拿破仑把一切的辅助性行为减到了最低程度,以便能集中最大可能的兵力。科林引用他的话说:军队必须集结,而且必须把最大可能的兵力集中在战场之上。……部署兵力的艺术也就是进行战争的艺术,应该用这样的方法部署你的兵力,即不管敌人采取什么行动,你都应能在几天之内把你的兵力集合到一起。……战争中的第一原则,就是要求所有的部队在战场上集中好了之后才进行会战。同时因为,军事指挥的艺术,就在于当自己的兵力数量居于劣势时,反而能在战场上化劣势为优势。这就是说,一支劣势的部队,如能正确地进行集结,那么,通常都能战胜一支数量虽然居于优势但却不能正确集结的部队。③

按西方军事学家的理解,集中兵力的原则是贯穿于整个战争行动过程之中的,即使在整体力量弱于对手的情况下,也要通过高明的部署与指挥,在一定的区域范围内集中兵力,形成对敌手的局部优势:"即使不能取得绝对优势,也要巧妙地使用军队,以便在决定性地点上造成相对的优势。正如《高卢战记》所言:为了避免在同一时期跟敌人庞大的兵力作战,设法把敌人的军队分开,是一件极为重要的事情。"④同样的道理,在退却或失败的状况下,也切忌分

---

① 若米尼:《战争艺术概论》,刘聪、袁坚译,解放军出版社1988年版,第89—90页。
② 若米尼:《战争艺术概论》,刘聪、袁坚译,解放军出版社1988年版,第134页。
③ 若米尼:《战争艺术概论》,刘聪、袁坚译,解放军出版社1988年版,第48—49页。
④ 克劳塞维茨:《战争论》,中国人民解放军军事科学院译,解放军出版社2005年版,第197页。

散兵力,确保军队集中的原则没有丝毫的动摇,从而为恢复元气、卷土重来创造必要的条件。"任何其他分兵退却的做法,都是极其危险的,是违背事物的性质的,因而也是非常错误的。军队在任何一次失败的会战中都处于削弱和瓦解的状态,这时,最迫切需要的是集中兵力,并在集中的过程中恢复秩序、勇气和信心。"[1]

当然,"众寡分合"这个命题本身是辩证的。中西军事学家都认为:在特定的情况下,也不能一味地强调集中兵力,而有必要进行积极的分散兵力,以策机动。换言之,兵力集中与分散,乃是有机统一的,正如古人所言:"聚不聚,为縻军;分不分,为孤旅。"(《唐太宗李卫公问对》卷下)现代战争中,随着信息化、智能化程度的不断提升,武器杀伤力的日益增大,分散兵力与集中兵力的关系将更值得战争指导者辩证地加以认识与把握。像美军近期的军事演练,就是一个很好的典范。

据《美国国家利益》(*The National Interest*)双月刊网站2019年4月24日报道:

> 美国空军在4月22日进行了将战机分散至太平洋地区各地的演练,目的是使中国军队更难攻击它们。事实上,官方给出的主要理由是为了应对恶劣天气做准备,但是,这次分散演习也是正在逐步成形的五角大楼对中国发动高科技战争计划的一部分。美国的军队会分散行动以躲避中国的攻击,然后再集中起来发动攻击……美国太平洋空军司令部战略规划与项目负责人迈克尔·温克勒准将说:"作战环境与全球威胁迅速变化,我们必须确保所有部署在前沿的部队都做好应对可能突发的紧急情况的准备,并确保我们能够在战区内更加灵活地移动,以便在任何环境下夺取、保持和利用主动权。"

该文的作者进而指出:"不管是空军将战机分散至密克罗尼西亚各地,还是海军陆战队将火箭连或隐形战机部署到岛链和军舰上,其基本原理都是一样的。

---

[1] 克劳塞维茨:《战争论》,中国人民解放军军事科学院译,解放军出版社2005年版,第307—308页。

分散兵力使它们更难成为目光。一旦爆发战争,这一理念可能会被证明是决定性的。"①

这则报道中有关美军的所作所为,其实也充分印证了中国古代兵家所强调的军事原理学习与运用上的一条普遍规律:"不以法为守,而以法为用。常能缘法而生法,若夫离法而会法。"②

二、快速机动,致力于夺取战争主动权

从军事学角度来讲,通过旷日持久地同敌人拼消耗、拼意志来完成战略优劣态势的转换,最终赢得战争的胜利,毕竟是一种颇不情愿但又无可奈何的选择。如果己方在实力上明显占有优势,又获天时地利,那么自然应该采取"快刀斩乱麻"的手段,尽可能用最小的代价换取最大的胜利,这就是所谓的兵贵神速、速战速决。古今中外军事学家普遍肯定和倡导这条原则,主张将在尽可能短的时间里打败敌人,实现预定的战略目标作为用兵打仗的理想追求。因为他们都知道一个普遍的道理:一分钟决定战斗的结局,一小时决定战局的胜负,一天决定帝国的命运。军队的迅速机动和闪电般的冲击永远是真正的战争灵魂。所以在中国,孙子主张"兵贵胜,不贵久"(《孙子·作战篇》),"始如处女,敌人开阖;动如脱兔,敌不及拒"(《孙子·九地篇》),强调"兵之情主速,由不虞之道,乘人之不及,攻其所不戒也"(《孙子·九地篇》)。《吕氏春秋》的作者也把迅猛神速、进攻速胜看成是"决义兵之胜"的关键:"急疾捷先,此所以决义兵之胜也,而不可久处。"(《吕氏春秋·论威》)明朝人尹宾商更是强调"时不再来,机不可失,则速攻之,速围之,速逐之,速捣之",认为如此这般,则"靡有不胜"。③

而在西方,这一原则也为众多军事学家所激赏,成为作战指挥艺术中的一条铁律。如若米尼曾指出:"对兵力的使用,要求遵守以下两条基本原则:第一,战略原理本身的基础,就是通过发挥机动性和快速性的方法取得优势,以便能逐次把自己的主力只投向敌军战线的几个部分;第二,必须在最具有决定

---

① 转引自《美空军在太平洋演练"化整为零"》,《参考消息》2019年4月27日第5版。
② 《何博士备论》卷上《霍去病论》。
③ 尹宾商:《兵㫃》卷1《迅》,《中国兵书集成》第37册,解放军出版社、辽沈书社1994年版。

性的方向实施突击。"①富勒在《战争指导》一书中总结希特勒(Adolf Hitler)的军事思想,认为希特勒十分重视军队行动的迅捷性:"在《我的奋斗》一书中,希特勒曾经写道:在下一次战争中,摩托化将以压倒一切和决定一切的形式出现。他对高速车辆、高速公路和飞机都很感兴趣,所以,以高度的机动性和打击力为基础的战争,深深地吸引着他。德国的空军和陆军,都是以发展速度为目标而组织起来的……"②在同书中,富勒还分析了拿破仑的作战指导成功秘诀正在于"快速机动":"机动。科林写道:在拿破仑战争中,迅速是一种必要的和基本的因素……他(拿破仑)说:在战争的艺术之中,也像在力学中一样,时间是重量和力量之间的重要因素。又说:在战争中,时间的损失是无可弥补的;对此提出的各种理由都是不妥的,因为拖延只能使行动失败。"③所有这些,都证明中西军事学家在军队开进与展开过程中机动问题在理性认识上的一致性。

当然,快速机动,归根结底都是为了夺取战争的主动权,主动权乃是军队行动的自由权。在战场上,谁失去行动自由,让对手束缚住了手脚,便会进退不得、攻守无措。可见,主动权即军队命脉之所系,有了主动权,弱可以变强,少可以转多,败可以转胜,反之亦然。中国古代兵家对这层道理早有深刻的领会,并用简洁深刻的一句话概括揭示了牢牢掌握主动权的不朽命题——"致人而不致于人",即善于调动敌人而不被敌人所调动。这一原则是兵家制胜之道的灵魂,无怪乎《唐太宗李卫公问对》卷下要这么说古代兵法:"千章万句,不出乎'致人而不致于人'而已。"

西方军事学家同样将夺取和掌握主动权问题视为制胜的关键,其相关论述与中国古代的兵家并无差异——这在博尔福《战略入门》中被称为"行动自由"而获得的"主动":

选择最好的手段,也许就是战略的最重要任务。这种选择的范围非常广泛,从心理的暗示起,到物质的毁灭止。战略使人能应付困难的局

---

① 若米尼:《战争艺术概论》,刘聪、袁坚译,解放军出版社1988年版,第374页。
② 富勒:《战争指导》,绽旭译,周驰校,解放军出版社2006年版,第307页。
③ 富勒:《战争指导》,绽旭译,周驰校,解放军出版社2006年版,第47页。

面,并且常能使力量薄弱的一方转为胜利者。在这种选择中,以及在尔后的作战指导中,其"试金石"都是行动自由。战略的实质就是对行动自由的争夺。所以战略的基础就是确保自己的行动自由(通过奇袭或主动进攻)。

在这个对抗行动中,问题并不仅是抵挡敌人的攻击,必须一方面阻止敌人获得主动,另一方面尽量发挥自己的主动性,一直到决定已经达成时为止。①

三、没有规则才是最高的规则

这在孙子那里,是"战胜不复,而应形于无穷",是"兵无常势,水无常形,能因敌变化而取胜者,谓之神"(《孙子·虚实篇》)。在《司马法》那里,是"无复先术"(《司马法·严位》)。用岳飞的话讲,则是"阵而后战,兵法之常,运用之妙,存乎一心"②,即高明的作战指导者在对敌作战过程中,切忌僵化保守、拘泥成法,而必须根据敌情的变化随时调整兵力部署、改变作战方式,始终保持主动:"水因地而制流,兵因敌而制胜。"(《孙子·虚实篇》)在中国古代兵家的观念中,唯有"因敌而制胜",方可排除干扰,顺利实施"避实而击虚"的作战指导,真正做到"致人而不致于人",由用兵的"必然王国"进入用兵的"自由王国"。否则,即便熟读兵书,满腹韬略,也不免食古不化,胶柱鼓瑟,纸上谈兵,到头来终究逃脱不了丧师辱国、身败名裂的悲剧下场,所谓"法有定论,而兵无常形。一日之内,一阵之间,离合取舍,其变无穷。一移踵瞬目,而兵形易矣。守一定之书,而应无穷之敌,则胜负之数戾矣!"③

西方军事学家同样高度重视作战指导上的灵活应变、创新发展,也反对抱残守缺、墨守成规,强调要随着军事技术的变化和发展,针对不同的作战对象,根据不同的作战条件与环境,不断地改变战法、灵活地运用战术。这方面,富

---

① 安德烈·博福尔:《战略入门》,军事科学院外国军事研究部译,军事科学出版社1989年版,第138—139页。
② 《宋史》卷365《岳飞传》。
③ 《何博士备论》卷上《霍去病论》。

勒在其《装甲战》一书中的许多观点是具有代表性的——首先，武器装备的进步一定会带来作战方式的变革："十五、十六世纪火药的出现，十九世纪蒸气动力和化学科学的发展，均引起当时军队编制装备的改变；同样，在当今年代，油料、电力、高爆炸药、蒸气动力和化学的发展，必然会引起战争的全面改变，以致建立新的军事体制。"①"新式武器的投入使用不能不引起条件的变化，而条件的每次变化又都会要求军事原则应用的变更。"②其次，制胜的关键在于灵活应变、便宜从事："除攻城战外，各种作战的成功秘诀不仅是作战方法，更重要的是机断行事。因此，指挥官的作战计划必须简明扼要，并具有灵活性。计划应留有充分余地，使下属指挥官能机断行事。"③"不能以一成不变的思想来制订计划，而必须用灵活机动的思想来制定计划，也就是说，计划必须包括若干个预备方案。"④

富勒还曾经这么说过：

> 世界上没有绝对新的东西，我曾说过，学员只要研究一下历史，就可看出，战争的许多阶段将再次采用基本相同的作战形式。只需进行一些研究和思考，就会认识到，过去所采用的所有战略和战术，自觉或不自觉地都是根据军事原则制订的……无论军队是由徒步步兵、骑兵，还是由机械化步兵组成，节约兵力、集中、突然性、安全、进攻、机动和协调等原则总是适用。总之，摩托化和机械化只是改变了战争的条件，即改变了将军使用的工具，而不是他的军事原则，这一点是显而易见的。⑤

这是从时间的角度说明军事学基本原则的永恒性、稳定性。其实，从空间的视角考察，这种统一性、常态化又何尝不是如此！中西方军事著作在语言体例、逻辑概念梳理、形象描述等方面固然存在着很大的差异，是两类军事文明的产物。但是，"百川异源，而皆归于海；百家殊业，而皆务于治"（《淮南子·氾论

---

① 富勒：《装甲战》，周德等译，解放军出版社2006年版，第2页。
② 富勒：《装甲战》，周德等译，解放军出版社2006年版，第113页。
③ 富勒：《装甲战》，周德等译，解放军出版社2006年版，第11、12页。
④ 富勒：《装甲战》，周德等译，解放军出版社2006年版，第63页。
⑤ 富勒：《装甲战》，周德等译，解放军出版社2006年版，第13页。

训》)。万变不离其宗,中西方军事学的基本核心问题,如重视将帅、灵活多变、集中兵力、以攻为主、重视精神因素及士气的振奋等等,完全可以说是旨趣一致、异曲同工的,数几千年来都是一脉相承、互相贯通的,这种一致与相似,远远胜过所谓的"差异"与"对立",我们应该充分看到中西方军事学的这种同一性,从而更好地认识中西方军事思想文化中那些超越时空的价值,并从中汲取有益的启迪。

主要参考文献

一、古籍、档案汇编

班固:《汉书》,中华书局1962年版。
常璩:《华阳国志》,齐鲁书社2010年版。
陈傅良:《止斋集》,文渊阁《四库全书》本。
陈亮:《陈亮集》,中华书局1974年版。
陈寿:《三国志》,中华书局1959年版。
陈振孙撰,徐小蛮、顾美华点校:《直斋书录解题》,上海古籍出版社1987年版。
陈子龙等选辑:《明经世文编》,中华书局1987年版。
窦仪等撰,吴翊如点校:《宋刑统》,中华书局1984年版。
杜春和等编:《北洋军阀史料选辑》,中国社会科学出版社1981年版。
杜牧著,陈允吉校点:《樊川文集》,上海古籍出版社2009年版。
范晔撰,李贤注:《后汉书》,中华书局1965年版。
房玄龄等:《晋书》,中华书局1974年版。
冯桂芬:《校邠庐抗议》,上海书店出版社2002年版。
龚自珍:《定庵文集》,商务印书馆1935年版。
故宫博物院编:《钦定科场条例·钦定武场条例》,海南出版社2000年版。
顾炎武:《日知录》,清乾隆刻本。
顾祖禹撰,贺君次、施和金点校:《读史方舆纪要》,中华书局2005年版。
郭沫若主编:《甲骨文合集》,中华书局1978—1982年版。
郭庆藩辑,王孝鱼整理:《庄子集释》,中华书局1961年版。
韩琦:《安阳集》,文渊阁《四库全书》本。
何宁:《淮南子集释》,中华书局1998年版。
何去非:《何博士备论》,文渊阁《四库全书》本。

何薳撰,张明华点校:《春渚纪闻》,中华书局1983年版。

何休解诂,徐彦疏,刁小龙整理:《公羊传注疏》,上海古籍出版社2014年版。

贺长龄、魏源等编:《清经世文编》,中华书局1992年版。

桓宽著,王利器校注:《盐铁论校注》,中华书局1992年版。

黄怀信等:《逸周书汇校集注》,上海古籍出版社2007年版。

黄晖:《论衡校释》,中华书局2018年版。

黄宗羲原著,全祖望补修,陈金生、梁运华点校:《宋元学案》,中华书局1986年版。

贾谊撰,方向东译注:《新书》,中华书局2012年版。

蒋百里:《蒋百里先生全集》,台湾传记文学出版社1971年版。

蒋礼鸿:《商君书锥指》,中华书局2014年版。

军事科学院《投笔肤谈》译注组:《投笔肤谈译注》,军事科学出版社1984年版。

黎靖德编,王星贤点校:《朱子语类》,中华书局1986年版。

黎翔凤撰,梁运华整理:《管子校注》,中华书局2004年版。

李百药:《北齐书》,中华书局1972年版。

李步嘉校释:《越绝书校释》,中华书局2013年版。

李昉等:《太平御览》,中华书局1960年版。

李红权辑录点校:《孙承宗集》,学苑出版社2014年版。

李鸿章:《李文忠公全集》,台湾文海出版社1984年版。

李觏:《李觏集》,中华书局1981年版。

李焘撰,上海师范大学古籍整理研究所、华东师范大学古籍研究所点校:《续资治通鉴长编》,中华书局1979—1995年版。

李心传:《建炎以来系年要录》,中华书局1956年版。

李延寿:《南史》,中华书局1975年版。

李贽:《焚书 续焚书》,中华书局2009年版。

李廌:《济南集》,文渊阁《四库全书》本。

梁启超:《饮冰室合集》,中华书局2015年版。

梁启超:《中国近三百年学术史》,中华书局1943年版。

刘向集录,范祥雍笺证,范邦瑾协校:《战国策笺证》,上海古籍出版社2006年版。

刘昫等:《旧唐书》,中华书局1975年版。

刘枣庄、刘琳主编:《全宋文》,巴蜀书社2012年版。

陆贽撰,郎晔注:《陆宣公奏议注》,中华书局1991年版。

吕坤撰,欧阳灼校注:《呻吟语》,岳麓书社 2002 年版。

吕祖谦:《东莱集》,文渊阁《四库全书》本。

吕祖谦:《左氏博议》,文渊阁《四库全书》本。

马端临:《文献通考》,中华书局 1986 年版。

马欢著,万明校注:《瀛涯胜览》,中国旅游出版社 2016 年版。

马王堆汉墓帛书整理小组编:《马王堆汉墓帛书〈经法〉》,文物出版社 1976 年版。

欧阳修、宋祁:《新唐书》,中华书局 1975 年版。

欧阳修著,李逸安点校:《欧阳修全集》,中华书局 2001 年版。

皮锡瑞撰,吴仰湘点校:《尚书大传疏证》,中华书局 2022 年版。

戚继光撰,邱心田校释:《练兵实纪》,中华书局 2001 年版。

阮元校刻:《十三经注疏》,中华书局 1980 年版。

上海师范大学古籍整理组校点:《国语》,上海古籍出版社 1978 年版。

邵博:《邵氏闻见后录》,文渊阁《四库全书》本。

沈约:《宋书》,中华书局 2016 年版。

施琅撰,王铎全校注:《靖海纪事》,福建人民出版社 1983 年版。

司马光编著,胡三省音注,"标点资治通鉴小组"校点:《资治通鉴》,中华书局 1956 年版。

司马光撰,邓广铭、张希清点校:《涑水纪闻》,中华书局 1989 年版。

司马迁:《史记》,中华书局 1959 年版。

司义祖整理:《宋大诏令集》,中华书局 1962 年版。

四库全书存目丛书编委会编:《四库丛书存目丛书》,齐鲁书社 1995 年版。

苏轼著,孔凡礼点校:《苏轼文集》,中华书局 1986 年版。

苏洵著,曾枣庄、金成礼笺注:《嘉祐集笺注》,上海古籍出版社 1993 年版。

苏辙著,陈宏天、高秀芳点校:《苏辙集》,中华书局 1990 年版。

孙诒让撰,孙启治校:《墨子间诂》,中华书局 2001 年版。

唐甄著,吴泽民编校:《潜书》,中华书局 1955 年版。

天津图书馆、天津社会科学院历史研究所编:《袁世凯奏议》,天津古籍出版社 1987 年版。

脱脱等:《宋史》,中华书局 2004 年版。

王安石:《王文公文集》,上海人民出版社 1974 年版。

王弼注,楼宇烈校释:《老子道德经注校解》,中华书局 2016 年版。

王先谦撰,沈啸寰、王星贤点校:《荀子集解》,中华书局1988年版。

王先慎撰,钟哲点校:《韩非子集解》,中华书局1998年版。

王应麟撰,翁元圻等注,栾保群、田松青、吕宗力校点:《困学纪闻》,上海古籍出版社2008年版。

魏收:《魏书》,中华书局2018年版。

魏源撰,陈华等点校注释:《海国图志》,岳麓书社2021年版。

魏徵、令狐德棻:《隋书》,中华书局1973年版。

萧统编,李善注:《文选》,上海古籍出版社1986年版。

徐光启撰,王重民辑校:《徐光启集》,上海古籍出版社1984年版。

徐汉明校注:《辛弃疾全集校注》,华中科技大学出版社2012年版。

徐建寅:《兵学新书》,清光绪二十四年(1898)刻本。

徐正英、邹皓译注:《春秋穀梁传》,中华书局2016年版。

许维遹撰,梁运华整理:《吕氏春秋集释》,中华书局2009年版。

荀悦撰,黄省曾注,孙启治校补:《申鉴注校补》,中华书局2012年版。

严可均辑:《全上古三代秦汉三国六朝文》,中华书局1999年版。

杨丙安校理:《十一家注孙子校理》,中华书局1999年版。

杨伯峻编著:《春秋左传注》,中华书局1981年版。

杨伯峻编著:《论语译注》,中华书局1958年版。

杨伯峻译注:《孟子译注》,中华书局2010年版。

杨坚校补:《郭嵩焘奏稿》,岳麓书社1983年版。

杨杰:《国防新论》,上海书店出版社2013年版。

姚思廉:《梁书》,中华书局1973年版。

叶适:《习学记言序目》,中华书局1977年版。

叶适撰,刘公纯等点校:《叶适集》,中华书局1961年版。

永瑢等:《四库全书总目》,中华书局1965年版。

俞大猷:《正气堂集》,清刻本。

岳珂编,王曾瑜校注:《鄂国金佗稡编·续编校注》,中华书局1989年版。

曾巩著,陈杏珍、晁继周点校:《曾巩集》,中华书局1984年版。

曾国藩:《曾国藩全集》,岳麓书社2011年版。

张居正:《张太岳集》,上海古籍出版社1984年版。

张澍:《养素堂文集》,清刻本。

张廷玉等:《明史》,中华书局1974年版。
张侠等编:《清末海军史料》,海洋出版社1982年版。
张元济辑:《续古逸丛书》影宋本,广陵书社2013年版。
张元济主编:《四部丛刊初编》,上海书店出版社1989年版。
张震泽:《孙膑兵法校理》,中华书局1984年版。
张之洞:《书目答问》,商务印书馆1933年版。
张之洞:《张文襄公全集》,中国书店1990年版。
章学诚著,王重民通解:《校雠通义通解》,上海古籍出版社2009年版。
章学诚撰,叶瑛校:《文史通义校注》,中华书局1985年版。
赵尔巽等:《清史稿》,中华书局1977年版。
赵汝愚编:《宋朝诸臣奏议》,上海古籍出版社1999年版。
赵晔撰,周生春辑校汇考:《吴越春秋辑校汇考》,中华书局2019年版。
郑观应著,陈志良选注:《盛世危言》,辽宁人民出版社1994年版。
郑樵:《通志》,中华书局1987年版。
郑若曾撰,李致忠点校:《筹海图编》,中华书局2007年版。
中国兵书集成编委会编:《中国兵书集成》(全50册),解放军出版社、辽沈书社1987—1995年版。
中华书局编辑部、李书源整理:《筹办夷务始末(同治朝)》,中华书局2008年版。
周振甫译注:《周易译注》,中华书局2013年版。
朱熹著,朱杰人等主编:《朱子全书(修订本)》,上海古籍出版社、安徽教育出版社2010年版。
朱有瓛主编:《中国近代学制史料》第1辑,华东师范大学出版社1983年版。
诸葛亮著,殷熙仲、闻旭初编校:《诸葛亮集》,中华书局2012年版。
左宗棠著,刘泱泱等校点:《左宗棠全集》,岳麓书社2014年版。

二、今人研究

白寿彝总主编:《中国通史》,上海人民出版社、江西教育出版社1989年版。
晁福林:《霸权迭兴——春秋霸主论》,生活·读书·新知三联书店1992年版。
陈恩林:《先秦军事制度研究》,吉林文史出版社1991年版。

陈峰:《北宋武将群体与相关问题研究》,中华书局2004年版。

陈高华等:《中国军事制度史》,大象出版社1997年版。

陈旭麓:《近代中国人物论》,九州出版社2019年版。

陈寅恪:《金明馆丛稿二编》,上海古籍出版社1982年版。

邓广铭:《邓广铭治史丛稿》,北京大学出版社1997年版。

丁伟志、陈崧:《中西体用之间:晚清中西文化观述论》,中国社会科学出版社1995年版。

杜定友:《校雠新义》,上海书店出版社1991版。

范文澜等:《中国通史》,人民出版社1994年版。

冯友兰:《中国哲学史新编》,人民出版社1982—1989年版。

高锐主编:《中国军事史略》,军事科学出版社1992年版。

葛剑雄:《统一与分裂——中国历史的启示》,生活·读书·新知三联书店1994年版。

顾颉刚主编:《古籍考辨丛刊》第1集,中华书局1955年版。

顾颉刚:《浪口村随笔》,辽宁教育出版社1998年版。

关晓红:《清末新政制度变革研究》,中华书局2019年版。

郭汝瑰等:《中国军事史》,解放军出版社1986—1993年版。

侯外庐等:《中国思想通史》,人民出版社1956—1960年版。

胡厚宣等:《甲骨探史录》,生活·读书·新知三联书店1982年版。

胡厚宣主编:《甲骨文与殷商史》第1辑,上海古籍出版社1983年。

胡昭曦、刘复生、粟品孝:《宋代蜀学研究》,巴蜀书社1997年版。

黄冕堂、刘锋:《朱元璋评传》,南京大学出版社2011年版。

黄朴民:《刀剑书写的永恒:中国传统军事文化散论》,国防大学出版社2002年版。

黄朴民:《大一统:中国历代统一战略研究》,军事科学出版社2003年版。

黄朴民、魏鸿、熊剑平:《中国兵学思想史》,南京大学出版社2018年版。

姜广辉主编:《中国经学思想史》,中国社会科学出版社2003年版。

姜国柱:《中国军事思想通史》,中国社会科学出版社2006年版。

姜鸣:《龙旗飘扬的舰队:中国近代海军兴衰史》,生活·读书·新知三联书店2014年版。

姜振寰:《技术通史》,中国社会科学出版社2017年版。

蒋廷黻:《中国近代史》,上海古籍出版社1999年版。

军事科学院主编:《中国军事通史》(全17卷),军事科学出版社1998年版。

军事科学院战略研究部编:《战略学》,军事科学出版社 2001 年版。
蓝永蔚:《春秋时期的步兵》,中华书局 1979 年版。
蓝永蔚、黄朴民等:《五千年的征战:中国军事史》,华东师范大学出版社 2000 年版。
雷海宗:《中国文化与中国的兵》,商务印书馆 2001 年版。
李际均:《军事战略思维》,军事科学出版社 1998 年版。
李际均:《论战略》,解放军出版社 2002 年版。
李际均:《中国军事战略思维论》,北京人民出版社 2017 年版。
李零:《吴孙子发微》,中华书局 1997 年版。
李零:《〈孙子〉十三篇综合研究》,中华书局 2006 年版。
李零:《兵以诈立——我读〈孙子〉》,中华书局 2006 年版。
李鹏年、朱先华等:《清代中央国家机关概述》,黑龙江人民出版社 1989 年版。
李世愉、胡平:《中国科举制度通史·清代卷》,上海人民出版社 2017 年版。
刘申宁:《中国兵书总目》,国防大学出版社 1990 年版。
刘旭:《中国古代火药火器史》,大象出版社 2004 年版。
刘泽华主编:《中国政治思想史》,浙江人民出版社 1996 年版。
罗根泽:《诸子考索》,人民出版社 1958 年版。
吕思勉:《先秦史》,上海古籍出版社 1982 年版。
糜振玉主编:《中国军事学术史》,解放军出版社 2008 年版。
闵泽平:《南宋"浙学"与传统散文的因革流变》,浙江大学出版社 2014 年版。
钮先钟:《西方战略思想史》,台湾麦田出版社 1995 年版。
钮先钟:《战略研究入门》,台湾麦田出版社 1998 年版。
钮先钟:《中国古代战略思想新论》,安徽教育出版社 2005 年版。
皮明勇:《中国近代军事改革》,解放军出版社 2008 年版。
戚俊杰、郭阳主编:《北洋海军新探——北洋海军成军 120 周年国际学术研讨会论文集》,中华书局 2012 年版。
漆侠:《宋学的发展和演变》,河北人民出版社 2002 年版。
钱穆:《国史大纲》,商务印书馆 1996 年版。
钱穆:《中国近三百年学术史》,商务印书馆 1997 年版。
秦天、霍小勇编著:《悠悠深蓝:中华海权史》,新华出版社 2013 年版。
饶胜文:《布局天下:中国古代军事地理大势》,解放军出版社 2006 年版。
任继愈主编:《中国哲学发展史》,人民出版社 1985 年版。

萨孟武:《中国政治思想史》,东方出版社 2008 年版。

宋杰:《三国军事地理与攻防战略》,中华书局 2022 年版。

孙光圻:《中国古代航海史》,海洋出版社 1989 年版。

孙闻博:《秦汉军制演变史稿》,中国社会科学出版社 2016 年版。

谭其骧:《长水集》,人民出版社 1987 年版。

汤一介、李中华主编:《中国儒学史》,北京大学出版社 2011 年版。

田旭东:《司马法浅说》,解放军出版社 1989 年版。

童书业:《春秋左传研究》,上海人民出版社 1980 年版。

王曾瑜:《岳飞和南宋前期政治与军事研究》,河南大学出版社 2002 年版。

王尔敏:《清季军事史论集》,广西师范大学出版社 2008 年版。

王尔敏:《清季兵工业的兴起》,广西师范大学出版社 2009 年版。

王汎森:《权力的毛细管作用:清代的学术、思想与心态》,北京大学出版社 2015 年版。

王显臣、许保林:《中国古代兵书杂谈》,解放军出版社 1985 年版。

王宇信主编:《甲骨文与殷商史》第 3 辑,上海古籍出版社 1991 年版。

王兆春:《中国火器史》,军事科学出版社 1991 年版。

王兆春:《中国科学技术史·军事技术卷》,科学出版社 1998 年版。

王兆春:《中国军事科技通史》,解放军出版社 2010 年版。

王重民:《敦煌古籍叙录》,中华书局 1979 年版。

魏鸿:《宋代孙子兵学研究》,军事科学出版社 2011 年版。

吴如嵩:《孙子兵法新论》,解放军出版社 1989 年版。

吴如嵩:《倘佯兵学长河》,解放军出版社 2002 年版。

萧公权:《中国政治思想史》,商务印书馆 2011 年版。

谢祥皓:《中国兵学》,山东人民出版社 1998 年版。

许保林:《中国兵书知见录》,解放军出版社 1988 年版。

许保林:《中国兵书通览》,解放军出版社 2002 年版。

杨金森、范中义:《中国海防史》,海洋出版社 2005 年版。

杨宽:《战国史》,上海人民出版社 1980 年版。

杨向奎:《中国古代社会与古代思想研究》,上海人民出版社 1962 年版。

杨向奎:《大一统与儒家思想》,中国友谊出版公司 1989 年版。

姚名达撰,严佐之导读:《中国目录学史》,上海古籍出版社 2002 年版。

于汝波主编:《孙子文献学提要》,军事科学出版社 1994 年版。

于汝波、黄朴民主编:《中国历代军事思想教程》,军事科学出版社 2000 年版。

于汝波主编:《孙子兵法研究史》,军事科学出版社 2001 年版。

余嘉锡:《四库提要辨证》,中华书局 1980 年版。

袁庭栋等:《中国古代战争》,四川省社会科学院出版社 1988 年版。

张海鹏主编:《中国近代通史》(全 10 卷),江苏人民出版社 2013 年版。

张岂之:《中国思想史》,西北大学出版社 2016 年版。

张舜徽:《汉书艺文志通释》,湖北教育出版社 1990 年版。

张英辰、王树林主编:《中国近代军事训练史》,军事科学出版社 2010 年版。

赵国华:《中国兵学史》,福建人民出版社 2004 年版。

赵国华:《兵家元典关键词研究》,人民出版社 2021 年版。

中国军事史编写组:《中国历代军事思想》,解放军出版社 2007 年版。

三、译著

《马克思恩格斯全集》第 32 卷,中共中央马克思恩格斯列宁斯大林著作编译局编译,人民出版社 1998 年版。

艾·塞·马汉:《海军战略》,蔡鸿幹、田常吉译,商务印书馆 1994 年版。

安德烈·博福尔:《战略入门》,军事科学院外国军事研究部译,军事科学出版社 1989 年版。

富勒:《战争指导》,绽旭译,周驰校,解放军出版社 2006 年版。

富勒:《装甲战》,周德等译,解放军出版社 2006 年版。

柯伟林:《德国与中华民国》,陈谦平等译,江苏人民出版社 2006 年版。

克劳塞维茨:《战争论》,中国人民解放军军事科学院译,解放军出版社 2005 年版。

拉尔夫·尔·鲍威尔:《中国军事力量的兴起(1895—1912 年)》,陈泽宪、陈霞飞译,中国社会科学出版社 1979 年版。

利玛窦、金尼阁:《利玛窦中国札记》,何高济等译,何非武校,中华书局 2010 年版。

拿破仑:《拿破仑文选》,陈太先译,胡平校,商务印书馆 1980 年版。

若米尼:《战争艺术概论》,刘聪、袁坚译,解放军出版社 1988 年版。

后　记

关于"学派",比较狭义,同时也比较准确的界定,应该如《辞海》中的表述,是"一门学问中由于学说师承不同而形成的派别",例如紫阳(朱熹)学派、姚江(王阳明)学派、蕺山(刘宗周)学派等等。后来其内涵和外延有所扩展,如具有一定学术共性的特定地域之思想文化与学术流派——浙东学派、扬州学派、常州学派、永嘉学派等等。但是不管怎样,其内涵是明确和稳定的,其外延也是可以做界定、有边际的。

如果按上述的标准来衡量,时空跨度极大、内涵复杂广博的兵家,其学派的概念是否能够成立,那也很可能是仁智互见的问题了,难免意见分歧,众说纷纭,莫衷一是。严格地说,可能只能按《汉书·艺文志·兵书略》中提到的"家",才能勉强对应"学派"的概念,如"吴孙子"为一个学派,"齐孙子"为另一个学派,等等,即由孙子或孙膑等人开宗立派,其弟子与后学、追慕者传承广大的兵学文化之特定派别,宗师与后学之间的关系在著述上的体现,举例来说,就是《孙子兵法》十三篇与《吴孙子兵法》八十二篇、图九卷的关系与区隔。由于兵家是实用之学,自先秦两汉伊始,就不像儒门讲究家法、师法,强调学派内部渊源和传承关系,因此,若要梳理和总结,企冀考镜源流,辨章学术,烛隐甄微,提玄钩要,对今天的学人来说,不免是望洋兴叹、一筹莫展了,所谓"非不为也,实不能也"!

因此,当这套"中国学术流派研究丛书"的主编周群教授找我们承担《兵家学派研究》一书的撰写工作时,我们的真实心态是既十分感激周群教授和商务印书馆的信任和抬爱,同时内心深处又感到忐忑不安,顾虑重重,瞻前顾后,患得患失。不过,经历了焦虑不安的内心纠结,反复考虑与掂量之后,我们还是接受了这个艰巨而光荣的任务。

我们这么做,简单的理由有四点:首先,名实相符固然重要,但是治学不能完全为名实概念所框架与限制,不能自我画地为牢,因为,辨名析理,规范名实,不是僵化的,《司马法》有云"正不获意则权",学派的概念界定也不是一成不变的,它的存在和发展,必须以历史上的学术、思想、文化的实际内容相符,"名"只是形式,"实"才是本质,形式应该服从于内容。所以,既然兵家及其文化是中国历史文化中的重要组成部分,那么自然也应该把它当作儒家、法家这样广义的学派来对待,用科学的态度与方式加以梳理、分析和总结,而不宜为狭义的学派概念所局囿,抱残守缺,削足适履。

其次,兵家思想体大思精,是中国传统文化的重要组成部分,在今天,从学派考察的视野和角度进行历史的全面回顾和总结,无疑十分必要,不可或缺!《左传·成公十三年》有云:"国之大事,在祀与戎。"对一个国家或政权来说,有两件核心的大事:第一,祭祀,借沟通天人之际的形式,行所谓"奉天承运"之私衷,从而论证自己的合法性和神圣性。第二,军事,通过战争保卫政权、开拓疆土,在激烈而残酷的竞争中生存下去。我们认为,这八个字,从本质上说乃是认知中国历史文化真相及其特色的一把钥匙,因为它扼要道出了古代社会生活的两个中心。以祭祀为中心的巫觋系统和以作战为主体的政事系统各司其职、相辅相成,从氏族社会晚期的军事民主制时代开始,权力机构的运作就是按两个系统的分工负责来加以具体实施的。这在西谚中,便被形象地概括为"上帝的归上帝,凯撒的归凯撒"。当然,随着中国历史的演进,"祭祀"渐渐地成为仪式上的象征,而"戎",即以军事为中心的政务,则打破平衡,成为国家事务的最大主体,走向国家政治生活中的相对中心位置,所谓"兵者,国之大事,死生之地,存亡之道,不可不察也"(《孙子·计篇》),反映的就是这个客观现实。这样来看兵家,其在历史上的地位、作用、价值、影响,也就昭然若揭、显而易见,将它作为一个学派进行长时段的综合考察,其必要性也当然是毋庸置疑的。

再次,兵家思想的许多内核是超越时空、具有现实启示意义的。换言之,我们在今天有必要通过对兵家学派及其思想的考察和总结,从中吸收智慧,汲取启迪,寻找借鉴。众所周知,以史为鉴,可以知兴替。中国历代战争的战略决策、战略指导与作战指挥,以及建军、治军、治边等方面的经验教训,多借兵家之笔得以保存和流传,至今仍有给人以启迪和借鉴之处。因此,研究历代兵家学派的思想,固然是学术性的探索与诠释,以兵家学派自身的理论体系为研究对象;但是无可否认的是,研究者应该始终立足于当代的立场,注重于历史与现实的贯通,致力于从丰厚的历史文化资源中寻求有益的启示。我们认为,一部兵家学派发展史,也就是一部军事文化变革史,更是一部蕴含着军队发展之经验教训、国防建设之得失成败的启示录。我们虽然不能直截了当地从历史博物馆里取出古人的"刀剑"同未来的敌人交战,但却可以熔化古人的"刀剑",从而铸造出新的武器来满足时代的需要。很显然,从以古鉴今的角度来认知,从事兵家学派的研究有其必要。

最后,从弥补学术研究的不足、解决兵学思想研究滞后的症结、改变目前兵学研究领域存在的薄弱环节的角度看,撰写兵家学派发展史,也无疑具有一定的意义。必须实事求是地承认,与儒学、道家、佛家乃至于法家、墨家等诸子学术思想的研究相比,有关兵家的研究显然是相对滞后和单薄的。我们必须坦率而虚心地面对这种客观存在的落后现实,承认长期以来兵家思想、兵学理论研究中的危机和挑战。但是正如孙子所说的那样,"夫智者之虑,必杂于利害。杂于利而务可信也,杂于害而患可解也"(《孙子·九变篇》),对我们来说,所谓的"危机",同时也往往意味着转机,而所谓的"困境",同时也往往意味着坦途。"山重水复疑无路,柳暗花明又一村",这也许正是兵家学派研究触底反弹的一个契机。可见,从学术研究的发展讲究齐头并进、综合均衡的层面看,有一部专门研究兵家学派的著作,也是学术领域百花齐放的一个重要象征。

正是基于以上四点考虑,我们在周群教授、商务印书馆诸位老师的鼓励和支持下,勉力完成了这部著作的撰写。"文章千古事,得失寸心知",由于我们三人学术水平有限,对许多问题的认知与表述,难免是眼高手低、捉襟见肘,具体的讨论也有乏善可陈之嫌,常常会陷于浮光掠影、蜻蜓点水的困境。因此,这只能算我们在兵家学派研究这个领域中的投石问路、抛砖引玉,希望大方之家不吝赐教,以匡不逮。

图书在版编目（CIP）数据

兵家学派研究／黄朴民，魏鸿，熊剑平著．— 北京：商务印书馆，2023
（中国学术流派研究丛书）
ISBN 978-7-100-22413-0

Ⅰ.①兵… Ⅱ.①黄… ②魏… ③熊… Ⅲ.①兵家—研究 Ⅳ.① B229.95

中国国家版本馆 CIP 数据核字（2023）第 075732 号

本书由南京大学中央基本科研业务费、
南京大学人文基金资助出版

权利保留，侵权必究。

中国学术流派研究丛书
兵家学派研究
黄朴民　魏　鸿　熊剑平　著

商 务 印 书 馆 出 版
（北京王府井大街36号　邮政编码100710）
商 务 印 书 馆 发 行
南京新洲印刷有限公司印刷
ISBN 978-7-100-22413-0

2023年6月第1版	开本 700×1000 1/16
2023年6月第1次印刷	印张 22½

定价：128.00元